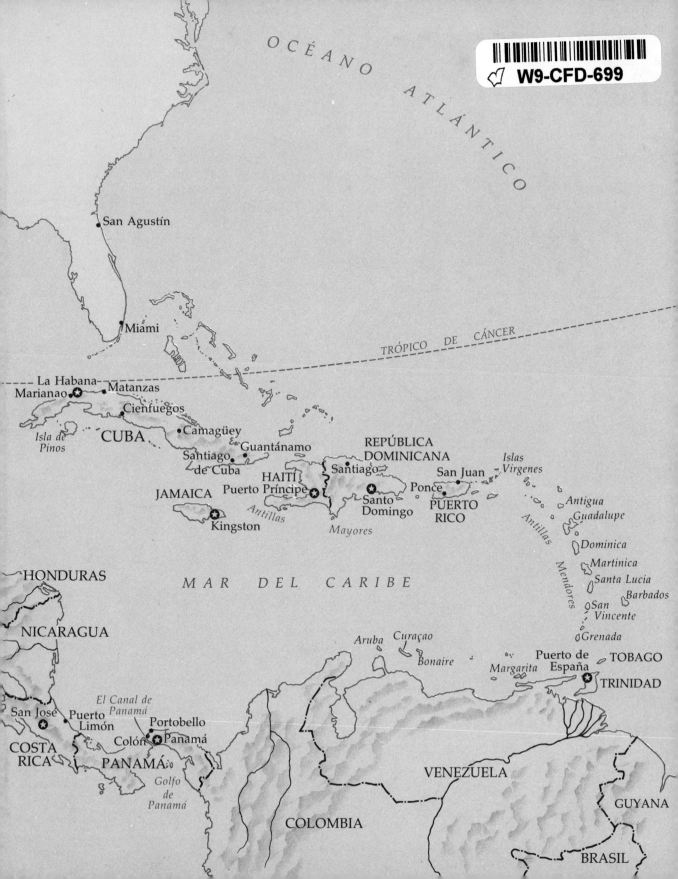

OCÉANO ATLÁNTICO

San Agustín

Miami

TRÓPICO DE CÁNCER

La Habana
Marianao Matanzas
Cienfuegos
CUBA Camagüey
Isla de
Pinos Guantánamo
Santiago
de Cuba REPÚBLICA
DOMINICANA
Santiago Islas
Vírgenes
San Juan
HAITÍ Ponce
JAMAICA Puerto Príncipe Santo PUERTO Antigua
Domingo RICO Guadalupe
Kingston Antillas
Mayores Antillas Dominica
Martinica
Santa Lucía
HONDURAS MAR DEL CARIBE Barbados
San
Vincente
NICARAGUA Mendores Grenada
Aruba Curaçao
Puerto de TOBAGO
Bonaire Margarita España
El Canal de TRINIDAD
Panamá
San José Puerto
Limón Portobello
Colón Panamá
COSTA
RICA PANAMÁ VENEZUELA
Golfo
de GUYANA
Panamá
COLOMBIA
BRASIL

Español a lo vivo

Español a lo vivo

SIXTH EDITION

ERNEST J. WILKINS

UNIVERSITY OF UTAH

JERRY W. LARSON

BRIGHAM YOUNG UNIVERSITY

JOHN WILEY & SONS

NEW YORK   CHICHESTER   BRISBANE   TORONTO   SINGAPORE

ESPAÑOL A LO VIVO

original editions by Terrence L. Hansen
and Ernest J. Wilkins

Illustrations by Ric Estrada

Cover photo by Peter Menzel

Library of Congress Cataloging in Publication Data:

Wilkins, Ernest J.
    Español a lo vivo.

    English and Spanish.
    Rev. ed. of: Español a lo vivo / Terrence L. Hansen.
5th ed. 1982.
    Includes indexes.
    1. Spanish language—Text-books for foreign
speakers—English.   2. Spanish language—Conversation
and phrase books—English.   I. Larson, Jerry W.
II. Hansen, Terrence Leslie.   Español a lo vivo.
III. Title.
PC4129.E5W55   1986   468.3′421   85-22583
ISBN 0-471-82838-6

Printed in the United States of America

10 9 8 7 6 5 4 3 2 1

Español a lo vivo is a second-language acquisition program especially designed for use on the introductory level of college Spanish. Since the first edition, the emphasis of this program, as indicated by the title, has been living—that is, spoken—Spanish. Emphasis on the oral approach has been continued and enhanced in the sixth edition. An abundance of oral exercises and conversational activities are provided for the classroom, and the reading and writing activities in the *Workbook* are carefully integrated for out-of-class activities. The materials are sufficiently eclectic and flexible to meet the needs of widely varying teaching and learning styles.

Special Features of the Sixth Edition

The innovations in this edition come in large part from the recommendations made by *Español a lo vivo* users in response to a national survey and also as a result of recent developments in three important areas of second-language acquisition.

1. Research findings with respect to the role of comprehensible input and the involvement of the students in the discovery process.

   Comprehensible input, both oral and written, is provided in the *Diálogos*, *Notas culturales*, and *Lecturas*. In this edition the number of glosses in English has been reduced to an absolute minimum to allow students to infer meaning. The directions for exercises and the *Notas culturales* are now written in Spanish, beginning with Lesson 1.

   Another special feature, new in this edition, is the use of illustrations to introduce new verbs, structures, and vocabulary. By providing comprehensible input without the use of English translation, these illustrations allow the student to concentrate on the message rather than on a discrete grammar point. Moreover, they allow the instructor

to use real people and situations as the basis for conversation with the students.

The implementation of these state-of-the-art innovations in the sixth edition adds to the practical effectiveness of the materials.

For increased adaptability to both the quarter and semester systems, this edition has been reduced to 18 lessons, with a *Repaso* now following every third lesson.

2. The national promotion of oral proficiency as the organizing principle in curriculum preparation.

   A basic objective of *Español a lo vivo* is to help students gain a high level of oral proficiency. The three main components of oral proficiency are function, context, and accuracy. Function implies the ability of the student to ask and answer questions, to express personal ideas and opinions, and to create, narrate, and use the language to send and receive messages. Context implies the ability of the student to function in social and work situations, and accuracy has to do with the students' ability to use correct grammar and to speak understandably.

3. Recent advances in the adaptation of high-technology laboratory equipment for computer-assisted instruction, diagnosis, and evaluation.

   The use of computer-assisted instruction in the language laboratory has come of age. In this edition, for the first time, computer-assisted exercises are provided that will captivate the interest of college students and in the process help them learn and review new structures and vocabulary.

Organization of the Text

Preliminary lesson: *Español a lo vivo* begins with a preliminary lesson on the sound and writing systems of Spanish.

Each lesson has the following sections:
A *Perspectiva* section lists the functional conversational goals and the performance objectives for language structure, culture, and pronunciation.

A *Diálogo* with accompanying questions introduces the lesson's theme, most of the active vocabulary, and examples of the new structures for the lesson; a complete translation of the dialog appears in the *Workbook*.

Next come the *Notas culturales*, written completely in Spanish with reading comprehension input and topics for classroom conversation.

The *Explicación y Aplicación* section introduces new structures with illustrations and provides a series of exercises for each one.

Actividades for students' use in pairs or small groups generally follow the introduction and practice of new structures or verbs.

A section of *Vocabulario útil* introduces categories of words related to key terms in the lesson.

A *Lectura* is included in each lesson, beginning with Lesson 2, for additional reading comprehension and conversational practice.

A section called *En pocas palabras* provides further opportunities for students to use the vocabulary and structures of the lesson to express their own opinions.

The lesson ends with a *Sección de referencia* that includes *Pronunciación* and a *Vocabulario* listing the active words introduced in the chapter. Active vocabulary consists of new words introduced in the *Diálogo*, the *Explicación y Aplicación*, and the *Vocabulario útil*.

The Ancillary Materials

In addition to the text, the materials for the *Español a lo vivo* program include the following:

1. The Workbook
Each lesson the *Workbook* has several different types of exercises. The first part provides space for the student to record answers to listening comprehension and pronunciation exercises that are coordinated with the laboratory tapes. The writing exercises that follow focus on specific structures introduced in the lesson and lead the student to progressively freer expression in the composition of sentences and paragraphs. Each lesson also contains word games based on the new vocabulary items. At the end of the *Workbook*, students will find an answer key to all the written exercises and the English equivalent of all the dialogs.

2. The Laboratory Tape Program
The Laboratory Tape Program for each lesson includes the dialog and many of the exercises from the textbook; new structural exercises and conversational activities; a narrative that recombines materials from the *Diálogos*, *Notas culturales*, and the *Lecturas*; and pronunciation and listening comprehension exercises. Six separate listening comprehension tests are recorded which correspond with the six *Repasos* in the textbook.

3. The Tapescript Booklet
This booklet is prepared especially for the laboratory instructor or supervisor and is available on request without charge to the users of *Español a lo vivo*.

4. The Instructor's Manual
The *Instructor's Manual* that accompanies *Español a lo vivo* describes the components of the program more fully and gives specific suggestions for the implementation of each type of oral exercise. It also discusses at length what is new in the sixth edition.

5. The Computer-Assisted Program
This program gives students additional out-of-class activities and consists of the following components:

A. Three separate vocabulary games allow students to practice in a fun yet informative activity. Each computer game contains the active words for each of the eighteen lessons.

B. Six grammar and structure review programs, covering three lessons each, provide immediate feedback on student performance.

C. Two diagnostic tests, one for Lessons 1–9 and the other for Lessons 10–18, help students identify their weaknesses or strengths, thus allowing for greater concentration on specific items.

A Word of Thanks

For their review of the Fifth Edition and suggestions for this edition, we are grateful to Rosalyn Biederman, *Washtenaw Community College*; Gervas Blakely, *Dutchess Community College*; Neil J. Devereaux, *Angelo State University*; Donald B. Gibbs, *Creighton University*; Graciela Ascarrunz-Gilman, *University of California, Santa Barbara*; Ruben F. Martinez, *Cerritos College*; Michael Navascues, *University of Rhode Island*; William Roberts, *Austin Community College*; Celestino Ruiz, *Purdue University, Calumet*; Samuel G. Saldivar, *U.S. Military Academy, West Point*; Del K. Shumway, *Utah Technical College*; and Alain Swietlicki, *University of Wisconsin, Madison*.

We also express our gratitude to our editor, Ron Nelson, and the staff of John Wiley & Sons for their helpful suggestions and cooperation.

E.J.W.
J.W.L.

Contenido

UN ENCUENTRO A LO VIVO CON EL MUNDO HISPÁNICO

En este encuentro con nuestros amigos del mundo hispánico vamos a explorar las manifestaciones de su rica herencia cultural — sus artes y costumbres, su arquitectura, su manera de vivir y la gran variedad de sus pintorescas vistas panorámicas.

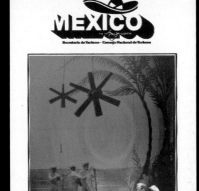

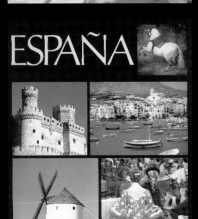

LAS CARAS DE LOS HISPANOS

El aspecto más importante de este encuentro con el mundo hispánico es la gente misma. Ahora vamos a conocer más íntimamente a unos hispanos muy interesantes.

Estos jóvenes estudian en la Universidad de Panamá.

Esta mujer moderna no tiene miedo de hacer auto-stop.

Esta señorita dominicana lleva una playera muy patriótica dedicada a Dios, Patria y Libertad.

Estas chicas de Mérida, Venezuela, siguen una carrera en química.

Una señorita pinta "carretas" en Costa Rica.

Parece que a todos los jóvenes les gusta la música bailable.

Estos jóvenes tan alegres se divierten conversando.

EL RECREO ENTRE LOS HISPANOS

Como en todas partes, el recreo entre los hispanos es muy variado.

Xochimilco, México. El paseo en lancha sin motor por los jardines flotantes — una manera muy placentera de pasar el día domingo.

Santiago, Chile. Jugar al ajedrez en el parque también es un recreo muy tranquilo.

Buenos Aires, Argentina. Para muchísimos argentinos no hay nada más emocionante que un partido de fútbol.

Lima, Perú. Otros prefieren bañarse o tomar el sol en la playa.

LOS DÍAS DE FIESTA RELIGIOSA

El calendario hispánico rebosa de celebraciones y fiestas religiosas.

Pamplona, España. Las grandes figuras alegóricas de las fiestas de San Fermín.

Cobán, Guatemala. El bautizo de un niño en la Iglesia.

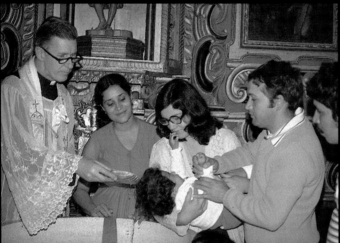

Sevilla, España. La procesión de Semana Santa es una celebración mundialmente conocida.

Oruro, Bolivia. Los indígenas en este rincón del mundo hispánico celebran el Mardi Gras a su manera.

LA VIDA URBANA

Aquí es evidente el gran contraste dramático entre los diferentes centros urbanos, los estilos de arquitectura y los climas del mundo hispánico.

Restaurante en Morelia — un ambiente tranquilo y exótico en donde se prueban los sabrosos platos típicos de México.

Los rascacielos modernos de Caracas, Venezuela.

Un "puesto" de frutas tropicales en el mercado Lagunilla en la Ciudad de México.

La magnífica mezquita de los árabes en Córdoba, España.

La Paz, capital de Bolivia, a una altura de 3.600 metros. En el fondo, los picos del altiplano andino perpétuamente cubiertos de nieve.

Un mercado público de los indígenas en Pisac, Perú.

La Iglesia de Santa Prisca, un tesoro colonial en Taxco, México.

La opulencia del Palacio Real en Madrid, España.

PAISAJES DEL MUNDO HISPÁNICO

Aquí encontramos la belleza de unos paisajes pintorescos. Podemos apreciar el esfuerzo personal de los hispanos para adaptarse a su medio ambiente — extremadamente hermoso pero a veces, también, hostil.

En Córdoba, al sur de España, encontramos una gran extensión de tierra cultivada.

En Mancheno, Ecuador, están cosechando sin el beneficio de maquinaria moderna.

En El Salvador, Centroamérica, vemos el Cerro Verde y en la distancia el Océano Pacífico.

En Güicán, Colombia, la tierra fértil es muy escasa.

PRELIMINARES

El profesor y los estudiantes en la sala de clase. Universidad Nacional Autónoma de México.

Perspectiva

Functional Conversational Goals: You should be able to
1 exchange basic greetings.
2 respond to basic classroom instructions.
3 associate many Spanish sounds with the letters used to represent them in writing.
4 spell your name in Spanish.

Language: You will study and practice Spanish
1 classroom instructions.

2 vowels and consonants.
3 letter names.
4 syllabication.
5 use of written accents.
6 capitalization and punctuation.

Pronunciation: You will practice
1 basic vowel and consonant sounds.
2 word stress and the formation of syllables.

Poco a poco se va lejos.

Diálogo

SALUDOS	GREETINGS
Buenos días, estudiantes.	*Good morning, students.*
Buenos días, profesor (profesora).	*Good morning, professor.*
Buenas tardes, señorita (joven).	*Good afternoon, young lady (young man).*
Buenas tardes, profesor (profesora).	*Good afternoon, professor.*
Buenas noches, señora.	*Good evening (Good night), ma'am.*
Buenas noches, señor.	*Good evening (Good night), sir.*
Hasta luego.	*Until later.*
Hasta la vista.	*Until I see you.*
Adiós, hasta mañana.	*Good-bye, until tomorrow.*
Adiós.	*Good-bye.*

APLICACIÓN

Greet one another in the class while shaking hands, using appropriate gestures, and evoking responses. It is appropriate to respond to a greeting by repeating it or using an equivalent expression.

Instrucciones en la clase

Abran los libros . . .		*Open your books . . .*	
. . . en la página número		*. . . to page number*	
uno	cinco	*one*	*five*
dos	seis	*two*	*six*
tres	siete	*three*	*seven*
cuatro	ocho	*four*	*eight*

nueve	quince	*nine*	*fifteen*
diez	dieciséis	*ten*	*sixteen*
once	diecisiete	*eleven*	*seventeen*
doce	dieciocho	*twelve*	*eighteen*
trece	diecinueve	*thirteen*	*nineteen*
catorce	veinte	*fourteen*	*twenty*

Repitan todos.	*Everyone repeat.*
Otra vez, por favor.	*Again, please.*
Respondan.	*Respond.*
En voz alta.	*Aloud.*
Más fuerte, por favor.	*Louder, please.*
Cierren los libros.	*Close your books.*
Sustituyan . . .	*Substitute . . .*
Pregúntele . . .	*Ask (someone) . . .*

APLICACIÓN

Carry out the instructions above as your instructor indicates them.

La pronunciación

Vowels and consonants—what's the difference?

A *vowel* is a sound produced by a vibration of the vocal cords. Put your thumb and fingers against your throat and say "a, e, i, o, u." Feel the vibration.

A *consonant* is a sound produced by hindering or stopping the flow of air in speaking. Some consonants are accompanied by vibration, some are not. Say "tattletale" a few times and notice how the consonants hinder or stop the flow of air.

Sonidos de las vocales en español *Sounds of the Spanish vowels*

A   E   I   O   U

Spanish vowels remain open and clear. In English we tend to reduce vowels in unstressed syllables to an *uh* or "*schwa*" sound. Listen as your instructor contrasts the English word *banana* (buh-na-nuh) with the Spanish word **banana** (bah-nah-nah).

a Pronounced like the *a* in *father* only shorter and more tense.[1] Whether stressed or unstressed it has the same open sound.

mañana   está   días   buenas   hasta

---

[1]Very few sounds are identical in English and Spanish. Reference to English is made as an introductory step. A more thorough presentation of Spanish sounds is found in the tape program. Students should listen to their instructor's pronunciation and imitate it.

e   Pronounced like the *a* in *ate*, but short and tense.

> **buenas   clase**

Spanish **e** is affected by sounds which follow it. It is pronounced like the *e* in *let* when followed by a consonant in the same syllable.

> **señor   está   usted**

i (or **y**) Pronounced like the *i* in *machine*, never like the *i* in *fit*.

> **días   Isabel   Felipe   Francisco   y   muy**

o   Pronounced like the *o* in *only*, but shorter and without the glide typical of English pronunciation.

> **¿cómo?   señora   señor   Olga   no**

u   Pronounced like the *oo* in *moon*. Lips are rounded.

> **mucho   usted   Humberto   Lucía**

APLICACIÓN

A *Sing the following folk song (the first verse) as written. In subsequent verses, substitute the vowels with the one vowel sound to be practiced. Repeat the first verse to terminate the exercise. (This song is sung to the tune of ''For He's a Jolly Good Fellow.'' It means ''The sea was calm.'')*

1 La mar estaba serena	3 Le mer estebe serene	5 Lo mor ostobo sorono
& La mar estaba serena	e Le mer estebe serene	o Lo mor ostobo sorono
7 La mar estaba serena	Le mer estebe serene	Lo mor ostobo sorono
Serena estaba la mar	Serene estebe le mer	Sorono ostobo lo mor
2 La mar astaba sarana	4 Li mir istibi sirini	6 Lu mur ustubu surunu
a La mar astaba sarana	i Li mir istibi sirini	u Lu mur ustubu surunu
La mar astaba sarana	Li mir istibi sirini	Lu mur ustubu surunu
Sarana astaba la mar	Sirini istibi li mir	Surunu ustubu lu mur

B *Now, practice the pronunciation of the dialog greetings again.*

Sonidos de las consonantes *Sounds of the Spanish consonants*

b, v   The letters **b** and **v** are pronounced exactly alike in Spanish. Each letter has two pronunciations, depending on which sounds precede and follow it. At the beginning of a breath group or after **m** or **n**, Spanish **b** or **v** is a voiced stop—the lips are completely closed. It is pronounced like English *b* in *boy*.

> **buenos   Vicente   Bárbara   Humberto   Víctor   cambio   enviar**

Between two vowels and in all other positions, **b** or **v** is a fricative continuant. It is pronounced with the two lips almost touching but allowing the air to pass through.

Cuba   **muy bien**   **Eva**

c, z In all parts of the Spanish-speaking world, the letter **c** has just one pronunciation when it comes before *a*, *o*, or *u*. It is pronounced like English *k*.[1]

Carlos   **¿cómo?**   **Cuba**

However, the letter **c** before **e** or **i** and the letter **z** in all positions have a different pronunciation in different parts of the world. In Spanish America, they both are pronounced like English *s*. Avoid the *sh*-sound of *c* in the English word *official*.

Alicia   **Cecilia**   **oficial**   **Cuzco**

In most parts of Spain, they both are pronounced like English *th* in *thin*.

Alicia   **Cecilia**   **Zaragoza**

ch In Spanish **ch** is considered one letter and is pronounced as in English.

Chela   **Lucho**

d Pronounced with the tongue against the upper teeth rather than against the gums as for English *d*. The letter has two pronunciations, depending on which sounds precede and follow it. At the beginning of a breath group or after **l** or **n**, Spanish **d** is a stop—the breath passage is completely closed.

Donaldo   **¿dónde?**   **San Diego**

In all other positions, Spanish **d** is a fricative—it is a longer, continuing sound, pronounced like English *th* in *these*.

adiós   **usted**   **tardes**   **Buenos días.**

f Pronounced like English *f*.

Felipe   **Rodolfo**

g Before the vowels **e** and **i**, Spanish **g** is pronounced like the aspirated *h* in English *heel*.

Gilberto   **gimnasio**

Before the vowels **a**, **o**, and **u**, Spanish **g** has two pronunciations, depending on its position. At the beginning of an utterance, or after a nasal, it is pronounced like English *g* in *go*.[2]

gato   **vengo**   **algún**

In all other instances, it is pronounced like a relaxed version of English *g* in *sugar*.

agua

---

[1]The sound /k/ before **e** or **i** is spelled **qu**: Ra**qu**el, Joa**qu**ín.
[2]The sound /g/ before **e** or **i** is spelled **gu**: Mi**gu**el, **Gu**illermo.

h   Spanish **h** is silent; it has no sound at all.

Hortensia   hasta

j   Pronounced like an aspirated English *h*.

Julia   Jesús

k   In Spanish the letter **k** occurs only in words borrowed from another language.

kilómetro   kilo

l   Pronounced like English *l* in *lap* but with the back of the tongue arched higher.

Manuel   ángel   Laura

ll   In most parts of the Hispanic world, **ll** is pronounced like English *y* in *yes*. In Spanish **ll** is considered one letter.

llama   calle

m, n   Pronounced like English *m* and *n*.

mamá   Elena

ñ   Spanish **ñ** is pronounced like English *ni* in *onion*.

España   español

p   Spanish **p** is never aspirated; that is, it is not accompanied by a puff of air.

Pedro   papá   Pepe

q   Combines with **u**; the combination **qu** is pronounced like English *k*.

Joaquín   Raquel

r   At the beginning of a word or after the consonants **n, s,** or **l,** Spanish **r** is trilled.

Rafael   Enriqueta   Israel   repitan

In other cases, Spanish **r** is pronounced with a single tap of the tongue against the gum ridge behind the upper teeth.

Carolina   Mario   tardes   María

rr   The double **rr** is always trilled.

sierras   Cierren los libros.

s   Pronounced like English *s* in *sit*, never with the *sh*-sound of the English word *confession* or the *z*-sound of the letter *s* in the English words *rose* or *president*.

confesión   visión   Rosa   presidente

t   Pronounced with the tongue touching the upper teeth. There is no aspiration or puff of air as in English.

conteste   Tomás   Catalina

v   See **b**.

w Occurs only in words or names from other languages.

      Wálter   **Washington**

x Often pronounced like **s** when it comes before a consonant.

      texto   **extensión**   **explicación**

Pronounced like *ks* when it comes before a vowel.

      examen   **existir**   **exótico**

Pronounced like Spanish **j** (that is, like an aspirated English *h*) in some words that still retain the old spelling.

      México

México may also be spelled **Méjico**. The pronunciation is the same.

z See **c**.

El alfabeto español *The Spanish alphabet*

LETTER[1]	NAME	EXAMPLES	
a	a	Alfonso	Ana
b	be grande	Esteban	Bárbara
c	ce	Carlos	Alicia
ch	che	Lucho	Chela
d	de	Donaldo	Adelita
e	e	Felipe	Elena
f	efe	Francisco	Mafalda
g	ge	Gil	Gloria
h	hache	Hipólito	Hortensia
i	i	Ignacio	Isabel
j	jota	Juan	Jesusita
k	ka	Kiko	Katy
l	ele	Ángel	Laura
ll	elle	Guillermo	Guillermina
m	eme	Manuel	Amerina
n	ene	Norberto	Josefina
ñ	eñe	Toño	Ñata
o	o	Rodolfo	Olga
p	pe	Pepe	Epifania
q	cu	Joaquín	Raquel
r	ere	Mario	Carolina
rr	erre	Rafael Larra	Enriqueta

[1]Letter names are feminine and take the feminine definite article **la**: **la eme**, **la cu**. **Ch**, **ll**, and **ñ** are considered single letters; they affect the alphabetization of words in vocabulary lists and dictionaries (**achicar** is listed after **acústico**, for example). The cluster **rr** does not affect alphabetization. Since **b** and **v** sound alike, Spanish speakers distinguish between the two by calling **b** ''**be grande**'' (*big b*) and **v** ''**be chica**'' (*small b*).

s	ese	Luis	Rosa
t	te	Tomás	Catalina
u	u	Humberto	Lucía
v	be chica	Vicente	Eva
w	doble ve	Wálter	Wanda
x	equis	Alex	Ximena
y	i griega	Goya	Yolanda
z	zeta	Lázaro	Zulema

APLICACIÓN

A *Practice spelling selected names from the Spanish alphabet list.*

Conchita
ce, o, ene, che, i, te, a—Conchita

1 Joaquín   3 Olga
2 Hipólito   4 Wálter

B *Now spell your own first name.*

PROFESOR	Su nombre, por favor.	*Your name, please.*
ESTUDIANTE	_____	
PROFESOR	¿Cómo se escribe?	*How do you spell (write) it?*
ESTUDIANTE	_____	

C *Listen to each word as your instructor pronounces it. Then repeat the word, imitating as exactly as you can.*

1 hasta   7 Eva
2 Rafael   8 no
3 oficial   9 Pepe
4 usted   10 adiós
5 presidente   11 Cuba
6 María   12 luego

D *List the five words or Spanish names you have encountered so far which are most difficult for you to pronounce and learn to pronounce them correctly.*

El profesor habla con una señorita de la clase.

Sílabas españolas *Spanish syllables*

The most basic Spanish syllable consists of a consonant followed by a vowel or vowel group called a diph-thong (e.g., **ue**).

se-ño-ra **Cu-ba** **fue-go**

Vocales

The vowels **a**, **e**, and **o** are "strong" vowels; **i** and **u** are "weak" vowels.

1 Two strong vowels are always written in separate syllables.

Do-ro-**te-a** **bo-a** co-**e**-du-ca-ción

2 A strong and a weak vowel, or two weak vowels, usually combine to form a diphthong. A diphthong oc-curs in one syllable—it cannot be divided.

pri-**sio**-ne-ro gra-**cias** **bue**-no **Luis**

3 In cases where a weak vowel does not combine with another vowel beside it, but is pronounced in a sepa-rate syllable, an accent is written on the weak vowel to show that this is so.[1]

dí-as Ra-**úl** **rí**-o

Consonantes

1 The letters **ch** and **ll** and the cluster **rr** are never divided.

no-**ches** ca-**lle** gui-ta-**rra**

2 If an **r** or **l** follows any of the consonants listed below, the consonant combination is not divided.

	CONSONANT + r	CONSONANT + l
b	a-**brir**	ha-**blo**
c	a-**cre**	a-**cla**-mar
d	a-**dre**-na-li-na	
f	a-**fren**-tar	a-**flo**-jar
g	a-**grio**	a-**glo**-me-ra-do
p	a-**pre**-ciar	a-**pla**-car
t	a-**tra**-so	(See exception below.)

Exception: The letter **t** usually divides from **l**: **at-las**, **at-le-ta**, **At-lán-ti-co**. However, in words of Aztec origin, **t** and **l** are usually not divided: **A-ca-tlán**, **me-tla-pil**.

3 Other consonant sequences are divided.

es-pa-ñol **tar-des** **Car-los** **lec-ción** **En-ri-que**

4 Three consonants in a row, so long as no two of them form a standard cluster, are divided 2 + 1.

ins-ti-tu-ción

[1]Exception: **u** in **gue**, **gui**, and **que**, **qui** is not accented.

Acento prosódico *Stress accent*

Most words ending in a vowel, **n**, or **s** are stressed on the next-to-the-last syllable. In the following examples, the stressed syllable is underlined.

<u>has</u>ta **ma<u>ña</u>na** **se<u>ño</u>ra** **<u>tar</u>des** **<u>ha</u>blan**

Most words ending in any consonant except **n** or **s** are stressed on the last syllable.

us<u>ted</u> **se<u>ñor</u>** **espa<u>ñol</u>**

Words which do not follow the above patterns have an accent mark on the syllable that is stressed.

es<u>tá</u> **a<u>diós</u>** **lec<u>ción</u>**

Written accent marks are used to distinguish between certain pairs of words spelled alike but with different meaning.

el *the* **él** *he* **sí** *yes* **si** *if*

When a word is used as a question word, it must carry a written accent mark.

¿Cómo? *How?* **¿Qué?** *What?*

APLICACIÓN

A *Divide these words into syllables and underline the syllable that is stressed.*

mañana **ma-<u>ña</u>-na**

noches luego español
señor ¿cómo? lección
días

B *Review the rules for word stress, then underline the syllable that is stressed in each word.*

señor hablan señora
tardes Alicia Enrique

C *Why do these words have a written accent?*

él *he* **sí** *yes* **¿Cómo?** *How?* **¿Qué?** *What?*

D *The stressed syllable is underlined in these words. Can you explain why they do not need a written accent mark?*

profe<u>so</u>ra <u>gra</u>cias espa<u>ñol</u> profe<u>sor</u>

Puntuación

Spanish punctuation is similar to English punctuation, with the following differences:

An inverted question mark or exclamation mark is used at the beginning of a question or exclamation, in addition to the end mark.

¿Cómo está usted? *How are you?*
¡Viva México! *Long live Mexico!*

A dash is often used instead of quotation marks to separate speakers' parts in written dialog.

—¿Está bien usted?   *Are you well?*
—Sí, profesor.   *Yes, professor.*

El uso de las mayúsculas y las minúsculas *Use of upper and lower case letters*

Spanish, like English, capitalizes the first word in a sentence and the names of persons, countries, cities, and business firms.

Here are three differences:

1 Nouns and adjectives indicating nationality are written with small letters.

una ciudad mexicana   *a Mexican city*
los españoles   *the Spaniards*

2 Names of languages are written with small letters.

hablan francés   *they speak French*

3 The days of the week and the names of the months are written with small letters.

martes, cinco de mayo   *Tuesday, the fifth of May*

APLICACIÓN

A *What punctuation marks are required?*

1 Dónde está Eduardo   *Where is Eduardo?*
2 Viva el rey   *Long live the king!*
3 Venga ahorita   *Come right now!*
4 Cómo estás   *How are you?*
5 Él es mi amigo   *He's my friend.*

B *Indicate where upper-case letters are necessary.*

1 yo soy mexicano   *I'm a Mexican.*
2 ella es de bolivia   *She's from Bolivia.*
3 los americanos son altos   *Americans are tall.*
4 la profesora es española   *The professor is a Spaniard.*

Dos estudiantes se saludan en la ciudad universitaria.

Vocabulario

adiós	good-bye	saludo	greeting
bueno	good	el señor	Mr.; sir; gentleman
el día	day	señora	Mrs.; ma'am; lady
Buenos días.	Good morning.	señorita	Miss
el (la) estudiante	student	la tarde	afternoon
hasta	until	Buenas tardes.	Good afternoon.
Hasta luego.	Until later.	vista	sight; view
Hasta mañana.	Until tomorrow. (See you tomorrow.)		
Hasta la vista.	Until I see you; I'll see you.		
el (la) joven	young man (young woman)		
los jóvenes	young people		
luego	later; then; soon		
mañana	tomorrow; morning		
la noche	night		
Buenas noches.	Good evening.		
el profesor (la profesora)	professor; teacher		

The numbers 1–20 and classroom expressions are given on pp. 2–3.

Refrán

Poco a poco se va lejos.
Little by little one goes far.

LECCIÓN 1

Dos amigos se encuentran en un restaurante.

Perspectiva

Functional Conversational Goals: You should be able to
1 exchange greetings and take leave.
2 make introductions using Spanish names of classmates.
3 inquire how others are or where they are, i.e., bank, supermarket, office, park, restaurant, or other public places.

Language: You will study and practice using
1 formal and informal greetings.
2 subject pronouns.
3 the present tense of the verbs **llamarse**, **estar**, **hablar**, **estudiar**, **aprender**, **vivir**.

4 the definite articles.
5 negative sentences.
6 questions.

Culture: You will learn about
1 communicating in formal and informal situations.
2 greeting and taking leave of others in a Spanish-speaking society.

Pronunciation: You will practice
1 the vowel sound **a**.
2 the consonant **d**.
3 linking.

Mi casa es tu casa.

Diálogo

NANCY Y EL PROFESOR GONZÁLEZ

PROFESOR Buenos días, señorita. ¿Cómo está
usted?

NANCY Muy bien, gracias. ¿Y usted?

PROFESOR Bastante bien. ¿Cómo se llama?

NANCY Me llamo Nancy.

PROFESOR Mucho gusto.

NANCY Es un placer.

LOS AMIGOS TONY Y MIGUEL

TONY ¡Hola, Miguel! ¿Cómo estás?

MIGUEL Perfectamente, ¿y tú, qué tal?

TONY No muy bien. Estoy cansado.

MIGUEL Tú estudias demasiado.

TONY No, no estudio mucho.

MIGUEL ¿Y cómo aprendes español?

TONY Siempre hablo con las chicas en
español.

LAS AMIGAS MARIBEL Y NANCY

MARIBEL ¡Hola! ¿Qué tal? ¿Hablas español
también?

NANCY Sí, hablo un poco. ¿Cómo te llamas?

MARIBEL Me llamo Maribel, ¿y tú?

NANCY Me llamo Nancy.

MARIBEL ¿Dónde vives?

NANCY Vivo en un apartamento. Estudio
ahora en la universidad.

MARIBEL Bueno, hasta luego.

NANCY Sí, hasta mañana.

PREGUNTAS

Conteste. (Answer.)

1 ¿Cómo está Nancy?
2 ¿Cómo está el profesor?
3 ¿Cómo se llama el profesor?
4 ¿Cómo se llama usted?
5 ¿Cómo está usted?
_____

6 ¿Cómo está Miguel?
7 ¿Cómo se llama el amigo de Miguel?
8 ¿Está cansado Tony?
9 ¿Estudia demasiado Tony?
10 ¿Cómo aprende español Tony? ¿Habla con
las chicas?
_____

11 ¿Habla español Nancy?
12 ¿Habla mucho o poco Nancy?
13 ¿Habla español Maribel?
14 ¿Dónde vive Nancy?
15 ¿Estudia Nancy en la universidad?

Notas culturales [1]

SALUDOS FORMALES

Usted con las personas mayores (*older people*) o importantes

Usted is the equivalent of *you* when speaking with older people or important persons.

Tony   el profesor

Nancy saluda a la profesora por la mañana.
—Buenos días, señora. ¿Cómo está usted?
—Bien, gracias, ¿y usted?

Tony saluda al profesor en la tarde.
—Buenas tardes, señor. ¿Cómo está usted?
—Muy bien, gracias. ¿Y usted?

Es importante dar la mano . . .
    a las personas mayores.
    en la presentación (*when being introduced*).
    en una reunión social (*social gathering*).
    a las personas importantes.

SALUDOS INFORMALES

Tú con los amigos, miembros de la familia y niños

Tú is the equivalent of *you* when speaking with friends, members of one's family, and children.

Tony   Miguel

Maribel   Nancy

CON LOS AMIGOS

Miguel saluda a su amigo Tony.
—¡Hola, Tony! ¿Cómo estás?
—Bien, ¿y tú?
—Así así. (*So-so.*)

CON LAS AMIGAS

Maribel saluda a su amiga Nancy.
—¡Hola, Nancy! ¿Qué tal?
—Perfectamente, ¿y tú?
—Más o menos. (*Pretty good.*)

[1]New vocabulary in the **Notas culturales** of Lesson 1 is included in the lesson vocabulary.

Las señoritas se dan un beso en la mejilla y los jóvenes se saludan.

CON LOS MIEMBROS DE LA FAMILIA

La mamá saluda a la hija.
—¡Hola, Maribel! ¿Estás bien?
—Sí, mamá, muy bien.

CON LOS NIÑOS

Nancy saluda al niño Pepe.
—¡Hola, Pepe! ¿Cómo estás?
—Bien, ¿y tú?
—Muy bien, gracias.

Es costumbre darse un abrazo entre amigos, y darse un beso entre amigas.

A *Responda a los saludos. (Respond to the greetings.)*

1 Buenos días.
2 ¿Cómo está usted?
3 Buenas tardes.
4 ¿Qué tal?
5 Buenas noches, joven.
6 Adiós.
7 Hasta luego.
8 ¡Hola!
9 ¿Cómo estás?
10 Hasta mañana.
11 ¡Hola!
12 Buenas noches.

B *Salude a estas personas y pregúnteles cómo están. (Greet these people and ask them how they are.)*

1 El profesor
2 Pepe
3 El presidente de la universidad
4 Maribel
5 Miguel
6 La señora Gómez
7 María
8 Nancy
9 La profesora

Explicación y Aplicación

1. ¿Cómo se llama . . .? (llamarse)

Manuel   Luis

—Hola, Manuel. ¿Cómo
estás?
—Bien, ¿y tú?

Manuel   Luis   Alfredo

—¿Cómo **se llama** él?
—Él **se llama** Alfredo.

Manuel   Eva   Alicia

—¿Cómo **se llama** ella?
—**Se llama** Alicia.

Manuel   Alfredo
        Luis   Alicia

—¿Cómo **se llaman** ellos?
—Ellos **se llaman** Alfredo y Alicia.

Conteste.

1 ¿Cómo se llama el muchacho?
2 ¿Cómo se llama la chica?
3 ¿Cómo se llama usted?
4 ¿Cómo se llama la profesora (el profesor)?

The verb **llamarse** is used for stating someone's name. When giving your own name, you would say (**yo**) **me llamo** . . . (*my name is . . . / I call myself . . .*). To say *his* or *her name is . . .*, use (**él** or **ella**) **se llama** . . . . In familiar situations use (**tú**) **te llamas** . . . (*your name is . . . / you call yourself . . .*).

ACTIVIDAD

PROFESOR	Pregúntele cómo se llama él (ella). *Ask him (her) what his (her) name is.*
ESTUDIANTE 1	¿Cómo te llamas?
ESTUDIANTE 2	Me llamo Alfredo (Isabel).
PROFESOR	Estudiantes, ¿cómo se llama él (ella)?
ESTUDIANTES	Se llama Alfredo (Isabel).

2. Los pronombres como sujetos

SINGULAR		PLURAL	
yo	*I*	**nosotros, nosotras**	*we*
tú	*you*	**vosotros, vosotras**	*you*
él, ella	*he, she*	**ellos, ellas**	*they*
usted	*you*	**ustedes**	*you*

Gender of pronouns

The pronouns **yo**, **tú**, **usted**, and **ustedes** refer to persons of either gender, male or female. The other subject pronouns are more specific—the speaker must choose one form or another, depending on whether the persons referred to are masculine or feminine, or a collection of both genders. **Él** and the pronouns with an **o** (**nosotros**, **vosotros**, **ellos**) are masculine; the pronouns with an **a**, (**ella**, **nosotras**, **ellas**) are feminine. When referring to a mixed group (masculine and feminine), use the masculine pronouns.

Ana y Alicia	**ellas**	*they*
Alfredo y Alicia	**ellos**	*they*
Juan, Carlos y Pepe	**ellos**	*they*
Las señoritas	**ellas**	*they*

Tú y usted

When speaking to just one person, either **tú** or **usted** may be used.

Tú plus the **tú**-form of the verb is used in informal situations, for instance, in speaking with close friends or classmates of one's own age.

Tú hablas bien, Tony.	*You speak well, Tony.*

Usted plus the **usted**-form of the verb is used in more formal situations—for example, in speaking to someone older, such as your professor or the adult friends of your parents. **Usted** is often abbreviated in writing as **Ud.**

¿Cómo **está usted**, señora Gómez?	*How are you, Mrs. Gómez?*

When addressing more than one person, in Latin America only one form is possible, **ustedes** (often abbreviated in writing as **Uds.**). In Spain, however, three forms are possible: formal **ustedes** and familiar **vosotros** or (if all the people addressed are female) **vosotras**.

	ONE PERSON ADDRESSED	SEVERAL PERSONS ADDRESSED	
	Everywhere	*Latin America*	*Spain*
FORMAL	**usted**	**ustedes**	**ustedes**
FAMILIAR	**tú**	**ustedes**	**vosotros, vosotras**

In the classroom, students in Spanish-speaking countries normally use **usted** to address their professor and **tú** when speaking to each other. The professor may use **usted** or **tú** in addressing individual students. In your own Spanish class, use **usted** to address your instructor, and **tú** to address another student. Your instructor will normally use **usted** to address students.

Conteste.

PROFESOR	ESTUDIANTE
¿Usted?	Sí, yo.
¿Yo?	Sí, usted.
¿Él?	Sí, él.
¿Ella?	Sí, ella.
¿Ustedes?	Sí, nosotros.

PROFESOR	ESTUDIANTE
¿Nosotros?	Sí, ustedes.
¿Ellos?	Sí, ellos.
¿Ellas?	Sí, ellas.
¿María?	Sí, ella.
¿Juan?	Sí, él.

El famoso abrazo latino entre
dos amigos de Cali, Colombia.

ACTIVIDADES EN PAREJAS

Student 1 begins and student 2 responds; then change roles.

A *Entre dos chicos. (Between two young men.)*

ESTUDIANTE 1	ESTUDIANTE 2
¿Tú?	Sí, yo.
¿Yo?	Sí, tú.
¿Juan?	Sí, él.
¿Juan y tú?	Sí, nosotros.

EN ESPAÑA

¿Vosotros?	Sí, nosotros.
¿Nosotros?	Sí, vosotros.

EN LATINOAMÉRICA

¿Ustedes?	Sí, nosotros.
¿Nosotros?	Sí, ustedes.

B *Entre dos chicas. (Between two young women.)*

ESTUDIANTE 1	ESTUDIANTE 2
¿Yo?	Sí, tú.
¿Tú?	Sí, yo.
¿Juan?	Sí, él.
¿María?	Sí, ella.

EN ESPAÑA

¿Nosotras?	Sí, vosotras.
¿Vosotras?	Sí, nosotras.

EN LATINOAMÉRICA

¿Nosotras?	Sí, ustedes.
¿Ustedes?	Sí, nosotras.

3. **Estar** *to be* (tiempo presente)

Susana está en el parque.

Tony y Juan están en la playa.

Maribel está en el carro.

Manuel y Ana están en el restaurante.

El médico está en el hospital.

Conteste.

1 ¿Está la profesora en la clase?
2 ¿Dónde está usted ahora?
3 ¿Dónde están Alicia y Alfredo?
4 ¿Está Maribel en la playa?
5 ¿Están Manuel y Ana en el restaurante?
6 ¿Dónde están Tony y Juan?
7 ¿Está Maribel en el carro?
8 Susana está en el hospital, ¿no?
9 ¿Dónde está el médico?

	SINGULAR			PLURAL		
1ST PERSON	**(yo)**	**estoy**	*I am*	**(nosotros)**	**estamos**	*we are*
2ND PERSON	**(tú)**	**estás**	*you are*	**(vosotros)**	**estáis**	*you are*
3RD PERSON	**(él)**	**está**	*he is*	**(ellos)**	**están**	*they are*
	(ella)		*she is*	**(ellas)**		*they are*
	(usted)		*you are*	**(ustedes)**		*you are*

Susana no **está** aquí. — *Susana is not here.*
¿Cómo **está** Miguel? — *How's Miguel?*
Está bien. — *He's fine.*

A *Sustituya según el modelo.*

Miguel está en clase. (Yo)
Estoy en clase.

Ella, Tú, El profesor, Nosotros, Elena y Marta, Carlos, Ud., Pepe y yo, Él

B *Responda según el modelo.*

Estoy muy bien, ¿y usted?
Estoy muy bien, gracias.

¿y él?, ¿y ustedes?, ¿y ellos?, ¿y tú?, ¿y ellas?, ¿y tú y Pepe?

C *Pregunte dónde están estas personas.*

Carlos
¿Dónde está Carlos?

1 el profesor y Luis
2 Anita y Susana
3 ustedes
4 Miguel
5 tú

D *Diga donde están estas personas.*

Francisco—en Cuba.
Francisco está en Cuba.

1 Las señoritas—en casa.
2 El profesor—en la clase.
3 Los estudiantes—en México.
4 Pepe y yo—en la clase.
5 Alicia—en California.
6 Carlos—en África.
7 Marta—en el carro.

E *Conteste.*

1 ¿Cómo está Ud.?
2 ¿Dónde está Carlos?
3 ¿Está el profesor (la profesora) en la clase?
4 ¿Dónde está Marta?
5 ¿Cómo están ustedes?
6 ¿Dónde estás?

ACTIVIDADES EN PAREJAS _____

Student 1 begins the conversation and student 2 responds. Complete activities A, B, and C; then change roles.

A *It is 10:00 A.M. You meet a friend your own age, a fellow classmate.*

1 Give an appropriate greeting.
2 Find out how he or she is.
3 Say "Good-bye, see you later."

B *It is 2:00 P.M. You meet Señora Sánchez, an important bank manager and a friend of your parents.*

1 Give an appropriate greeting.
2 Find out about her family.
3 Tell her good-bye.

C *It is 8:00 P.M. You meet a close friend your own age whom you have not seen for some time. Women students may assume they are meeting a woman and men may assume they are meeting a man.*

1 Give an appropriate greeting.
2 Give an **abrazo** or touch cheeks.
3 Say "Good-bye, see you tomorrow."

---

4. Uso de pronombres como sujetos

Subject pronouns, such as **yo**, **él**, and **nosotros**, are not normally expressed with a verb as in English since the verb ending indicates the person.

Estoy cansada.	*I am tired.*
¿Cómo está Carlos? Está bien.	*How is Carlos? He is fine.*

Use subject pronouns . . .

1) to clarify when otherwise it would not be clear who or what is the subject. (Such doubts are most likely to arise with third-person verb forms. For example, the form **está** could mean *he is, she is, it is, you are.* The form **están** could mean *you are, they are.*)

2) to give emphasis, or to suggest a contrast.

Carlos y Ana están bien.	*Charles and Ann are well.*
Nosotros estamos enfermos.	*We are sick.*
Ella está contenta.	*She is happy.*

Usted and **ustedes** may be used, especially in questions, to emphasize courtesy.

¿Cómo está **usted**?

Tú is generally not used in questions since the verb **estás** can only have **tú** as a subject.

¿Cómo estás?

Vocabulario útil [1]

LUGARES Y EDIFICIOS PÚBLICOS *Public places and buildings*

En la **universidad**

Susana—contenta

En la **oficina**

la profesora Jones—mal

En el **parque**

Anita—cansada

En el **restaurante**

Miguel—contento

En el **banco**

Alicia—así así

En el **supermercado**

Luis y Marta—bien

Conteste.

¿Dónde está Susana?
Susana está en la universidad.

1 ¿Cómo está Susana?
2 La profesora se llama Jones, ¿no?
3 ¿Dónde está la profesora?
4 ¿Cómo está la profesora?
5 ¿Está en la clase Anita?
6 ¿Cómo está Anita?

7 ¿Dónde está Miguel?
8 ¿Cómo está Miguel?
9 ¿Dónde está Alicia?
10 ¿Está bien Alicia?
11 ¿Dónde están Luis y Marta?
12 ¿Cómo están ellos?

[1]*Useful vocabulary*

Las madres y los niños en un parque de Buenos Aires.

5. **Hablar** *to speak, to talk* (tiempo presente)

Tony habla español con las chicas.

hablo	hablamos
hablas	habláis
habla	hablan

Conteste.

1 ¿Habla Tony español?
2 ¿Con quién habla español?
3 ¿Habla usted español también?
4 ¿Hablan ustedes español con el profesor?

Tony **habla** español con las chicas.	*Tony speaks Spanish with the girls.*
Hablamos español en la clase.	*We speak Spanish in class.*
¿**Hablas** francés?	*Do you speak French?*

A *Repita y sustituya.*

1 Tony habla español muy bien.
Usted, Ellos, Miguel y Luis, Tú, Ella,
La profesora

2 ¿Habla **usted** francés?
él, ustedes, nosotros, ellos, Nancy, vosotros,
el profesor

B *Responda según el modelo.*

Los estudiantes hablan español. ¿Y usted?
Hablo español también.

¿Y Nancy?   ¿Y ustedes?
¿Y tú?   ¿Y él?
¿Y ellos?   ¿Y el profesor?

6. Estudiar *to study* (tiempo presente)

Miguel estudia en casa.

estudio	estudiamos
estudias	estudiáis
estudia	estudian

Conteste.

1 ¿Dónde estudia Miguel?
2 ¿Estudia él mucho?
3 ¿Estudian ustedes mucho también?
4 ¿Dónde estudia usted?

Miguel **estudia** en casa.	*Miguel studies at home.*
¿Qué **estudia** usted?	*What are you studying?*
¿Qué **estudian** ellos?	*What do they study (are they studying)?*

A *Repita y sustituya.*

1 Miguel estudia en casa.
Yo, Ella, Maribel, José y Alberto, Tú,
Nosotros

2 ¿Estudia **usted** mucho?
ella, vosotras, ellos, Nancy, tú, él, Miguel

B *Responda según el modelo.*

Miguel y Nancy estudian en casa. ¿Y usted?
Estudio en casa también.

¿Y Alberto?   ¿Y tú?
¿Y ellas?   ¿Y los estudiantes?
¿Y ustedes?   ¿Y vosotros?

C *Conteste.*

1 ¿Hablan ustedes español o francés en la
clase?
2 ¿Dónde estudia usted?
3 ¿Habla el profesor (la profesora) español en
casa?
4 ¿Hablas español en casa también?
5 ¿Estudian ustedes mucho?
6 ¿Qué estudian los estudiantes?

7. Los artículos definidos

English has just one definite article, *the*. Spanish has four forms, **el**, **los**, **la**, and **las**. The form to use depends on the gender (masculine or feminine) and number (singular or plural) of the noun it accompanies.

All Spanish nouns (including the names of things and ideas, not just living beings) are classified as either masculine or feminine. Nouns ending in **-o** are usually masculine; nouns ending in **-a** are usually feminine. (Some common exceptions include **el día** *the day* and **el idioma** *the language*, which both end in **-a** but are masculine; and **la mano** *the hand*, which ends in **-o** but is feminine.) Learn the definite article that goes with each new noun you meet, as a reminder of the noun's gender.

Almost any noun can be either singular or plural. A noun is usually made plural by adding **-s** (if it ends in a vowel) or **-es** (if it ends in a consonant). Nouns ending in **-z** change **-z** to **-c** and add **-es**: **el lápiz**, **los lápices** (*pencil, pencils*).

When a noun names a set of people that includes both sexes, use the masculine plural form of the article and noun: **los chicos** *the boys and girls*.

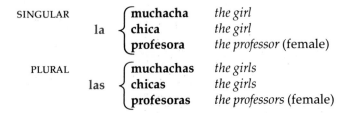

Masculine forms

SINGULAR	el	muchacho	*the boy*
		chico	*the boy*
		profesor	*the professor* (male)
PLURAL	los	muchachos	*the boys, the boys and girls*
		chicos	*the boys, the boys and girls*
		profesores	*the professors* (male or both genders)

Feminine forms

SINGULAR	la	muchacha	*the girl*
		chica	*the girl*
		profesora	*the professor* (female)
PLURAL	las	muchachas	*the girls*
		chicas	*the girls*
		profesoras	*the professors* (female)

A *Repita y cambie al plural. (Repeat and change to the plural.)*

el chico
El chico. Los chicos.

1 la oficina	5 el muchacho	9 el profesor	13 la estudiante
2 el parque	6 la casa	10 el doctor	14 la joven
3 la clase	7 la familia	11 el día	15 la doctora
4 la muchacha	8 el joven	12 el estudiante	16 la profesora

B *Repita y sustituya.*

1 El profesor está aquí.
chica, muchacho, chico, señora, estudiante,
muchacha
2 Los estudiantes hablan español.
muchachas, profesores, chicos, profesoras,
muchachos

8. Aprender *to learn* (tiempo presente)

Tony aprende español en la
clase.

aprendo	aprendemos
aprendes	aprendéis
aprende	aprenden

Conteste.

1 ¿Aprende Tony español?
2 ¿Dónde aprende español?
3 ¿Dónde aprenden ustedes español?
4 ¿Aprende usted francés también?

Tony **aprende** español en la clase.   *Tony is learning Spanish in class.*
¿Aprende usted francés también?   *Are you learning French also?*

A *Repita y sustituya.*

1 Tony aprende español en la clase.
Ella, Ustedes, Nosotros, Tú, Ellos, Vosotros,
Él
2 ¿Aprenden mucho **los estudiantes**?
tú, el profesor, Nancy, usted, Miguel y Luis,
ustedes

B *Responda según el modelo.*

Nosotros aprendemos español y francés.
¿Y ellos?
Aprenden español, francés no.

¿Y usted?	¿Y tú?
¿Y Tony?	¿Y ella?
¿Y la profesora?	¿Y los estudiantes?

9. **Vivir** *to live* (tiempo presente)

Nancy vive en un apartamento.

vivo	vivimos
vives	vivís
vive	viven

Conteste.

1 ¿Dónde vive Nancy?
2 ¿Vive usted en un apartamento también?
3 ¿Viven muchos estudiantes en casa?
4 ¿Viven otros estudiantes en casa?

Nancy **vive** en un apartamento.	*Nancy lives in an apartment.*
¿Dónde **vive** usted?	*Where do you live?*
Otros estudiantes **viven** en casa.	*Other students live at home.*

A *Repita y sustituya.*

1 **Nancy** no vive en casa.
   Yo, Él, María y Susana, Nosotros, Miguel,
   Tú, Vosotros
2 ¿Dónde viven **ustedes**?
   ella, ellos, tú, la profesora, usted, los
   estudiantes

B *¿Dónde viven estas personas? Responda según el modelo.*

   Alberto—California.
   Alberto vive en California.

1 Nancy—un apartamento.
2 Yo—casa.
3 Marta y Luisa—México.
4 Daniel y yo—los Estados Unidos.
5 El profesor—casa.
6 Ellos—Venezuela.

C *Conteste.*

1 ¿Vive usted en un apartamento?
2 ¿Dónde vive el profesor (la profesora)?
3 ¿Viven los estudiantes en casa también?
4 ¿Aprende usted español o francés?
5 ¿Dónde aprenden ustedes español?

10. Frases negativas

To form a negative sentence, place **no** before the complete verb.

AFIRMATIVO	Estoy cansado.	*I'm tired.*
NEGATIVO	**No** estoy cansado.	*I'm not tired.*
AFIRMATIVO	Me llamo Carlos.	*My name is Carlos.*
NEGATIVO	**No** me llamo Carlos.	*My name is not Carlos. (I don't call myself Carlos.)*

A *Cambie al negativo.*

1 Carlos está aquí.
2 El profesor se llama Jones.
3 Pepe está cansado.
4 Tony habla español.
5 Maribel vive en un apartamento.
6 Luis estudia mucho.

B *Responda en el negativo.*

1 ¿Se llama usted Felipe?
2 ¿Están bien ellos?
3 ¿Estudian ustedes mucho?
4 ¿Vive usted en México?
5 ¿Alicia habla francés?

C *Responda o en el negativo o en el afirmativo.*

1 ¿Está en la clase el profesor?
2 ¿Está en casa Elena?
3 ¿Los estudiantes hablan francés?
4 ¿Está cansado(a) el profesor (la profesora)?
5 ¿Viven ustedes en California?

Las señoritas toman un refresco
en un restaurante de San José,
Costa Rica.

11. Frases interrogativas

Questions are formed in Spanish by:

1 Using the same word order as for a statement, and raising the voice pitch at the end of the question.

STATEMENT
Marta está aquí.

QUESTION
¿Marta está aquí?

2 Inverting the subject-verb word order, and raising the voice pitch at the end of the question.

STATEMENT
Marta está aquí.

QUESTION
¿Está aquí Marta?

3 Using a question word such as **¿dónde?** or **¿cómo?**, and placing the subject after the verb. The voice pitch is highest on the question word and falls at the end of the question.

¿**Dónde** está Carlos?   ¿**Cómo** está usted?

4 Using a tag-question word like **¿verdad?** *Right?* after a statement and raising the voice pitch at the end of the question.

STATEMENT
Mario está en casa.

La profesora se llama Jones.

QUESTION
Mario está en casa, **¿verdad?**

La profesora se llama Jones, **¿no?**

Repita con la inflexión apropiada. (Repeat with the appropriate inflection.)

1 ¿Cómo se llama usted?

2 Me llamo Mario.

3 ¿Está en casa Carlos?

4 El profesor está en la clase.

5 ¿El profesor está en la clase?

6 Elena está bien, ¿verdad?

ACTIVIDADES EN PAREJAS

A *Ask a classmate where these people are.*

1 la profesora (el profesor)
2 Fidel Castro
3 los estudiantes
4 Burt Reynolds
5 Juan Carlos
6 Chris Evert Lloyd
7 el presidente

B *Tell a classmate that these people are not in the places indicated.*

1 La profesora—la casa.
2 Alicia—el hospital.
3 Tony—la clase.
4 Alfredo y Nancy—el parque.
5 El médico—la oficina.

C *Tell a classmate that these persons do not do the things indicated.*

1 Alicia—estudiar mucho.
2 Tony—vivir en un apartamento.
3 La profesora—hablar inglés.
4 Los estudiantes—aprender francés.

En pocas palabras

BREVES CONVERSACIONES

Pregúntele a _____
  cómo se llama.
  si se llama Roberto.
  cómo se llama el profesor (la profesora).
  si la familia está bien.
  si está bien.
  dónde están los estudiantes.
  si Ricardo está aquí.
  dónde está Pepe.
  si el profesor está aquí.

PREGUNTAS PERSONALES

1 ¿Cómo está usted?
2 ¿Se llama usted Carlos?
3 ¿Cómo se llama usted?
4 ¿Está usted cansado (cansada)?
5 ¿Cómo se llama el profesor (la profesora)?
6 ¿Está aquí el profesor (la profesora)?
7 ¿Está el presidente en la oficina?
8 ¿Dónde está el médico?
9 ¿Está Burt Reynolds en Hollywood?
10 ¿Aprende usted mucho en la clase?
11 ¿Aprende francés y español?
12 ¿Estudia usted mucho en casa?
13 ¿Habla español con el profesor (la profesora)?
14 ¿Vive usted en México o en los Estados Unidos?
15 ¿Vive usted en un apartamento?

For variation repeat the **Preguntas personales** *using the* **tú**-*form where appropriate.*

Sección de referencia

Pronunciación

Spanish a

Repeat after your instructor, paying particular attention to the vowel **a** in the stressed and unstressed positions.

Buenos días.	¿Cómo está usted?	Saludos a la familia.
Hasta mañana.	¿Y en casa?	Estoy cansado.
Alicia	Anita	

Spanish d

Repeat after your instructor, paying particular attention to the two pronunciations of **d**, as a stop, or plosive, when it occurs in initial position or after **l** or **n**, and as a fricative anywhere else.

d FRICATIVE		**d** PLOSIVE	
buenos **d**ías	cansa**d**o	¿**D**ónde?	San **D**iego
uste**d**	salu**d**os	**D**onaldo	el **d**omingo
buenas tar**d**es	a**d**iós	**d**ías	él **d**ice

Linking

In speaking, a final consonant is linked with an initial vowel.

má**s o** menos   saludo**s a** la familia

Two identical vowels are pronounced as one.

a Ana María   d**e e**spañol

Two identical consonants are pronounced as one.

e**l l**ibro   la**s s**illas

In speech, the final vowel of one word may be linked to the initial vowel of the following word. Even though both of the adjacent vowels may be strong vowels (**a, e, o**) and do not form a diphthong, the voice does not pause between them. In the event that the vowels are identical and at least one of them is unstressed, they may blend or fuse into one sound.

Te presento **a A**licia.   Est**á e**n clase.   tod**o e**l día   s**u a**migo

Vocabulario[1]

a	to
abrazo	embrace, hug
darse un abrazo	to hug
afirmativo	affirmative
África	Africa
ahora	now
al	to the (contraction of a + el)
amigo(a)	friend
apartamento	apartment
aquí	here
así	so, thus
así así	so–so
banco	bank
bastante	enough, sufficient
beso	kiss
darse un beso	to kiss
bien	well, fine
Está bien.	He's fine.
cansado	tired
carro	car, auto
casa	house, home
la clase	class
¿cómo?	how?, what?
con	with
contento	happy, content; satisfied
la costumbre	custom
chica	girl
chico	boy
los chicos	boys; boys and girls
de	of
demasiado	too much
diálogo	dialog
el doctor (la doctora)	doctor
¿dónde?	where?
edificio	building
el	the (masculine)
él	he; him, it (obj. of prep.)
ella	she; her, it (obj. of prep.)
ellas, ellos	they; them (obj. of prep.)
en	in; at; on
enfermo	sick, ill
entre	between, among
el español	Spanish language; Spanish male
la española	Spanish female
estado	state
los Estados Unidos	the United States
familia	family
el francés	French language; French male
la francesa	French female
gracias	thank you
gusto	pleasure
Mucho gusto.	Glad to meet you (much pleasure).
hijo(a)	child
los hijos	children
¡Hola!	Hello!, Hi!
el hospital	hospital
el idioma	language
importante	important
la	the (feminine)
el lápiz (pl. lápices)	pencil
las	the (fem. pl.)
los	the (masc. pl.)
el lugar	place
mal	bad; poor; ill; wrong
Está mal.	He's ill.
la mamá	mom
la mano	hand
más	more
mayor	older, greater
me	me; myself
médico	doctor
menos	less, fewer
más o menos	pretty good, so-so; more or less
México	Mexico
mi	my
miembro	member
muchacho(a)	boy (girl)
los muchachos	boys; boys and girls
mucho	much, a lot
muy	very
negativo	negative
niño(a)	child
los niños	children
nosotros, nosotras	we; us (obj. of prep.)
o	or
oficina	office
otro	other; another

[1]Definite articles are listed with nouns only when the gender cannot be determined from the noun ending. (See explanation on p. 493.)

el **parque**	*park*	**unido**	*united*
perfectamente	*perfectly*	la **universidad**	*university*
persona	*person*	**usted (Ud.)**	*you (formal sing.)*
el **placer**	*pleasure*	**ustedes (Uds.)**	*you (formal pl.)*
playa	*beach*	**útil**	*useful*
poco	*little, few*	la **verdad**	*truth*
un **poco**	*a little*	**vocabulario**	*vocabulary*
la **presentación**	*presentation, introduction*	**vosotros, vosotras**	*you (fam. pl.)*
presente	*present* (adj.)	**y**	*and*
público	*public*	**yo**	*I*
¿qué?	*what?*		
¿quién?	*who?*		
el **restaurante**	*restaurant*		
la **reunión**	*gathering, meeting*		

Verbos

aprender	*to learn*
dar	*to give*
estar	*to be*
estudiar	*to study*
hablar	*to speak, talk*
llamarse	*to be called*
saludar	*to greet*
vivir	*to live*

se	(sing.) *himself, herself, itself, yourself;* (pl.) *themselves, yourselves*
sí	*yes*
siempre	*always*
su	*his, her, your, their, one's*
supermercado	*supermarket*
tal: ¿Qué tal?	*How's it going?*
también	*also*
te	*you, yourself* (fam.)
tiempo	*time*
tu	*your* (fam.)
tú	*you* (fam.)
un, una	*a, an; one*

Refrán

Mi casa es tu casa.
My house is your house. (Make yourself at home.)

LECCIÓN 2

Un grupo de estudiantes de la Universidad de Santiago, Chile.

Perspectiva

Functional Conversational Goals: You should be able to
1 discuss social life on campus, in the plaza, and in other informal gatherings.
2 express where you or persons of other nationalities live and the various languages learned and used.
3 describe some physical and mental attributes of classmates and other persons.

Language: You will study and practice using
1 several regular **-ar**, **-er**, and **-ir** verbs in the present tense.
2 the correct forms, agreement, and placement of adjectives.
3 the present tense of the verb **ser**.
4 some adjectives used as nouns.

5 the demonstrative adjectives **este**, **esta**, **ese**, **esa**, **aquel**, **aquella**.
6 the verb **ir** and **ir a** + infinitive.
7 the definite and indefinite articles.
8 the verbs **ser** and **estar** in their specific contexts.

Culture: You will learn about
1 the social life of college students in Spanish-speaking countries.
2 the importance of the **plaza** in the social life of Hispanic people.

Pronunciation: You will practice
1 the consonant **d** (continued).
2 the consonants **h** and **ch**.
3 the vowels **e** and **i**.

35

Los libros y los amigos—pocos y buenos.

Diálogo

¿QUÉ ESTUDIAS?

JOHN   ¡Hola, Isabel! Tú estudias francés, ¿no?
ISABEL   Sí, leo y hablo un poco. Papá es francés.
JOHN   Entonces comprendes dos idiomas.
ISABEL   Sí, más o menos.
JOHN   ¿Dónde vives?
ISABEL   Bueno, ahora vivo aquí en este apartamento.
JOHN   ¿Ah, sí? ¿Qué tal las compañeras de cuarto?
ISABEL   Son muchachas muy inteligentes y simpáticas también.

¿DE DÓNDE ERES?

ERIC   ¡Hola! Soy Eric Madsen, ¿y tú?
DOLORES   Me llamo Dolores.
ERIC   Mucho gusto. No eres norteamericana, ¿verdad? ¿De dónde eres?
DOLORES   No soy de los Estados Unidos. Soy de Chile.
ERIC   Ah, chilena, ¿eh? ¿Qué estudias? ¿Materias difíciles?
DOLORES   Inglés, alemán y medicina.
ERIC   ¿Tú estudias medicina? Te felicito.
DOLORES   Gracias. Eres muy amable.
ERIC   Igualmente.

¿ADÓNDE VAS?

DANIEL   ¡Hola, Miguel! ¿Adónde vas esta noche?
MIGUEL   Voy a la plaza y después a una discoteca.
DANIEL   ¿Vas a ir solo?
MIGUEL   ¡Qué va! Voy con unos compañeros de clase. ¿Y tú?
DANIEL   Voy con unos amigos americanos.
MIGUEL   ¿Adónde van? A la plaza a tomar cerveza, ¿eh?
DANIEL   No, vamos a pasar por unos bares.
MIGUEL   ¿No van a la discoteca?
DANIEL   No, no bailamos. Vamos a beber sangría y comer tapas.[1]

PREGUNTAS

Conteste con **sí** *o* **no** *o con una frase corta. (Answer with* yes *or* no *or with a short phrase.)*

1 ¿Qué estudia Isabel?
2 Habla francés un poco, ¿no?
3 ¿Es francés el papá de Isabel?
4 ¿Comprende francés Isabel?
5 ¿Qué tal las compañeras de cuarto?
6 ¿Dónde vive Isabel ahora?

———————

[1]**Tapas** are tidbits of cheese, meat, or seafood on toothpicks set out in large trays and eaten as snacks with wine.

7 Dolores no es norteamericana, ¿verdad?
8 ¿De dónde es Dolores?
9 ¿Es chilena ella?
10 ¿Estudia materias difíciles Dolores?
11 ¿Qué estudia ella?
12 ¿Es doctora Dolores?

———

13 ¿Adónde va Miguel esta noche?
14 ¿Va a ir solo?
15 ¿Adónde van Daniel y los americanos?
16 ¿Qué van a beber?
17 ¿Qué van a comer?

Notas culturales

Reading guidelines: Effective and efficient reading requires the reader to be able to make "sensible guesses," or determine the meaning of unknown words by their surrounding context. Although frustrating at first, this skill can only be developed through practice. For this reason, very few words in the **Notas culturales** and **Lecturas** will be glossed. It is hoped that the reader will (1) attempt to grasp meaning from context (even though the precise meaning of some words may remain a little uncertain for a while), and (2) learn how to use judiciously a dictionary or glossary. Words or non-parallel structures that are not easily understood will be glossed to the side of the reading text.

LA VIDA¹ SOCIAL

life

De costumbre¹ los estudiantes en España y Latinoamérica van a la plaza, a los bares, a las discotecas, o a casa de un amigo. Van en grupos de dos o tres jóvenes o chicas.

Customarily

En las universidades no hay partidos¹ de fútbol, ni de básquetbol ni bailes¹ organizados para¹ todos los estudiantes.

there are no games
dances / for

LA PLAZA

Los jóvenes y las chicas, las familias y las personas mayores también van con mucha frecuencia a la plaza para tomar un refresco¹ y conversar con los amigos.

to have (drink) a soda pop

En la plaza hay grupos de jóvenes¹ que cantan¹, bailan y tocan¹ la guitarra. ¡Es muy interesante! Después van a beber sangría y comer tapas en el bar.

young people / sing / play

Unos jóvenes de la universidad bailan en una discoteca de la Ciudad de México.

EL BAR

En España está muy de moda¹ pasar por varios bares por la
tarde o por la noche con los amigos o con las amigas. En los bares
hay tapas deliciosas de queso, carne y pescado¹ para tomar con el
vino¹.

very popular

cheese, meat, and fish
wine

PREGUNTAS

1 ¿Adónde van de costumbre los estudiantes hispánicos? **2** ¿Van solos o van en grupos?
3 ¿Hay partidos de fútbol organizados por la universidad? **4** ¿Adónde van para tomar un
refresco? **5** En la plaza los jóvenes cantan y _____. **6** ¿Qué beben en el bar? **7** ¿Dónde comen
tapas? **8** ¿Es costumbre pasar por varios bares? **9** ¿Qué toman los jóvenes con el vino?
10 Hay tapas deliciosas de queso, pescado y _____.

Explicación y Aplicación

1. Los verbos en español—terminología

The infinitive

Verbs are listed in the dictionary in the infinitive form: **hablar** *to speak*, **aprender** *to learn*, **vivir** *to live*. Infini-
tives always have a stem (**habl-**, **aprend-**, **viv-**) plus the ending **-ar**, **-er**, or **-ir**.

Conjugations

Verbs are classified in the first, second, or third conjugation, according to the infinitive ending:

-**ar** verbs, first conjugation: **hablar**
-**er** verbs, second conjugation: **aprender**
-**ir** verbs, third conjugation: **vivir**

Conjugated forms

In addition to a single infinitive form, each verb has many conjugated (inflected) forms. This is because the verb changes its endings, and sometimes modifies its stem, to indicate the person and number of its subject (**yo**, **tú**, **ella**, etc.), its tense (present, future, past), and its mood (indicative, subjunctive, imperative). In English *am* and *were* are conjugated forms of *to be*. In Spanish, **hablo** *I speak* is a conjugated form of **hablar** *to speak*.[1]

Regular versus irregular verbs

Each of the three conjugations has a standard pattern of endings for all the tenses (present, future, etc.). A regular verb has all the standard endings of its conjugation and no modifications of its stem. An irregular verb has one or more forms that do not follow the pattern for its conjugation.

2. El tiempo presente de verbos regulares

Armando trabaja en la fábrica.

Tomás comprende dos idiomas.

Conteste.

1 ¿Dónde trabaja Armando?
2 ¿Trabaja él mucho?
3 ¿Dónde trabaja usted?
4 ¿Trabajan ustedes mucho en clase?

Conteste.

1 ¿Comprende Tomás inglés y español?
2 ¿Comprende usted español?
3 ¿Comprenden ustedes las preguntas?

---

[1]Specifically, **hablo** is the first-person singular, present tense, indicative mood form of the first-conjugation verb **hablar**.

Isabel escribe cartas día y
noche.

Conteste.

1 ¿Escribe Isabel muchas cartas?
2 ¿Cuándo escribe ella?
3 ¿Escribe usted muchas cartas también?
4 ¿Escriben los estudiantes notas en español?

To form the present tense of regular verbs, drop the infinitive ending and add the present-tense endings to the stem.

hablar		**aprender**		**vivir**	
hablo	hablamos	aprendo	aprendemos	vivo	vivimos
hablas	habláis	aprendes	aprendéis	vives	vivís
habla	hablan	aprende	aprenden	vive	viven

Spanish present-tense forms have several different equivalents in English.

hablo	*I speak, I do speak, I am speaking*
aprendo	*I learn, I do learn, I am learning*
vivo	*I live, I do live, I am living*

Trabajar *to work* (tiempo presente)

trabajo	trabajamos
trabajas	trabajáis
trabaja	trabajan

Other regular **-ar** verbs conjugated like **hablar** and **trabajar**:

estudiar	*to study*	**cantar**	*to sing*
bailar	*to dance*		

Armando **trabaja** en la fábrica.	*Armando works in the factory.*
Dolores **estudia** inglés.	*Dolores studies English.*
Los mexicanos **bailan** la salsa.	*Mexicans dance the salsa.*
¿**Cantan** ustedes en clase?	*Do you sing in class?*

A *Repita y sustituya.*

1 Armando trabaja mucho.
Yo, Él, Susana, Luis y Dolores, Ustedes,
Nosotros
2 Los mexicanos bailan la salsa.
Ella, Dolores, Los profesores, Yo, John y yo,
Tú, Él
3 Los estudiantes cantan en la clase.
La profesora, Ellos, Tú, Dolores, Nosotros, Él

B *Responda según el modelo.*

Daniel trabaja mucho. ¿Y tú también?
Sí, trabajo mucho también.

¿Y ustedes?   ¿Y John?
¿Y ellos?   ¿Y ella?
¿Y usted?   ¿Y el profesor?

C *¿Dónde trabajan estas personas?*

1 Daniel—en la universidad.
2 Debbie y Maribel—en la discoteca.
3 Nosotros—en casa.
4 El profesor—en la clase.

D *¿Qué bailan estas personas?*

1 Miguel—la salsa.
2 Los estudiantes—rock 'n' roll.
3 La profesora—un vals.
4 Los argentinos—el tango.

E *¿Qué idioma hablan estas personas?*

1 Isabel—francés y español.
2 Dolores y Daniel—español.
3 Hans—alemán.
4 Nosotros—inglés.
5 René (el papá de Isabel)—francés.
6 Yo—inglés y español (más o menos).
7 Billy Martin y Chris Evert Lloyd—inglés.
8 Los mexicanos—español.

F *Conteste.*

1 ¿Habla usted francés?
2 ¿Hablan ustedes español?
3 Hablan inglés, ¿verdad?
4 ¿Hablan español Isabel y John?
5 ¿Qué idioma habla usted en casa?
6 ¿Cantan ustedes en la clase?
7 Daniel trabaja en la universidad. ¿Y usted?
8 ¿Dónde trabajan los profesores?
9 ¿Dónde baila usted?
10 ¿Baila usted el break-dance?

Comprender *to understand* (tiempo presente)

comprendo	comprendemos
comprendes	comprendéis
comprende	comprenden

Tomás **comprende** dos idiomas.   *Thomas understands two languages.*
Ana María **comprende** mucho.   *Ana María understands a lot.*

Other regular **-er** verbs conjugated like **aprender** and **comprender**:

beber *to drink*   **comer** *to eat*   **leer** *to read*

Isabel **aprende** francés.	*Isabel learns French.*
No **comprendemos** alemán.	*We don't understand German.*
Hans **bebe** cerveza.	*Hans drinks beer.*
¿Qué **comen** los mexicanos?	*What do Mexicans eat?*

A *Repita y sustituya.*

1 **Tomás** comprende dos idiomas.
Él, Yo, Susana, Usted, Luis y Dolores,
Nosotros, Ellos, Vosotros
2 **Dolores** no comprende francés.
Yo, El profesor, Ella, Tú, John y yo, Ellas,
Usted

B *Conteste según los modelos.*

1 Nosotros leemos la lección. ¿Y ustedes
también?
Sí, leemos la lección también.

¿Y ellos?   ¿Y Luis?
¿Y ustedes?   ¿Y ella?
¿Y tú?   ¿Y él?

2 Los mexicanos comen tacos. ¿Y usted
también?
Sí, como muchos tacos también.

¿Y el profesor?   ¿Y ellos?
¿Y los estudiantes?   ¿Y Hans?

Estos chicos y chicas españoles
toman sangría y bailan en una
taberna de Sevilla.

C *¿Qué beben estas personas?*

1 Hans—cerveza.
2 Los mexicanos—tequila.
3 Nosotros—margaritas.
4 Los estudiantes—café.
5 Dolores—una sangría.
6 Daniel y yo—refrescos.
7 La profesora—champaña.

D *Conteste.*

1 ¿Aprende usted mucho en clase?
2 Ellos aprenden mucho en clase, ¿verdad?
3 ¿Qué aprende usted en clase?
4 ¿Aprende Isabel francés?
5 ¿Aprendes mucho?
6 ¿Dónde aprende usted español?
7 ¿Comprende usted inglés?
8 ¿Comprende Hans alemán?
9 ¿Bebe usted cerveza?
10 ¿Qué beben los españoles?
11 ¿Siempre lee usted la lección?
12 ¿Lee usted mucho en casa?

Escribir *to write* (tiempo presente)

escribo	escribimos
escribes	escribís
escribe	escriben

Isabel **escribe** cartas día y noche.   *Isabel writes letters all the time (day and night).*
¿**Escribes** notas en español?   *Do you write notes in Spanish?*

Other regular **-ir** verbs conjugated like **escribir** and **vivir**:

insistir *to insist*   **permitir** *to permit*   **admitir** *to admit*

A *Repita y sustituya.*

1 **Isabel** escribe día y noche.
   Nosotros, Ellos, Tú, Ustedes, Yo, Luis y
   John, Ella, Daniel
2 **El profesor** escribe notas en español.
   Tú, Él, Yo, Ellas, Nosotros, Susana, Ustedes,
   Él y Dolores

B *Conteste según los modelos.*

1 Ella escribe notas en la clase. ¿Y usted
   también?
   Sí, escribo notas en la clase también.

   ¿Y ellos?   ¿Y Luis?
   ¿Y ustedes?   ¿Y usted?
   ¿Y tú?   ¿Y ella?

2 No escribimos cartas en español. ¿Y usted?
   No, no escribo cartas en español.

   ¿Y tú?   ¿Y ellos?
   ¿Y ella?   ¿Y usted?
   ¿Y ustedes?   ¿Y él?

3 Nosotros vivimos en los Estados Unidos.
   ¿Y él?
   No, no vive en los Estados Unidos.

   ¿Y René?   ¿Y Hans?
   ¿Y Fidel?   ¿Y la señora López?
   ¿Y ellos?   ¿Y los mexicanos?

C *¿Dónde viven estas personas?*

1 René—Chile.
2 John—Perú.
3 Los mexicanos—México.
4 Isabel y María—el apartamento.
5 Nosotros—Norteamérica.
6 Luis y Juan—California.
7 Tú—los Estados Unidos.
8 Yo—___?___.

D *Conteste.*

1 ¿Vive usted en los Estados Unidos?
2 El profesor vive en los Estados Unidos, ¿no?
3 ¿Escriben muchas notas en la clase los estudiantes?
4 ¿Escribes muchas cartas?
5 ¿Escriben mucho los profesores en la clase?

3. El tiempo presente de **ser,** verbo irregular

El señor Martínez es profesor.

Carmen es de Venezuela.

Conteste.

1 ¿Es profesor el señor Martínez?
2 ¿Es usted profesor o estudiante?
3 ¿Son ustedes buenos estudiantes?
4 ¿Quién es el profesor?

Conteste.

1 ¿Es americana Carmen?
2 ¿De dónde es Carmen?
3 ¿Es usted de los Estados Unidos?
4 ¿Son ustedes españoles?

Ser, an **-er** verb, is very irregular in the present tense. (Compare with the verb endings for the regular **-er** verb **aprender**, above.) Its stem is drastically modified.

soy	somos	**Soy** de Chile.	*I'm from Chile.*
eres	sois	Dolores no **es** secretaria.	*Dolores isn't a secretary.*
es	son	¿**Es** americana ella?	*Is she an American?*
		Así **es** la vida.	*Such is life.*

Repita y sustituya.

1 **Dolores** es de Chile.
   Yo, Él, Nosotros, Tú, Isabel, Vosotros, Ellos, Ustedes
2 (**Yo**) No soy de Chile.
   Ella, Tú, Nosotros, Ustedes, Él, Yo, Ellos, Usted

4. Los adjetivos

Forms of adjectives

Adjectives ending in **-o** have four forms.

alt**o**   alt**a**   alt**os**   alt**as**

Adjectives not ending in **-o** have two forms, a singular and a plural.

inteligent**e**   inteligent**es**

The plural of adjectives is formed in the same manner as the plural of nouns: Add **-s** to those ending in a vowel.

chilen**o**   chilen**os**

Add **-es** to those ending in a consonant.

jov**en**   jóven**es**

| | SINGULAR | | PLURAL | |
	Masculine	*Feminine*	*Masculine*	*Feminine*
alto	alta	altos	altas	*tall*
chileno	chilena	chilenos	chilenas	*Chilean*
inteligente	inteligente	inteligentes	inteligentes	*intelligent*
joven	joven	jóvenes	jóvenes	*young*
difícil	difícil	difíciles	difíciles	*difficult*

Adjectives of nationality

Notice the forms for the feminine singular and the plural of some of the adjectives of nationality which do not end in **-o**.

| | | SINGULAR | | PLURAL | |
COUNTRY	*Masculine*	*Feminine*	*Masculine*	*Feminine*
Alemania	alemán	alemana	alemanes	alemanas	*German*
España	español	española	españoles	españolas	*Spanish*
Francia	francés	francesa	franceses	francesas	*French*
Inglaterra	inglés	inglesa	ingleses	inglesas	*English*
Portugal	portugués	portuguesa	portugueses	portuguesas	*Portuguese*

Adjectives of nationality which end in a consonant add **-a** for the feminine form. Those ending in **-és** in the masculine, as well as **alemán**, have no accent on the other forms.

Agreement of adjectives

When an adjective is used to modify a noun, it agrees in gender and number with that noun.

	SINGULAR	PLURAL
MASCULINE	el chico simpático	los chicos simpáticos
FEMININE	la chica simpática	las chicas simpáticas

Placement of adjectives

Descriptive adjectives generally follow the noun in Spanish if they are used to distinguish a noun from another of the same group.

Es un joven **rico**.   Es una chica **alta**.
Son muchachos **simpáticos**.   Son estudiantes **inteligentes**.

Limiting adjectives expressing numerals, quantity, and amount are placed before the noun.

mucho gusto   **pocos** amigos
dos compañeros   **tres** señores

A *Conteste según los modelos.*

1 Somos norteamericanos. ¿Y tú también, Daniel?
Sí, soy norteamericano también.

¿Y ellos?   ¿Y ella?
¿Y él?   ¿Y ellas?
¿Y usted?   ¿Y vosotros?

2 Dolores es estudiante. ¿Y ustedes?
No, no somos estudiantes.

¿Y él?   ¿Y usted?
¿Y yo?   ¿Y ellos?
¿Y ellas?   ¿Y ella?

B *Conteste.*

1 ¿Es usted norteamericano(a)?
2 Dolores es chilena, ¿no?
3 ¿Es estudiante Daniel?
4 ¿Es usted de Chile?
5 ¿Es norteamericano el profesor Martínez?

Vocabulario útil

UNOS ADJETIVOS BÁSICOS

bajo(a)	short	**alto(a)**	tall
guapo(a)	handsome, good-looking	**feo(a)**	ugly
bonito(a)	pretty		
joven	young	**anciano(a)**	old
rubio(a)	blond(e)	**moreno(a)**	dark, brunette
flaco(a)	skinny	**gordo(a)**	fat
listo(a)	smart	**tonto(a)**	dumb
simpático(a)	likable, friendly	**antipático(a)**	unlikable, unfriendly
rico(a)	rich	**pobre**	poor

Juan

Arturo

María

Ana

A *Conteste según los dibujos con una descripción completa.*

1 ¿Cómo es Juan?   3 ¿Cómo es Arturo?
2 ¿Cómo es María?   4 ¿Cómo es Ana?

B *Conteste.*

1 Juan es bajo.   ¿Y María?
2 María es guapa.   ¿Y Juan?
3 Ana es pobre.   ¿Y Arturo?
4 Arturo es alto.   ¿Y Ana?
5 María es joven.   ¿Y Arturo?
6 Ana es morena.   ¿Y Arturo?
7 Arturo es tonto.   ¿Y Ana?
8 Juan es listo.   ¿Y María?

C *Conteste según el modelo.*

¿Es gordo Juan?
No, Juan es flaco.

1 ¿Es joven Ana?   6 ¿Es lista Ana?
2 ¿Es alta María?   7 ¿Es rubio Arturo?
3 ¿Es feo Juan?   8 ¿Es joven Arturo?
4 ¿Es guapo Arturo?   9 ¿Es rica Ana?
5 ¿Es pobre María?   10 ¿Es alto Juan?

Agreement of predicate adjectives

After the verb **ser**, the predicate adjective agrees with the subject in number and gender.

	SINGULAR	PLURAL
MASCULINE	**Él** es norteamerican**o**.	**Ellos** son norteamerican**os**.
FEMININE	**Ella** es norteamerican**a**.	**Ellas** son norteamerican**as**.

Conteste según los modelos.

¿Es rico Rafael?
Sí, es un joven rico.
¿Es alta Mari Carmen?
Sí, es una chica alta.

1 ¿Es simpático Rafael?
2 ¿Es morena Mari Carmen?
3 ¿Es inteligente Rafael?
4 ¿Es española Mari Carmen?

¿Son simpáticos los jóvenes de la clase?
Sí, son jóvenes simpáticos.
¿Son inteligentes las chicas de la clase?
Sí, son chicas inteligentes.

5 ¿Son altas las chicas de la clase?
6 ¿Son ricos los jóvenes de la clase?
7 ¿Son buenos los jóvenes de la clase?
8 ¿Son rubias las chicas de la clase?

¿Es de España ella?
Sí, es española y habla español.
¿Es de Alemania él?
Sí, es alemán y habla alemán.

9 ¿Es de México ella?
10 ¿Es de Francia ella?
11 ¿Es del Perú él?
12 ¿Es de Alemania ella?
13 ¿Es de Portugal ella?
14 ¿Es de la Argentina ella?

5. Los adjetivos demostrativos: este, esta, ese, esa, aquel, aquella

SINGULAR		PLURAL	
Masculine	*Feminine*	*Masculine*	*Feminine*
este	**esta**	**estos**	**estas**
ese	**esa**	**esos**	**esas**
aquel	**aquella**	**aquellos**	**aquellas**

Pay particular attention to the plural forms of **este** and **ese**. In these cases, the plural form changes the final **-e** of **este** and **ese** to **-o** before adding the **-s**.

este joven	**estos** jóvenes	*this young man, these young men*
esta señorita	**estas** señoritas	*this young woman, these young women*
ese muchacho	**esos** muchachos	*that boy, those boys*

esa muchacha	**esas** muchachas	*that girl, those girls*
aquel libro	**aquellos** libros	*that book (over there), those books (over there)*
aquella casa	**aquellas** casas	*that house (over there), those houses (over there)*

A *Responda con la forma plural según el modelo.*

Esta chica es inteligente.
Estas chicas son inteligentes.

1 Esta señorita es morena.
2 Ese muchacho es norteamericano.
3 Aquel señor es español.
4 Este estudiante es listo.
5 Esa señora es mexicana.
6 Ese joven es guapo.
7 Aquella chica es antipática.

B *Conteste. (El profesor (la profesora) indica a estudiantes en la clase.)*

1 ¿Cómo se llama esa chica?
2 ¿Cómo se llama ese joven?
3 ¿Cómo se llama esa señorita?
4 ¿Cómo se llama ese muchacho?
5 ¿De quién son aquellos libros?

Estos universitarios chilenos estudian medicina.

6. Los adjetivos como sustantivos

Adjectives may be used as nouns with a definite article or a demonstrative adjective. The adjectives agree in number and gender with the noun understood. The English equivalent may have the word *one* or *ones*.

La **morena** es Mari Carmen.   *The brunette is Mari Carmen.*
Y esa **rubia** es Isabel.   *And that blonde is Isabel.*
El **rico** es Rafael.   *The rich one is Rafael.*
¿Son tontos los **guapos**?   *Are handsome guys dumb?*

Conteste según el modelo.

La chica morena estudia.
La morena estudia.

1 El joven rico no aprende.
2 Las chicas simpáticas hablan.
3 Esos chicos pobres no viven aquí.
4 Ese muchacho guapo no estudia.
5 Esas chicas inteligentes aprenden mucho.

Lectura

DOS HISPANOS[1]

No soy de México.   Soy de España.
No soy norteamericana.   Soy española.
No soy secretaria.   Soy estudiante.
No soy rubia.   Soy morena.
No soy fea.   Soy guapa.
No soy gorda.   Soy flaca.
No soy alta.   Soy baja.
No soy tonta.   Soy inteligente.
No soy antipática.   Soy simpática.

¿Quién es la chica?   *Who is the girl?*
¿De dónde es?   *Where is she from?*

Soy Mari Carmen Castellón.
Soy de España.

[1] *Two Spanish-speakers*

A *Conteste.*

1 ¿Quién es la chica?
2 ¿Es norteamericana?
3 ¿De dónde es?
4 ¿Es estudiante o secretaria?
5 ¿Es fea?
6 Es morena, ¿no?
7 ¿Es baja?
8 ¿No es flaca?
9 ¿Es simpática?
10 ¿Es inteligente?

No soy de los Estados Unidos.   Soy de Venezuela.
No soy norteamericano.   Soy venezolano.
No soy profesor.   Soy estudiante.
No soy pobre.   Soy rico.
No soy feo.   Soy guapo.
No soy antipático.   Soy simpático.
No soy tonto.   Soy inteligente.
No soy bajo.   Soy alto.
No soy gordo.   Soy flaco.
No soy rubio.   Soy moreno.

¿Cómo es el joven?   *What is the young man like?*
¿Es simpático?   *Is he friendly?*

Soy Rafael Castillo.
Soy de Venezuela.

B *Conteste.*

1 ¿Quién es el joven?
2 ¿De dónde es Rafael?
3 ¿Qué es Rafael, norteamericano o
   venezolano?
4 ¿Cómo es Rafael, antipático o simpático?
5 ¿Es flaco o gordo?
6 ¿Es feo?
7 ¿Es alto?
8 ¿Es rubio o moreno?
9 No es tonto, ¿verdad?
10 ¿Es rico o pobre?

C *Responda de acuerdo con la información.*

1 Mari Carmen, ¿es flaca o gorda? ¿Y Rafael?
2 Rafael, ¿es rico o pobre? ¿Y usted?
3 Mari Carmen, ¿es española o venezolana? ¿Y
   Rafael?
4 Rafael, ¿es estudiante o profesor? ¿Y usted?
5 Mari Carmen, ¿es baja o alta? ¿Y Rafael?
6 Rafael, ¿es guapo o feo? ¿Y Mari Carmen?
7 Mari Carmen, ¿es rubia o morena? ¿Y usted?
8 Rafael, ¿es inteligente o tonto? ¿Y Mari
   Carmen?
9 Mari Carmen, ¿es norteamericana o
   española? ¿Y usted?
10 Rafael, ¿es de los Estados Unidos o de
   Venezuela? ¿Y usted?

ACTIVIDADES EN GRUPOS DE CUATRO

A *Assume it is Monday morning and that you have not seen each other for a few days. Exchange all appropriate greetings and ask how everybody is (the members of the group, parents, family, the professor, the students in the class).*

B *Each group member interviews another student in the group and finds out all appropriate personal information. Then each takes turns reporting the findings to the other members of the group.*

C *Using five or six adjectives, give a description of yourself to the group.*

D *Give as complete a description as you can of your best friend.*

7. El verbo irregular **ir**

Miguel y Sara van a la plaza
por la noche.

voy	vamos
vas	vais
va	van

Conteste.

1 ¿Adónde van Miguel y Sara?
2 ¿Cuándo van a la plaza?
3 ¿Va usted a la plaza también?
4 ¿Van los amigos a la plaza con usted?

> **Voy** a la discoteca.   *I am going to the discotheque.*
> ¿**Vamos** a la plaza?   *Shall we go to the plaza?*
> Daniel **va** a los bares.   *Daniel is going to the bars.*

A *Repita y sustituya.*

1 **Miguel** va a la discoteca.
Él, Nosotros, Ellas, Yo, Dolores, Tú, Usted,
Ustedes, Vosotros
2 **Dolores** va a clase.
Yo, Él, Tú, Ustedes, Nosotros, Él y yo, Ella,
Usted

B *Conteste según los modelos.*

1 Voy a la plaza. ¿Usted también?
Sí, voy también.

¿Él también?   ¿Ustedes también?
¿Ellos también?   ¿Ella también?
¿Tú también?   ¿Nosotros también?

2 Yo no voy a clase. ¿Y ustedes?
No, no vamos a clase.

¿Y él?   ¿Y usted?
¿Y tú?   ¿Y ellas?
¿Y Ricardo?   ¿Y Luisa y José?

C *Conteste.*

1 ¿Va usted a la oficina?   (sí)
2 ¿Va Daniel a la plaza?   (sí)
3 ¿Isabel y Dolores van a los bares?   (no)
4 ¿Vas a clase mañana?   (sí)
5 ¿Va Miguel a casa?   (no)

D *¿Adónde van estas personas?*

Samuel y Juan—clase.
Samuel y Juan van a clase.

1 Alicia—apartamento.
2 Nosotros—casa.
3 Ana y Yolanda—universidad.
4 Ricardo—plaza.
5 Los profesores—oficina.

Ir a + infinitivo

A present-tense form of **ir** *to go* is followed by the preposition **a** before an infinitive. This construction can be used as a substitute for the future tense.[1]

Voy a comer tapas.   *I'm going to eat hors d'oeuvres.*

Conteste según el modelo.

¿Usted va a comer tapas?
Sí, voy a comer tapas.

1 ¿Vas a tomar cerveza?
2 ¿Va usted a bailar la salsa?
3 ¿Usted va a trabajar ahora?

4 ¿Vas a estar en la clase mañana?
5 ¿Usted va a estudiar esta noche?

8. Usos del artículo definido

Unlike English, the definite article in Spanish is generally used with the name of a language. The names of all languages take the masculine article **el**.

El español es interesante.   *Spanish is interesting.*
El inglés es difícil.   *English is difficult.*

The definite article is not used with the name of a language immediately following the verb **hablar** or after the prepositions **de** and **en**.

Hablo español.   *I speak Spanish.*
¿Habla portugués usted?   *Do you speak Portuguese?*
Es una clase **de español**.   *It's a Spanish class.*
Escribo **en francés**.   *I'm writing in French.*

BUT

No hablo **bien el** francés.   *I don't speak French well.*

Many Spanish-speakers also omit the definite article with the name of a language immediately after **estudiar** and **aprender**.

Estudiamos español.   *We are studying Spanish.*
Aprendo inglés.   *I'm learning English.*

[1]In addition to this usage, note that the preposition **a** also follows verbs of motion, learning, and beginning before an infinitive.

Viene **a** trabajar.   *She is coming to work.*
Aprendo **a** leer.   *I'm learning to read.*
Comienzo **a** hablar español.   *I'm beginning to speak Spanish.*

BUT

No estudiamos **mucho el** español.   *We don't study Spanish very much.*

The definite article is used with titles when one is speaking about a person (definite article + title + name).

El profesor Gómez es mexicano.   *Professor Gómez is a Mexican.*
¿Dónde vive **el doctor Suárez**?   *Where does Doctor Suárez live?*

The definite article is not used with titles when one speaks directly to a person (title + name).

Buenos días, **profesor Gómez**.   *Good morning, Professor Gómez.*
Señor Suárez, ¿está usted enfermo?   *Mr. Suárez, are you sick?*

A *Repita y sustituya.*

1 **El inglés** es interesante.
   español, francés, portugués
2 ¿Dónde está el profesor de **español**?
   francés, inglés, portugués
3 Los estudiantes no hablan bien **el español**.
   portugués, francés, inglés
4 **Los mexicanos** hablan español.
   mexicanas, señores, señoritas, chicos
5 **Los norteamericanos** estudian español.
   mexicanos, señoritas, chilenas, españoles

B *Conteste.*

1 ¿Aprenden español los estudiantes?
2 ¿Hablan inglés los chilenos?
3 ¿Dónde viven los franceses?
4 ¿Comprende español el profesor (la profesora)?
5 ¿Hablan ustedes bien el inglés?
6 ¿Estudian ustedes mucho el español?

9. El artículo indefinido

Forms

The indefinite article has four forms in Spanish: **un**, **unos**, **una**, **unas**. In the singular it is equivalent to English *a, an*; in the plural, to English *some*.

	SINGULAR	PLURAL
MASCULINE	**un**	**unos**
FEMININE	**una**	**unas**

A *Escoja entre **un** y **una**. (Choose between **un** and **una**).*

Es **un compañero**.
compañera, señor, señorita, chico

B *Escoja entre **unas** y **unos**.*

Son **unos muchachos** simpáticos.
estudiantes, señoras, señores, compañeras

Esta señorita de la Universidad de Córdoba, España, lee un libro en su apartamento.

Usage

Unlike English-speakers, Spanish-speakers do not use an indefinite article before an unmodified predicate noun of nationality or profession.

Daniel **es norteamericano**.	*Daniel is a North American.*
Mari Carmen **es secretaria**.	*Mari Carmen is a secretary.*

If the predicate noun of nationality or profession is modified, however, an indefinite article is used.

Es **un** médico **inteligente**.	*He's an intelligent doctor.*
Es **una** profesora **simpática**.	*She's a likable professor.*

Repita y sustituya.

1 Él es **norteamericano**.
   secretaria, médico, profesora, profesor
2 Es un **médico** inteligente.
   profesora, secretaria, estudiante

10. Usos de **ser** y **estar**

The English verb *to be* (*I am, you are,* etc.) has two equivalents in Spanish, either **ser** or **estar**, depending on the specific meaning intended.

Ser

Ser is used to tell who the subject is.

> Mari Carmen **es** estudiante.   *Mari Carmen is a student.*

The use of **ser** with a noun or an adjective to indicate nationality, occupation, or profession is typical of this category.

> Daniel **es** norteamericano.   *Daniel is a North American.*
> Mari Carmen **es** secretaria.   *Mari Carmen is a secretary.*

Ser is used with an adjective to indicate characteristics that are viewed as normative.

> Rafael **es guapo**.   *Rafael is handsome.*
> Mari Carmen **es simpática**.   *Mari Carmen is friendly.*

Ser is used to indicate origin. **Ser** plus the preposition **de** and the name of a country or place is used to tell where someone or something is from.

> Rafael **es de Venezuela**.   *Rafael is from Venezuela.*
> **Soy de California.**   *I'm from California.*

Ser is also used to tell time. (This use is presented in Lesson 3.)

Estar

Estar is used to tell where the subject is. It indicates location, whether temporary or permanent.

> Carlos **está** en la clase.   *Carlos is in class.*
> El profesor **está** aquí.   *The professor is here.*

Estar is used to indicate the condition of persons or things. The condition may be temporary, variable, or the result of change.

> **Estoy** muy bien, gracias.   *I'm very well, thanks.*
> Rafael **está** cansado.   *Rafael is tired.*
> Carlos **está** enfermo.   *Carlos is sick.*

A *Escoja entre* **ser** *y* **estar**.

1 _____ unas señoras inteligentes.
2 Daniel no _____ chileno.
3 El español _____ interesante.
4 Nosotros _____ aquí.
5 ¿Dónde _____ Carlos?
6 Así _____ la vida.
7 ¿De dónde _____ Mari Carmen?

8 Yo _____ muy bien, ¿y usted?
9 Tú _____ muy amable.
10 Yo _____ profesora, ¿y usted?

B *Repita y sustituya con* **ser** *o* **estar**.

Mari Carmen **es** española.
en los Estados Unidos, de España, morena, en
la clase, secretaria, enferma, cansada, una chica

ACTIVIDADES EN PAREJAS

Take turns introducing and describing yourselves. Tell what you are like, how you are, who you are, where you are from, and all other personal data possible.

A

Rafael

B

Joaquín

C

Hans

D

Daniel

E

Dolores

F

Isabel y Pierre

A ¿Qué estudia Rafael? ¿Dónde estudia? ¿Habla bien?

B ¿De dónde es Joaquín? ¿Cómo es? ¿Qué estudia?

C ¿Qué idioma habla Hans? ¿Lee mucho Hans? ¿De dónde es?

D ¿Cómo es Daniel? ¿Vive en California? ¿Qué dice?

E ¿De dónde es Dolores? ¿Qué aprende? ¿Es médica?

F ¿Cómo se llama el papá de Isabel? ¿Habla francés Isabel? ¿De dónde es Pierre?

Los estudiantes no estudian día y noche, ¿verdad?

En pocas palabras

BREVES CONVERSACIONES

Pregúntele a _____

cómo se llama.
de dónde es.
si es norteamericano(a).
dónde vive ahora.
si es rico(a) o pobre.
si es estudiante o profesor(a).
si habla español.
qué idioma hablamos en la clase.
qué idioma habla en casa.
si comprende la lección.
si va al partido de fútbol.

si los muchachos de la clase son simpáticos.
si las muchachas de la clase son simpáticas.
si es rubia o morena.
si es inteligente o tonto.
si es bajo(a) o alto(a).
si es flaco(a) o gordo(a).
si trabaja mucho o poco.
si baila en la clase.
si va a trabajar esta noche.

PREGUNTAS PERSONALES

1 Buenos días. ¿Cómo está usted?
2 ¿Cómo se llama usted?
3 ¿Es usted estudiante?
4 ¿Es usted de California?
5 ¿De dónde es usted?
6 ¿Está usted cansado (cansada)?
7 ¿Está usted enfermo (enferma)?
8 ¿Es usted alto (alta)?
9 ¿Cómo es usted, rubio (rubia) o moreno (morena)?
10 ¿Es usted inteligente?
11 ¿Es usted un buen estudiante (una buena estudiante)?
12 ¿Dónde vive usted ahora?
13 ¿Qué estudia usted?

14 ¿Hablan ustedes español en la clase?
15 ¿Leen ustedes mucho también en la clase?
16 ¿Aprende usted mucho en la clase?
17 ¿Es interesante el español?
18 ¿Escriben ustedes notas en español?
19 ¿Son españoles los estudiantes de la clase?
20 ¿Comprende usted francés?
21 ¿Come usted en casa o en la cafetería?
22 ¿Trabaja usted en la universidad?
23 ¿Baila usted en la plaza?
24 ¿Va usted a la discoteca esta noche?
25 ¿Adónde va usted mañana?

Repeat the **Preguntas personales** *using the* **tú**-*form where appropriate.*

Sección de referencia

Pronunciación

Spanish d

Note the variations in the pronunciation of the consonant **d** according to its position.

INITIAL	AFTER l	AFTER n	INTERVOCALIC	FINAL
¿Dónde?	caldo	comprendo	medicina	verdad
después	Donaldo	¿Dónde?	estudias	facultad
distante	píldora	¿Cuándo?	soy de Chile	usted

Spanish h and ch

The **h** is silent, and the **ch** is similar to English *ch*.

hola   hablar   hasta   Chile   chilena   Chiapas

Spanish e

Make the **e** tense and short. Avoid the glide typical of English.

| vive | de | inglés | chilena | francés | está | ¿Dónde? | luego | café |

Spanish i

Avoid the glide *ee* and the *ih* sound typical of English.

i STRESSED	sí	aquí	Chile	maní
i UNSTRESSED	idioma	igualmente	chilena	interesante

Vocabulario

adjetivo	*adjective*	**después**	*after, afterwards*
¿adónde?	*where? (to where?)*	**día y noche**	*all the time*
el **alemán**	*German language; German male*	**difícil**	*difficult*
		discoteca	*discotheque*
la **alemana**	*German female*	**entonces**	*then; and so*
Alemania	*Germany*	**ese, esa**	*that (adj.)*
alto	*tall; high*	**esos, esas**	*those*
amable	*friendly*	**España**	*Spain*
americano	*American*	**este, esta**	*this (adj.)*
anciano	*old, aged*	**estos, estas**	*these*
antipático	*unfriendly; disagreeable*	**fábrica**	*factory*
apartamento	*dormitory*	**feo**	*ugly*
aquel, aquella	*that (adj.)*	**flaco**	*thin, skinny*
aquellos, aquellas	*those*	**Francia**	*France*
argentino	*Argentine, Argentinian*	**gordo**	*fat*
bajo	*short*	**guapo**	*handsome; good-looking*
el **bar**	*bar*	**igualmente**	*equally; the same to you*
básico	*basic*	**Inglaterra**	*England*
bonito	*pretty*	el **inglés**	*English language; English male*
el **break-dance**	*break-dance*		
carta	*letter*	la **inglesa**	*English female*
cerveza	*beer*	**inteligente**	*intelligent*
compañero(a)	*companion; partner*	la **lección**	*lesson*
compañero(a) de cuarto	*roommate*	**lectura**	*reading*
		libro	*book*
¿cuándo?	*when?*	**listo**	*ready; smart, bright*
cuarto	*room*	**materia**	*material; subject*
el **champaña**	*champagne*	**medicina**	*medicine*
Chile (masc.)	*Chile*	**médico**	*doctor; medical (adj.)*
chileno(a)	*Chilean*	**mexicano**	*Mexican*
de	*from; about*	**moreno**	*dark, brown, brunette*

Estos jóvenes se preparan para un examen en el patio de la universidad.

Norteamérica	*North America*	**rico**	*rich*
norteamericano	*North American*	el **rock 'n' roll**	*rock 'n' roll*
nota	*note*	**rubio**	*blond(e), fair*
el **papá**	*father, papa*	**salsa**	*salsa* (dance)
el **Perú**	*Peru*	**sangría**	*fruit drink with wine*
plaza	*square, plaza*	**secretario(a)**	*secretary*
pobre	*poor*	**simpático**	*friendly, agreeable*
por	*for; by; through; at*	**solo**	*alone*
el **Portugal**	*Portugal*	**tapas**	*hors d'oeuvres*
el **portugués**	*Portuguese language;*	el **tequila**	*tequila*
	Portuguese male	**tonto**	*dumb, foolish, stupid*
la **portuguesa**	*Portuguese female*	**unos, unas**	*some*
pregunta	*question*	el **vals**	*waltz*
¡Qué va!	*No way!*	**vida**	*life*

Verbos

admitir	*to admit*	**pasar por**	*to pass by*
bailar	*to dance*	**permitir**	*to permit*
beber	*to drink*	**ser** (irreg.)	*to be*
cantar	*to sing*	**tomar**	*to drink; to take*
comer	*to eat*	**trabajar**	*to work*
comprender	*to comprehend, understand*		
escribir	*to write*		
felicitar	*to congratulate*		
insistir	*to insist*		
ir (irreg.)	*to go*		
leer	*to read*		
pasar	*to pass, to happen*		

Refrán

Los libros y los amigos—pocos y buenos.
Books and friends—few and good.

LECCIÓN 3

Toda la familia celebra el cumpleaños de papá.

Perspectiva

Functional Conversational Goals: You should be able to
1 talk about your family, friends, and relatives, saying how many they are and where they live and work.
2 count items, give telephone numbers and recognize numbers when spoken (1–100).
3 identify things you want to do, have to do or intend to do.
4 explain where you are going and when you are coming back.
5 tell what time certain events happen.
6 relate some of your activities on certain days.

Language: You will study and practice using
1 stem-changing verbs (**e** to **ie**).
2 the irregular verbs **tener** and **venir**.
3 **tener que** plus infinitive.
4 the personal **a**.
5 the contractions **al** and **del**.

6 the cardinal numbers 1–100.
7 expressions for telling time.
8 days of the week.
9 the form **hay** (from the verb **haber**).
10 **un**, **uno**, and **una**.
11 **de** plus a noun or pronoun to indicate possession, and possessive adjectives.

Culture: You will learn about
1 the role of the mother and father in a Hispanic family.
2 the importance of the extended family in the Hispanic society.
3 the inclusion of two surnames as part of the legal name of Hispanic persons.

Pronunciation: You will practice
1 the consonant sounds spelled **b** and **v**.
2 the vowel sounds **o** and **u**.

63

No es casa la casa donde no hay mujer.

Diálogo

HOY VAMOS A VISITAR A LOS ABUELOS.

LA SEÑORA SARMIENTO	Vamos, hija. Ya es tarde. Tenemos que salir pronto.
LUISA	Momentito, mamá. ¿Qué hora es?
LA SEÑORA SARMIENTO	Ya son las nueve.
LUISA	¿Adónde vamos?
LA SEÑORA SARMIENTO	Tu papá quiere visitar a los abuelos. Hoy es domingo.
LUISA	Bueno. Ya entiendo. ¿A qué hora vamos a regresar?
LA SEÑORA SARMIENTO	Tarde, quizás. ¿Por qué?
LUISA	Porque esta noche viene Carlos.
LA SEÑORA SARMIENTO	No hay cuidado. Tu novio va también con nosotros.

PREGUNTAS

1 ¿Qué hora es en casa de los Sarmiento?
2 ¿Qué día es?
3 ¿Adónde van los Sarmiento?
4 ¿Cuándo tienen que salir?
5 ¿A qué hora van a regresar?
6 ¿Por qué no quiere ir Luisa?
7 ¿Cuándo viene Carlos?
8 ¿Quién es Carlos?
9 ¿Carlos va también a casa de los abuelos?

¿CUÁNTOS HERMANOS TIENES?

José María y Ricardo están en el centro. Ven un letrero que dice:

> El Domingo 17—Día de la Madre.
> *No es casa la casa donde no hay mujer.*

RICARDO	¡Ea, José! Mañana es el Día de la Madre.
JOSÉ MARÍA	¿Es posible? Tengo que buscar un regalo para mi mamá.
RICARDO	Yo pienso comprar un regalo también. Mi mamá trabaja día y noche.
JOSÉ MARÍA	Hay muchas personas en tu familia, ¿no? ¿Cuántos hermanos tienes?
RICARDO	Tengo un hermano y tres hermanas. Además están en casa mi abuela, mi tía y mis primos.
JOSÉ MARÍA	Es una familia grande.
RICARDO	Hombre, ¡ya lo creo! Pero quiero mucho a mi familia.

10 ¿Cuándo es el Día de la Madre?
11 ¿Qué tiene que buscar José María?
12 ¿Trabaja mucho la mamá de Ricardo?
13 ¿Hay muchas personas en la familia de Ricardo?
14 ¿Cuántos hermanos y hermanas tiene?
15 ¿Tiene una familia grande Ricardo?

Notas culturales

EL PAPEL DE LA MADRE

role

En los países hispanos el papel de la madre es muy importante. Como dice el refrán, ''No es casa la casa donde no hay mujer''.

    El padre usualmente trabaja muchas horas y no está en casa durante el día. Si hay muchas personas en la familia, la madre tiene que trabajar día y noche. Ella cuida a los hijos y maneja la administración de la casa. El Día de la Madre entre los hispanos es un día de intensa emoción, celebración y amor.

cares / handles

EL PAPEL DEL PADRE

Tradicionalmente, el hombre en la cultura hispánica es considerado como un rey. Hay un antiguo refrán que dice: ''En la casa, el hombre reina y la mujer gobierna''. Cuando el padre no está en casa la madre tiene que organizar todo.

old

reigns / governs

Vamos a comprar un regalo para mamá.

Hay otro refrán que dice: ''El padre, para castigar¹ y la madre, para tapar¹''. ¿La madre para tapar? ¿Por qué tapar? Porque la madre tiene que proteger¹ a los hijos contra la disciplina estricta del padre.

to punish
to cover up
has to protect

LA FAMILIA HISPANA

En España y en Hispanoamérica la familia es la base de la vida social. Hay reuniones¹ informales y fiestas también para toda la familia. Casi¹ todos los domingos los hijos casados¹ van a visitar, y muchas veces¹, a comer, en casa de los padres. Generalmente, los hijos muestran¹ mucho respeto a sus padres y a sus abuelos. Cuando hablan con ellos usan la forma **usted**, que es más formal que **tú**.

meetings / Almost
married / many times
show

> UN NIETO¹   —Buenos días, abuela. ¿Cómo está **usted**?
> LA ABUELA   —Muy bien, gracias, ¿y **tú**?

grandson

Los padres usan **tú** con los hijos. Los hijos usan **usted** con ellos.

> MAMÁ   —¿**Tú** quieres ir, Luis?
> LUIS   —Sí, voy con **usted**.

LOS APELLIDOS¹

Surnames

Esta señorita se llama Luisa. Su nombre completo y legal es Luisa Martínez Sarmiento. Martínez es el apellido de su papá y Sarmiento es el apellido de su mamá. Tiene dos apellidos.

PREGUNTAS

1 ¿Es muy importante el papel de la madre en los países hispanos?   **2** ¿Cómo es la casa donde no hay mujer?   **3** ¿Cómo es el Día de la Madre entre los hispanos?   **4** ¿Cuál es el papel del hombre en la cultura hispánica?   **5** ¿Quién gobierna en la casa hispánica?   **6** ¿Quién castiga?   **7** ¿Quién protege a los hijos?   **8** ¿Adónde van los hijos los domingos?   **9** ¿Usan los hijos la forma **usted** con la abuela?   **10** ¿Qué usan los padres con los hijos?   **11** ¿Cuántos apellidos tienen los hispanos?   **12** ¿Cómo se llama usted en el sistema de los hispanos?

Explicación y Aplicación

1. Verbos que cambian en la raíz (e→ie) (tiempo presente)

Marta prefiere estudiar en casa.

Elena prefiere estudiar en la biblioteca.

Conteste.

1 ¿Dónde prefiere estudiar Elena?
2 ¿Prefiere Marta estudiar en la biblioteca también?

3 ¿Prefiere usted estudiar en casa?
4 ¿Dónde prefieren estudiar los estudiantes?

Alberto entiende todas las preguntas.

Jaime y Carmen no entienden las preguntas.

Conteste.

1 ¿Entienden Carmen y Jaime las preguntas?
2 ¿Quién entiende las preguntas?

3 ¿Entiende usted las preguntas?
4 ¿Entienden las preguntas los estudiantes?

Certain verbs change a stem vowel **e** to **ie** in the present tense when the stress falls on its syllable, that is, in all persons except the **nosotros**- and **vosotros**-forms. The endings are regular. Verbs with a stem change of this kind will be listed in the vocabulary with the signal (**ie**) after the infinitive: **pensar** (**ie**). Some common verbs of this type are **pensar** *to think, to plan, to intend (to do something)*; **querer** *to wish, to want, to love*; **comenzar** *to start*; **entender** *to understand*; and **preferir** *to prefer.*

pienso	pensamos	prefiero	preferimos	entiendo	entendemos
piensas	pensáis	prefieres	preferís	entiendes	entendéis
piensa	piensan	prefiere	prefieren	entiende	entienden

¿**Entiendes** la pregunta?	*Do you understand the question?*
¿**Prefieres** estudiar en casa?	*Do you prefer to study at home?*
No **quieren** trabajar.	*They don't want to work.*
Quiero aprender español.	*I want to learn Spanish.*
La clase **comienza** mañana.	*Class starts tomorrow.*
Luisa **piensa** ir al centro.	*Luisa intends (plans) to go downtown.*
Pienso comprar medicina.	*I'm planning to (I intend to) buy medicine.*
Él **piensa** que es importante.	*He thinks it's important.*
¿En qué **piensas**?	*What are you thinking about[1]?*
Pienso en ella.	*I'm thinking about her.*

La abuela vive con esta familia
de Costa Rica.

[1]**Pensar** used with the preposition **en** means *to think about*. Used with an infinitive it means *to intend*: **Pienso estudiar** *I intend to study.*

A *Repita y sustituya.*

1 (**Yo**) Pienso comprar medicina.
Él, Nosotros, Luisa, Ellos, Ella y yo,
Vosotros, Tú, Yo
2 **María** quiere trabajar.
Yo, Nosotros, Ellos, Vosotros, Él, Tú,
Ustedes, Ella
3 (**Nosotros**) No queremos trabajar.
Él, Luisa y Hortensia, Tú, Usted, Ella, Yo,
Ellos, Nosotros
4 **Marta** prefiere estudiar en casa.
Yo, Nosotros, Los estudiantes, Él, Vosotros,
Tú, Ellos
5 ¿Entiende **usted** todas las preguntas?
ella, ustedes, él, la profesora, ellos, tú,
vosotras

B *Conteste según el modelo.*

1 Luisa piensa ir al centro. ¿Y usted también?
Sí, pienso ir también.

¿Y ellos?   ¿Y ustedes?
¿Y nosotros?   ¿Y él?
¿Y Ricardo?   ¿Y ella?

2 Prefiero estudiar en casa, ¿y usted?
No, prefiero estudiar en la biblioteca.

¿y él?   ¿y ustedes?
¿y Luisa?   ¿y tú?
¿y Jaime y Carmen?

3 José María quiere comprar un regalo. ¿Y
usted también?
Sí, quiero comprar un regalo también.

¿Y ellos?   ¿Y tú?
¿Y ella?   ¿Y ustedes?
¿Y Juan?

4 Mario no entiende la lección. ¿Y ustedes?
No, no entendemos la lección.

¿Y Luisa?   ¿Y Hortensia y Ricardo?
¿Y tú?   ¿Y ustedes?
¿Y María y Juan?   ¿Y vosotras?

C *Conteste.*

1 ¿Piensa usted comprar un regalo?
2 ¿Piensan ustedes estudiar mucho?
3 ¿Piensas mucho en la familia?
4 ¿Piensa usted ir al centro?
5 ¿Quiere usted vivir en Uruguay?
6 ¿Dónde prefiere vivir?
7 ¿Entiende usted la lección?
8 ¿Entienden ustedes español?
9 ¿Quieren ustedes aprender francés?
10 ¿Quién quiere aprender ruso?
11 ¿Prefiere usted estudiar o trabajar?
12 ¿Dónde prefieren estudiar los estudiantes?

ACTIVIDADES EN PAREJAS

A *You are calling your mother (or a classmate) on the phone from the dormitory. Tell her (him) you intend to do the following things.*

1 estudiar mucho
2 ir al centro mañana
3 comprar un regalo
4 escribir a la abuela
5 aprender la lección

B *In the library you have just found a survey about different people's desires. Tell a classmate what these people want to do.*

1 Robert Redford—estudiar español.
2 Jane Fonda—trabajar día y noche.
3 Los jóvenes—hablar con Michael Jackson.
4 Los profesores—aprender más.

2. Los verbos irregulares **tener** y **venir**

Ricardo tiene tres hermanas y
cuatro hermanos.

Conteste.

1 ¿Tiene Ricardo una familia grande?
2 ¿Tiene usted una familia grande también?
3 ¿Cuántas hermanas tiene usted?
4 ¿Cuántos hermanos tiene?

La fiesta es hoy . . .

. . . pero Esteban viene mañana.

Conteste.

1 ¿Viene Esteban a la fiesta?
2 ¿Cuándo viene él?
3 ¿Viene él en un carro?

Tener (ie[1]) *to have* (tiempo presente)

Luisa **tiene** un hermano.	*Luisa has one brother.*	tengo	tenemos
Tengo una familia grande.	*I have a large family.*	tienes	tenéis
		tiene	tienen

[1]The **yo**-form of **tener** and **venir** is irregular and must be learned. The five other forms follow the pattern of all regular **e→ie** stem-changing verbs: the **tú**-, **usted**-, and **ustedes**-forms change **e** to **ie**, while the **nosotros**- and **vosotros**-forms do not change.

A *Repita y sustituya.*

1 **Ricardo** tiene un hermano.
Él, Yo, Nosotros, Ellos, Tú, Ella, Ustedes, Vosotros
2 **(Yo)** No tengo hermanos.
Ella, Usted, Ellas, Nosotros, Él, Ustedes, Hortensia, Tú

B *Conteste primero en el afirmativo y luego en el negativo.*

Ricardo tiene una familia grande. ¿Y usted?
Sí, tengo una familia grande.
No, no tengo una familia grande.

¿Y ellos?   ¿Y Hortensia?
¿Y José María?   ¿Y tú?
¿Y él?   ¿Y ustedes?

C *Conteste.*

1 ¿Tiene usted una familia grande?
2 Él tiene un hermano, ¿no?
3 ¿Tiene hermanos el profesor (la profesora)?
4 ¿Tienen ellos una familia grande?
5 ¿Tiene José María un regalo?

Venir (ie) *to come* (tiempo presente)

¿Cuándo **viene** Esteban?   *When is Steven coming?*
Viene mañana.   *He is coming tomorrow.*
Siempre **venimos** temprano. *We always come early.*

vengo	venimos
vienes	venís
viene	vienen

A *Repita y sustituya.*

1 **Esteban** viene mañana.
Yo, Él, Tú, Ustedes, Ella, Nosotros, Ellos, Vosotros
2 **Hortensia** no viene a la fiesta.
Ellos, Nosotros, Yo, Tú, Usted, Él, Ustedes, José María

C *Conteste.*

1 ¿Viene el profesor (la profesora) a la clase mañana?
2 ¿Viene usted mañana?
3 ¿Vienen los estudiantes mañana también?
4 ¿Vienen muchas personas?
5 ¿Vienen ustedes a estudiar?

B *Conteste primero en el afirmativo y luego en el negativo.*

Luisa y Carlos vienen mañana. ¿Y ustedes?
Sí, venimos mañana.
No, no venimos mañana.

¿Y él?   ¿Y José María?
¿Y tú?   ¿Y usted?
¿Y ellos?   ¿Y ella?

Tener que + infinitivo *to have to (do something)*

Tener que is always followed by the infinitive form of the verb. It indicates strong obligation.

Mi mamá **tiene que trabajar**.　　*My mother has to work.*
Tenemos que aprender la lección.　*We have to learn the lesson.*
Tengo que comprar un regalo.　　*I have to buy a gift.*

A *Repita y sustituya.*

(Yo) Tengo que estudiar mucho.
Él, Ellos, Vosotros, Usted, Yo, Tú, Ustedes, Ella

B *Traduzca al español. (Translate into Spanish.)*

1 I have to buy a gift.
2 Do they have to come tomorrow?
3 We have to speak Spanish.
4 You (*plural*) have to study a lot.

C *Conteste.*

1 ¿Tiene usted que trabajar?
2 Ustedes tienen que aprender mucho, ¿verdad?
3 ¿Tenemos que hablar español?
4 ¿Tienen ellos que estudiar mucho?
5 ¿Tiene Ud. que leer la lección?

ACTIVIDADES EN PAREJAS

A *Using the statements in list I, student 1 makes questions of the statements and directs them to student 2, who answers them. Then reverse roles, with student 2 forming questions from the statements in list II.*

I	II
Tienes que estudiar mucho.	Luisa piensa ir al centro.
Él piensa estudiar mañana.	El profesor viene mañana.
Ellos quieren comprar un regalo.	Ricardo tiene un hermano.
Tú tienes el libro.	Tú tienes que aprender español.
Ella viene a la clase.	Ellos entienden la lección.
La clase comienza mañana.	Ella quiere vivir en España.

B *Tell your classmate that the following people have or do not have, in your opinion, what is indicated after their name.*

Carlos—muchos amigos.
Carlos tiene muchos amigos. *or*
Carlos no tiene muchos amigos.

1 Yo—pocos amigos.
El profesor (La profesora)—amigos buenos.
Ricardo y Luisa—una familia grande.
Nosotros—muchos libros.
Julia—pocos amigos.
Los estudiantes—muchos amigos jóvenes.

2 Nosotros—muchas lecciones.
El profesor (La profesora)—estudiantes inteligentes.
Luis y Tami—muchas hermanas.
Tú y yo—profesores simpáticos.
María—amigos guapos.

3. La a de persona

The personal **a** is used before a noun which is a direct object of the verb and which refers to a specific person. To apply this rule, you must be able to identify direct objects.

1 Verbs may have, besides a subject, an object.

SUBJECT	VERB	OBJECT
Joe	buys	a gift.

In this sentence, the subject, Joe, *does* the action; the object, a gift, is what the action is *done to*.

2 Objects may be of two kinds, direct and indirect.

	INDIRECT OBJECT	DIRECT OBJECT
Joe buys	his brother	a gift.

Joe does not buy his brother. The action of buying is *done to* the gift, and *done for* his brother. Therefore, the gift is the direct object, and Joe's brother is the indirect object.

3 The direct object of a verb is sometimes a person, sometimes a thing. An extra word, personal **a**, must be used before a noun which is both (1) the direct object of the verb, and (2) refers to a specific person. Remember, *verb* + **a** + *direct-object person*.

Luisa ve **a** Hortensia.   *Luisa sees Hortensia.*

4 But when the direct object is not a specific person, no personal **a** is used.

Luisa ve un letrero.   *Luisa sees a sign.*
Luisa prefiere una profesora mexicana.   *Luisa prefers a Mexican professor.*

5 Personal **a** is not used with **tener** meaning *to have.*

Elena tiene dos hermanos.   *Elena has two brothers.*

NOTE: **Querer**, when used with a direct-object *person*, means *to love* or *to like* and requires use of the personal **a**.

Ricardo quiere trabajar.   *Ricardo wants to work.*
Luisa quiere **a** su hermano.   *Luisa loves her brother.*

A *Sustituya según el modelo.*

Quiero mucho a María.   (mi mamá)
Quiero mucho a mi mamá.

Elena, mi papá, mi hermano, usted, ella, ustedes

B *Sustituya, usando la **a** cuando es necesaria.*

Luisa ve a Hortensia.   (la casa)
Luisa ve la casa.

el libro, Ricardo, nosotros, el regalo, la medicina, Elena, él

C *Conteste en el afirmativo.*

1 ¿Quiere usted mucho a María?
2 ¿Quiere Luisa a José María?
3 ¿Ven ustedes a Elena?
4 ¿Tiene Ricardo muchos hermanos?

5 ¿Tiene usted muchos hermanos?
6 ¿Ve usted un libro?
7 ¿Ven ustedes a la profesora?

4. Contracción: a + el →al

When **a** and **el** occur together they contract to **al**.

Voy **al** centro.   *I am going downtown.*
La mamá comprende **al** hijo.   *The mother understands the child.*

The other combinations of **a** + the definite article (**a la, a los, a las**) do not contract.

Voy **a la** universidad.   *I'm going to the university.*
Veo **a los** hijos.   *I see the children.*
Siempre voy **a las** fiestas.   *I always go to the parties.*

Responda según el modelo.

Ricardo—el centro
¿Adónde va Ricardo?
Va al centro.

1 el médico—el hospital
2 Carlos—la biblioteca
3 el profesor—la cafetería
4 Pedro—el teatro
5 José María—la universidad
6 Luisa—el cine
7 Hortensia—las clases

5. Contracción: de + el →del

When **de** and **el** occur together they contract to **del**.

Es hermano **del** profesor.   *He's the professor's brother.*

Other combinations of **de** + the definite article do not contract.

Es hermano **de la** chica.   *He's the girl's brother.*
Es hermano **de los jóvenes.**   *He's the young men's brother.*
Es hermano **de las** chicas.   *He's the girls' brother.*

A *Repita y sustituya.*

1 Somos amigos **del joven.**
chica, profesor, estudiantes, mexicano,
señor, hermanas

2 ¿Viene usted **de la universidad**?
cine, clase, oficina, centro

B *Conteste.*

1 ¿Es usted amigo del venezolano?
2 ¿Vienes de la clase?
3 ¿Es ella amiga de los mexicanos?
4 ¿Dónde está la mamá del estudiante?

5 ¿Va usted al centro?
6 ¿Quién va al centro?
7 ¿Adónde va usted?

Vocabulario útil

LUGARES Y EDIFICIOS PÚBLICOS

¿ADÓNDE VAN?   **¿DE DÓNDE VIENEN?**

el Teatro Fénix

Luisa

el hospital

el médico

el Bar Olímpico

Ricardo

la cafetería

el profesor

la biblioteca

María

el Cine Rex

Carlos y José María

Conteste.

1 ¿Adónde va la señora López?
2 ¿Adónde va el doctor García?
3 ¿Va a la biblioteca Juan?

4 ¿De dónde viene Ricardo?
5 ¿De dónde viene Anita?
6 ¿Vienen de la biblioteca Manolo y José?

En Cartagena, Colombia,
muchas personas van al cine.

6. Los números cardinales 1 a 100

0	**cero**	16	**dieciséis** (diez y seis)[2]	32	**treinta y dos**
1	**uno**[1]	17	**diecisiete** (diez y siete)	33	**treinta y tres**
2	**dos**	18	**dieciocho** (diez y ocho)	34	**treinta y cuatro**
3	**tres**	19	**diecinueve** (diez y nueve)	35	**treinta y cinco**
4	**cuatro**	20	**veinte**	36	**treinta y seis**
5	**cinco**	21	**veintiuno** (veinte y uno)[1]	37	**treinta y siete**
6	**seis**	22	**veintidós** (veinte y dos)	38	**treinta y ocho**
7	**siete**	23	**veintitrés** (veinte y tres)	39	**treinta y nueve**
8	**ocho**	24	**veinticuatro** (veinte y cuatro)	40	**cuarenta**
9	**nueve**	25	**veinticinco** (veinte y cinco)	50	**cincuenta**
10	**diez**	26	**veintiséis** (veinte y seis)	60	**sesenta**
11	**once**	27	**veintisiete** (viente y siete)	70	**setenta**
12	**doce**	28	**veintiocho** (veinte y ocho)	80	**ochenta**
13	**trece**	29	**veintinueve** (veinte y nueve)	90	**noventa**
14	**catorce**	30	**treinta**	100	**cien(to)**[3]
15	**quince**	31	**treinta y uno**[1]		

[1]Only **uno** and numbers ending in **uno** reflect gender. Before a masculine noun, **uno** becomes **un** (**-ún**) and before a feminine noun **una**: **veintiún muchachos, veintiuna muchachas.**

[2]The numbers 16–19 and 21–29 can be written in two ways, but are usually written as one word. Words are not combined from 30 on.

[3]**Ciento** is shortened to **cien** before a noun and when it stands alone: **cien libros, cien casas.**

ACTIVIDADES _____

Do the following activities together with a classmate.

A *Take turns counting from one to forty without reference to any written material.*

B *Count backwards from twenty-five.*

C *Count by tens from zero to one hundred.*

_____

Spanish-speakers usually give telephone numbers in multiples of ten rather than hundreds or thousands.

El número de teléfono es: *The telephone number is:*

24 1950[1]	veinticuatro diecinueve cincuenta
85 2077	ochenta y cinco veinte setenta y siete
542 3367	cinco cuarenta y dos treinta y tres sesenta y siete

Conteste según el modelo.

¿Qué número de teléfono tienes?
Es el 542 3367.

377 3893   85 0742
 20 4216   24 1543

Cabinas de teléfono en el parque.

[1]In many Spanish-speaking countries telephone numbers have six digits rather than seven as in the United States.

ACTIVIDAD EN PAREJAS _____

Student 1 rapidly reads aloud the names of the numbers in list I as student 2 writes down the digits. Student 2 then reads back the digits he or she has written down. Reverse roles for list II.

I		II	
cuarenta y uno	quince	cincuenta y dos	diecinueve
cinco	setenta y tres	veintiuno	cuarenta y tres
catorce	ochenta	trece	noventa y cuatro
treinta y seis	cincuenta y siete	sesenta y ocho	setenta y nueve
sesenta y ocho	veinticuatro	seis	once

7. El reloj y la hora

¿Qué hora es?

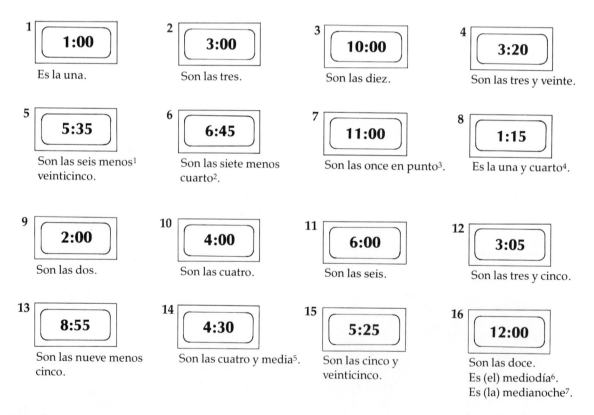

1 **1:00**
Es la una.

2 **3:00**
Son las tres.

3 **10:00**
Son las diez.

4 **3:20**
Son las tres y veinte.

5 **5:35**
Son las seis menos[1] veinticinco.

6 **6:45**
Son las siete menos cuarto[2].

7 **11:00**
Son las once en punto[3].

8 **1:15**
Es la una y cuarto[4].

9 **2:00**
Son las dos.

10 **4:00**
Son las cuatro.

11 **6:00**
Son las seis.

12 **3:05**
Son las tres y cinco.

13 **8:55**
Son las nueve menos cinco.

14 **4:30**
Son las cuatro y media[5].

15 **5:25**
Son las cinco y veinticinco.

16 **12:00**
Son las doce.
Es (el) mediodía[6].
Es (la) medianoche[7].

Note that when expressing the time of day, the verb **ser** is plural, except when followed by **la una**, **medianoche**, or **mediodía**. Minutes are added to the hour until half past the hour, after which they are subtracted from the next hour.

[1]*minus*   [2]*quarter (quarter to the hour)*   [3]*sharp, exactly*   [4]*quarter (quarter past the hour)*   [5]*half (half past the hour)*   [6]*noon*
[7]*midnight*

Cambie según la hora.

Es la una y cinco.   (cinco y diez)
Son las cinco y diez.

1 tres y media	**5** dos y cuarto
2 medianoche	**6** tres y veinticinco
3 seis y diez	**7** ocho menos cuarto
4 nueve y cinco	**8** una menos diez

Expresiones de la hora

Either **por** or **en** may be used to express *in* (meaning *during*).

Por la mañana.	**En** la mañana.	*In the morning.*
Por la tarde.	~~**En** la tarde.~~	*In the afternoon.*
Por la noche.	~~**En** la noche.~~	*In the evening.*

When a specific hour or time is mentioned, **de** rather than **por** or **en** is used.

Voy a las seis **de** la mañana.	*I'm going at six o'clock in the morning.*
Ellos vienen a las cuatro **de** la tarde.	*They're coming at four o'clock in the morning.*
La clase comienza a las seis **de** la noche.	*Class starts at six o'clock in the evening.*

A *Conteste según el modelo.*

¿Qué hora es?   (5:45 P.M.)
Son las seis menos cuarto de la tarde.

1 8:34 A.M.	**4** 3:05 P.M.	**7** 11:18 A.M.
2 1:10 P.M.	**5** 10:40 P.M.	**8** 2:28 P.M.
3 6:20 A.M.	**6** 6:15 P.M.	**9** 10:10 A.M.

B *Conteste según el modelo.*

¿A qué hora va usted a casa?   (10:00 P.M.)
Voy a casa a las diez de la noche.

1 ¿A qué hora va usted a la plaza?   (8:00 P.M.)
2 ¿A qué hora viene él del parque?   (4:30 P.M.)
3 ¿A qué hora vamos al apartamento?   (9:20 P.M.)
4 ¿A qué hora comienzan ellos a estudiar? (12:00 noon)
5 ¿A qué hora vienes del cine?   (1:25 A.M.)
6 ¿A qué hora trabajas esta tarde?   (3:18 P.M.)
7 ¿A qué hora piensas estudiar?   (10:00 P.M.)

8. Días de la semana

domingo	*Sunday*		**jueves**	*Thursday*
lunes	*Monday*		**viernes**	*Friday*
martes	*Tuesday*		**sábado**	*Saturday*
miércoles	*Wednesday*			

Usos de los artículos definidos con los días de la semana

The masculine definite article is used with days of the week when the intended meaning is *on* or *every*.

Voy a la plaza todos **los** días.	*I go to the plaza every day.*
Él no va a las clases **los** jueves.	*He doesn't go to class on Thursdays.*
Los martes tengo dos clases.	*On Tuesdays I have two classes.*
El martes voy al centro.	*On Tuesday I am going downtown.*

Conteste según los modelos.

1 Hoy es lunes, ¿verdad?
   Sí, señor, hoy es lunes.
   (No, señor, hoy no es lunes. Es _____.)

   martes   viernes   miércoles
   sábado   jueves   domingo

2 ¿Va usted a la universidad los martes?
   Sí, voy a la universidad los martes.

   al centro los lunes   a la biblioteca los
   a la clase los miércoles   martes
   a casa los viernes   a la escuela los jueves
   al cine los sábados

3 Si hoy es lunes, ¿qué es mañana?
   Mañana es martes.

   sábado   viernes   miércoles
   martes   jueves   domingo

4 ¿Va usted a la universidad los sábados?
   No, no voy a la universidad los sábados.

   al centro los lunes   a la escuela los
   a la universidad los   jueves
      martes   a casa los viernes
   a la clase los miércoles   al cine los sábados

9. El uso de hay

The form **hay** has no subject expressed. It means either *there is* or *there are*. Do not confuse it with **es**, which means *it is*, nor with **son**, which means *they are*.

¿Cuántas[1] personas **hay** en tu familia?	*How many persons are there in your family?*
Hay siete muchachos en la clase.	*There are seven boys in the class.*
¿**Hay** un regalo para ella?	*Is there a present for her?*

[1]Notice that the adjective **¿Cuánto?** *How much, how many* agrees with the noun modified in number and gender: **¿Cuánto?**, **¿Cuántos?**, **¿Cuánta?**, **¿Cuántas?**

A *Conteste.*

1 ¿Cuántos estudiantes hay aquí?
2 ¿Cuántas chicas hay?
3 ¿Cuántos jóvenes hay?
4 ¿Cuántas clases tiene usted?
5 ¿Cuántos libros hay aquí?

B *Traduzca al español.*

1 How many women are there in this class?
2 How many men are there in this room?
3 There are thirty Americans here.
4 There are also three Spaniards.

10. Los usos de un, uno y una

Un and **una** are used as the equivalent of *a* or *an*.

Es **un** profesor bueno.	*He is a good professor.*
Es **una** enfermera buena.	*She is a good nurse.*

Uno is used in counting. However, before a masculine noun, **uno** becomes **un** (or **-ún**).

Tengo **un** amigo.	*I have one friend.*
Tengo **veintiún** amigos.	*I have twenty-one friends.*

Before a feminine noun, **uno** becomes **una**.

Hay **una** enfermera aquí.	*There is one nurse here.*
Hay **veintiuna** enfermeras aquí.	*There are twenty-one nurses here.*

Traduzca al español.

1 I have one brother and one sister.
2 There are twenty-one students here.
3 Does she have a gift?
4 Is there a nurse here?
5 I'm going to buy one book and two gifts.

11. Posesión: los adjetivos posesivos

To indicate possession, Spanish does not use an apostrophe + *s* (*'s*) as English does. Spanish-speakers use **de** + the name of the possessor.

el libro **de Luisa**   *Luisa's book*

A personal pronoun may be substituted for the person's name.[1]

el libro **de ella**   *her book*

---

[1]The personal pronouns **yo** and **tú** are not used in the **de** construction. This will be explained in Chapter 5.

Possessive adjectives are used to express possession.

POSSESSIVE ADJECTIVES

POSSESSOR	SINGULAR	PLURAL	ENGLISH EQUIVALENT
yo	mi	mis	*my*
tú	tu	tus	*your* (familiar)
él, ella, Ud.	su	sus	*his, her, its, your* (formal)
nosotros	nuestro(a)	nuestros(as)	*our*
vosotros	vuestro(a)	vuestros(as)	*your* (familiar)
ellos, ellas, Uds.	su	sus	*their, your* (formal)

Possessive adjectives, like other adjectives, agree in number (singular or plural) with the noun they modify (that is, the item possessed). **Nuestro** and **vuestro** also agree in gender (masculine or feminine).

Elena estudia con **sus** amigos.   *Elena studies with her friends.*
José y yo queremos hablar con **nuestra** profesora.   *José and I want to talk with our teacher.*

A *Complete las frases. (Complete the sentences.)*

¿Dónde está **su** hermano?

1 ¿Dónde están _____ hermanas?
2 ¿Dónde está _____ mamá?
3 ¿Dónde están _____ libros?

Mi papá viene mañana.

4 _____ tío viene mañana.
5 _____ padres vienen mañana.
6 _____ hermanos vienen mañana.

Nuestros amigos estudian mucho.

7 _____ hermano estudia mucho.
8 _____ hermana estudia mucho.
9 _____ hermanas estudian mucho.

B *Cambie según el modelo.*

Juana es la amiga de ellos.
Juana es su amiga.

1 Paco es el hermano de ella.
2 Soy el profesor de él.
3 Elena y Marta son primas de José.
4 Es el libro de usted.
5 Él es el abuelo de ellos.

C *Traduzca.*

1 He is my brother.
2 Where is your mother? (**tú**-form)
3 Where is your mother? (**usted**-form)
4 Our sister isn't coming.
5 How is your grandmother? (**ustedes**-form)

The possessive adjectives **su** and **sus** do not clearly indicate who the possessor is (*her, his, their, its, your*); therefore, the **de** construction is often substituted to clarify.

su libro   **el** libro **de ella**   *her book*
su casa   **la** casa **de ellos**   *their house*

D *Sustituya según el modelo.*

Juan es el amigo de ella.
Juan es su amigo.

1 Pedro es el hermano de Hortensia.
2 La señora Martínez es la abuela de José y
Elena.
3 Soy el tío de ellos.

E *Conteste.*

1 ¿Está tu hermano en casa?
2 ¿Cómo se llama el padre de ella?
3 ¿Hablan español sus amigos?
4 ¿Tienen ustedes sus libros?
5 ¿Tienes mi libro?

Una familia moderna de Sevilla,
España.

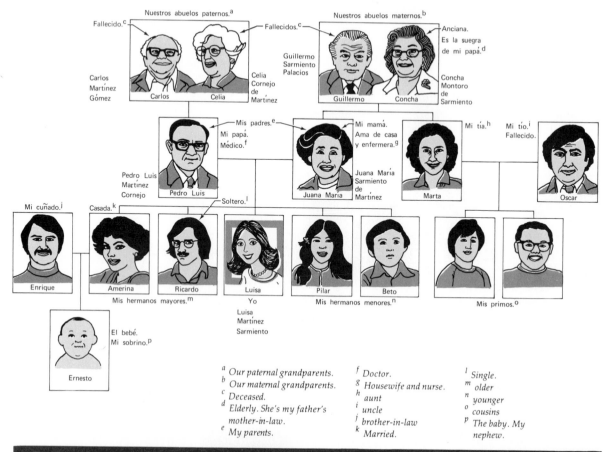

Nuestros abuelos paternos.[a]

Nuestros abuelos maternos.[b]

Fallecido.[c]

Fallecidos.[c]

Anciana. Es la suegra de mi papá.[d]

Carlos Martínez Gómez

Carlos

Celia

Celia Cornejo de Martínez

Guillermo Sarmiento Palacios

Guillermo

Concha

Concha Montoro de Sarmiento

Mis padres.[e]
Mi papá. Médico.[f]

Mi mamá. Ama de casa y enfermera.[g]

Mi tía.[h]

Mi tío.[i] Fallecido.

Pedro Luis Martínez Cornejo

Pedro Luis

Juana María

Juana María Sarmiento de Martínez

Marta

Oscar

Mi cuñado.[j]

Casada.[k]

Soltero.[l]

Enrique

Amerina

Ricardo

Luisa

Pilar

Beto

Mis primos.[o]

Mis hermanos mayores.[m]

Luisa
Yo
Luisa Martínez Sarmiento

Mis hermanos menores.[n]

El bebé. Mi sobrino.[p]

Ernesto

[a] Our paternal grandparents.
[b] Our maternal grandparents.
[c] Deceased.
[d] Elderly. She's my father's mother-in-law.
[e] My parents.
[f] Doctor.
[g] Housewife and nurse.
[h] aunt
[i] uncle
[j] brother-in-law
[k] Married.
[l] Single.
[m] older
[n] younger
[o] cousins
[p] The baby. My nephew.

Lectura

LA FAMILIA DE LUISA

Yo soy Luisa. Mis apellidos son Martínez y Sarmiento. Mi papá es médico. Mi mamá es enfermera. Vivo en Montevideo.

Tengo dos hermanos y dos hermanas. Amerina, mi hermana mayor[j], *older* está casada y tiene un hijo. Vive en un apartamento.

Nuestra abuela vive con nosotros. Es muy anciana. También mi tía Marta y sus dos hijos viven con nosotros.

En casa hay diez personas—mis padres, mi abuela, mi tía, mis primos y los cuatro hijos. Somos una familia muy grande. Por eso tienen que trabajar mucho mis padres.

PREGUNTAS

1 ¿Cuántos hermanos y hermanas tiene Luisa? **2** ¿Qué es su papa? ¿Y su mamá? **3** ¿Cómo se llama su sobrino? **4** ¿Viven sus abuelos? **5** ¿Cuántos primos tiene Luisa? **6** ¿Quién es Marta? **7** ¿Cómo se llama su cuñado? **8** ¿Vive ahora su tío? **9** ¿Dónde trabaja su mamá? **10** ¿Hay muchas personas en la familia de Luisa?

ACTIVIDADES EN GRUPOS DE CUATRO

A *Each student interviews another member of the group about his (her) family and reports findings to the group.*

B *Count from one to 100 with correct pronunciation and without reference to any written material.*

En pocas palabras

FORME FRASES COMPLETAS

1 Mi familia _____.
2 Vamos a _____.
3 Yo quiero _____.
4 ¿Cuánto _____?
5 ¿Dónde están _____?

FORME PREGUNTAS

Mi abuelo está en casa.
¿Dónde está su abuelo?

1 Roberto tiene muchos amigos.
2 Nuestro amigo está bien.
3 Voy al centro.
4 Quiero ir a México.

BREVES CONVERSACIONES

Pregúntele a _____

dónde está su abuela.
cómo está su hermano.
dónde está su tío.
cómo está su madre.
dónde están sus hermanos.
cómo están sus amigas.
dónde está su abuelo.
cómo está su amiga.
dónde están sus primos.
cómo está su tía.
dónde está su primo.
adónde va.

PREGUNTAS PERSONALES

1 ¿Es usted alto(a) o bajo(a)?
2 ¿Tiene usted una familia grande?
3 ¿Cuántas personas hay en su familia?
4 ¿Vive su abuela con ustedes?
5 ¿Cómo se llama su abuela?
6 ¿Cuántos hermanos y hermanas tiene usted?
7 ¿Quiere usted mucho a sus tíos?
8 ¿Tiene usted muchos amigos?
9 ¿Dónde habla español usted?
10 ¿Quién tiene que trabajar mucho?
11 ¿Cuándo compra usted regalos?
12 ¿Trabajan mucho sus padres?
13 ¿Trabaja usted mucho?
14 ¿Dónde trabaja usted?
15 ¿Adónde va usted mañana?
16 ¿Cuándo va usted al centro?
17 ¿Viene usted a la clase mañana?
18 ¿Viene el profesor también?
19 ¿Prefiere usted estudiar en casa o en la biblioteca?
20 ¿Estudia usted los sábados?
21 ¿A qué hora comienza la clase de español?
22 ¿A qué hora vienen ustedes a la clase?

Sección de referencia

Pronunciación

Spanish b, v

Be careful to pronounce **b** and **v** exactly alike. When **b** or **v** is initial in a breath group or follows **m** or **n**, it is a voiced stop. It is a fricative continuant when it falls between two vowels and in all other positions.

VOICED-STOP **b**	FRICATIVE **b**
Vamos.	Trabajo mucho.
Bueno.	¿Quieres venir?
Buenas tardes.	Navajo
¿Verdad?	Córdoba
Venezuela	ómnibus

Spanish o

Avoid the English glide and do not prolong the vowel sound in the unstressed position.

cinco   comprar   centro   tomar   como   ¿Cómo estás?
Vamos a tomar el ómnibus.

Spanish u

Pay particular attention to the **u** in the initial position. Keep the sound pure.

Cuba   una   muchacho   ¿Cómo está usted?   ¿Es usted estudiante?

Vocabulario

abuelo(a)	grandfather (grandmother)	**dice**	says (from verb **decir**)
los **abuelos**	grandparents	**enfermero(a)**	nurse
además	besides, in addition	**escuela**	school
biblioteca	library	**fiesta**	party
cafetería	cafeteria	**grande**	big, large, great
centro	center; downtown	**hay**	there is, there are (from verb
el **cine**	movie, movies		**haber**)
¿cuánto?	how much?	**hermano(a)**	brother (sister)
¿cuántos?	how many?	el **hombre**	man
cuarto	quarter (time)	**hora**	hour; time
cuidado	care; worry	**hoy**	today
No hay **cuidado.**	No problem.	**letrero**	sign; poster
del	of the; from the (contraction of	la **madre**	mother
	de + el)	la **medianoche**	midnight

medio(a)	half
el mediodía	noon, midday
menos	minus
mercado	market
momentito	a short time, moment
	(diminutive of **momento**)
la mujer	woman
novio	boyfriend; fiancé
nuestro	our
número	number
el padre	father
los padres	parents
para	for; in order to
pero	but
porque	because
¿por qué?	why?
posible	possible
primo(a)	cousin
pronto	soon
punto: en punto	sharp, exactly (time)
que	that
quizás	perhaps, maybe
la raíz	root, stem
regalo	gift
ruso	Russian language
taberna	tavern
tarde	late
teatro	theater
temprano	early
tío (tía)	uncle (aunt)
todo	all
todos los días	every day
el Uruguay	Uruguay
venezolano	Venezuelan
vuestro	your (fam. pl.)
ya	already; now; right away
¡Ya lo creo!	I believe it!

Días de la semana

domingo	Sunday
lunes	Monday
martes	Tuesday
miércoles	Wednesday
jueves	Thursday
viernes	Friday
sábado	Saturday

> The cardinal numbers from 0–100 are given on p. 76.

Verbos

buscar	to look for, search for
cambiar	to change
comenzar (ie)	to start, begin
comprar	to buy
creer	to believe, to think
entender (ie)	to understand
pensar (ie)	to think
pensar en	to think about
preferir (ie)	to prefer
querer (ie)	to want, wish
regresar	to return
salir (salgo)	to leave
tener (ie) (tengo)	to have
tener que	to have to
venir (ie) (vengo)	to come
ver	to see
visitar	to visit

Refrán

No es casa la casa donde no hay mujer.
A home without a woman is not a home.

Primer repaso de estructuras

LECCIÓN 1

1. Llamarse

¿Cómo se llaman estas personas?

el profesor
El profesor se llama señor Pérez.

el amigo, la profesora, la señorita, el chico,
la estudiante

2. El verbo estar

A *Sustituya según el modelo.*

El profesor no está en la clase.   (los estudiantes)
Los estudiantes no están en la clase.

Alfonza, tú, ellos, los amigos, Manuel, nosotros

B *Conteste.*

1 ¿Está el profesor en la clase hoy?
2 ¿Dónde está usted?
3 ¿Cómo están ustedes?
4 ¿Están cansados los estudiantes?
5 ¿Estás enfermo(a)?

3. Los verbos regulares **hablar, estudiar, aprender, vivir**

Conteste las preguntas.

1 ¿Hablan ustedes español en casa?
2 ¿Estudia usted mucho por la noche?
3 ¿Aprenden mucho en clase los estudiantes?
4 ¿Qué aprenden ustedes en la clase?
5 ¿Dónde vive usted?
6 ¿Dónde vive el profesor?
7 ¿Hablan francés en México?
8 ¿Dónde hablan francés?

4. Frases negativas

Conteste en el negativo según el modelo.

¿Habla usted español?
No, no hablo español.

1 ¿Está usted enfermo(a)?
2 ¿Está en la clase Antonia?
3 ¿Vives en Guatemala?
4 ¿Hablan francés Carlos y Antonio?
5 Ustedes aprenden francés, ¿no?

5. Frases interrogativas

Forme las preguntas.

Sí, él está aquí.
¿Está aquí Miguel?

1 Sí, estudiamos mucho en la clase.
2 No, no vivo en México.
3 No, María no habla inglés.
4 Sí, estoy bien, gracias.
5 Sí, ellos aprenden mucho también.

LECCIÓN 2

6. El tiempo presente de verbos regulares

Conteste.

1 ¿Comprenden ustedes las lecciones en clase?
2 ¿Qué libros leen en la clase?
3 ¿Cantan también?
4 ¿Trabaja la profesora en la clase?
5 ¿Baila usted mucho en las fiestas?
6 Y en las fiestas, ¿cantan y beben todas las personas?
7 ¿Quién no come mucho?
8 ¿Comprende usted todas las preguntas?

7. El tiempo presente de ser

Sustituya según el modelo.

> Soy de los Estados Unidos.   (El profesor—Chile.)
> **El profesor es de Chile.**

1 Marcos y Elena—Venezuela.
2 Nosotros—Montana.
3 Hans—Alemania.
4 Ustedes—México.
5 Alfonso y yo—España.
6 Pelé—Brasil.
7 Pierre y Suzanne—Francia.

8. Adjetivos de nacionalidad

Responda según los modelos.

> Juan es de Chile, ¿no?
> **Sí, es chileno.**
> María y Luisa son de Nueva York, ¿no?
> **Sí, son norteamericanos.**

1 Rodolfo es de Lima, ¿no?
2 Rosa es de Lisboa, ¿no?
3 Luisa es de Santiago, ¿no?
4 Luis es de Río de Janeiro, ¿no?
5 Jacques es de Francia, ¿no?

9. Concordancia de adjetivos y sustantivos

Dé la forma apropiada del adjetivo.

1 (simpático)   Los muchachos son _____.
2 (interesante)   Las lecciones son _____.
3 (rico)   Es una muchacha _____.
4 (cansado)   La profesora está muy _____.
5 (difícil)   La clase no es muy _____.
6 (bueno)   El doctor Méndez es un médico _____.
7 (enfermo)   Mari Carmen y Luisa están _____.

10. Adjetivos demostrativos

Conteste según los modelos.

> ¿Es nueva esa blusa?   (*next to you*)
> **Sí, esta blusa es nueva.**
> ¿Es grande aquella casa?   (*the one way over there*)
> **Sí, aquella casa es grande.**

1 ¿Es de México ese regalo?   (*next to you*)
2 ¿Quieres este libro?   (*next to me*)
3 ¿Hay muchos libros en esa biblioteca?   (*away from both of us*)
4 ¿Son portugueses aquellos muchachos? (*the ones way over there*)

11. Adjetivos como sustantivos

Traduzca al español, por favor.

1 The brunette is my sister.
2 We aren't the rich ones.
3 Rafael is the handsome one.
4 Is the blonde from Venezuela?
5 The poor guys don't have much money.

12. Ir y ir a + infinitivo

Traduzca, por favor.

1 I'm going to study now.
2 Where are you going to study?
3 Estela and Juanita are going to the dance.
4 Aren't you and Miguel going to the dance also?
5 No, we're going to be here all night.

13. El uso de los artículos definidos

Use el o la si es necesario.

1 Hablan _____ alemán.
2 _____ alemán es difícil.
3 No hablo bien _____ español.
4 Aprendo _____ inglés en casa.

5 _____ profesor López está bien.
6 ¿Cómo está usted, _____ señora Paniagua?
7 Buenas tardes, _____ señora Ramírez.

14. Los artículos indefinidos

Use **un**, **una**, **unos** *o* **unas** *si son necesarios.*

1 El papá de Elena es _____ médico.
2 Soy _____ ingeniero.
3 Ella es _____ profesora interesante.
4 Daniel y Jim son _____ chicos muy
  simpáticos.
5 Somos _____ norteamericanos.

15. Ser o estar

A escoger entre **ser** *y* **estar**.

María _____ simpática.
      _____ aquí.
      _____ una muchacha inteligente.
      _____ chilena.
      _____ bien.
      _____ secretaria.
      _____ en México.
      _____ enfermera.
      _____ de California.

LECCIÓN 3

16. Verbos irregulares y verbos que cambian en la raíz

Dé la forma apropiada del verbo.

1 (pensar) Yo _____ que el español es
  importante.
2 (entender) Él no _____ la pregunta.
3 (tener) Yo _____ que comprar un regalo.
4 (ir) Nosotros _____ al parque hoy.
5 (venir) ¿ _____ muchas personas a la fiesta
  esta noche?
6 (preferir) ¿Dónde _____ tú estudiar?
7 (querer) Yo _____ aprender alemán, ¿y tú?

17. Tener que + infinitivo

Diga en español.

1 I have to study tonight.
2 Do you (**tú**) have to go tomorrow?
3 We have to buy a gift.
4 David and Samuel have to be here also.
5 Don't you (**ustedes**) have to come?

18. Repaso de la a personal

Use la **a** *si es necesaria.*

1 Ven _____ un letrero.
2 Quiero _____ mi mamá.
3 ¿Tiene usted _____ un hermano?
4 No veo _____ Daniel.
5 Entiendo _____ las compañeras.
6 Comprendo _____ la lección.

19. Contracción: a + el→al

A escoger entre **al**, **a la**, **a los**, **a las**.

Voy al centro.
      _____ universidad.
      _____ clases.
      _____ oficina.
      _____ banco.

20. Contracción: de + el→del

A escoger entre **del**, **de la**, **de los**, **de las**.

Yo soy amigo del chileno.
      _____ mexicanos.
      _____ muchacha.
      _____ estudiante.
      _____ muchachas.

21. Los números cardinales 1–100

Diga estos números de teléfono.

1 29-45-99   **3** 235-7846   **5** 91-75-32
2 398-4765   **4** 89-78-21   **6** 84 1563

22. La hora

Responda.

¿Qué hora es?   (3:25 P.M.)
Son las tres y veinticinco de la tarde.

1 6:15 P.M.   **3** 9:50 P.M.   **5** 2:40 A.M.
2 10:30 A.M.   **4** 1:00 A.M.   **6** 4:45 P.M.

23. Días de la semana

Complete el cuadro.

DÍA DE LA SEMANA	EL DÍA ANTERIOR	EL DÍA POSTERIOR
lunes	**domingo**	**martes**
miércoles	_____	_____
viernes	_____	_____
domingo	_____	_____
jueves	_____	_____
martes	_____	_____
sábado	_____	_____

24. Los artículos definidos con los días

Traduzca al español.

1 I always study at home on Saturdays.
2 Are you coming on Wednesday?
3 We don't have class on Thursdays.
4 Today is Monday.

25. El uso de hay

Conteste.

1 ¿Cuántas chicas hay en la clase?
2 ¿Hay muchas personas en tu familia?
3 ¿Hay un muchacho guapo en la clase?
4 ¿Hay lecciones interesantes en el libro?

26. Los adjetivos posesivos

Responda según los modelos.

Luisa tiene un regalo.
Es su regalo.
Tienes cinco hermanos.
Son tus hermanos.

1 Tenemos una casa.
2 Ellos tienen amigos.
3 El profesor tiene muchos libros.
4 Ustedes tienen dos casas.
5 Tú tienes una carta.

27. Actividades en parejas

Tell another person orally in Spanish:

what your name is.
how you are today.
where you are from.
where you live now.
what languages you speak.
how many boys and girls are in your family.
who lives at your house.
where your father works.
what you are like.
how many men and women are in your class.
what your teacher's name is.
what you have to do on Thursdays.
what you want to do on Saturday.

LECCIÓN 4

Estudiantes en la Universidad Nacional Autónoma de México.

Perspectiva

Functional Conversational Goals: You should be able to

1 discuss careers, courses you are taking, your major, daily class schedule.
2 relate some of your activities on specific days.
3 count by ones, tens, etc., and indicate how many of various items there are around you.
4 discuss your plans for the future.
5 find out from your friends when, how, why, and where different actions occur.

Language: You will study and practice

1 stem-changing verbs (**e** to **i**).
2 stem-changing verbs (**o** to **ue**).

3 cardinal numbers 101 to 1.000.000.
4 the verbs **conocer** and **saber**.
5 direct-object pronouns.
6 question words.

Culture: You will learn about

1 the education system in the Hispanic world.
2 popular career goals of university students in Latin America.

Pronunciation: You will practice

1 the sounds of the consonant **c**.
2 the Spanish **r** and **rr**.

Libro cerrado no saca letrado.

Diálogo

¿QUÉ CARRERA SIGUES?

Fred es de los Estados Unidos. Él conversa ahora con María José, una señorita de Bilbao, sobre carreras, materias y estudios.

FRED ¿Y tú, María José? ¿Qué carrera sigues?

MARÍA JOSÉ Quiero ser ingeniera aeronáutica. ¿Y tú?

FRED No tengo planes definitivos. Primero voy a sacar el bachillerato.

MARÍA JOSÉ ¿Ya no quieres ser médico cirujano?

FRED Quizás. Eso del trasplante de corazones artificiales es algo fantástico. ¿No?

MARÍA JOSÉ No. No estoy de acuerdo. ¿Implantar un corazón en una vaca? ¡Qué asco!

FRED No, señorita. Ya pueden hacerlo con seres humanos también.

MARÍA JOSÉ Pues, yo prefiero hacer un viaje a la luna.

FRED ¿Tú quieres ser astronauta? ¡Qué locura!

MARÍA JOSÉ Quiero conocer todos los planetas. Y pienso ganar mucho dinero.

FRED Bueno, cada loco con su tema.

PREGUNTAS

1 ¿De dónde es Fred?
2 ¿Con quién conversa Fred?
3 ¿De dónde es María José?
4 ¿De qué conversan los amigos?
5 ¿Qué carrera sigue María José? ¿Y Fred?
6 ¿Qué va a hacer Fred primero?
7 Según Fred, ¿qué es algo fantástico?
8 ¿Está de acuerdo María José?
9 ¿Qué piensa María José del trasplante de corazones?
10 ¿Qué prefiere hacer María José?
11 ¿Qué planetas quiere conocer María José?
12 ¿Qué significa ''cada loco con su tema''?
13 ¿Quién quiere ganar mucho dinero?
14 ¿Y usted? ¿Quiere ganar mucho dinero?

Notas culturales

EL SISTEMA EDUCATIVO

La educación pública es gratis en muchos de los países latinoamericanos y en España. Por medio de[1] este sistema educativo la gente puede mejorar[1] su nivel de vida[1] y seguir mejores carreras técnicas y profesionales. Las instituciones educativas del mundo hispánico por lo general incluyen las siguientes:

By means of

can improve / standard of living

    Escuela primaria—consta de[1] los grados uno a seis. (De 5 o 6 a 11 o 12 años de edad.)

consists of

    Escuela secundaria—se compara con[1] los grados siete y ocho, más los cuatro años de *high school*. (Abarca[1] los años de 12 a 18 de edad.)

se . . . is compared with

It includes

    Colegio—por lo general se refiere a una escuela particular[1], primaria o secundaria, patrocinada por la Iglesia Católica u[1] otra institución particular. A veces[1] incluye los grados uno a doce. Algunos de los colegios ofrecen estudios en otro idioma (por ejemplo, **colegio francés**). Algunos también proveen[1] alojamiento a los alumnos.

private

At times

provide

    Liceo—generalmente es una escuela secundaria del gobierno para los estudiantes de 12–18 años de edad.

    Escuela preparatoria (la preparatoria)—es una escuela que prepara a los alumnos para estudios especializados como la medicina o las bellas artes[1].

fine arts

    Escuela normal—se especializa en la preparación de maestros. Esta preparación es de dos años.

[1]**o**, meaning *or*, becomes **u** before a word beginning with an **o**-sound: **siete u ocho, Luisa u Hortensia**.

Niños de la escuela primaria en Asunción, Paraguay.

Alumnos de la escuela
secundaria en Barcelona,
España.

LA CIUDAD UNIVERSITARIA[1]

university campus

La vida social de las universidades en España y Latinoamérica es muy
distinta a la de[1] los Estados Unidos. Las facultades[1] están muy separa-
das. Los estudiantes de las diferentes facultades no tienen muchas actividades en común.

 La Universidad de Buenos Aires, por ejemplo, tiene más de 180.000
estudiantes. La Facultad de Ingeniería está a más de un kilómetro de[1]
la Facultad de Filosofía y Letras, cuatro kilómetros de la Facultad de
Medicina, cuatro kilómetros en otra dirección de la Facultad de Derecho[1] y Ciencias Sociales. Esta separación no permite el tipo de integrada vida social que tenemos en la mayoría de las universidades de
Norteamérica.

*different from that of / colleges,
 schools*

Law

---

[1]**más de . . .** *more than one kilometer from.* One **kilómetro** = one thousand **metros** *meters.* Metric measurements of length are
 used in all Hispanic countries. Equivalents:
  1 **kilómetro** = .622 mile (**milla**), i.e., about 2/3 of a mile.
  1 **metro** = 3 feet (**pies**), 3.4 inches (**pulgadas**). The 100-meter dash is about ten per cent longer than the 100-yard dash.

PREGUNTAS

1 ¿Es gratis la educación pública en los países hispanos? **2** ¿Qué institución educativa es el equivalente de la primaria en los Estados Unidos? **3** ¿Y el equivalente de nuestro *high school*? **4** ¿Qué es un colegio? ¿Qué es una universidad? **5** ¿Qué otra escuela secundaria hay? **6** ¿En

En la Universidad de Bilbao

Guillermo, un estudiante
universitario

qué se especializa la escuela normal? **7** ¿Cómo dicen *campus* en español? **8** ¿Por qué no está integrada la vida social de las facultades en Hispanoamérica? **9** ¿Cuántos estudiantes hay en la Universidad de Buenos Aires? **10** ¿Cuántos estudiantes hay en la universidad de usted? **11** Un kilómetro, ¿es más o menos que una milla? **12** ¿Quiere usted estudiar en la Universidad de Buenos Aires?

PLANES PARA EL FUTURO

Ya tengo el diploma de la escuela primaria y de la escuela secundaria también. Ahora soy estudiante de la Universidad de Bilbao. Pienso seguir una carrera en la Facultad de Filosofía y Letras. Primero tengo que terminar la licenciatura|. Puedo continuar mis estudios aquí y recibir el título de maestría| pero prefiero sacar el doctorado en una universidad más importante. Por eso quiero seguir mis estudios en la Universidad de Madrid. Dicen que ahí tienen los mejores profesores y programas de instrucción.

bachelor's degree
master's degree

PREGUNTAS

1 ¿Qué diplomas tiene Guillermo? **2** ¿Está Guillermo en la escuela secundaria ahora? **3** ¿Dónde estudia ahora Guillermo? **4** ¿Qué carrera piensa seguir? **5** ¿Puede continuar sus estudios en Bilbao? **6** ¿Qué tiene que sacar primero? **7** ¿Qué título piensa recibir después de la licenciatura? **8** ¿Dónde prefiere sacar el doctorado? **9** ¿Cómo son los profesores de la Universidad de Madrid? **10** ¿Qué tal los programas de instrucción?

ACTIVIDADES EN PAREJAS

A *Indíquele a un compañero o a una compañera sus preferencias. Tome turno.*

1 ¿Prefieres estudiar o dormir?
2 ¿Quieres trabajar o jugar?
3 ¿Piensas sacar el doctorado o la maestría?
4 ¿Tienes que comer o estudiar?

5 ¿Vas a hacer estudios graduados o comenzar a trabajar ahora?
6 ¿Prefieres hablar inglés o español?
7 ¿Puedes programar en la computadora o resolver problemas de matemáticas?

B *Exprese usted estas ideas en español.*

1 What you want to do.
2 What you intend to do.
3 What you have to do.
4 What you prefer to do.
5 What you are going to do.

TÍTULOS ACADÉMICOS	LAS ESCUELAS
El bachillerato	La escuela primaria
La licenciatura	La escuela secundaria
La maestría	El liceo
El doctorado	El colegio

LAS FACULTADES DE LA UNIVERSIDAD	COLLEGES OF THE UNIVERSITY
La Facultad de Filosofía y Letras	*College of Humanities*
La Facultad de Bellas Artes	*College of Fine Arts*
La Facultad de Ciencias	*College of Science*
La Facultad de Medicina	*College (School) of Medicine*
La Facultad de Derecho	*College of Law*

1 ¿En qué facultad estudia usted?
2 ¿Qué diploma tiene usted?
3 ¿Piensa usted sacar el doctorado?
4 ¿Dónde quiere usted estudiar?
5 ¿En qué facultad estudian los médicos?

6 ¿En qué facultad estudian los abogados (*lawyers*)?
7 ¿En qué facultad estudian los profesores de literatura?
8 ¿Qué planes tiene usted para el futuro?

C *Pregúntele a un compañero o a una compañera de estas cosas, tomando turno* (taking turns).

1 sus clases: difíciles, fáciles, buenas, malas
2 sus profesores: simpáticos, antipáticos, interesantes
3 sus planes inmediatos: estudiar, hablar español, trabajar, ir al centro, comer

   ¿Vas a _____? ¿Puedes _____? ¿Tienes que _____? ¿Quieres _____? ¿Piensas _____?

Vocabulario útil

ASIGNATURAS, OCUPACIONES Y LOCALIDADES DE TRABAJO

The following names of academic subjects, occupations, and places of work are mostly *cognates*; that is, they have the same derivation as their English equivalents.

MATERIAS		OFICIOS O PROFESIONES	LUGARES DE TRABAJO
botánica	química	abogado(a) *lawyer*	el **despacho** *office*
física	alta tecnología	el (la) **dentista**	la **clínica**
francés	derecho *law*	mecánico	el **taller mecánico** *garage*
geografía	literatura	médico(a)	el **hospital**, la **clínica**
filosofía	música	el (la) **modista** *dressmaker*	la **tienda** *shop, store*
matemáticas	sociología	piloto	el **aeropuerto**
ingeniería	zoología	el (la) **policía**	el **centro**
		profesor(a)	la **universidad**
		veterinario(a)	la **clínica veterinaria**
		programador(a) de computadoras	la **oficina**

Explicación y Aplicación

1. Verbos que cambian en la raíz (e→i)

Alberto

Quiero ser profesor de
historia.

Ana y Luisa

Somos programadoras.
Seguimos una carrera en
computación.

Bárbara

Soy locutora de T.V. Es un
oficio interesante.

Jorge

Siempre digo la verdad,
Papá.

Carlos

Yo no pido materias difíciles.
¿Quién las necesita? Soy
perezoso[1].

Conteste.

1 ¿Qué carrera sigue Alberto?
2 ¿Siguen Ana y Luisa una carrera en
   medicina?
3 ¿Qué oficio tiene Bárbara?
4 ¿Siempre dice la verdad Jorge?

5 ¿Pide materias difíciles Carlos?
6 ¿Quiénes son programadoras?
7 ¿Quiere usted ser locutor(a) de T.V.?
8 ¿Es usted ambicioso(a) o perezoso(a)?

[1]*lazy*

seguir *to pursue, follow*		**pedir** *to ask for*		**decir** *to say, tell*	
sigo	seguimos	pido	pedimos	digo[2]	decimos
sigues[1]	seguís	pides	pedís	dices	decís
sigue	siguen	pide	piden	dice	dicen

This group of verbs changes the stem vowel **e** to **i** in all present-tense forms except **nosotros** and **vosotros**. The endings are regular. These verbs will be listed in the vocabulary with the signal (**i**) after the infinitive: **seguir** (**i**). Some other common verbs in this group are **vestir** *to dress*, **medir** *to measure*, **servir** *to serve*, and **repetir** *to repeat*.

Conteste según los modelos.

Alberto—interesante.
¿Qué tipo de carrera sigue Alberto?
Alberto sigue una carrera interesante.

1 Ana y Luisa—fantástica.
2 Bárbara—difícil.
3 Nosotros—fácil.
4 Tú—moderna.
5 Ellos—de alta tecnología.

Alberto—historia.
¿Qué clases pide Alberto?
Alberto pide clases de historia.

1 Felipe—alta tecnología.
2 Juan y Luis—inglés.
3 Ana y Luisa—computación.
4 Bárbara—comunicaciones.
5 Ustedes—español.

Carlos—es perezoso.
¿Qué dice Carlos?
Carlos dice que es perezoso.

1 Alberto—quiere ser profesor.
2 Bárbara—tiene un oficio interesante.
3 Jorge—siempre pide clases difíciles.
4 Ana y Luisa—son programadoras.
5 Los profesores—los estudiantes no estudian.
6 Ustedes—estudian mucho.

Juan—mecánico; el taller mecánico.
¿Qué oficio tiene Juan?
Es mecánico.
¿Dónde trabaja un mecánico?
Trabaja en el taller mecánico.

1 Rodolfo—piloto; el aeropuerto.
2 Arturo—policía; el centro.
3 Elena—programadora; la oficina.
4 Susana—modista; la tienda.

El señor López—abogado.
¿Qué profesión tiene el señor López?
Es abogado.

1 La señora Gómez—dentista.
2 El señor Canas—profesor.
3 El señor Alba—veterinario.
4 La señora Sánchez—médica.

Juana—español; embajadora.
¿Qué estudia Juana?
Juana estudia español. Quiere ser embajadora.

1 Ana María—química; dentista.
2 Alberto—sociología; trabajador social.
3 Ernesto—electrónica; investigador científico.
4 David—cinematografía; director de filmes.
5 Anita—ruso; agente del F.B.I.
6 Margarita—turismo; agente de viajes.
7 Alicia—derecho; abogada.
8 Alexis—matemáticas; ingeniero.
9 Josefina—física; profesora.

---

[1]The **u** is not pronounced. It is written before **e** or **i** in order to show that the **g**-sound (as in the English word *go*) is maintained.
[2]Note the **g** in the **yo**-form.

¿Qué carrera sigues?

¿Quieres ser artista gráfico?

¿Quieres ser arquitecto?

¿Quieres ser hombre de negocios?

¿Quieres ser programadora?

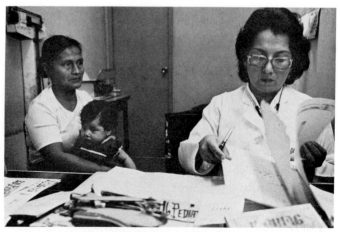

¿Quieres ser médica?

¿Quieres ser técnica de laboratorio químico?

¿Quieres ser locutor de televisión?

¿Quieres ser agente de policía?

2. Verbos que cambian en la raíz (o→ue)

¿Hasta qué hora duerme Carlos?

¿Pueden ustedes comprender ruso?

Dolores, ¿a qué hora vuelves a casa?

Carlos

No, pero podemos comprender español.

Dolores

dormir *to sleep*		**poder** *to be able*		**volver** *to return*	
duermo	dormimos	puedo	podemos	vuelvo	volvemos
duermes	dormís	puedes	podéis	vuelves	volvéis
duerme	duermen	puede	pueden	vuelve	vuelven

Conteste.

1 ¿Hasta qué hora duerme Carlos?
2 ¿Pueden ustedes comprender ruso?
3 ¿A qué hora vuelve a casa Dolores?

This group of verbs changes the stem vowel **o** to **ue** in all present-tense forms except **nosotros** and **vosotros**. The endings are regular. These verbs will appear in the vocabulary with the signal (**ue**): **dormir** (**ue**). Included in this group are **dormir** *to sleep*, **morir** *to die*, **poder** *to be able*, **volver** *to return*, **encontrar** *to find*, **mostrar** *to show*, **costar** *to cost*, **contar** *to count*, and **almorzar** *to have lunch*.

Yo **cuento** el dinero.	*I count the money.*
Tú **vuelves** mañana.	*You return tomorrow.*
Él **encuentra** la oficina.	*He finds the office.*
Nosotros **almorzamos** tarde.	*We have lunch late.*
Vosotros **dormís** muy poco.	*You sleep very little.*
Muchos **mueren** en África.	*Many die (are dying) in Africa.*

A *¿Cuántas horas duerme Carlos?*

Carlos—diez horas.
Carlos duerme diez horas.

1 Ana y Luisa—ocho horas.
2 Jorge—muchas horas.
3 Usted—seis o siete horas.
4 Los estudiantes—muy pocas horas.

B *¿Cuánto, cómo o dónde duermen estas personas?*

Olivia—ocho horas.
Olivia duerme ocho horas.

1 Alberto y Miguel—en casa.
2 El profesor—en la oficina.
3 Carlos—hasta las diez.

4 Yo—muy bien.
5 Felipe y Ricardo—muchas horas.
6 Nosotros—en la clase de español.

ACTIVIDAD EN PAREJAS

Solicitud de trabajo[1]

Su compañero(a) busca trabajo. Déle una entrevista formal. (Give him (her) a formal interview.)

1 ¿Cómo se llama usted? _____ (dos apellidos)
2 ¿Cuál es su dirección[2]? _____
3 ¿Qué número de teléfono tiene usted? _____
4 ¿Cuántos años tiene usted? _____
5 ¿Cómo está usted de salud[3]? _____
6 ¿Es usted ciudadano(a)[4] de los Estados Unidos? _____
7 ¿Es usted casado(a) o soltero(a)[5]? _____
8 ¿Tiene usted hijos? _____ ¿Cuántos? _____
9 ¿Qué oficio o profesión tiene usted? _____
10 ¿Cuántos años de estudio[6] tiene usted? _____
      Escuela primaria _____   Universidad _____
      Escuela secundaria _____   Entrenamiento[7] vocacional _____
11 ¿Cuál es su especialidad[8]? _____
12 ¿Cuántos años de experiencia tiene usted? _____
13 ¿Cuándo puede usted comenzar a trabajar? _____
14 ¿Por qué quiere usted trabajar para esta compañía? _____
_____

3. Los números cardinales de 101 a 1.000.000[9]

101	**ciento uno (un, una)**	500	**quinientos(as)**	1.000	**mil**
150	**ciento cincuenta**	600	**seiscientos(as)**	1.500	**mil quinientos(as)**
200	**doscientos(as)**	700	**setecientos(as)**	1.000.000	**un millón (de)**
300	**trescientos(as)**	800	**ochocientos(as)**		
400	**cuatrocientos(as)**	900	**novecientos(as)**		

[1]*Work application*   [2]*address*   [3]*How is your health?*   [4]*citizen*   [5]*single*   [6]*study*   [7]*Training*   [8]*major*
[9]In writing numbers above one thousand, many Spanish-speaking countries print a period (.) where English-speaking countries use a comma (,): **1.000.000**.

The numbers 200–900 agree in gender with the noun that follows.

seiscientas casas	*600 houses*
setecientas muchachas	*700 girls*
ochocientos hombres	*800 men*
novecientas treinta y una páginas	*931 pages*

Uno in combination with **ciento**, **doscientos**, etc., becomes **un** before a masculine noun—singular or plural—and **una** before a feminine noun: **ciento un hombres**, **doscientas una mujeres**.

Spanish numbers from one thousand upward are not given in hundreds as is commonly done in English. For example, **1.500** would not be said "fifteen hundred," but rather "one thousand five hundred": **mil quinientos**.

Un millón is followed by **de** before the noun. The plural is **millones**.

Hay un millón **de** personas en la plaza.	*There are a million people in the square.*
Mi papá tiene cuatro millones **de** dólares.	*My father has four million dollars.*
Dicen que hay 4.500 personas aquí.	*They say there are four thousand five hundred persons here.*

A *Cuente* (Count) *de 100 a 2.000.*

Cien, doscientos, etc.

B *En español, por favor.*

1 600 houses
2 201 persons
3 1,800 men
4 151 books
5 2,421 computers
6 500 cars
7 1,000,000 questions
8 971 pages

C *Conteste según el modelo.*

¿Cuántos libros hay? (213)
Hay 213 libros.

1 ¿Cuántas personas hay? (2.401)
2 ¿Cuántos lápices hay? (355)
3 ¿Cuántas casas hay? (500)
4 ¿Cuántas muchachas hay? (1.110)
5 ¿Cuántos muchachos hay? (985)

ACTIVIDADES EN PAREJAS

A *Pregúntele a su compañero(a) de estas cosas, tomando turno.*

1 nombre, apellidos, ¿de dónde?, idiomas, número de teléfono, dirección, universidad, trabajo, ¿cuántos años?
2 familia, hermanos, hermanas, padres, oficios, profesiones, casado(a), soltero(a), tíos, amigos, abuelos, primos
3 planes para el futuro, bachillerato, licenciatura, maestría, doctorado, estudios graduados, universidades, carreras, especialidad

B *Cuente, tomando turno.*

1 de uno a veinte (uno, dos, etc.)
2 de diez a cien (diez, veinte, etc.)
3 de cien a mil (cien, doscientos, etc.)

4. Conocer o saber

Alberto   Carlos   El presidente

ALBERTO ¿Tú conoces al presidente de la
universidad?
CARLOS No, no conozco al presidente.

ALBERTO ¿Sabes la dirección?
CARLOS No, no sé la dirección.

ALBERTO ¿Conocen ustedes Nueva
York?
BÁRBARA Y MANUEL Sí, conocemos Nueva York.

CARLOS ¿Saben ustedes programar en la
computadora?
ANA Y LUISA Sí, sabemos.

Conteste.

1 ¿Conocen Bárbara y Manuel Nueva York?
2 ¿Conoce usted Nueva York?
3 ¿Conocen ustedes Latinoamérica?
4 ¿Saben Ana y Luisa programar?
5 ¿Sabe usted programar?
6 ¿Sabe usted la hora?

conocer *to be acquainted with, to know* (a person or place)		**saber** *to know* (a fact), *to have information about, to know how to*	
conozco	conocemos	sé	sabemos
conoces	conocéis	sabes	sabéis
conoce	conocen	sabe	saben

Conocer is a regular **-er** verb in the present tense, except for the first-person singular: **conozco**. Other verbs which also change **c** to **zc** before **o** in the **yo**-form of the present tense are **ofrecer** *to offer*, **deducir** *to deduce*, and **conducir** *to drive*.

Notice that **saber**, too, is regular in the present tense, except for the first-person singular: **sé**.

Both **conocer** and **saber** mean *to know*. **Conocer** means *to be acquainted with* (a person, place, or thing). The personal **a** is used before a direct object that is a definite person.

Conozco a María.	*I know Maria.*
No **conozco** Nueva York.	*I'm not acquainted with New York.*

Saber means *to have information about* (something), *to know* (a fact or a subject), or *to know how to do* (something).

Él no **sabe** a qué hora comienzan las clases.	*He doesn't know what time classes start.*
Yo no **sé** la lección.	*I don't know the lesson.*
Ella **sabe** hablar francés.	*She knows how to speak French.*

A **¿Conocer** *o* **saber?**

1 Ricardo no _c_ a María.
2 Olivia _s_ que es difícil.
3 Alberto no _c_ España.
4 El profesor _s_ hablar español.
5 Nosotros _s_ que ella es muy lista.
6 Yo no _s_ el nombre del profesor.
7 Ricardo no _s_ el nombre del profesor.
8 Él no _s_ que María habla francés.
9 Juan _c_ la Argentina.
10 Yo _c_ al presidente de la universidad.
11 María _c_ a mis amigos.
12 Él _s_ que yo soy norteamericano.
13 Ella _s_ a que hora comienzan sus clases.
14 Yo _s_ que ellos son inteligentes.

B *¿Quién conoce a Michael Jackson?*

Nosotros
Nosotros conocemos a Michael Jackson.

1 Todas las señoritas
2 Yo
3 Mi mamá también
4 Los mexicanos
5 Tú y yo
6 Los estudiantes

C *Conteste.*

1 ¿Conoce usted al Presidente de los Estados Unidos?
2 ¿Conocen ustedes a Michael Jackson?
3 ¿Conoce usted San Diego?
4 ¿Conoce el profesor a los estudiantes?
5 ¿Conoce usted África?

D *¿Qué saben estas personas?*

Ana y Luisa—computación.
Ana y Luisa saben computación.

1 Bárbara—comunicaciones.
2 Nosotros—que el español es fácil.
3 Elena—hablar alemán.
4 Ellos—la lección hoy.
5 Yo—que el profesor es muy inteligente.
6 Alberto y Miguel—matemáticas.

E *Conteste.*

1 Hansel y Gretel saben alemán, ¿verdad?
2 ¿Sabe usted la lección?
3 ¿Saben ustedes mucho de España?
4 ¿Saben ustedes a qué hora comienza la clase?
5 Sus padres no saben hablar español, ¿verdad?

5. Los complementos directos

Lesson 3 explained that the *direct object* in a sentence is the person or thing that the action expressed by the verb is *done to*. Thus in the sentence

He studies the lesson.

the act expressed is *studies*, and the thing that receives the act of studying is the *lesson*, which is the *direct object*.

A simple way to find the direct object is to look for the word that answers the questions *what?* or *whom?* about the verb.

*They understand the **answer**.*   (They understand *what?* The answer.)
*He loves his **grandmother**.*   (He loves *whom?* His grandmother.)

In the two sentences above, the direct objects are nouns. Often nouns are replaced by pronouns to avoid repetition.

*They understand **it**.*
*He loves **her**.*

Los pronombres usados como complementos directos

The Spanish direct-object pronouns are as follows:

SINGULAR

me	Ellos **me** conocen.	*They know **me**.*
te	**Te** quiero.	*I love **you** (familiar).*
lo	**Lo** busco.	*I look for **it** / **him** / **you** (formal).*
la	**La** necesito.	*I need **it** / **her** / **you** (formal).*

PLURAL

nos	Ella **nos** ve.	*She sees **us**.*
os	**Os** escuchamos.	*We listen to **you** (familiar, Spain).*
los	**Los** tenemos.	*We have **them** / **you** (masculine).*
las	**Las** vemos.	*We see **them** / **you** (feminine).*

Direct-object pronouns in Spanish have the same function and meaning as their English counterparts, but their placement in the order of the sentence may be different.

"MUSEO DE ORO DEL PERU"
FUNDACION MIGUEL MUJICA GALLO
MONTERRICO

ENTRADA CONTRIBUCION
AL COSTO DEL
Nº 147070 MANTENIMIENTO
DEL MUSEO

a) A direct-object pronoun precedes a conjugated verb.

Las necesitamos.	*We need them.*
Te quiero.	*I love you.*
María **lo** estudia.	*Maria studies it.*

A *Indique el pronombre que corresponde y repita la frase.*

Buscamos <u>el libro</u>.   (lo)
Lo buscamos.
Compramos <u>la computadora</u>.   (la)
La compramos.

1 Estudiamos <u>las lecciones</u>.
2 Ellos escuchan a <u>Michael</u>.
3 Luisa ve <u>los letreros</u>.
4 Quiero mucho a <u>mi mamá</u>.
5 No conozco a <u>esas señoritas</u>.
6 Tú sabes <u>mi número</u> de teléfono.

B *Sustituya un pronombre.*

María estudia español.
María lo estudia.

1 Ricardo pide materias difíciles.
2 Miguel no conoce a María.
3 Alberto no estudia la lección.
4 Ellos conocen a nosotros.
5 No veo a Carlos.

C *Conteste con un pronombre según los modelos.*

¿Estudia usted español?
Sí, lo estudio.

1 ¿Estudia usted la lección?
2 ¿Estudia usted los libros?
3 ¿Estudia usted materias difíciles?
4 ¿Estudia usted francés?

¿Conoces a María?
No, no la conozco.

1 ¿Conoces a mis primos?
2 ¿Conoces a mi hermano?
3 ¿Conoces a mi abuela?
4 ¿Conoces a nosotros?

¿Quieren ellos el libro?
Sí, lo quieren.

1 ¿Quieren ellos los libros?
2 ¿Quieren ellos las fotos?
3 ¿Quieren ellos a sus padres?
4 ¿Quieren ellos ese lápiz?

b) A direct-object pronoun is placed after an infinitive and is attached to it.

Es imposible hacer**lo**.	*It's impossible to do it.*
Es importante estudiar**los**.	*It's important to study them.*

However, if the infinitive is used in combination with a conjugated verb, the direct-object pronoun may either follow (and be attached to) the infinitive or precede the entire verb construction.

Quiero aprender**lo**. }
Lo quiero aprender. }   *I want to learn it.*

Tengo que estudiar**la**. }
La tengo que estudiar. }   *I have to study it.*

motion
teaching
learning

Estos estudiantes prefieren
estudiar en la biblioteca.

D *Conteste según los modelos.*

¿Quiere usted estudiar francés?
Sí, quiero estudiarlo.
Sí, lo quiero estudiar.

1 ¿Quiere usted estudiar la lección?
2 ¿Quiere usted estudiar mi libro?
3 ¿Quiere usted estudiar materias difíciles?

¿Van ustedes a comprar el regalo?
Sí, vamos a comprarlo.
Sí, lo vamos a comprar.

1 ¿Van ustedes a aprender la lección?
2 ¿Van ustedes a pedir materias difíciles?
3 ¿Van ustedes a estudiar francés?

¿Tienes que buscar tus libros?
No, no tengo que buscarlos.
No, no los tengo que buscar.

1 ¿Tienes que seguir esta carrera?
2 ¿Tienes que leer el libro?
3 ¿Tienes que estudiar estas lecciones?

E *En español, por favor.*

1 I have it (the book).
2 Do you (**tú**) know them (those girls)?
3 Can you (**ustedes**) understand it (the lesson)? ¿pueden comprenderla?
4 He is going to see us. Va a vernos.
5 She wants to learn it (Spanish). lo quiere aprender.

F *Conteste con un pronombre.*

1 ¿Conoce su hermano al profesor?
2 ¿Puede usted estudiar la lección mañana?
3 ¿Quiere usted aprender alemán?
4 ¿Va usted a leer el libro?
5 ¿Quiere usted a sus padres?

6. Resumen de palabras interrogativas

¿Cómo?	How?	¿Cuánto(a,os,as)?	How much?, How many?
¿Dónde?	Where?	¿Por qué?	Why?
¿Quién(es)?	Who?, Whom?	¿Adónde?	(To) where?
¿De quién?	Whose?	¿Cuándo?	When?
¿De dónde?	From where?	¿Cuál(es)?	Which?, Which one?, What?
¿Qué?	What?		

Note the difference between **¿dónde?**, **¿adónde?**, and **¿de dónde?**.

¿Dónde está Ricardo?	*Where is Ricardo?*
¿Adónde va Luisa?	*(To) where is Luisa going?* (Indicates motion toward.)
¿De dónde es usted?	*Where are you from?*

¿Quién? is a pronoun. Its plural form (**¿quiénes?**) is required when the pronoun stands for more than one person.

Señor, **¿quién** es usted?	*Sir, who are you* (singular)?
Señores, **¿quiénes** son ustedes?	*Gentlemen, who are you* (plural)?
¿De quién es el dinero? ¿Es de Paco?	*Whose* (singular) *is the money? Is it Paco's?*
¿De quiénes es el dinero? ¿Es de Paco y María?	*Whose* (plural) *is the money? Is it Paco and María's?*

¿Cuál? is also a pronoun. Its plural form (**¿cuáles?**) is used when the noun to which it directs our attention is plural.

María, **¿cuál** es tu foto?	*Maria, which (one) is your photo?*
María, **¿cuáles** son tus fotos?	*Maria, which (ones) are your photos?*

When used with the verb **ser**, **qué** requests a definition, whereas **cuál** asks for an identification or selection.

¿Qué es un veterinario?	*What is a veterinarian?*
¿Cuál es su dirección?	*What is your address?*

The interrogative **¿cuánto?** is sometimes used as an adjective, sometimes as a pronoun. It agrees in gender and number with the noun to which it refers or which it modifies.

¿Cuántas hermanas tienes?	*How many sisters do you have?*
Hay unas jóvenes en la clase, pero, **¿cuántas**?	*There are some young women in class, but how many?*
¿Cuánto cuesta?	*How much does it cost?*

Conteste con frases completas.

1 ¿Adónde vas a las doce?
2 ¿De dónde son sus padres?
3 ¿Quién es usted?
4 ¿De quién es el libro?
5 ¿De quiénes son los libros?

6 ¿Qué clase tiene a la una?
7 ¿Por qué viene a la universidad? *coming*
8 ¿Cuántas personas hay aquí?
9 ¿Cuál es su dirección?

ACTIVIDADES EN PAREJAS

A *Use estas palabras interrogativas en una entrevista (interview) con un compañero o una compañera, tomando turno.*

¿Cuánto?   ¿De dónde?
¿Cómo?   ¿Qué?
¿Dónde?   ¿Adónde?
¿De quién?   ¿Cuándo?
¿Por qué?   ¿Cuál?

B *Pregúntele a un compañero o a una compañera.*

¿Qué haces los martes?
Los martes voy a mis clases. Por la noche veo (*I watch*) **la televisión y estudio.**

1 . . . los domingos?
2 . . . los jueves?
3 . . . los miércoles?
4 . . . los sábados?

5 . . . los viernes?
6 . . . los lunes?
7 . . . los martes?

C *Pregúntele a un compañero o a una compañera.*

1 ¿A qué hora vienes a la universidad?
2 ¿A qué hora comienzan tus clases?
3 ¿Qué hora es ahora?
4 ¿A qué hora vas al trabajo?
5 ¿A qué hora vuelves a casa?

Estudiantes universitarios de ingeniería eléctrica.

Lectura

RICARDO QUIERE SER INGENIERO.

Me llamo Ricardo. Soy estudiante en la Universidad Nacional Autónoma de México (UNAM). Soy de Guadalajara. Ahora vivo en la capital. Mi dirección es calle Morelos 328 (tres veintiocho). Mi teléfono es 542-3367 (cinco cuarenta y dos, treinta y tres, sesenta y siete).

Hablo español, italiano, y un poco de inglés. Peso[1] setenta y cinco kilos y mido[2] un metro setenta y dos centímetros[3].

I weigh
I measure
few

Tengo pocos[1] amigos pero son muy buenos. También tengo una familia muy grande. Todos los domingos comemos en casa. Escuchamos[1] la radio y vemos un programa de televisión pero la conversación con la familia es más importante. Sigo la carrera de ingeniero. Por eso tengo que estudiar materias muy difíciles.

We listen to

Tengo un tío que es ingeniero. Es un hombre muy interesante y simpático. Habla mucho de la satisfacción que tiene en su trabajo. Yo también quiero ser ingeniero.

PREGUNTAS

1 ¿Quién es el joven?   **2** ¿Cómo se llama?   **3** ¿Dónde vive?   **4** ¿Cuál es su dirección?   **5** ¿Qué número de teléfono tiene?   **6** ¿Qué idiomas habla?   **7** ¿Cuánto mide?   **8** ¿Y cuánto pesa?   **9** ¿Qué carrera estudia?   **10** ¿Y cuántos amigos tiene?   **11** ¿Dónde come los domingos?

[1]From **pesar** *to weigh*, conjugated like **hablar**.
[2]From **medir** (**i**) *to measure*, conjugated like **pedir**.
[3]*1 meter and 72 centimeters*, equivalent to 5 feet 8 inches.

En pocas palabras

FORME FRASES COMPLETAS

1 Mis clases _____.
2 El sábado _____.
3 Siempre duermo _____.
4 Los domingos _____.
5 Estudio la lección _____.

FORME PREGUNTAS

1 Sí, los estudios son muy difíciles.
2 Duermo hasta las nueve los domingos.
3 No, no veo la televisión todos los días.
4 Escucho la radio todas las noches.
5 Ricardo estudia la historia de los Estados Unidos.

BREVES CONVERSACIONES

Pregúntele a _____

si va al parque el miércoles o el domingo.
si comienza la clase de español a las diez o a las doce.
si es interesante o no la clase de español.
si es fácil o difícil la lección de español.
si tiene cuatro o cinco clases.
si habla mucho o poco el profesor.
si estudia clases fáciles o difíciles.
cuántos estudiantes hay en la clase.

PREGUNTAS PERSONALES

1 ¿Qué materias estudia usted este semestre?
2 ¿Son fáciles o difíciles?
3 ¿Por qué pide usted clases fáciles?
4 ¿Las necesita para su carrera?
5 Usted tiene muchos libros. ¿Los lee usted en casa?
6 ¿Cuándo estudia usted en la biblioteca?
7 ¿A qué hora vuelve usted a casa?
8 ¿Puede usted estudiar y mirar la T.V.?
9 ¿Hasta qué hora duerme usted?
10 ¿Es usted perezoso(a) o ambicioso(a)?
11 ¿Son interesantes sus clases?
12 ¿Qué materias va a pedir el semestre que viene?
13 ¿Qué carrera sigue usted?
14 ¿Cuándo piensa usted terminar la licenciatura?
15 ¿Qué planes tiene usted para el futuro?
16 ¿Piensa usted sacar la maestría y el doctorado también?
17 ¿Prefiere usted trabajar en computación?
18 ¿Son interesantes las computadoras? ¿Las comprende usted?
19 ¿Quiere usted ser programador(a)?
20 ¿Quiere usted ganar mucho dinero?
21 ¿Cómo piensa usted hacerlo? Va a trabajar día y noche, ¿no?

Sección de referencia

Pronunciación

Spanish c

Before the vowels **a**, **o**, and **u** or before a consonant, Spanish **c** is pronounced like a *k*.

con   conozco   clases   creo   poco   buscar   música

Before the vowels **e** or **i**, Spanish **c** is pronounced like an *s*. The following examples occur in this lesson.

conocer   dicen   fácil   difícil   ciudad   nacional

Spanish rr

Spanish **rr** is always trilled.

carrera   ferrocarril   guitarra   barril

Spanish r

At the beginning of a word or after the consonants **n**, **s**, or **l**, Spanish **r** is trilled.

regalo   Ricardo   Enrique   enredo   los regalos   Israel   alrededor
remedio

Elsewhere **r** is pronounced with a single tap of the tongue against the gum ridge behind the upper teeth.

tarde   dormir   grupos   cursos   quiero   hora   programa

Vocabulario

abogado(a)	*lawyer*	la **computación**	*computing*
acuerdo	*agreement*	**computadora**	*computer*
estar de	*to agree*	la **comunicación**	*communication*
acuerdo		el **corazón**	*heart*
aeronáutico	*aeronautic*	**¿cuál?**	*which?, what?*
aeropuerto	*airport*	**definitivo**	*definitive*
el (la) **agente**	*agent*	el (la) **dentista**	*dentist*
algo	*something, anything*	**derecho**	*law*
alta tecnología	*high technology*	**despacho**	*office*
ambicioso	*ambitious*	**dinero**	*money*
artificial	*artificial*	la **dirección**	*address; direction*
asco	*disgust, nausea*	el (la) **director(a)**	*director*
¡Qué asco!	*How disgusting!*	el **dólar**	*dollar*
asignatura	*course, subject*	**electrónica**	*electronics*
el (la) **astronauta**	*astronaut*	el (la) **embajador(a)**	*ambassador*
bachillerato	*high-school degree*	**eso**	*that (pron.)*
botánica	*botany*	**eso de . . .**	*this business of . . .*
cada	*each, every*		*(colloquial)*
carrera	*career; race*	**estudio**	*study (room); (pl.) studies*
científico	*scientific*	**fantástico**	*fantastic*
cinematografía	*cinematography*	el **filme**	*film, movie*
cirujano	*surgeon*	**filosofía**	*philosophy*
clínica	*clinic*	**física**	*physics*

la **foto**	*photo*
la **frase**	*phrase; sentence*
geografía	*geography*
historia	*history*
humano	*human*
el **ser** **humano**	*human being*
la **implantación**	*implantation*
ingeniería	*engineering*
ingeniero(a)	*engineer*
interesante	*interesting*
el (la) **investigador(a)**	*investigator*
literatura	*literature*
lo	*it, him, you*
la **localidad**	*place*
loco(a)	*crazy person; crazy, mad*
locura	*insanity, madness*
el (la) **locutor(a)**	*announcer, commentator*
luna	*moon*
las **matemáticas**	*mathematics*
mecánico	*mechanic*
moderno	*modern*
el (la) **modista**	*dressmaker*
música	*music*
el **nombre**	*name*
nos	*us, to us*
nuevo	*new*
la **ocupación**	*occupation*
oficio	*office* (position); *occupation*
os	*you, to you* (fam. pl., Spain)
página	*page*
perezoso	*lazy, slow*
piloto	*pilot*
el **plan**	*plan*
el **planeta**	*planet*
el (la) **policía**	*policeman (policewoman)*
la **policía**	*police*
el **presidente**	*president*
primero	*first*
la **profesión**	*profession*
el (la) **programador(a)**	*programmer*
el **pronombre**	*pronoun*
pues	*well, then, anyhow*
química	*chemistry*
sobre	*upon, over, on, about*
sociología	*sociology*
el **taller** **mecánico**	*garage*
el **tema**	*theme, topic*

tienda	*shop, store*
tipo	*type, kind*
el (la) **trabajador(a)**	*worker*
trabajo	*work, job*
el **trasplante**	*transplant; transplanting*
turismo	*tourism*
vaca	*cow*
veterinario(a)	*veterinarian*
el **viaje**	*trip*
zoología	*zoology*

The cardinal numbers from 101–1,000,000 are given on p. 105.

Verbos

almorzar (ue)	*to eat lunch*
conducir (conduzco)	*to conduct, lead; to drive*
conocer (conozco)	*to know*
contar (ue)	*to count; to tell*
conversar	*to converse*
corresponder	*to correspond*
costar (ue)	*to cost*
decir (i) (digo)	*to say, tell*
deducir (deduzco)	*to deduce; to deduct*
dormir (ue)	*to sleep*
encontrar (ue)	*to find, encounter*
escuchar	*to listen to*
ganar	*to gain, earn; to win*
hacer (hago)	*to do; to make*
implantar	*to implant*
indicar	*to indicate*
medir (i)	*to measure*
necesitar	*to need*
ofrecer (ofrezco)	*to offer*
pedir (i)	*to ask for; to request*
poder (ue)	*to be able*
programar	*to program*
repetir (i)	*to repeat*
saber (sé)	*to know*
sacar	*to get; to take, to take out*

seguir (i) (sigo)	*to follow; to continue*
servir (i)	*to serve*
significar	*to mean*
vestir (i)	*to dress*
volver (ue)	*to return*

Refrán

Libro cerrado no saca letrado.

No knowledge without study. (A closed book doesn't make a scholar.)

LECCIÓN 5

¿Esquiar en julio? ¡En Chile, sí!

Perspectiva

Functional Conversational Goals: You should be able to
1 summarize weather conditions, temperature, and climate.
2 compare local climate and weather with that of South America.
3 state your likes and dislikes.
4 express your feelings of hunger, thirst, fear.

Language: You will study and practice using
1 vocabulary and structures to talk about the weather and temperature.
2 the months and seasons of the year.
3 the terms for referring to the date.
4 expressions with **hacer**, **estar**, and **hay**.

5 the verb **dar**.
6 indirect-object pronouns.
7 prepositional-object pronouns.
8 the verbs **gustar**, **parecer** and **faltar**.
9 expressions with **tener**.

Culture: You will learn about
1 climates and seasons in Latin America.
2 temperature equivalents in Celsius and Fahrenheit.

Pronunciation: You will practice
1 the Spanish consonant sounds **g**, **j**, **x**, **ll**, and **y**.
2 the consonant sounds spelled **b** and **v** (review).

Al mal tiempo buena cara.

Diálogo

¿TE GUSTA LA NIEVE?

FRANK   ¡Hola, Pamela! ¿Dónde vas a pasar las vacaciones este verano?

PAMELA   Voy a volver a Chile para visitar a mis abuelos.

FRANK   ¡Ay! El viaje a Chile cuesta mucho, ¿no?

PAMELA   Sí, pero tengo un trabajo muy interesante ahí.

FRANK   ¿Ah sí? ¿Qué vas a hacer?

PAMELA   Voy a dar clases de esquí en Portillo.

FRANK   ¿Clases de esquí en el verano?

PAMELA   Sí, en Chile el invierno comienza en junio.

FRANK   Sí, pero ¿hay nieve en Santiago?

PAMELA   No, la cancha de esquiar está en Portillo, en los Andes.

FRANK   ¿Te gusta la nieve, Pamela?

PAMELA   Sí, me gusta mucho. ¡Es una maravilla!

FRANK   Bueno, ¡que pases unas lindas vacaciones!

PAMELA   Gracias. Y tú también. Nos vemos a la vuelta.

PREGUNTAS

1 ¿Dónde va a pasar las vacaciones Pamela?
2 ¿A quiénes va a visitar en Chile?
3 ¿Cuesta mucho el viaje a Chile?
4 ¿Cómo piensa Pamela pagarlo?
5 ¿Cuándo comienza el invierno en Chile?
6 ¿Hay mucha nieve en Santiago?
7 ¿Dónde está Portillo?
8 A Pamela le gusta la nieve, ¿verdad?
9 ¿Sabe usted esquiar?
10 ¿Adónde va a esquiar usted?

Notas culturales

LOS CONTRASTES DEL CLIMA

En Norteamérica

En Norteamérica el invierno comienza en el mes de diciembre. Hace mucho frío[1] en los meses de diciembre, enero y febrero. La primavera comienza en marzo. Hay lluvia y viento durante los meses de marzo, abril y mayo.

It is very cold

¿Te gusta el verano? Piscina pública en Santiago, Chile.

Hace calor¹ en Norteamérica en el verano.   *It is hot*

El otoño es la estación de las cosechas. Hace fresco¹. Las hojas se   *It is cool*
caen¹ de los árboles y las clases de la universidad comienzan.   *The leaves fall*

En Latinoamérica

Cuando hay nieve y hielo en el Parque Central de Nueva York, hay
flores y mariposas en la Plaza de Mayo en Buenos Aires. Las estaciones del año al otro lado del ecuador son opuestas¹ a las estaciones   *opposite*
de Norteamérica.

En Chile, la Argentina, y en otros países de Sudamérica hace calor
en diciembre. No hay nieve ni San Nicolás tampoco¹.   **ni . . . tampoco** *nor Santa*
Claus either

Las clases de las escuelas públicas comienzan en marzo y siguen
hasta el 21 de diciembre.

La gente de Río de Janeiro, Buenos Aires, Santiago, Lima, Bogotá,
México y muchas otras ciudades latinoamericanas nunca tienen que
palear la nieve ni conducir sus carros sobre calles cubiertas¹ de hielo.   *covered*

Hay que tener[1] mucha paciencia con el tiempo[1]. Cuando hace mal   *One has to have / weather*
tiempo[1] es imposible cambiarlo. Como dicen en España, ''Al mal   *When it is bad weather*
tiempo buena cara''.

PREGUNTAS

1 In Norteamérica, ¿cuándo comienza el invierno?   **2** ¿En qué meses hace mucho frío?
3 ¿Cuáles son los meses de la primavera?   **4** ¿En qué mes comienza el verano?   **5** ¿Cuándo
hace calor en los Estados Unidos?   **6** ¿Cuándo se caen las hojas de los árboles?   **7** ¿Cuál es la
estación de las cosechas?   **8** ¿Cuándo comienzan las clases de la universidad?

———

1 En Latinoamérica, ¿son diferentes las estaciones del año?   **2** ¿Cómo son en comparación?
3 ¿Hay nieve en diciembre en la Argentina?   **4** ¿Cuándo hay flores y mariposas en Buenos Aires?   **5** ¿Hay San Nicolás también?   **6** ¿Cuándo comienzan las clases en las escuelas en Buenos
Aires?   **7** ¿Por qué no tienen que palear la nieve en México?   **8** ¿Es posible cambiar el tiempo?
9 Cuando hace mal tiempo, ¿qué dicen en España?

Vocabulario útil

EL TIEMPO Y EL CALENDARIO

La temperatura en grados Fahrenheit y en centígrados (Celsius)

25°C

   la playa

25°F

   las montañas[1]

			el agua se congela[2]		temperatura del cuerpo humano[3]		el agua hierve[4]
C	−40	−20	0	20	37	40	100 Celsius
F	−40	−4	32	68	98.6	104	212 Fahrenheit

Cuando hay 25 grados de temperatura centígrados podemos ir a la playa para tomar el sol.
Cuando hay 25 grados de temperatura en grados Fahrenheit no queremos ir a la playa. Es más
  interesante escalar montañas.

———

[1]*the mountains*   [2]*water freezes* (**congelar** *to freeze*)   [3]*body temperature*   [4]*water boils* (**hervir** (**ie**) *to boil*)

¿Qué temperatura hay en su ciudad hoy en grados Fahrenheit?
¿Y en centígrados?

Expresiones del tiempo con hacer *to do, to make* Hace w/ noun

¿Qué tiempo hace hoy?	*What's the weather like today?*
Hace mal tiempo.	*It's bad weather.*
Hace buen tiempo.	*It's good weather.*
Hace calor.	*It's hot.*
Hace frío.	*It's cold.*
Hace sol.	*It's sunny.*
Hace viento.	*It's windy.*

Expresiones del tiempo con estar esta w/ adjective

¿Cómo está el día?	*What's the day like?*
¿Cómo está el tiempo?	*What's the weather like?*
Está bonito.	*It's beautiful.*
Está nublado.	*It's cloudy.*
Está fresco.	*It's cool.*
Está lluvioso.	*It's rainy.*
Está húmedo.	*It's humid.*
Está árido.	*It's dry.*

Expresiones del tiempo con hay *there is*

¿Hay nieve hoy?	*Is there snow today?*
Sí, hay nieve.	*Yes, there is snow.*
No, hay sol.	*No, there's sunshine. (It's sunny.)*
No, hay viento.	*No, there's wind. (It's windy.)*
No, hay lluvia.	*No, there's rain. (It's rainy.)*
No, hay nubes.	*No, there are clouds. (It's cloudy.)*

En la playa

37°C   98°F

En Florida

¿Qué temperatura hay en la Florida?
¿Hace frío en la playa?
¿Hay nieve?
¿Qué tiempo hace en la Florida?

En la cancha de esquiar

0°C   32°F

En Utah

¿Hace calor hoy en Utah?
¿Hay lluvia?
¿Hay nieve?
¿Cómo está el día?

En la plaza
25°C

Lima

En la calle
20°C   68°F

Seattle

¿Hay sol en Lima hoy?
¿Está nublado el día?
¿Hace mucho frío cuando la temperatura
está a 25 grados centígrados?

¿Cómo está el día en Seattle?
¿Llueve[1] mucho en Seattle?
Hace fresco, ¿no?

Las estaciones del año[2]

la **primavera**   *spring*
el **verano**   *summer*

el **otoño**   *autumn, fall*
el **invierno**   *winter*

La fecha[3]

¿Cuál es la fecha de su cumpleaños?   *What is the date you were born?*
¿Qué día es hoy?   *What day is it today?*
¿A cuántos estamos?   *What day of the month is it?*
Estamos a quince.   *It's the fifteenth.*

Los meses del año[4]

enero	*January*	**mayo**	*May*	**septiembre**	*September*
febrero	*February*	**junio**	*June*	**octubre**	*October*
marzo	*March*	**julio**	*July*	**noviembre**	*November*
abril	*April*	**agosto**	*August*	**diciembre**	*December*

[1]from the verb **llover** (**ue**) *to rain*   [2]*The seasons of the year*   [3]*The date*   [4]*The months of the year*

A *Conteste* **sí** *o* **no**.

Está nublado el día, ¿no?
Sí, está nublado.
No, no está nublado.

1 Está lluvioso el día, ¿no?
2 Está bonito el día, ¿no?
3 Está feo el día, ¿no?
4 Está fresco el día, ¿no?

B *Conteste*.

1 ¿En qué estación hace mucho frío?
2 ¿En qué estación hace mucho calor?
3 ¿En qué estación llueve mucho?
4 ¿En qué estación hace mucho viento?

C *Conteste* **sí** *o* **no**.

¿Llueve mucho aquí?
No, no llueve mucho aquí.
Sí, llueve mucho aquí.

1 ¿Nieva[1] mucho aquí?
2 ¿Llueve mucho en Seattle?
3 ¿Nieva mucho en Los Ángeles?
4 ¿Dónde llueve mucho?
5 ¿Dónde nieva mucho?

D *Conteste según el modelo*.

¿En qué mes hace viento?
Hace mucho viento en marzo.

1 ¿En qué mes hace mucho frío?
2 ¿En qué mes hace mucho calor?
3 ¿En qué mes hay mucho sol?
4 ¿En qué estación hace buen tiempo?
5 ¿En qué estación hace mal tiempo?
6 ¿En qué estación hay mucha lluvia[2]?
7 ¿En qué estación hay mucha nieve[2]?
8 ¿En qué estación hay flores y mariposas?

¿Te gusta la llúvia?

E *Conteste* **sí** *o* **no**.

¿Hace buen tiempo hoy?
Sí, hace buen tiempo hoy.
No, no hace buen tiempo hoy.

1 ¿Hace mal tiempo hoy?
2 ¿Hace mucho sol hoy?
3 ¿Hace viento hoy?
4 ¿Hace calor hoy?

¿Hay mucho sol hoy?
Sí, hay mucho.
No, no hay mucho.

1 ¿Hay mucho viento hoy?
2 ¿Hay mucha nieve hoy?
3 ¿Hay mucho sol hoy?

---

[1]from the verb **nevar** (**ie**) *to snow*

[2]Note that in this construction, **mucha** is used as an adjective and therefore agrees in gender with the feminine nouns **lluvia** and **nieve**, which it modifies.

Explicación y Aplicación

1. **El verbo dar** *to give* (tiempo presente)

The conjugation of **dar** in the present tense is regular, except in the **yo**-form.

doy	damos
das	dais
da	dan

Conteste según el modelo.

¿Quién da clases de esquí?   (Pamela)
Pamela da clases de esquí.

Tú, Ellas, Yo, Ustedes, Nosotros, Él, Vosotros

2. **Pronombres usados como complementos indirectos**

En Portillo

Pamela y el Sr. Figuereido del Brasil

SR. FIGUEREIDO   ¿Es usted la que me da lecciones de esquí?
PAMELA   Sí, señor, yo le doy las lecciones.

En el dormitorio

Pamela y Gloria

GLORIA   ¿Qué vas a hacer esta noche?
PAMELA   Tengo que escribirle una carta a Frank.
GLORIA   ¿Le escribes muchas cartas?
PAMELA   Sí, muchas.

En Portillo

Pamela y Gloria

GLORIA   Hace mucho frío esta noche. Tú necesitas un sobretodo más pesado.
PAMELA   Sí, pero no tengo otro. ¿Tú puedes prestarme uno?
GLORIA   Sí, con mucho gusto. Yo te presto uno.

Conteste.

1 ¿Pamela le da clases a Gloria?
2 ¿A quién le da Pamela lecciones de esquí?
3 ¿Pamela le escribe muchas cartas a Frank?
4 ¿Gloria tiene que escribirle cartas a Pamela?
5 ¿Quién le pide un sobretodo a Gloria?
6 ¿Quién le presta un sobretodo a Pamela?

Hace mucho calor en el desierto del Perú.

It is important to be able to distinguish between the direct object and the indirect object. To identify the direct object in the following sentence, one may ask *what* is done, or *what* is lent.

Gloria le presta un sobretodo a Pamela.
Gloria lends Pamela an overcoat.

What does Gloria lend? She lends the overcoat. Therefore, *overcoat* is the direct object. To find the indirect object, one may ask *to whom* or *for what* the action is done. To whom is the overcoat lent? The overcoat is lent *to Pamela*. Therefore, *Pamela* is the indirect object.

In the following sentences the direct objects are underlined and the indirect objects are set in boldface type.
Gloria lends **Pamela** an <u>overcoat</u>.
Pamela is writing a <u>letter</u> **to Frank**.
The indirect-object pronoun represents or takes the place of a noun.

Gloria <u>le</u> presta un sobretodo <u>a Pamela</u>.

In Spanish the indirect-object pronoun **me**, **te**, **le**, etc., is always used even though the noun it represents is expressed. In this sentence the use of **le**, the indirect-object pronoun meaning *to her*, may seem redundant. In Spanish it is always used, whether the noun it represents is expressed or not.

INDIRECT-OBJECT PRONOUNS

me   *to me, for me*
te   *to you, for you*
le   *to him, her, you, it*
nos *to us*
os   *to you*
les *to them, you* (plural)

The indirect-object pronoun forms are the same as the direct-object pronouns, except in the third-person singular and plural.

lo, la, los, las   *Direct*-object pronoun forms
le, les   *Indirect*-object pronoun forms

When using indirect-object pronouns, pronouns used as the objects of prepositions may be used for clarification or emphasis.

Yo les escribo una carta **a ellos**.   (*clarification*)
Ellos me escriben una carta **a mí**.   (*emphasis*)

OBJECTS OF PREPOSITIONS

(a) **mí**	(to) *me*
(a) **ti**	(to) *you*
(a) **él, ella, usted**	(to) *him, her, you*
(a) **nosotros**	(to) *us*
(a) **vosotros**	(to) *you*
(a) **ellos, ellas, ustedes**	(to) *them, you*

The pronouns used as objects of prepositions have the same form as the subject pronouns, except for the first- and second-persons singular, **mí** and **ti**. When used with the proposition **con**, **mí** and **ti** become **conmigo** and **contigo**, respectively. The other pronouns do not combine.

Él va **conmigo**.   *He is going with me.*
¿Va ella **contigo**?   *Is she going with you?*

*Hace mucho frío en Portillo. Gloria les presta a estas
personas su sobretodo. Responda.*

a Pamela
Gloria le presta un sobretodo a Pamela.
a mí
Gloria me presta un sobretodo a mí.

1 a nosotros		**6** a mí	
2 a ellos		**7** a ustedes	
3 a él		**8** a ellas	
4 a usted		**9** a vosotros	
5 a ti		**10** a ella	

Indirect-object pronouns may either go before the conjugated form of the verb or follow the infinitive form directly (in which case the pronoun is attached to it).

Usted **me da** lecciones de esquí.   *You are giving me skiing lessons.*
¿Quiere usted **darme** lecciones de esquí? *Do you want to give me skiing lessons?*

A *Pamela está en Portillo, Chile. Pregúntele si va a escribirles una carta a estas personas.*

a nosotros

¿Vas a escribirnos una carta a nosotros?

1 al profesor   6 a María y a mí
2 a tus amigos   7 a ellas
3 a tu novio   8 a nosotros
4 a los abuelos   9 a mí
5 a tu papá   10 a ellos

B *¿A quién le vas a hablar por teléfono.*

¿A tus padres?
Sí, les voy a hablar a ellos.

1 ¿A tu amiga?   5 ¿A mí?
2 ¿A nosotros?   6 ¿A las chicas?
3 ¿A ellos?   7 ¿A tu hermano?
4 ¿A María?   8 ¿Al profesor?

3. Construcciones de complementos indirectos con gustar, parecer y faltar

Three verbs commonly used in special indirect-object constructions are **gustar** *to be pleasing*, **parecer** *to appear, to seem*, and **faltar** *to be missing, to be lacking*.

> **Me gusta** el libro.   *I like the book.*

Literally, this means *The book is pleasing to me*, or as we say in English, *I like the book*. Note that the subject in English is *I*; whereas, the subject in Spanish is *book*. The verb **gustar** must agree in number with its subject. Therefore, if the Spanish subject is plural, the verb is plural.

> SINGULAR   Me **gusta** el **libro**.
> PLURAL   Me **gustan** los **libros**.

To say you like *it* or *them* in Spanish, omit the subject altogether.

> Me gusta.   *I like it.*
> Me gustan.   *I like them.*

To review:

> ¿Te gusta el libro?   *Do you like the book?*
> Sí, me gusta.   *Yes, I like it. (It is pleasing to me.)*
> ¿Te gustan los libros?   *Do you like the books?*
> Sí, me gustan.   *Yes, I like them. (They are pleasing to me.)*

Notice in the examples below that the change of subject in English (*I, you, he,* etc.) is indicated in Spanish by the change of the indirect-object pronoun (**me, te, le,** etc.).

> **Me** gusta la nieve.   *I like snow.*
> **Te** gusta la nieve.   *You like snow.*
> **Le** gusta la nieve.   *You / He / She likes snow.*
> **Nos** gusta la nieve.   *We like snow.*
> **Les** gusta la nieve.   *They / You (plural) like snow.*

Parecer and **faltar** combine with the indirect-object pronouns in a similar way.

¿Qué **le** parece el invierno?	*How do you like winter? (Literally, What does winter seem to you?)*
¿**Le** parece que va a llover?	*Does it seem to you that it is going to rain?*
A mí **me** falta dinero.	*I need money. (Literally, Money is lacking to me.)*
A nosotros **nos** falta tiempo.	*We need time. (Literally, Time is lacking to us.)*

A *Cambie según el modelo.*

Me gusta el libro.   (los libros)
Me gustan los libros.

1 el frío
2 las flores
3 los profesores
4 estudiar español
5 estos regalos
6 ser estudiante

¿Te gustan las flores? Mercado en Buenos Aires, Argentina.

B *Repita y sustituya.*

A mí me gustan las mariposas.

A ella, A nosotros, A ellos, A usted, A ti, A ustedes

Conteste en el afirmativo y luego en el negativo.

1 ¿A ti te gustan las lecciones de español?
Sí, a mí me gustan las lecciones de español.
No, a mí no me gustan las lecciones de español.

a él—el calor
a ustedes—la nieve
a usted—el frío
a nosotros—las mariposas
a ellas—los hombres interesantes

2 ¿A ti te gusta esquiar?
Sí, a mí me gusta esquiar.
No, a mí no me gusta esquiar.

a él—trabajar
a usted—leer
a ellos—escribir
a ustedes—aprender
a nosotros—hablar

3 ¿A usted le gusta la nieve?
Sí, me gusta.
No, no me gusta.

¿. . . el calor?
¿. . . el frío?
¿. . . el sol?
¿. . . el viento?
¿. . . la nieve?
¿. . . el invierno?

D *Conteste* **sí** *o* **no** *según su gusto personal*[1].

1 ¿A ti te falta dinero?
Sí, me falta dinero.
No, no me falta dinero.

¿A ti te falta tiempo?
¿A ti te falta un libro?
¿A ti te faltan amigos?
¿A ti te falta una amiga?

2 ¿Le parece que Michael Jackson canta bien?
Sí, me parece que canta bien.
No, no me parece que canta bien.

¿Le parece que va a llover?
¿Le parece que el español es interesante?
¿Le parece que es necesario estudiar?

ACTIVIDADES EN PAREJAS

A *Pregúntele a un compañero o a una compañera de clase. Su compañero(a) responde* **sí** *o* **no** *según su gusto personal.*

1 ¿Te gusta la playa?
Sí, me gusta.
No, no me gusta.

¿Te gusta el frío?
¿Te gusta la nieve?
¿Te gusta la lluvia?
¿Te gusta el invierno?
¿Te gusta el otoño?
¿Te gusta el clima tropical?
¿Te gusta el verano?
¿Te gusta la primavera?
¿Te gusta el clima húmedo?
¿Te gusta el clima árido?

2 ¿Te gustan los tacos?
Sí, me gustan.
No, no me gustan.

¿Te gustan las mariposas?
¿Te gustan las vacaciones?
¿Te gustan las clases de español?
¿Te gustan los comunistas?
¿Te gustan los profesores?
¿Te gustan los break-dancers?

3 ¿Te gusta estudiar?
Si, me gusta estudiar.
No, no me gusta estudiar.

¿Te gusta ver la televisión?
¿Te gusta escuchar la radio?
¿Te gusta trabajar?
¿Te gusta ir a la playa?
¿Te gusta bailar?
¿Te gusta dormir?

B *Pregúntele a un compañero o a una compañera de clase . . .*

1 ¿. . . qué tiempo hace hoy?
2 ¿. . . cómo está el tiempo en Portillo, Chile, hoy?
3 ¿. . . cuál es tu estación favorita?
4 ¿. . . por qué te gusta o no te gusta el mes de diciembre, julio, enero, etc. (Pueden usar palabras como temperatura, frío, calor, fresco, húmedo, nieve, hielo, lluvia, viento, nublado, sol, etc.)

---

[1]**su gusto personal**   *your personal taste*

4. Expresiones con tener

Tengo calor.	*I'm warm.*	**Tengo sueño.**	*I'm sleepy.*
Tengo sed.	*I'm thirsty.*	**Tengo prisa.**	*I'm in a hurry.*
Tengo hambre.	*I'm hungry.*	**Tengo miedo.**	*I'm afraid.*
Tengo razón.	*I'm right.*	**Tengo diecinueve años.**	*I'm nineteen years old.*
Tengo frío.	*I'm cold.*	**Tengo celos.**	*I'm jealous.*

These idioms consist of a form of **tener** plus a noun. To modify them, an adjective like **mucho** is used. (Never use the adverb **muy**.)

Tengo **mucho** frío.	*I'm very cold.*
Tengo **mucha** prisa.	*I'm in a big hurry.*
Tengo **muchos** celos.	*I'm very jealous.*

La niña tiene miedo.

Esta señorita de la República Dominicana está muy contenta.

Los señores tienen sueño. ¿Y las señoras?

To use these idioms with a modifier, you must know the gender of the nouns.

la prisa	el frío	el año	el hambre *f*[1]
la razón	el sueño	el miedo	
la sed	el calor	los celos	

Conteste según los modelos.

Tengo mucha hambre. ¿Y usted?
Yo tengo mucha hambre también.

¿Y ustedes?   ¿Y el profesor?
¿Y ellos?   ¿Y él?

¿Tienes frío ahora?
Sí, tengo mucho frío ahora.
No, ahora no tengo mucho frío.

sed	hambre	miedo
sueño	razón	
calor	prisa	

¿Cuántos años tiene el profesor?   (29)
El profesor tiene veintinueve años.

Rodolfo—26	su hermano—6
Gloria—20	su tío—95
Pamela—19	usted—?
su padre—43	

---

[1]**Hambre** is feminine but it uses the masculine singular article **el**. **El** is used before all feminine nouns beginning with stressed **a** or **ha**. (Modifying adjectives, nevertheless, end in **-a**. **Las** is used in the plural.)

ACTIVIDADES EN PAREJAS

A *Pregúntele a un compañero o a una compañera de clase . . .*

1 . . . how old he or she is.
2 . . . if he or she is hungry.
3 . . . if he or she is sleepy.
4 . . . if he or she is very thirsty.
5 . . . if the professor is always right.
6 . . . if the students are afraid.
7 . . . if he or she is cold.

(Cambien de papel.)

B *Pregúntele a un compañero o a una compañera de clase . . .*

1 . . . what the weather is like today.
2 . . . if it rains much here.
3 . . . if it is cloudy today.
4 . . . if it is going to snow.
5 . . . if it is sunny today.
6 . . . if there is much wind today.
7 . . . if it's hot today.

(Cambien de papel.)

C *Pregúntele a un compañero o a una compañera de clase . . .*

1 . . . if today is the 10th.
2 . . . what the date is today.
3 . . . if today is Tuesday.
4 . . . what day of the month it is.

(Cambien de papel.)

Lectura

UN PILOTO PERUANO

Soy Rodolfo Casós, piloto de Aerolíneas Peruanas. Hablo español y aprendo inglés porque es el idioma universal de los pilotos. Soy de Lima, capital del Perú, y me gusta el clima de ahí porque no hay nieve y la temperatura normal es de 20 grados centígrados. En Cuzco, que tiene una altura de 3400 metros, no hay mucha nieve y el clima no es tan severo porque está cerca del ecuador.

Como piloto hago viajes¹ a Cuzco y también a Tingo María en la zona tropical. En Tingo María no hace mucho calor, y es una región dinámica porque tiene depósitos de petróleo¹. El tren tarda muchos días en llegar de Lima¹. En avión hago el viaje en dos horas.

Me gusta mi profesión porque puedo hacer muchos viajes y conocer muchos países de Sudamérica y del mundo entero. Prefiero los climas tropicales donde hace calor y no hay nieve.

I make trips

oil fields

tarda . . . *takes many days in arriving from Lima*

PREGUNTAS

1 ¿De dónde es Rodolfo? **2** ¿Cuál es su profesion? **3** ¿Cuál es la temperatura normal de Lima? **4** ¿Hay mucha nieve en Lima? **5** ¿A cuántos metros de altura está Cuzco? **6** ¿Cuántos pies son más o menos? **7** ¿Dónde está Tingo María? **8** ¿Cuánto tarda el avión en llegar ahí de Lima? **9** ¿Por qué le gusta su profesión a Rodolfo? **10** ¿Qué clima prefiere Rodolfo? ¿Por qué?

En pocas palabras

FORME FRASES COMPLETAS

1 ¿Cuántos _____? **4** Tengo _____.
2 Hace frío _____. **5** Me _____.
3 A mí _____.

FORME PREGUNTAS

1 Sí, me gustan las vacaciones.
2 Hay nieve en el invierno.
3 Tengo diecinueve años.
4 Mi cumpleaños es en el mes de mayo.
5 No, no me gusta cuando hace calor.

BREVES CONVERSACIONES

Pregúntele

a una señorita si le gusta la primavera.
a un muchacho si hace calor ahora.
a una joven si hace buen tiempo ahora.
a un estudiante si tiene sueño.
al profesor cuántos años tiene.
a una muchacha si tiene hambre.
a un joven si el día está bonito.
a un señor si está cansado.
a una amiga si le gustan los muchachos
    simpáticos.

PREGUNTAS PERSONALES

1 ¿Qué le parece a usted la clase de español?
2 ¿Tiene miedo en la clase?
3 ¿Siempre tiene razón el profesor?
4 ¿Le gusta a usted estudiar?
5 ¿Qué le parecen los meses de invierno?
6 ¿Le gusta la nieve?
7 ¿Qué le falta a usted?
8 ¿A usted le gusta esquiar?
9 ¿En qué mes va usted a esquiar?
10 ¿En qué estación está usted más contento(a)?
11 ¿Le gusta el otoño?
12 ¿Cuándo es su cumpleaños?
13 ¿A cuántos estamos hoy?
14 ¿En qué mes es el cumpleaños de su novio(a)?
15 Cuando hace buen tiempo, ¿adónde va usted?
16 ¿Le escribe muchas cartas a su novio(a)?
17 ¿Quiere usted prestarme un abrigo?
18 Voy al centro, ¿quiere ir conmigo?

*(Repeat, using the **tú**-form where possible.)*

EL TIEMPO: en todo el país

Datos del Servicio Meteorológico Nacional

Hasta las 24 horas

T = POCO CAMBIO DE LA TEMPERATURA

T↓ DESCENSO DE LA TEMPERATURA

TOTAL O PARCIALMENTE NUBLADO

NUBLADO

NUBOSIDAD EN AUMENTO

PRECIPITACIONES

PRECIPITACIONES AISLADAS O INESTABLE

TORMENTAS ELECTRICAS

Sección de referencia

Pronunciación

Spanish g, j, x

Spanish **g** before **e** and **i** and Spanish **j** are pronounced like an English aspirated *h*. Spanish **x** also has this aspirated sound between two vowels in some words.

Julia   Gilberto   México   agente   pasajeros   viaje   Jesusita   generoso

Before the vowels **a**, **o**, and **u**, Spanish **g** has two pronunciations. At the beginning of an utterance, or after a nasal, it is essentially identical to the English sound *g* in *gum* or *angle*.

gato   tengo   guerra   Guatemala   lengua   ganga

In all other positions, Spanish **g** is pronounced like a relaxed version of English g in *sugar* or *beggar*.

hago   San Diego   Hugo   agua   mucho gusto   agosto

Spanish ll, y

In most parts of Latin America, Spanish **ll** is pronounced like the *y* in English *yes*. Spanish **y** between vowels has approximately the same sound.

maravillosa   Nueva York   Se llama Anabel.   Ya estoy.   Yo no estudio.
¿Cómo se llama usted?

When **y** appears alone, it is pronounced like the Spanish **i**.

Pamela y Gloria   flores y mariposas

Review of Spanish b, v

The letters **b** and **v** are pronounced alike. Each has two pronunciations, depending on its position: (1) as an explosive or voiced stop when initial in a word breath-group, or following **m** or **n** (**vamos**, **conversar**, **hombres**), and (2) as a fricative continuant in all other positions (**maravillosa**, **la nieve**, **ahí viene**).

bárbaro	maravillosa	ahí viene	mi autobús	se van a resfriar
conversar	la nieve	un feliz viaje	vienes a ver	
vamos	hombres	está bien	¿de veras?	

Vocabulario

el **agua** *f*	*water*	el **cumpleaños**	*birthday*
ahí	*there* (adv.)	**dormitorio**	*bedroom*
año	*year* (*hacer*)	el **esquí**	*ski; skiing*
árido	*dry*	la **estación**	*season* (*rotation*)
¡ay!	*oh!, alas!*	**fecha**	*date* (calendar)
el **Brasil**	*Brazil*	la **flor**	*flower*
calendario	*calendar*	**Florida**	*Florida*
el **calor**	*heat, warmth*	**fresco**	*fresh, cool*
la **calle**	*street*	**frío**	*cold*
la **cancha**	*court, field, ground* (athletics)	**grado**	*degree*
los **celos**	*jealousy*	el **hambre** *f*	*hunger*
centígrado	*centigrade*	**húmedo**	*humid*
la **ciudad**	*city*	**le**	*to him, her, it, you*
conmigo	*with me*	**les**	*to them, you* (pl.)
contigo	*with you*	**lindo**	*wonderful; pretty; fine*
cuerpo	*body*	**lluvia**	*rain*

cita – date (go out)
dátil – date (fruit)

lluvioso	rainy	llover (ue)	to rain
maravilla	marvel, wonder	nevar (ie)	to snow
mariposa	butterfly	pagar	to pay, pay for
el mes	month	parecer (parezco)	to look like, seem, appear
mí	to me, myself	prestar	to lend
miedo	fear		
montaña	mountain		
necesario	necessary		

Otras expresiones

la nieve	snow
la nube	cloud
nublado	cloudy, overcast
pesado	heavy
prisa	haste, hurry
la razón	reason
la sed	thirst
sobretodo	overcoat
el sol	sun
sueño	sleep; sleepiness
temperatura	temperature
ti	to you, yourself (fam.)
tiempo	weather
la vacación	vacation
viento	wind
vuelta	return

Hace buen (mal) tiempo.	It's good (bad) weather.
Hace calor.	It's hot.
Hace frío.	It's cold.
Hace sol.	It's sunny.
Hace viento.	It's windy.
Hay lluvia.	It's rainy.
Hay nieve.	There is snow.
Hay nubes.	It's cloudy.
Hay sol.	It's sunny.
Hay viento.	It's windy.
¿Qué le parece . . .?	What do you think . . .?, How do you like . . .?
Tengo calor.	I'm warm.
Tengo celos.	I'm jealous.
Tengo frío.	I'm cold.
Tengo hambre.	I'm hungry.
Tengo miedo.	I'm afraid.
Tengo prisa.	I'm in a hurry.
Tengo razón.	I'm right.
Tengo sed.	I'm thirsty.
Tengo sueño.	I'm sleepy.
Tengo ___ años.	I'm ___ years old.

The months and seasons of the year are given on p. 124.

Verbos

congelar	to freeze
escalar	to climb
esquiar	to ski
faltar	to be lacking
gustar	to be pleasing (to like)
hervir (ie)	to boil

Refrán

Al mal tiempo buena cara.
Face bad weather with a smile.

LECCIÓN 6

De compras en la Gran Vía de Madrid.

Perspectiva

Functional Conversational Goals: You should be able to
1 discuss your daily activities, including your meal and work schedules.
2 state the things you are doing, ought to do, and are obliged to do.
3 describe common articles of clothing.
4 express your attitudes toward work and leisure time.

Language: You will study and practice
1 the reflexive constructions and reflexive pronouns.
2 the present-progressive construction.
3 the placement of reflexive and object pronouns with the present participle.

4 the **-go** irregular verbs **traer**, **hacer**, **poner**, and **salir**.
5 **hay que** and **tener que**.
6 verbs with a different meaning in the reflexive.
7 the placement of object pronouns—a review.
8 direct- and indirect-object pronouns in sequence.

Culture: You will learn about
1 eating customs of people in the Hispanic world.
2 the daily schedule of Hispanic people.

Pronunciation: You will be able to pronounce correctly the Spanish **ñ**.

¡Qué bonito es no hacer nada y, después de no hacer nada, descansar!

Diálogo

¡QUÉ BONITO ES DESCANSAR!

JORGE   Alfredo, ¿estás listo? ¡Ya es hora de salir para la boda!

ALFREDO   Ya salgo. Me levanto en seguida.

JORGE   ¿Estás descansando? ¿No te das cuenta de que te casas en dos horas?

ALFREDO   Precisamente por eso necesito una buena siesta. ¡Qué bonito es descansar!

JORGE   Tienes que vestirte y lustrarte los zapatos.

ALFREDO   Yo me visto y hago todo eso muy rápido. Primero voy a bañarme y luego me pongo ese traje elegante.

JORGE   Y después de vestirte, vas a leer el periódico, ¿no?

ALFREDO   ¡Tranquilo! ¡Tranquilo! Hay tiempo para todo.

————

JORGE   A propósito. Aquí traigo el anillo para tu novia. ¿Te lo doy ahora?

ALFREDO   No, puedes dármelo después. No quiero perderlo.

JORGE   Tienes razón. Voy a dártelo en la iglesia. Pobre Julia. No sabe que su futuro esposo es perezoso y olvidadizo también.

ALFREDO   Te vas a morir joven, Jorge. No tienes que preocuparte tanto.

JORGE   Lo siento mucho. Después de casarte vas a cantar otro canto.

ALFREDO   No, hombre. Julia y yo estamos de acuerdo. Hay que disfrutar de la vida. ¡Qué bonito es descansar!

JORGE   Bueno, vamos, joven. Si no te apuras, no vas a disfrutar de la vida ni de la boda tampoco.

PREGUNTAS

1   ¿Adónde van Jorge y Alfredo?
2   ¿Quién se casa?
3   ¿Cuándo se casa?
4   ¿Por qué necesita Alfredo una siesta?
5   ¿Qué tiene que hacer Alfredo?
6   ¿Qué va a hacer primero?
7   ¿Quién cree que hay tiempo para todo?

————

8   ¿Qué le trae Jorge a Alfredo?
9   ¿Dónde va a dárselo?
10   Julia no sabe una cosa. ¿Qué es?
11   ¿Quién va a cantar otro canto?
12   ¿En qué están de acuerdo Julia y Alfredo?

Notas culturales

AL MEDIODÍA

En las grandes ciudades como México, Madrid y Buenos Aires, los autobuses, metros y taxis rebosan de¹ gente desde las 7:00 a las 8:00 de la mañana, y desde las 5:00 a las 7:00 de la tarde. Casi todo el mundo¹ va a su casa para comer al mediodía. A muchos les gusta tomar una siesta o conversar con la familia mientras están en casa. Después, vuelven al trabajo a eso de¹ las dos y media o las tres y trabajan hasta las siete o siete y media de la noche.

overflow with
Almost everyone

a eso de *around*

Por la tarde, desde las cuatro hasta las ocho, las grandes calles están llenas de gente. Muchos van al centro para hacer compras¹, tomar un café o un refresco, o simplemente para pasear¹ por las calles. A estas horas, por ejemplo, la avenida Juárez de México, la calle Florida de Buenos Aires y la Gran Vía de Madrid están muy congestionadas.

to go shopping
to go for a walk

PREGUNTAS

1 ¿Por qué van a casa al mediodía los latinos?   **2** ¿Tiene usted tiempo de ir a casa al mediodía?   **3** ¿A qué hora vuelven los latinos al trabajo?   **4** ¿Hasta qué hora trabajan?   **5** ¿Adónde van muchos latinos a las cuatro de la tarde?

EN LA NOCHE

En los Estados Unidos muchos quieren llegar a casa para cenar¹ a las seis o a las seis y media. En los países hispanos muchos no salen del trabajo hasta las siete u ocho. No tienen prisa para llegar a casa porque no cenan hasta las nueve de la noche. Tradicionalmente todos los

eat dinner

Comprando carne en un supermercado de Madrid.

miembros de la familia se reúnen| para cenar juntos|. En todo esto hay un contraste muy evidente con nuestro sistema de comer poco y muy de prisa| al mediodía y cenar mucho más temprano| por la noche o a la hora que cada uno llega| a casa. Es por eso que| muchos latinos tienen la impresión que vivimos una vida muy agitada y que no tomamos el tiempo para disfrutar de la vida y pasar tiempo con la familia.

assemble / together

de . . . hurriedly / much earlier

cada . . . each arrives / That's why

PREGUNTAS

1 ¿A qué hora llega usted a casa para cenar?   **2** ¿A qué hora sale usted del trabajo?   **3** ¿A qué hora cenan en su casa?   **4** ¿Están todos los miembros presentes a la hora de la cena?   **5** ¿Qué contraste hay entre las costumbres de nosotros y las de los latinos?   **6** ¿Qué impresión tienen algunos latinos de nuestra vida?

LAS COMIDAS

El desayuno. El desayuno típico en los países hispanos consiste sólo en café con leche y un panecillo. No es un desayuno grande como muchos acostumbran tomar en los Estados Unidos.

La comida. Al mediodía toman la comida que suele ser| la más fuerte del día.

is often

La cena. La tercera comida, que hacen de noche, se llama **la cena**.

El horario. Hay una gran diferencia entre las costumbres del mundo hispánico y las de nosotros, especialmente con respecto al horario. Los hispanos, por regla general, toman más tiempo para comer al mediodía y cenan mucho más tarde que nosotros. Aun en estos tiempos modernos, los hispanos comen con mucha calma y descansan un poco al mediodía.

La señora y su hija preparan la cena.

PREGUNTAS

1 ¿Toma usted un desayuno grande? **2** ¿Le gusta el café con leche? **3** ¿Cuándo comen la comida más fuerte en Latinoamérica? **4** ¿Cómo se llama la tercera comida del día? **5** ¿Cenan más tarde que nosotros los latinoamericanos?

Explicación y Aplicación

1. La construcción reflexiva

LA RUTINA DIARIA

Jorge
Yo me despierto temprano.

el ambicioso

Alfredo
Yo me levanto tarde.

el perezoso

Conteste.

1 ¿Se despierta Jorge tarde o temprano?
2 ¿A qué hora se despierta Jorge?
3 ¿Cómo es Jorge, ambicioso o perezoso?
4 Y usted, ¿a qué hora se despierta?
5 ¿Es usted ambicioso(a) o perezoso(a)?

Conteste.

1 ¿A qué hora se levanta Alfredo?
2 ¿Por qué se levanta tarde Alfredo?
3 ¿A qué hora se levanta usted?

despertarse (ie) *to wake up*	
me despierto	nos despertamos
te despiertas	os despertáis
se despierta	se despiertan

bañarse *to bathe*	
me baño	nos bañamos
te bañas	os bañáis
se baña	se bañan

Both **bañarse** *to bathe* and **levantarse** *to get up* are regular verbs. **Despertarse (ie)** *to wake up* changes **e** to **ie** in all except the **nosotros-** and **vosotros-**forms.

Elena

Yo me baño en la tina.

Me gusta bañarme en la tina.

Margarita

Yo me baño en la ducha.

Me gusta más la ducha.

Conteste.

1 ¿Se baña Elena en la ducha o la tina?

2 ¿Qué le gusta a Elena?

3 ¿Qué prefiere Margarita?

4 Y usted, ¿qué prefiere?

In a reflexive construction, the action of the verb is directed back upon the verb's subject.

Me baño.   *I bathe. (I bathe myself.)*

Me levanto.   *I get up. (I raise myself.)*

The English reflexives are the *-self* words like *myself, themselves.* In Spanish the reflexive action is indicated by using the appropriate reflexive pronoun that corresponds to each different subject.

SUBJECT PRONOUN	REFLEXIVE PRONOUN	VERB
Yo	**me**	baño.
Tú	**te**	bañas.
Él Ella Usted	**se**	baña.
Nosotros	**nos**	bañamos.
Vosotros	**os**	bañáis.
Ellos Ellas Ustedes	**se**	bañan.

Note that the reflexive pronouns **me**, **te**, **nos**, **os** have the same form as the object pronouns. The third-person pronoun, **se**, is different. Reflexive pronouns, like other object pronouns, are placed before the conjugated verb form.

Me levanto.	*I get up.*
Nos bañamos.	*We bathe.*
Se despiertan.	*They wake up.*

They may also be attached to the end of the infinitive.

Me gusta **bañarme** en la tina.	*I like to bathe in the tub.*
No quiero **levantarme**.	*I don't want to get up.*

The following verbs must always be used in the reflexive in order to have the meaning indicated. Note that the English equivalent is not a reflexive construction.

despertarse[1] **(ie)**	**Me despierto** a las seis.	*I wake up at six.*
levantarse	**Me levanto** a las seis y media.	*I get up at six-thirty.*
bañarse	**Me baño** en la ducha.	*I bathe in the shower.*
vestirse (i)	Ella **se viste** rápido.	*She dresses quickly.*
sentarse (ie)	**Nos sentamos** para desayunar.	*We sit down to have breakfast.*
afeitarse	Alfredo **se afeita** con una hoja.	*Alfred shaves with a razor blade.*
lavarse	**Nos lavamos** las manos.	*We wash our hands.*
✳ **divertirse (ie)**	Yo **me divierto** los sábados.	*I have a good time on Saturdays.*
acostarse (ue)	**Se acuesta** muy tarde.	*She goes to bed very late.*

[1]In vocabulary lists, the reflexive pronoun **se** attached to an infinitive form indicates that the verb is to be used with the appropriate reflexive pronoun.

CONTINÚA LA RUTINA DIARIA

Jorge
Yo me afeito con una
máquina eléctrica.

Es más rápido.

Alfredo
Yo prefiero afeitarme con una
hoja.

Es mejor.

Conteste.

1 ¿Con qué se afeita Jorge? ¿Por qué?
2 ¿Con qué se afeita Alfredo? ¿Por qué?
3 Y usted, ¿se afeita? ¿Con qué se afeita?

4 ¿Se afeita Fidel Castro?
5 ¿Cuándo se afeitan los ''hippies''?
6 ¿Se afeitan los profesores?

Jorge
¡Yo me visto rápido!

Tengo mucha prisa.

Alfredo
Yo me visto despacio.

Hay tiempo para todo.

Conteste.

1 ¿Quién se viste más rápido, Jorge o Alfredo?
2 ¿Por qué se viste despacio Alfredo?

3 ¿Se visten bien los estudiantes?
4 Boy George se viste como mujer, ¿verdad?

Afeitarse *to shave* is a regular verb.

vestirse (i¢) *to dress, get dressed*	
me visto	nos vestimos
te vistes	os vestís
se viste	se visten

Elena

Me lavo los dientes[1] antes de desayunar.

Margarita

Prefiero lavarme los dientes después de desayunar.

Jorge

Yo no me siento para desayunar.

No hay mucho tiempo.

Alfredo y Julia

Yo tomo el desayuno tranquilo con Julia.

No queremos morir de tensión.

sentarse (ie) *to sit down*	
me siento	nos sentamos
te sientas	os sentáis
se sienta	se sientan

Conteste.

1 ¿Cuándo se lava los dientes Elena?
2 ¿Cuándo se lava los dientes Margarita?
3 Jorge se lava los dientes antes y después de comer, ¿y usted?
4 Mis hermanitos no quieren lavarse los dientes, ¿y sus hermanos?

5 ¿Por qué no se sienta Jorge para desayunar?
6 ¿Se sientan Alfredo y Julia? ¿Por qué?
7 ¿Tiene miedo Jorge de tensión?
8 ¿Se sienta usted para comer?
9 ¿No tiene usted miedo de tensión?
10 ¿Cómo se divierte usted?

[1]**Lavarse** *to wash oneself* is a regular verb. In the sentence **Me lavo los dientes**, Spanish uses the definite article **los** where English uses the possessive *my*. In Spanish the definite article is used to refer to parts of one's own body. **Me lavo las manos**, equivalent to English *I wash my hands*, literally means *I wash myself the hands*.

Elena

Yo me acuesto a las diez.

Tengo que levantarme a las cinco.

Margarita

Yo me acuesto muy tarde.

No tengo que levantarme temprano.

acostarse (ue) *to go to bed, lie down*	
me acuesto	nos acostamos
te acuestas	os acostáis
se acuesta	se acuestan

Conteste.

1 ¿A qué hora se acuesta Elena? ¿Por qué?
2 ¿Cuándo se acuesta Margarita? ¿Por qué?
3 ¿Tiene usted que levantarse temprano?
4 ¿A qué hora se acuesta usted?
5 ¿A qué hora se levanta usted?

6 ¿A qué hora se acuestan sus compañeros(as) de cuarto?
7 ¿A qué hora se acuestan ustedes los sábados?
8 ¿Se acuestan temprano sus abuelos?

Sustituya según los modelos.

Jorge se despierta temprano.   (Julia)
Julia se despierta temprano.

Yo, Ellos, Mis amigos, La profesora, Mi compañero(a)

Alfredo se levanta a las 10:00.   (Yo)
Yo me levanto a las 10:00.

Julia, Usted, Ellos, Ella, Mi compañero(a), Nosotros

Elena se baña en la tina.   (Nosotros)
Nosotros nos bañamos en la tina.

Él, Yo, Ellas, Vosotros, Jorge, Ella, Ustedes

¿Se visten ustedes rápido?   (Él)
¿Se viste él rápido?

Usted, Ella, Nosotros, Ellos, Su compañero(a), Tú

Nos sentamos para desayunar.   (Ella)
Ella se sienta para desayunar.

Yo, Vosotros, Él, Ellas, El profesor, Ustedes

ACTIVIDADES EN PAREJAS

A *Pregúntele a un compañero o a una compañera de clase estas preguntas y luego cambien de papel y repitan.*

1 ¿A qué hora te despiertas?
2 ¿A qué hora te levantas?
3 ¿Te gusta despertarte temprano?
4 ¿Tú eres ambicioso(a) como Jorge?
5 ¿Quién se levanta más temprano, Jorge o Alfredo?
6 ¿Elena se baña en la ducha o en la tina?
7 ¿Qué prefiere Margarita?
8 ¿Con qué se afeita Fidel Castro?
9 ¿Quién se viste más rápido, Alfredo o Jorge?
10 ¿Te gusta como se viste Boy George?
11 ¿Te vistes rápido o despacio?
12 ¿Prefieres lavarte los dientes antes o después del desayuno?
13 ¿Quieren lavarse los dientes tus hermanitos?

14 ¿Tú te sientas para desayunar?
15 ¿No tienes miedo de tensión?
16 ¿A qué hora te acuestas?
17 ¿Los sábados también?

B *Estudiante número uno forma la pregunta y estudiante número dos contesta según su propia situación.*

vestirse
¿Te vistes rápido?
No, no me visto rápido.

1 lavarse
2 levantarse
3 acostarse
4 despertarse
5 sentarse

La señora está escribiendo una carta en su tiempo libre.

2. El presente con el gerundio

The present-progressive construction places emphasis on the fact that the action indicated is in progress at the present time. This construction consists of a present-tense form, usually of **estar**, plus the present participle (**gerundio**).

A present participle is a form of the verb. In English it ends in -*ing*; in Spanish it ends in **-ndo**.

Estoy escuchando al profesor.	*I am listening to the professor.*
Tu **estás aprendiendo** español.	*You are learning Spanish.*
No **estamos escribiendo** ahora.	*We are not writing now.*

3. La formación del gerundio

To form the present participle of regular verbs, **-ando** is added to the stem of **-ar** verbs, and **-iendo** is added to the stem of **-er** and **-ir** verbs.

escuch-ar	escuch**ando**
aprend-er	aprend**iendo**
escrib-ir	escrib**iendo**

Conteste según su propia situación.

1 ¿Está usted escuchando al profesor?
2 ¿Está usted aprendiendo español?
3 ¿Está usted escribiendo ahora?
4 ¿Está usted hablando español ahora?

5 ¿Está usted contestando al profesor?
6 ¿Está usted comiendo ahora?
7 ¿Está usted viviendo en Tejas ahora?

Gerundios irregulares

When the stem of an **-er** or **-ir** verb ends in a vowel, the present participle ending becomes **-yendo**.

leer—**leyendo**

Estoy leyendo la lección.	*I'm reading the lesson.*

traer—**trayendo** *bringing*　　　caer—**cayendo** *falling*　　　oír—**oyendo** *hearing*

The commonly used verbs below change their stem vowel from **e** to **i** and **o** to **u**, and have the following **-ndo** forms.

e →i	**o →u**
decir—**diciendo**	dormir—**durmiendo**
vestir—**vistiendo**	morir—**muriendo**

Estoy diciendo la verdad.	*I'm telling the truth.*
Me estoy muriendo de hambre.	*I'm dying of hunger.*

A *Conteste según su propia situación.*

1 ¿Están ustedes durmiendo ahora?
2 ¿Están ustedes diciendo la verdad?
3 ¿Están ustedes muriendo ahora?
4 ¿Están ustedes leyendo ahora?
5 ¿Están ustedes trayendo dinero al profesor ahora?
6 ¿Están ustedes oyendo música ahora?

B *Cambie el presente al progresivo.*

Juana habla francés.
Está hablando francés ahora.

1 Papá lee el periódico.
2 José come tacos.
3 Nosotros aprendemos mucho.
4 Alfredo duerme la siesta.
5 Mi mamá toca el piano.
6 Ellos viven en México.
7 Yo digo la verdad.
8 Jorge oye la radio.

C *Conteste con el progresivo.*

¿Va usted a estudiar español?
Ya estoy estudiando español.

1 ¿Va usted a hablar español?
2 ¿Va usted a escuchar al profesor?
3 ¿Va usted a contestar al profesor?
4 ¿Va usted a aprender mucho.
5 ¿Va usted a vivir aquí?

D *Conteste* **sí** *o* **no** *según su propia situación.*

¿Estamos cenando ahora?
No, no estamos cenando.

1 ¿Estamos preparando la cena ahora?
2 ¿Estamos cantando ahora?
3 ¿Estamos conversando ahora?
4 ¿Estamos escuchando la radio ahora?
5 ¿Estamos trabajando ahora?

Unos jóvenes están conversando en la calle.

ACTIVIDAD EN PAREJAS

Estudiante número uno forma la pregunta y estudiante número dos contesta según su propia situación.

estudiar
¿Estás estudiando ahora?
Sí, estoy estudiando. No, no estoy estudiando.

1 dormir	**5** leer	**9** tomar el desayuno
2 cantar	**6** hablar alemán	**10** dormir la siesta
3 trabajar	**7** ver la televisión	
4 comer	**8** aprender mucho	

4. Posición de pronombres reflexivos y complementos con el gerundio

Reflexive and object pronouns may either be attached to the end of the present participle or be placed before the conjugated form of **estar**.

Estoy lavándo**me**.   **Me** estoy lavando.
Estamos aprendiéndo**lo**.   **Lo** estamos aprendiendo.
Está lavándo**se**.   **Se** está lavando.

When a pronoun is attached to the participle, an accent must be written on the stressed vowel of the participle to show that its pronunciation does not change. For example, the participle **lavando** is stressed on the next to the last syllable. When a pronoun is added, an accent must be placed on that syllable (**lavándome**), since the stressed syllable is no longer next to last.

A *Conteste en el afirmativo usando el complemento directo antes del verbo y luego después del verbo.*

¿Está usted aprendiendo la lección?
Sí, la estoy aprendiendo.
Sí, estoy aprendiéndola.

1 ¿Está usted hablando español?
2 ¿Está usted escuchando la pregunta?
3 ¿Está usted haciendo el trabajo?

B *Conteste en el negativo usando el pronombre reflexivo antes del verbo y luego después del verbo.*

¿Está usted levantándose?
No, no me estoy levantando.
No, no estoy levantándome.

1 ¿Está usted vistiéndose?
2 ¿Está usted lavándose?
3 ¿Está usted acostándose?
4 ¿Está usted sentándose?
5 ¿Está usted afeitándose?
6 ¿Está usted durmiéndose?

5. Verbos irregulares con la primera persona en -go

These verbs are regular in the present tense except for the first-person singular, the **yo**-form, which ends in **-go**.

traer   *to bring*

Yo **traigo** mis libros a la clase.   *I bring my books to class.*

hacer   *to do, to make*

Yo **hago** mis deberes en casa.   *I do my homework at home.*

poner   *to put*

Yo **pongo** mi bolígrafo en la mesa.   *I put my ball-point pen on the table.*

salir   *to leave, go out*

Yo **salgo** de[1] la clase a las tres.   *I leave the class at three o'clock.*

Conteste según su propia situación.[2]

1 ¿Trae usted su libro de español a la clase?
2 ¿Hace usted sus deberes en la biblioteca?
3 ¿Dónde pone usted su bolígrafo?

4 ¿A qué hora sale usted de la clase?
5 ¿Sale usted con sus amigos los sábados?
6 ¿Qué hace usted ahora?

6. Hay que y tener que

Hay que is always used with an infinitive; in meaning it is equivalent to *one must, it is necessary to*, with no definite person as its subject. **Tener que** is also used with an infinitive. It always has a definite subject. It connotes greater personal obligation.

Hay que acostarse temprano.   *One must go to bed early.*
Tengo que acostarme temprano.   *I've got to go to bed early.*

Conteste con **hay que** *o* **tener que** *según su propia situación. Siga el modelo.*

¿Se acuesta usted temprano?
Sí, señor, hay que acostarse temprano.
No, señor, no tengo que acostarme
temprano.

1 ¿Se levanta usted temprano?
2 ¿Se despierta usted temprano?
3 ¿Se viste usted temprano?
4 ¿Va usted a estudiar mucho?
5 ¿Va usted a aprender mucho?
6 ¿Va usted a trabajar mucho?

7 ¿Va usted a hablar mucho?
8 ¿Van ustedes a llegar temprano?
9 ¿Van ustedes a salir temprano?
10 ¿Van ustedes a desayunar temprano?
11 ¿Van ustedes a venir temprano?

[1]**Salir** does not take a direct object. Use the preposition **de** to mention the place from which one is leaving.

[2]Question 2 anticipates an answer such as **Sí, hago mis deberes en la biblioteca.** The anticipated answer to question 6 does not involve the use of **hago.** To the question **¿Qué hace usted ahora?** the expected answer may be **Estoy estudiando** (not **Hago estudio**). You may have a tendency to combine **hacer** with another verb (such as **Hago estudio**), but this is not an acceptable construction.

7. Verbos con significado distinto en el reflexivo

Some verbs that are commonly used non-reflexively become more emphatic or change their meaning slightly when used reflexively.

NON-REFLEXIVE		REFLEXIVE	
ir	*to go*	**irse**	*to go away*
comer	*to eat*	**comerse**	*to eat up, devour*
llevar	*to carry*	**llevarse**	*to carry away*
poner	*to put, place*	**ponerse**	*to put on*
dormir	*to sleep*	**dormirse**	*to fall asleep*

¿Cuándo **se van**?	*When are they going away (leaving)?*
Se lo **come** todo.	*He eats it all up.*
¿Por qué no **te pones** los zapatos?	*Why don't you put on your shoes?*
Después de acostarme, **me duermo** en seguida.	*After going to bed, I fall asleep right away.*

Conteste.

1 ¿A qué hora se levanta usted?
2 ¿Tiene usted que despertar a su compañero(a)?
3 ¿Se duerme usted en la clase?
4 ¿Duerme usted bien por la noche?
5 ¿Dónde pone usted los zapatos en la noche?
6 ¿Se pone usted los zapatos en la mañana?

ACTIVIDAD EN PAREJAS

Pregúntele a un compañero o a una compañera de clase de su rutina diaria. Su compañero(a) responde según el modelo. Cambien de papel y repitan.

¿Qué haces después de despertarte?
(levantarse)
Después de despertarme, me levanto.

despúes de levantarte   (bañarse)
después de bañarte   (vestirse)
después de vestirte   (desayunar)
después de desayunar   (lavarse los dientes)
después de lavarte los dientes   (salir de casa)
después de salir de casa   (llegar a la universidad)
después de llegar a la universidad   (ir a las clases)

después de ir a las clases   (almorzar)
después de almorzar   (ir al trabajo)
después de trabajar   (ir a casa)
después de ir a casa   (cenar con la familia)
después de cenar con la familia   (estudiar)
después de estudiar   (acostarse)

8. Posición de complementos—repaso

Conteste usando complementos directos como en los modelos.

¿Aprende usted la lección?
Sí, la aprendo.

1 ¿Estudia usted el español?
2 ¿Lee usted el libro?
3 ¿Necesita usted el bolígrafo?
4 ¿Conoce usted a María?
5 ¿Tiene usted la música?

¿Habla usted español?
Sí, estoy hablándolo.

1 ¿Oye usted la música?
2 ¿Aprende usted la lección?
3 ¿Dice usted la verdad?
4 ¿Busca usted la biblioteca?
5 ¿Estudia usted geografía?

9. Los complementos indirectos y directos usados en secuencia

Indirect / direct

Jorge y Alfredo

JORGE Aquí traigo el anillo. ¿Te lo doy ahora?
ALFREDO No, puedes dármelo en la iglesia.

Elena y la empleada

ELENA Esa blusa azul—¿Me la muestra, por favor?
EMPLEADA Sí, señorita. Se la muestro en seguida.

Luis, Roberto y Frank

LUIS Hola, Roberto. Ya tengo el dinero. ¿Me vendes la bicicleta?
ROBERTO Llegas tarde. Estoy vendiéndosela a Frank.

INDIRECT-OBJECT PRONOUNS		DIRECT-OBJECT PRONOUNS
me		me
te		te
le→se	*before*	lo, la, los, las
nos		nos
os		os
les→se	*before*	lo, la, los, las

When both indirect- and direct-object pronouns occur together, the indirect precedes the direct. Contrary to English usage, the object pronouns go before the conjugated verb in Spanish.

In Spanish

INDIRECT OBJECT	DIRECT OBJECT	VERB
Te	lo	doy.

In English

VERB	DIRECT OBJECT	INDIRECT OBJECT
I give	*it*	*to you.*

When **le** or **les** come before **lo**, **la**, **los**, or **las**, **le** and **les** change to **se**.

Se la muestro en seguida.   *I'll show it to you right away.*

The object pronouns may also follow the infinitive and the present participle.

Puedes **dármelo** después.   *You can give it to me afterwards.*
Estoy **vendiéndosela** a Frank.   *I am selling it to Frank.*

Another possibility is to place the object pronouns before the complete progressive construction.

Se la estoy vendiendo a Frank.   *I am selling it to Frank.*

ACTIVIDAD EN PAREJAS

A

Jorge y Alfredo

B

Jorge

C

Alfredo

D

Julia y Alfredo

A *Describa la situación.*

B *¿Cómo es Jorge?*

C *¿Cómo es Alfredo? ¿Qué tiene que hacer Alfredo?*

D *¿En qué están de acuerdo Julia y Alfredo? ¿Cómo van a gozar de la vida?*

Vocabulario útil

LA ROPA

1 la **corbata**
2 el **traje**
3 la **camisa**
4 el **cinturón**
5 los **pantalones**
6 los **calcetines**
7 los **zapatos**

8 el **sombrero**
9 los **aretes** (pendientes)
10 la **blusa**
11 la **falda**
12 las **medias**
13 las **botas**
14 el **vestido**

A *Conteste usando el complemento indirecto.*

¿A quién le presta María el sombrero? ¿A ella?
Sí, le presta el sombrero a ella.

1 ¿A ti?
2 ¿A él?
3 ¿A mí?
4 ¿A usted?

5 ¿A nosotros?
6 ¿A ustedes?
7 ¿A ellos?
8 ¿A ellas?

B *Repita ejercicio A contestando con el complemento indirecto y el complemento directo en secuencia. Siga el modelo.*

¿A quién le presta María el sombrero? ¿A ella?
Sí, se lo presta a ella.

C *Responda en el afirmativo usando los dos complementos.*

¿Papá le compra la ropa a usted?
Sí, me la compra.
¿Papá le compra los zapatos a Luis?
Sí, se los compra.

1 ¿Papá nos compra los pantalones a nosotros?
2 ¿Papá le compra el vestido a María?
3 ¿Papá te compra el cinturón a ti?
4 ¿Papá les compra las medias a las chicas?
5 ¿Papá me compra la camisa a mí?
6 ¿Papá le compra los aretes a mamá?
7 ¿Papá les compra los calcetines a los chicos?

D *Conteste usando dos complementos.*

¿Me trae Luisa la falda?
Sí, se la trae.

1 ¿Le trae Julia la blusa?
2 ¿Nos trae Alfredo el sombrero?
3 ¿Le trae Julia las medias a Luisa?
4 ¿Le trae Jorge la corbata a Alfredo?
5 ¿Les trae María los aretes a sus amigas?
6 ¿Le trae Julia el cinturón a Alfredo?

¿Me prestas los aretes?
Sí, te los presto.

1 ¿. . . la corbata?
2 ¿. . . el cinturón?
3 ¿. . . la blusa?
4 ¿. . . el vestido?
5 ¿. . . las camisas?
6 ¿. . . los sombreros?

Lectura

EL TIEMPO NO ES ORO.

TOMÁS   Yo soy latinoamericano cien por ciento|. ¡Yo sé gozar de la vida‼ Me gusta disfrutar de cada momento. ¿Qué es el futuro? El futuro no es real, porque no existe todavía.

100 percent
se . . . *know how to enjoy life*

MARK   ¡Vamos, amigo‖! Ustedes en la tierra del mañana están soñando|. Si quieres tener seguridad económica tienes que llegar al trabajo a la hora| y tienes que trabajar duro ocho horas al día. ¿No sabes que el tiempo es oro?

Come on, friend
tierra . . . *land of tomorrow* aré *dreaming*
on time

TOMÁS   Te equivocas|, mi amigo. Latinoamérica no es la tierra del mañana. Nosotros tenemos una psicología de hoy. No ponemos tanto énfasis en las cosas materiales. El tiempo también es para usarlo con los buenos amigos, con la familia y en cosas intelectuales.

You are wrong

MARK   Creo que el hombre sólo puede tener éxito¹ en esta vida si sabe   **tener** . . . *succeed*
        trabajar y producir algo. Si un hombre no produce nada, ¿qué
        utilidad tiene?

TOMÁS   Nosotros tenemos un dicho: "El norteamericano tiene, el lati-
        noamericano es." A mí me gusta trabajar también, pero soy
        un ser humano. Para nosotros, por ejemplo, la conversación
        tiene que accompañar los contratos y el trabajo, y si no, el
        hombre es como una máquina.

MARK   A mí también me gusta conversar pero no llego tarde a mis
        compromisos.

TOMÁS   Nunca voy a ser esclavo del reloj como tú. La buena amistad
        vale¹ mucho más que el oro.   *is worth*

PREGUNTAS

1 ¿Es usted norteamericano(a) cien por ciento?   **2** ¿Sabe usted gozar de la vida?   **3** ¿Hay que trabajar para el futuro o para el presente?   **4** ¿Cómo puede el hombre tener éxito en la vida?   **5** ¿Llega usted tarde a sus compromisos?   **6** ¿Es usted esclavo(a) del reloj?   **7** ¿Es cierto que el tiempo es oro?

En pocas palabras

FORME FRASES COMPLETAS

1 ¿Se lava _____?
2 ¿Tiene usted que _____?
3 ¿Qué haces _____?
4 ¿Jorge va _____?
5 ¿Hay que _____?

FORME PREGUNTAS

1 Me levanto a las seis.
2 Sí, las muchachas se visten rápido.
3 Estoy escribiendo una carta.
4 Después de levantarme me baño.
5 Descanso todos los días.

BREVES CONVERSACIONES

Pregúntele a _____

    a qué hora se despierta.

    a qué hora se levanta.
    a qué hora se viste.
    si se lava la cara después del desayuno.
    si sale de casa después de cenar.
    si llega temprano a la universidad.
    si come en el restaurante.
    a qué hora se acuesta.

PREGUNTAS PERSONALES

1 ¿A qué hora se levanta usted?
2 ¿Tiene usted que despertarse temprano?
3 ¿Hay que acostarse temprano?
4 ¿Se acuesta usted temprano los sábados por la noche?
5 ¿Qué hace usted después de levantarse?
6 ¿Se viste usted rápido?
7 ¿A qué hora tiene usted que estar en la clase?
8 ¿Siempre llega usted temprano a la universidad?

9 ¿Se lava usted los dientes todas las mañanas?
10 ¿Tiene usted que trabajar por la tarde?
11 ¿A usted le gusta la siesta?
12 ¿Come usted siempre en el restaurante por la noche?
13 ¿Qué hace usted después de las clases?
14 ¿Qué hace usted después de cenar?

15 ¿Qué está haciendo usted ahora?
16 ¿Estamos aprendiendo la lección?
17 ¿Está usted escribiendo una carta ahora?
18 ¿Están aprendiendo español sus amigos?
19 ¿Descansa usted por la tarde?

(*Repeat, using the* **tú**-*form where possible.*)

Sección de referencia

Pronunciación

Spanish ñ

This sound is similar to English *ni* in *onion*. However, the middle of the tongue, not the tip, makes contact with the roof of the mouth.

me baño   señor   mañana   español   diecinueve años   España

Vocabulario

anillo (sortija)	ring	**ducha**	shower
antes (de)	before	**eléctrico**	electric
el **arete**	earring	**elegante**	elegant
azul	blue	**empleado(a)**	employee
bicicleta	bicycle	**esposa**	spouse; wife
blusa	blouse	**esposo**	spouse; husband
boda	wedding	**falda**	skirt
bolígrafo	ball-point pen	**futuro**	future
bota	boot	**hoja**	leaf; razor blade
el **calcetín**	sock	**hermanito**	little brother
camisa	shirt	**iglesia**	church
canto (canción)	song	**máquina**	machine
el **cinturón**	belt, sash	**media**	stocking
como	like, as	**mejor**	better
corbata	necktie	**mesa**	table
cosa	thing	**nada**	nothing
el **deber**	duty	**ni**	nor
los **deberes**	homework	**novia**	girlfriend; fiancée, bride
desayuno	breakfast	**olvidadizo**	forgetful
despacio	slow; slowly	los **pantalones**	pants, trousers
diario	daily; daily newspaper; diary	**periódico**	periodical; newspaper
el **diente**	tooth	**precisamente**	precisely

la **radio**	*radio*
rápido	*rapid; fast*
ropa	*clothing*
rutina	*routine*
si	*if*
siesta	*nap, rest*
sombrero	*hat*
tampoco	*neither, not either*
tanto	*as (so) much*
Tejas *m*	*Texas*
la **tensión**	*tension, stress*
tina	*bathtub*
el **traje**	*suit*
tranquilo	*tranquil, calm; calmly*
¡Tranquilo!	*Take it easy!*
vestido	*dress*
zapato	*shoe*

Verbos

acostar (ue)	*to lay (something) down*
acostarse	*to lie down, to go to bed*
afeitar	*to shave*
afeitarse	*to shave oneself*
apurarse	*to be in a hurry*
bañar	*to bathe (something)*
bañarse	*to bathe oneself*
caer (caigo)	*to fall*
casar	*to marry*
casarse (con)	*to get married (to)*
cenar	*to eat dinner*
comerse	*to devour*
contestar	*to answer*
desayunar	*to eat breakfast*
descansar	*to rest*
despertar (ie)	*to awaken (someone)*
despertarse	*to wake up*
disfrutar	*to enjoy*
divertir (ie)	*to amuse*
divertirse	*to have a good time*
dormirse	*to fall asleep*
irse	*to go away, leave*
lavar	*to wash*
lavarse	*to wash oneself*
levantar	*to raise, lift (someone, something)*
levantarse	*to get up*
llegar	*to arrive*
llevar	*to carry; to wear*
llevarse	*to carry away*
lustrar	*to shine*
morir (ue)	*to die*
mostrar (ue)	*to show*
oír (y) (oigo)	*to hear*
perder (ie)	*to lose; to waste*
poner (pongo)	*to put, to place*
ponerse	*to put (something) on*
preocuparse	*to worry*
preparar	*to prepare*
sentar (ie)	*to seat*
sentarse	*to sit down*
sentir (ie)	*to feel; to regret*
sentirse (mal)	*to feel (ill)*
tocar	*to play (an instrument); to touch*
traer (traigo)	*to bring*
vender	*to sell*
vestirse (i)	*to get dressed*

Comprando ropa en el "Corte Inglés" de Madrid.

Otras expresiones

a propósito	*by the way*
darse cuenta de	*to realize, become aware of*
en seguida	*at once, immediately*
hay que	*it is necessary; one must*
lo siento	*I'm sorry*
por favor	*please*

Refrán

¡Qué bonito es no hacer nada y, después de no hacer nada, descansar!

How beautiful it is to do nothing and, after doing nothing, to rest!

Segundo repaso de estructuras

LECCIÓN 4

1. Verbos que cambian en la raíz

Dé la forma apropiada del verbo.

1 (seguir)   ¿Qué carrera *sige* usted?
2 (volver)   Alejandro dice que *vuelve* mañana.
3 (pedir)   Ellas no *piden* favores.
4 (poder)   ¿*Puedes* tú ir al cine con nosotros?
5 (almorzar)   ¿A qué hora *almuerzan* ustedes?
6 (decir)   Yo siempre *digo* la verdad.
7 (dormir)   ¡Tú *duermes* demasiado!

2. Los números cardinales 101–1.000.000

¿Cómo decimos estos números?

1	403 casas	4	592 páginas
2	125 libros	5	5.000 autos
3	1.238 dólares	6	1.000.000 preguntas

3. Conocer o saber

Escoja entre **conocer** *y* **saber**.

1 Yo *c* a Carlos.
2 Carlos *s* la lección.
3 El Presidente *s* mucho.
4 Ellos no *s* a qué hora venimos.
5 ¿*s* usted hablar alemán?
6 Juan *c* Nueva York.
7 María *c* a muchas personas.
8 Ella no *s* mi dirección.
9 Yo *s* que Ricardo es ingeniero.
10 Él quiere *c* Francia.

4. Pronombres usados como complementos directos

Conteste según el modelo.

¿Conoce usted a mi hermana?
Sí, la conozco. (*o* No, no la conozco.)

1 ¿Lee usted el periódico? *Sí, lo leo.*
2 ¿Escribe usted las cartas? *Sí, las escribo.*
3 ¿Pide usted el lápiz? *Sí, lo pido.*
4 ¿Ve usted la televisión? *Sí, la veo.*
5 ¿Estudia usted la lección? *Sí, la estudio.*
6 ¿Conocen ustedes a Michael Jackson? *Sí, lo conocemos.*
7 ¿Habla Pierre francés? *Sí, Pierre lo habla.*
8 ¿Entiendes al profesor? *Sí, lo entiendo.*

5. Palabras interrogativas

Dé el equivalente en español de las palabras subrayadas.

1 <u>Where</u> are you going? *¿A dondé va, usted?*
2 <u>Where</u> is Alfredo? *¿Donde está Alfredo?*
3 <u>What</u> do you learn? *¿Qué aprende, usted?*
4 <u>Who</u> is that young man? *¿Quién es eso muchacho?*
5 <u>Where</u> are you <u>from</u>? *¿De donde está usted?*
6 <u>How many</u> sisters do you have? *¿Cuantas hermanas tiene?*
7 <u>What is your name</u>? *¿Como se llama?*
8 <u>Why</u> do you work? *¿Porque trabaja?*
9 <u>How</u> are you? *¿Como esta?*
10 <u>At what time</u> do you eat? *¿a qué hora almuerza?*

LECCIÓN 5

6. Expresiones del tiempo

Traduzca al español.

1 It's cloudy. _Está nublado._
2 There's a lot of snow here. _Hay mucha nieve_
3 The weather's nice today. _Hace buen tiempo_
4 It's sunny. _~~Está~~ Hace sol_
5 It rains in the spring. _Hace lluvia en la primavera._
6 Is it always windy? _¿Hay siempre viento?_
7 What is the weather like today? _¿Que tiempo hace hoy?_

7. Las estaciones del año

Conteste.

1 ¿En qué estación hace mucho frío? _El invierno_
2 ¿En qué estación hace mucho sol? _El verano_
3 ¿En qué estación hay mucha lluvia? _La primavera_
4 ¿En qué estación hay mucho viento? _El ~~inverno~~ otoño._

8. Los meses del año

Complete el cuadro.

ESTE MES	EL MES PASADO	EL PRÓXIMO MES
junio	mayo	julio
noviembre	octubre	diciembre
febrero	enero	marzo
mayo	abril	junio
septiembre	agosto	octubre

9. Complementos indirectos

(me, te, le, nos, os, les)

A *Complete las frases con el complemento apropiado.*

1 Mi novio(a) _me_ escribe cartas todos los sábados.
2 Ellos no _le_ prestan cinco dólares al profesor.

3 Mi mamá _me_ habla por teléfono todos los días.
4 Nunca _le_ escribo una carta a ella.
5 No _te_ venden alcohol a ti, ¿verdad?
6 No puedo prestar _le_ la camisa a él.
7 Él _me_ quiere vender el carro a mí.

B *Conteste según el modelo.*

¿A quién le habla Juan? ¿A Gloria?
Sí, Juan le habla a Gloria.

1 ¿A ellos? _les ... a ellos_   4 ¿A mí? _te   a ti_
2 ¿A ustedes? _nos ... a nosotros_   5 ¿A nosotros? _nos nos._
3 ¿A Daniel y Luisa? _les ... a D+L_   6 ¿A ti? _me   a mí_

10. Pronombres como objetos de preposiciones

(mí, ti, él, ella, usted, nosotros, ellos, ellas; conmigo, contigo)

Complete las frases con el pronombre apropiado.

1 (yo)   Lo hacen para _a mí_.
2 (tú)   Te lo doy a _ti_.
3 (él)   Le dan el libro a _él_.
4 (ella)   La carta es para _ella_.
5 (usted)   Ellos van con _usted_.
6 (nosotros)   Juan no nos ve a _nosotros_
7 (ellos)   María se lo dice a _ellos_.
8 (ellas)   Se lo prestamos a _ellas._
9 (ustedes)   Es un tío de _ustedes_
10 (yo)   Ellos no van con_migo_.
11 (tú)   Nosotros no vamos con_tigo_.

11. Los verbos gustar, parecer y faltar

Traduzca al español.

1 I need a good coat. _me falta un buen sobretodo_
2 Alisa and Francisca like the cold. _A F les gusta el frío._
3 They also like to ski. _y también les gusta esquiar_
4 Do the winters here seem cold to you? _¿Los inviernos les parecen ~~hace~~ ~~te parece~~ los inviernos a ti._
5 I like the summer months. _me gustan los meses de verano._
6 It always seems cold here. _Siempre ~~se~~ parece frío aquí_

12. Expresiones con **tener**

Exprese en español.

1 I'm sleepy.   *Tengo sueño.*
2 She's in a hurry.   *Ella tiene prisa.*
3 He's afraid.   *Él tiene miedo*
4 They are cold.   *Tienen frío*
5 I am very cold.   *Tengo mucho frío.*
6 She is jealous.   *Ella tiene celos.*
7 I'm warm.   *Tengo calor*
8 We are thirsty.   *Tenemos sed.*
9 She's very hungry.   *Ella tiene mucho hambre.*
10 They are very sleepy.   *Tienen mucho sueño*

LECCIÓN 6

13. Complementos reflexivos

(me, te, se, nos, os, se)

A *Dé el pronombre reflexivo en cada frase.*

1 Yo ___me___ acuesto.
2 Tú ___te___ levantas.
3 Él ___se___ afeita.
4 Ella ___se___ lava los dientes.
5 Ustedes ___se___ duermen.
6 Nosotros ___nos___ sentamos.
7 Ellos ___se___ visten.
8 Ellas ___se___ despiertan.
9 Usted ___se___ divierte aquí.
10 Vosotros ___os___ acostáis.

B *Conteste.*

1 ¿A qué hora se levanta usted?   *me levanto*
2 ¿En dónde podemos sentarnos?   *Pueden sentarse*
3 Me levanto a las seis, ¿y tú?   *me levanto*
4 ¿Dónde nos lavamos las manos?   *se lavan*
5 ¿Por qué no se despierta usted más
   temprano?   *Porque me despierto*
6 ¿Se viste o se baña usted primero?
        me baño primero

14. Participios de presente

A *Dé los participios de estos verbos.*

hablar
hablando

escribir   descansar
aprender   conocer
prestar   trabajar
leer   traer
decir   pedir
vestir   morir
dormir

B *Responda según el modelo.*

   ¿Estudias mucho?
   Sí, estoy estudiando ahora.

1 ¿Lees mucho?
2 ¿Trabajas mucho?
3 ¿Comes mucho?
4 ¿Descansas mucho?
5 ¿Escribes mucho?

15. Los verbos **traer, hacer, poner** y **salir**

Conteste.

1 ¿Traes el vestido?
2 Ellos no hacen nada los sábados, ¿y tú?
3 ¿A qué hora sales de casa por la mañana?
4 ¿Dónde pones los libros en tu cuarto?
5 ¿Qué haces los domingos?

16. **Hay que** y **tener que**

Dé el equivalente en español.

1 We have to get up early tomorrow.   T
2 Does one have to study a lot in this class?   H
3 Must one learn all of these verbs?   H
4 I have to work tonight.   T

17. Los complementos indirectos y directos en secuencia

(se antes de **lo, la, los** o **las)**

A *Responda de acuerdo con el modelo.*

¿Cuándo le prestan el dinero?
Se lo prestan mañana.

1 ¿Cuándo le venden las camisas? *Se las*
2 ¿Cuándo les dicen la verdad? *Se la*
3 ¿Cuándo le traen el carro a él? *Se lo*
4 ¿Cuándo les damos el dinero? *Se lo*
5 ¿Cuándo no les decimos la verdad? *Se la*

B *Conteste según la situación con complementos en secuencia.*

1 ¿Quieres prestarle al profesor cinco dólares? *Quiero prestárselo.*
2 ¿Les dan ustedes dinero a sus amigos? *Se lo damos*
3 ¿Siempre me dices la verdad? *Te la digo.*
4 ¿Le compras regalos a tu novio(a)? *Se lo compro*
5 ¿Me traes ese libro, por favor? *Me lo traigo.*

18. Actividad en parejas

In Spanish, tell a classmate:

what your daily activities are from the time you get up until you go to bed.
five things that you have to do tomorrow.
what seasons of the year you like best and why.
what the weather is like today.
several things that you like and several things that you need.

LECCIÓN 7

Un baile de gala en Caracas, Venezuela.

Perspectiva

Functional Conversational Goals: You should be able to

1 communicate to others what you want them to do or not to do.
2 ask and give permission, state commands, and make requests of others.
3 request permission to enter a room, to move through a crowd, or to take leave.
4 respond appropriately in situations such as bumping into someone or stepping on someone's toe.

Language: You will study and practice

1 an introduction to the subjunctive mood.
2 the formation of the present subjunctive of regular verbs.
3 the subjunctive in noun clauses.
4 the present subjunctive of some irregular verbs.

5 the formal command forms.
6 the position of object and reflexive pronouns with commands.
7 expressions of courtesy.

Culture: You will learn about

1 tailors and seamstresses in Spanish America.
2 the use of uniforms in public schools.
3 the style of dress for participants in sporting events.
4 the names of important holidays in Hispanic countries.

Pronunciation: You will be able to pronounce correctly

1 the Spanish **s** and **z**.
2 the **c** before **e** or **i**.
3 the Spanish **t**.

Aunque la mona se vista de seda, mona se queda.

Diálogo

VAMOS AL BAILE DE AÑO NUEVO.

Los jóvenes se preparan para ir al gran baile de gala en el Club Embajador en Montevideo. Isabel va a la casa de la modista para recoger un vestido nuevo hecho a la medida.

ISABEL   ¿Se puede?

TERESA   ¡Cómo no! Pase y siéntese.

ISABEL   ¡Buen provecho! Perdone usted la molestia a la hora de comer.

TERESA   No se preocupe. Ya le traigo el vestido.

ISABEL   Quiero probármelo. ¿Está bien?

TERESA   Sí, ¡cómo no! Póngaselo. Espero que le guste.

ISABEL   ¡Qué bonito! ¡Y de la última moda! Lo voy a llevar al baile esta noche.

TERESA   Con ese vestido va a causar sensación. Le queda muy bien.

ISABEL   También es para el día de mi santo. Mamá insiste en que no lleve jeans y sandalias ese día.

Juan y Sam están en la casa de Juan vistiéndose para ir al baile. Sam es de Los Ángeles. Está de visita en Montevideo con su amigo Juan.

JUAN   Con ese traje estás muy elegante, Sam.

SAM   Sí, pero tú sabes lo que dicen de la mona vestida de seda . . .

JUAN   No, de veras te queda muy bien.

SAM   Quizás, pero dudo que me permitan entrar así sin zapatos.

JUAN   No hay problema. Yo te presto un par de zapatos.

SAM   A propósito. Espero que Isabel esté en el baile.

JUAN   Estoy seguro que va a estar ahí. Me alegro que tú puedas ir conmigo al Club Embajador. Te va a gustar.

SAM   Siento no bailar muy bien la salsa y la cumbia de los latinos.

JUAN   Te comprendo. Pero no quiero que te quedes en casa la noche de año nuevo.

PREGUNTAS

1   ¿A qué baile van los jóvenes?
2   ¿Quién hace los vestidos hechos a la medida?
3   ¿Cuándo llega Isabel a la casa de la modista?
4   ¿Cómo es el nuevo vestido de Isabel?
5   ¿Cuándo piensa Isabel llevar el vestido?
6   ¿Cómo va a causar sensación Isabel?
7   ¿Cómo le queda el vestido?
8   ¿En qué insiste la mamá de Isabel?

———

9   ¿Qué lleva Sam?
10   ¿Cómo le queda?
11   ¿Qué duda Sam?
12   ¿Qué le presta Juan?
13   ¿Se alegra Juan que Sam pueda ir?
14   ¿Qué le va a gustar a Sam?
15   ¿Qué siente Sam?
16   ¿Quiere Juan que Sam se quede en casa?
17   ¿Adónde van los jóvenes?

Notas culturales

EL SASTRE Y LA MODISTA[1]

En Hispanoamérica y en España hay excelentes sastres y modistas. Con gran habilidad le pueden confeccionar a uno un vestido que es de última moda y de un diseño perfectamente adaptado a las medidas del cliente individual. Pocas veces usan patrones comprados porque de costumbre son importados y cuestan mucho. El cliente puede llevarle a la modista una foto del estilo que desea e[2] indicarle la tela que prefiere.

Uno no tiene que ser millonario para pedir un vestido hecho a la medida por una modista o un sastre. A veces¹ le sale más barato que comprar un vestido ya hecho en una tienda.   *At times*

Los latinos saben también que la ropa no es tan importante como la integridad de la persona. Aunque la mona se vista de seda, mona se queda.

[1] *The tailor and the dressmaker*
[2] **y** becomes **e** before a word beginning with the vowel sound **i**.

Comprando un vestido en San Juan, Costa Rica.

PREGUNTAS

1 ¿Qué es un sastre? **2** ¿Cómo trabajan algunas modistas en Latinoamérica? **3** ¿Por qué no usan patrones? **4** ¿Quiénes llevan vestidos hechos a la medida en los Estados Unidos? **5** ¿Por qué son más baratos muchas veces los vestidos ya hechos?

EL MODO DE VESTIR DE LOS ESTUDIANTES HISPÁNICOS

Los jóvenes latinoamericanos en edad de ir a la escuela secundaria¹, por lo general, se visten en uniformes para asistir a clases. Esto es así para evitar distinciones de posición social en las escuelas públicas. Los jóvenes en la edad del bachillerato¹ se visten de una manera más informal y no usan uniformes; la ropa puede estar más a la moda. Algunas escuelas de bachillerato exigen el uso del uniforme, pero cada vez son menos¹. El uniforme varía en color y calidad según la escuela o institución.
junior high school

high school

there are fewer and fewer

    Los jóvenes que asisten a las universidades son los que tratan de¹ vestirse más a la moda, y por lo tanto¹, tienen constantes transformaciones en su modo de vestir.
try to

therefore

PREGUNTAS

1 ¿Por qué usan uniformes? **2** ¿Cómo se visten los jóvenes en la edad del bachillerato? **3** ¿Es común usar uniformes en las universidades? **4** ¿Se visten ustedes en uniformes ahora?

LA FORMA DE VESTIR DE LOS DEPORTISTAS

La gente en los países de habla hispana disfrutan mucho de los deportes, especialmente del fútbol. El color de la ropa de estos deportistas depende del equipo que representan. Su ropa consiste en: playera o camiseta, pantalón corto, medias hasta la rodilla y zapatos de tenis. También usan algunas prendas de vestir para protegerse como rodilleras y bandas elásticas en las muñecas. Otros deportistas se visten de acuerdo con la categoría del deporte que practican.

    A los niños y a los jóvenes les gusta llevar la playera o camiseta de su equipo favorito para jugar o para asistir a algunas actividades sociales.

PREGUNTAS

1 ¿Cómo difiere en colores la ropa de los deportistas? **2** ¿En qué consiste la ropa de los futbolistas? **3** ¿Se visten igual todos los deportistas? **4** ¿Qué usan los niños y jóvenes para representar a su equipo favorito?

Explicación y Aplicación

1. El modo subjuntivo

En casa

Isabel   Sam

Isabel está en casa.
Sam espera que Isabel esté en el baile.

Conteste.

1 ¿Dónde está Isabel?
2 ¿Qué espera Sam?

En el baile

los jóvenes

Sam aprende a bailar la salsa.
Juan quiere que Sam aprenda a bailar bien.

Conteste.

1 ¿Qué aprende Sam?
2 ¿Qué quiere Juan?

Después del baile

Sam

Sam vuelve a su casa en los Estados Unidos.
Sam duda que Isabel le escriba una carta.

Conteste.

1 ¿Adónde vuelve Sam?
2 ¿Qué duda Sam?

LECCIÓN 7

En el día de su santo

Isabel   Su mamá

Isabel no lleva jeans.
Su mamá insiste en que no lleve jeans.

Conteste.

1 ¿Qué lleva Isabel? ¿Por qué?
2 ¿Qué celebra Isabel?

So far, the verb forms you have studied have been in the indicative mood, meaning that the verbs have been used to report things as facts or to ask questions about facts. Spanish has another set of forms, subjunctive forms, used for several purposes, among them to express what the speaker hopes, desires, fears, or requests to happen, or says he doubts may happen. Compare the following:

Isabel **está** en casa.

Indicative mood form **está** used to indicate what is really happening.

Sam espera que Isabel **esté** en el baile.

Sam hopes that Isabel will be at the dance.
Subjunctive mood form **esté** used to express what Sam hopes will happen.

Sam **aprende** a bailar la salsa.

Sam is learning to dance the salsa.
Indicative mood form **aprende** used to express what Sam is actually doing.

Juan quiere que Sam **aprenda** a bailar la salsa.

Juan wants Sam to learn how to dance the salsa.
Subjunctive mood form **aprenda** used to express what Juan wants.

Notice in the example above that (1) the subjunctive is used in a dependent clause beginning with **que**, and that (2) the subject of the main clause (**Juan quiere**) is different from the subject of the dependent clause (**que Sam** aprenda . . .).

When there is only one subject in the sentence there is only one clause and no subjunctive.

Siento no **bailar** bien la salsa.   *I'm sorry (that) I don't dance the salsa well.*

However, when all three of the following conditions exist, the subjunctive must be used.

1 Main clause with verb of emotion, desire, etc.
2 Dependent clause beginning with **que**
3 Different subjects in the two clauses (Juan and Sam)

Juan siente que Sam no **baile** bien la salsa.   *Juan is sorry that Sam does not dance the salsa well.*

2. Formación del presente de subjuntivo—verbos regulares

The stem of the present subjunctive is the same as the stem of the **yo**-form present indicative for nearly all verbs. To this subjunctive stem, regular **-ar** verbs add endings in **-e**, and regular **-er** and **-ir** verbs add endings in **-a**.

add opposite ending

hablar		comprender		escribir		estar[1]	
hable	hablemos	comprenda	comprendamos	escriba	escribamos	esté	estemos
hables	habléis	comprendas	comprendáis	escribas	escribáis	estés	estéis
hable	hablen	comprenda	comprendan	escriba	escriban	esté	estén

A *Siga el modelo.*

¿Qué espera la profesora? (los estudiantes)
La profesora espera que los estudiantes hablen español.

1 yo	**4** usted
2 nosotros	**5** él
3 los americanos	**6** tú

B *Siga el modelo.*

¿Qué espera Sam? (los amigos)
Sam espera que los amigos lo comprendan.

1 el grupo	**4** las chicas
2 los jóvenes	**5** nosotros
3 Juan	**6** tú

C *Siga el modelo.*

¿Qué espera Isabel? (Sam)
Isabel espera que Sam le escriba una carta.

1 nosotros	**4** ellos
2 sus amigos	**5** usted
3 tú	**6** la profesora

D *Siga el modelo.*

¿Qué espera Sam? (Isabel)
Sam espera que Isabel esté en el baile.

1 ellos	**4** yo
2 nosotros	**5** tú
3 las chicas	**6** los jóvenes

[1]The present-subjunctive endings of **estar** are the same as for regular **-ar** verbs. Note, however, that in this case the stress falls on the ending rather than on the stem (**esté**).

3. El subjuntivo en cláusulas sustantivas

A clause is a group of words that includes a subject and a verb (**Yo quiero**). A noun clause is a clause that could be replaced in the sentence by a noun. The noun clause is introduced by **que** (**. . . que Sam me escriba**).

	DEPENDENT	
MAIN CLAUSE	NOUN CLAUSE	
Quiero	**que Sam me escriba.**	*I want Sam to write to me.*

(This clause could be replaced by a noun.)

| **Quiero** | **un vestido nuevo.** | *I want a new dress.* |

The first sentence has two clauses, each with a subject and a verb. The dependent clause cannot stand alone: It "depends" on the main clause. (The only type of dependent clause dealt with in this chapter is the noun clause.) The verb in a dependent noun clause must be in the subjunctive if

1 its subject is different from the subject of the main clause, and
2 the main verb expresses hope, desire, doubt, emotional feelings, uncertainties, or requests.

Quiero que tú me **escribas.**	*I want you to write to me.* (desire)
Siento que no **hables** español.	*I'm sorry you don't speak Spanish.* (emotional feeling)
Sam **duda** que Isabel **hable** inglés.	*Sam doubts that Isabel speaks English.* (doubt)
Mi papá **pide** que nos **levantemos.**	*My dad asks us to get up.* (request)
Mi mamá **insiste** en que yo no **lleve** jeans.	*My mom insists that I not wear jeans.* (feeling or request)

A *Conteste con* a o b.

¿Qué le pide su papá?
a) que no compre un coche?
b) que compre un coche?
Mi papá me pide que compre un coche.

1 ¿Qué quiere su mamá?
 a) que le escriba muchas cartas?
 b) que no le escriba?
2 ¿Qué espera su profesor(a)?
 a) que hable español en la clase?
 b) que estudie dos horas en casa?
3 ¿Qué duda usted?
 a) que su papá baile el tango?
 b) que su mamá le compre un vestido?
4 ¿Qué le pide usted a su novio(a)?
 a) que no le escriba a otro(a) muchacho(a)?
 b) que le escriba a otro(a) muchacho(a)?

5 ¿Qué quiere usted?
 a) que su mamá lleve jeans?
 b) que su mamá se vista de seda?

B *Conteste según el modelo.*

¿Baila bien Sam?
No sé. Espero que baile bien.

1 ¿Aprende a bailar la salsa?
2 ¿Habla español Sam?
3 ¿Le escribe Isabel?
4 ¿Comprende español Sam?
5 ¿Están en el baile las amigas de Isabel?
6 ¿Qué espera usted?

EXPLICACIÓN Y APLICACIÓN 175

¡Qué bien bailan los latinos!

D *Conteste según el modelo.*

¿Qué pide mamá? (los chicos—lavarse los dientes)
Mamá pide que los chicos se laven los dientes.

1 ¿Qué pide papá? (nosotros—estudiar)
2 ¿Qué pide la profesora? (los estudiantes—hablar español)
3 ¿Qué pide Sam? (Juan—prestarle los zapatos)
4 ¿Qué pide Juan? (Sam—aprender a bailar)
5 ¿Qué pide mamá? (nosotros—escribirle muchas cartas)
6 ¿Qué pide usted?

E *Es difícil vivir en un apartamento porque otras personas hacen cosas desagradables. Siga el modelo.*

mis compañeras—escuchar la radio
Siento que mis compañeras escuchen la radio.

1 Julia—estudiar siempre
2 Mary y Suzie—no hablar español
3 Leonora—no trabajar
4 los chicos—comer todo
5 mis compañeras—llevar mis vestidos
6 Antonio—leer siempre
7 mis amigas—no comprenderme

C *Conteste según el modelo.*

¿Habla ruso el profesor?
No sé. Dudo que hable ruso.

1 ¿Se afeita Fidel Castro?
2 ¿Lleva jeans su abuela?
3 ¿Se levanta temprano Alfredo?
4 ¿Come tacos en la calle el presidente?
5 ¿Escribe libros el profesor?
6 ¿Qué duda usted?

F *¿Qué quieren las siguientes personas?*

Amelia no come mucho. Sus padres quieren que . . .
Sus padres quieren que ella coma mucho.

1 No hablamos español. Los profesores quieren que . . .
2 No estudio en casa. Mi papá espera que . . .
3 Él no les escribe mucho. Sus padres sienten que . . .
4 No compro regalos. Mi novia espera que . . .
5 Ella canta bien. Dudo que . . .

4. El presente de subjuntivo de algunos verbos irregulares

Verbs that have an irregular stem in the **yo**-form of the present indicative tense have the same irregular stem in the present subjunctive. The endings are regular: **-ar** verbs add **-e**, and **-er** and **-ir** verbs add **-a**.

salir (yo salgo)		**hacer** (yo hago)		**decir** (yo digo)	
salga	salgamos	haga	hagamos	diga	digamos
salgas	salgáis	hagas	hagáis	digas	digáis
salga	salgan	haga	hagan	diga	digan

The following verbs also derive their stem from the **yo**-form of the present indicative.

INFINITIVE	**yo**-*form,* PRESENT INDICATIVE	**yo**-*form,* PRESENT SUBJUNCTIVE
tener	**tengo**	tenga
venir	**vengo**	venga
poner	**pongo**	ponga
traer	**traigo**	traiga
pedir	**pido**	pida *pidamos*
ver	**veo**	vea

A *Conteste con* **sí** *o* **no** *según su propia situación. Siga el modelo.*

> ¿Insiste su papá en que usted diga la verdad?
> **No, no insiste en que yo diga la verdad.**
> **Sí, insiste en que yo diga la verdad.**

1 ¿Quiere usted que su novio(a) salga con otra persona?
2 ¿Permiten los profesores que usted llegue tarde a la clase?
3 ¿Espera la profesora que usted haga los trabajos?

4 ¿Insiste su mamá en que usted se ponga un sobretodo?
5 ¿Duda usted que Bob Hope tenga 29 años?
6 ¿Quiere usted que Michael Jackson venga aquí a dar un concierto?
7 ¿Siente usted que sus compañeros(as) le pidan dinero?
8 ¿Desea usted que sus amigos vean sus zapatos nuevos?

B *Diga que quiere que otras personas hagan estas cosas.*

> ¿Quieres salir?   (ellos)
> **No, quiero que ellos salgan.**

1 ¿Quieres hablar ahora?   (Miguel)
2 ¿Esperas estudiar esta noche?   (los otros estudiantes)
3 ¿Quieres decirme el secreto?   (Mamá)
4 ¿Esperas recibir una carta hoy?   (mi mamá)
5 ¿Quieres poner los libros ahí?   (la profesora)

Vocabulario útil

DÍAS FESTIVOS IMPORTANTES[1]

el **Año Nuevo**

la **Navidad**

el **Día de la Raza**[2]

el **Día de la Madre**

el **Día de los Novios**

el **Día del Trabajo**

el **Día de la Independencia**

Mi cumpleaños

el **Día de los Reyes**

[1]*Important holidays*

[2]Columbus' discovery of America, which led to a notable expansion of the Hispanic race or people, is celebrated throughout the Hispanic world as the Day of the Race. For Hispanics, race is a matter of language and customs, not simply genetic factors.

ACTIVIDAD EN PAREJAS

Pregúntele a un compañero o a una compañera de clase y luego cambien de papel y repitan la actividad.

1 ¿Cómo celebras el Año Nuevo?
2 ¿Qué haces el primero de enero?
3 ¿En qué día y en qué mes es la Navidad?
4 ¿Cuándo viene San Nicolás?
5 ¿Qué quieren los niños que haga San Nicolás?
6 ¿Cuándo traen regalos los reyes magos en Latinoamérica y en España?
7 ¿Qué haces el Día de la Madre?
8 ¿Qué quieren las madres ese día?
9 ¿Cuándo es el Día de los Novios?
10 ¿Qué quieres que haga tu novio(a) ese día?

11 ¿Cuándo celebramos el Día del Trabajo?
12 ¿Qué quieren hacer ese día las personas que trabajan?
13 ¿Cuándo es el Día de la Independencia de los Estados Unidos?
14 ¿Qué te gusta hacer ese día?
15 ¿Cuándo es tu cumpleaños?
16 ¿Qué prefieres hacer el día de tu cumpleaños?
17 ¿Celebras el día de tu santo?
18 ¿Cuál es tu día favorito de todo el año?
19 ¿Qué te gusta hacer ese día?

5. Mandatos

EL ÚLTIMO GRITO[1]

En la tienda de ropa

TAMAÑOS

grande   medio   pequeño

DEPENDIENTE   Buenas tardes, joven, ¿En qué le podemos servir? Dígame.
SAM   Muéstreme un pullover como ése del escaparate.
DEPENDIENTE   Ah sí. Es el último grito.

DEPENDIENTE   Perdone usted. ¿Qué tamaño lleva?
SAM   Deme el tamaño medio.
DEPENDIENTE   ¿Y de qué color?
SAM   Déjeme ver uno azul.

Conteste.

1 ¿Dónde está Sam?
2 ¿Qué busca Sam?
3 ¿Es interesante el pullover?
4 ¿Qué tamaño lleva Sam?

5 ¿Qué color prefiere?
6 ¿Le gusta a usted llevar un pullover?
7 ¿Qué tamaño lleva usted?
8 ¿Cuál es su color favorito?

[1]*The ''latest thing''*

Commands are used when telling someone to do something or not to do something. For example, telling someone *Speak* or *Don't speak* is a command and requires a command, or imperative, form of the verb.

Spanish has formal command forms for use with persons you address as **usted** or **ustedes**, and familiar forms for persons you address as **tú** (see Lesson 9).

6. Formas imperativas de **usted** y **ustedes**

The formal command forms are the same as the present subjunctive forms for **usted** and **ustedes**.

INFINITIVE	PRESENT SUBJUNCTIVE IN A NOUN CLAUSE	PRESENT SUBJUNCTIVE FORM USED AS COMMAND
hablar *to speak*	Quiero que usted **hable**. *I want you to speak.*	**Hable** usted, por favor. *Please speak.*
venir *to come*	Prefiere que ustedes no **vengan** tarde. *She prefers that you not come late.*	No **vengan** tarde. *Don't come late.*
salir *to leave*	Quiero que usted **salga** del cuarto. *I want you to leave the room.*	**Salga** del cuarto. *Leave the room.*

The **usted**-, **ustedes**-commands are used in both the affirmative and the negative: **hable, no hable**. Ordinarily the subject pronouns are omitted, but a command can be made more polite by using **usted** or **ustedes** after it: **Hable usted. No hablen ustedes.**

A *Responda con un mandato afirmativo.*

Quiero hablar.	*I want to speak.*
Pues, hable usted.	*Well, speak then.*

1 Quiero estudiar.
2 Quiero comer.
3 Quiero leer.
4 Quiero escribir.
5 Quiero venir.
6 Quiero salir.

B *Responda con un mandato negativo.*

¿Puedo escribir?	*May I write?*
No, no escriba usted.	*No, don't write.*

1 ¿Puedo leer?
2 ¿Puedo hablar?
3 ¿Puedo estudiar?
4 ¿Puedo comer?
5 ¿Puedo salir?

Stem-changing verbs also form their commands from the **yo**-form of the present indicative.

INFINITIVE	PRESENT INDICATIVE yo-*form*	PRESENT SUBJUNCTIVE	
		usted-*command*	ustedes-*command*
dormir	**duermo**	duerma	duerman
pensar	**pienso**	piense	piensen
mostrar	**muestro**	muestre	muestren

Responda con un mandato afirmativo.

pensar en eso
Piense usted en eso.

1 volver mañana
2 no dormir tanto en la clase
3 no pensar así
4 mostrar el pullover
5 volver temprano del baile

Three commonly used verbs, **ser** *to be*, **dar** *to give*, and **ir** *to go*, do not derive their subjunctive, and thus their command forms, from the **yo**-form of the present indicative. They must be learned separately.

INFINITIVE	PRESENT SUBJUNCTIVE	
	usted-*command*	**ustedes**-*command*
ser	**sea**	**sean**
dar	**dé**	**den**
ir	**vaya**	**vayan**

A *Responda con un mandato formal plural.*

ir al club
Vayan al club.

1 dar el modelo
2 ir al baile con Juan
3 ser feliz
4 no dar permiso
5 no ser antipático(a)s

B *Responda según los modelos.*

¿Digo la verdad?   *Shall I tell the truth?*
Sí, diga usted la verdad.   *Yes, tell the truth.*

1 ¿Traigo el dinero?
2 ¿Vengo esta noche?

3 ¿Pongo la mesa?[1]
4 ¿Hago las tareas?
5 ¿Pido los libros?
6 ¿Vuelvo mañana?
7 ¿Voy al mercado?

No voy al baile.   *I'm not going to the dance.*

Sí, vaya usted al baile.   *Yes, go to the dance.*

1 No salgo esta noche.
2 No pienso más en eso.
3 No hago el trabajo.
4 No digo más.
5 No perdono a la profesora.
6 No traigo el libro.

7. Posición de complementos con mandatos

Direct- and indirect-object pronouns and reflexive pronouns follow and are attached to the affirmative command forms. Notice that when a pronoun is attached, an accent mark often must be written on the stressed vowel to show that pronunciation has not changed.

[1]*Shall I set the table?*

In negative commands, object pronouns precede the command form.

AFFIRMATIVE

Muéstre**melo**.   *Show it to me.*
Lláme**los** usted.   *Call them.*
Dé**melo**.   *Give it to me.*

NEGATIVE

No **me lo** muestre.   *Don't show it to me.*
No **los** llame usted. *Don't call them.*
No **me lo** dé.   *Don't give it to me.*

A *Responda según los modelos.*

¿Puedo comprarlo?
Sí, cómprelo.

1 ¿Puedo tomarlos?
2 ¿Puedo comerlas?
3 ¿Puedo aprenderlo?
4 ¿Puedo estudiarla?

¿Puedo escribirlo?
No, no lo escriba.

1 ¿Puedo leerlo?
2 ¿Puedo escucharlo?
3 ¿Puedo estudiarlo?
4 ¿Puedo llamarlos?

Avenida 18 de Julio, Montevideo, Uruguay.

LECCIÓN 7

In the following exercises, remember that **le** *or* **les** *become* **se** *before* **lo, los, la** *or* **las.**

B *Responda según los modelos.*

PROFESOR	ESTUDIANTE 1	ESTUDIANTE 2
1 El pullover.	**¿Le doy el pullover a Sam?**	**Sí, déselo.**
Los vestidos.	¿Le doy los vestidos a Isabel?	
El sombrero.	¿Le doy el sombrero a Juan?	
El zapato.	¿Le doy el zapato a Sam?	
Los zapatos.	¿Le doy los zapatos a Sam?	
2 La blusa.	**¿Le doy la blusa a Isabel?**	**No, no se la dé.**
La camisa.	¿Le doy la camisa a Marcos?	
Los calcetines.	¿Le doy los calcetines a José?	
La corbata.	¿Le doy la corbata a Felipe?	
Los sombreros.	¿Le doy los sombreros a María?	
El cinturón.	¿Le doy el cinturón a Carlos?	
El traje.	¿Le doy el traje a Manolo?	
3 ¿Le doy la camisa a usted?	**Sí, démela.**	**No, no me la dé.**
¿Le doy el libro?		
¿Le doy los calcetines?		
¿Le doy los pantalones?		
¿Le doy el traje?		

C *En español, por favor.*

1 Please study.
2 Don't read now.
3 Sit down. *siéntese*
4 Please write.
5 Listen.
6 Give it to me. **(la)**
7 Don't tell it to him. **(lo)** *no se lo diga*
8 Bring them to me. **(las)** *Tráigamelas*
9 Lend them to me. **(los)** *préstemelos*
10 Give them to him. **(los)**

Ropa elegante en una tienda de
la última moda.

ACTIVIDADES EN PAREJAS

1 ESTUDIANTE 1 Ellos quieren que yo venga
mañana.
ESTUDIANTE 2 **Pues, venga usted mañana.**

Ellos piden que yo lo estudie.
Ellos desean que nos levantemos temprano.
Ellos esperan que yo traiga el dinero ahora.
Ellos insisten en que nosotros tengamos
cuidado.
Ellos quieren que me ponga ese sobretodo.
Ellos piden que yo haga la tarea.

2 ESTUDIANTE 1 Dígame que salga temprano.
ESTUDIANTE 2 **Salga usted temprano.**

Dígame que me levante más tarde.
Dígame que estudie la lección ahora.
Dígame que le preste un lápiz.
Dígame que hable despacio.

3 ESTUDIANTE 1 Pídame que no me acueste
temprano.
ESTUDIANTE 2 **No se acueste usted temprano.**

Pídame que no traiga el libro a la clase.
Pídame que no me ponga los zapatos.
Pídame que no me duerma en la clase.
Pídame que no me siente en la mesa.

4 ESTUDIANTE 1   Dígale a otro estudiante que le muestre ese vestido.

    ESTUDIANTE 2   **Por favor, muéstreme ese vestido.**

Dígale a otro estudiante que le escriba una carta.

Dígale a otro estudiante que le traiga un pullover azul.

Dígale a otro estudiante que le dé clases de esquí.

Dígale a otro estudiante que le perdone por no estudiar.

Dígale a otro estudiante que le diga el precio de la camisa.

Dígales a otros estudiantes que se acuesten temprano.

Dígales a otros estudiantes que se laven los dientes.

Dígales a otros estudiantes que no le pidan dinero.

Vocabulario útil

EXPRESIONES DE CORTESÍA[1]

A

Si usted le pisa el pie a otra persona, puede decir:

—**Perdone usted.**

Y la otra persona responde:

—**No hay de qué.**   *It's nothing.*

B

Si usted golpea (*bump, hit*) a otra persona, puede decir:

—**Disculpe usted.**

—**No tenga cuidado.**
  Think nothing of it.

C

Si usted entra en un cuarto o en un restaurante donde están comiendo, puede decir:

—**Buen provecho.**   *Enjoy your meal.*

—**Gracias. Si gusta . . .**

[1]*Expressions of courtesy*

D

Si alguien estornuda (*sneezes*)
   en su presencia, puede
   decir:

—**Salud.**   *Your health.*
—**Gracias.**

E

Si usted quiere pasar, puede
   decir:

—**Con permiso, por favor.**
—**¡Cómo no! Pase usted.**

F

Si usted quiere despedirse de
   una persona importante,
   puede decir:

—**Con permiso, señor.**
—**¡Cómo no! Pase usted.**

G

Si usted quiere entrar en un
   cuarto o una sala de clase,
   puede decir:

—**¿Se puede?**   *May I?*
—**¡Adelante!**   *Come in. (Ahead.)*
                o
—**Pase usted.**   *Come in.*

Conteste.

1 Si usted quiere despedirse de una persona
   importante, ¿qué puede decir?
2 Si usted golpea a otra persona, por
   accidente, ¿qué puede decir?
3 ¿Qué dice usted si entra en un cuarto y otros
   están comiendo?
4 Si usted estornuda y la otra persona dice,
   Salud, ¿qué responde usted?

5 ¿Qué dice usted si le pisa el pie a otra
   persona?
6 Si usted quiere entrar en un cuarto o en una
   sala de clase, ¿qué dice usted?
7 Usted está comiendo. Entra otra persona y
   dice, Buen provecho. ¿Qué responde usted?

Lectura

LA SOLTERA[1]

Soy Olivia Espener. Tengo 25 años y vivo en un departamento en la Avenida Rivadavia en Buenos Aires.

Me siento muy feliz. Tengo un trabajo interesante y muchos amigos y amigas. Soy estilista en ropa de mujer y mi especialidad es la ropa de cuero.

En el trabajo estoy a gusto porque los otros empleados están animados.[2] Sólo hay una señora que está siempre deprimida. Nosotros le hablamos y pronto se siente mejor.

Cuando me siento triste llamo a mi amiga Berta y vamos al cine o al teatro. Berta es una persona alegre y cuando estoy con ella nunca estoy aburrida|.

También tenemos un grupo de amigos y amigas que es nuestra "barra querida"|. Nos juntamos| todos los días festivos y en muchas otras ocasiones. Pienso casarme algún día| pero por el momento estoy contenta.

I'm never bored

"gang," beloved group / We get together
I intend to marry some day

PREGUNTAS

1 ¿Cuántos años tiene Olivia?   **2** ¿Dónde vive?   **3** ¿Qué trabajo tiene?   **4** ¿A quién llama Olivia cuando está triste?   **5** ¿Cuándo se juntan los amigos?   **6** ¿Cuándo piensa casarse Olivia?

[1] *The single girl*
[2] *I enjoy being at work because the other employees are lots of fun (high-spirited).*

ACTIVIDAD EN PAREJAS

Inventen un diálogo entre estas personas. Luego cambien de papel y repitan la actividad.

A

B

C

D  **E**  **F**

En pocas palabras

FORME FRASES COMPLETAS

1 No puedo _____.
2 No tengo _____.
3 Juan me _____.
4 Abra usted _____.
5 Cierre usted _____.

FORME PREGUNTAS

1 No, no quiero prestárselos.
2 Se lo doy mañana.
3 Sí, me lo pongo ahora.
4 Sí, me gusta el clima de aquí.

BREVES CONVERSACIONES

Pregúntele a _____

    si quiere prestarle diez pesos.
    si le da a usted el dinero.
    si le gustan los zapatos del profesor.
    si tiene un vestido nuevo.
    si hay baile esta noche.
    si tiene un vestido hecho a la medida.
    si quiere prestarle a usted un lápiz.
    si tiene un traje elegante.
    si puede hablar español.

Dígale a _____

    que le preste a usted su libro.
    que venga a la clase temprano.
    que no hable inglés en la clase.
    que le dé dos pesos.
    que se ponga una corbata.

PREGUNTAS PERSONALES

1 ¿Tiene usted un traje nuevo?
2 ¿Es de última moda?
3 ¿Hay fiesta esta noche?
4 ¿Cuándo se pone usted una corbata?
5 ¿Siempre lleva usted pantalones y sandalias?
6 Yo le doy un libro. Y usted, ¿qué me da?
7 ¿Cuándo me lo (la) da?
8 ¿Me presta usted el lápiz?
9 ¿Me trae el libro?
10 ¿Quiere prestarme un peso?
11 ¿Por qué no me lo presta?
12 ¿Quiere usted comprarme un pullover?
13 ¿Me lo da ahora?
14 ¿Quiere usted que yo hable más rápido?
15 ¿Pídame que no hable rápido?
16 ¿Le gusta hablar español?
17 ¿Espera usted que la clase sea más fácil?
18 ¿Siente usted que no tengamos clase los domingos?
19 Ustedes van a estudiar la lección esta noche, ¿no?
20 Dígame que estudie con ustedes.

Sección de referencia

Pronunciación

Voiced and voiceless consonants

Consonants may be voiced or voiceless. The *s* in English *silly* or *since* is voiceless. However, the *s* in English *residence* or *rose* is voiced, or buzzed.

Spanish s and z

The letters **s** and **z** are pronounced the same in Hispanic America. The sound of **s** or **z** is voiceless, like the *s* in English *since*, when it occurs between vowels, in initial position, or in final position, as in these examples:

residencia	Rosa	zapatos
presidente	Luisa	Cortés
Isabel	azul	

Before voiced consonants **d**, **m**, **n**, **b**, or **g**, the sound of the **s** is slightly voiced. Avoid the hissing *s* as in English *since* in the following examples:

buenos días   es nuevo   es mi amigo   mismo

Spanish c before e or i

Remember that in Spanish America, **c** before **e** or **i** is pronounced like English *s*. Avoid the *sh* sound of *c* in the English word *official*.

gracias   precioso   nación   condición   estación   pronunciación

Spanish t

The **t** in Spanish is pronounced by placing the tip of the tongue against the upper teeth. It is not accompanied by a puff of air as in English.

te gusta a ti   portugués
Portugal   natural
cultura   Yo no, ¿y tú?

Vocabulario

el **accidente**	*accident*	**grupo**	*group*
por accidente	*by accident*	**independencia**	*independence*
adelante	*ahead, forward*	los **jeans**	*jeans*
¡**Adelante!**	*Come in!*	**latino(a)**	*a Latin* (person); *Latin* (adj.)
alguien	*someone*	**medida**	*measure; measurement*
el **Año Nuevo**	*New Year's Day*	hecho a la	*custom-made*
aunque	*although, though*	medida	
el **baile**	*dance*	**moda**	*fashion; style*
el **coche**	*car*	**modelo**	*model*
cortesía	*courtesy*	**molestia**	*bother*
cumbia	*a Latin American dance*	**mono(a)**	*monkey* (cute)
la **dependienta**	*clerk; salesperson*	la **Navidad**	*Christmas*
el **dependiente**	*clerk; salesperson*	el **par**	*pair*
el **Día de la**		**pequeño**	*little, small; young*
Independencia	*Independence Day*	**permiso**	*permission*
el **Día de la Madre**	*Mother's Day*	con permiso	*excuse me*
el **Día de la Raza**	*Columbus Day*	el **pie**	*foot*
el **Día de los**		**presencia**	*presence*
Novios	*Valentine's Day*	el **problema**	*problem*
el **Día de los Reyes**	*Epiphany*	**provecho**	*advantage; benefit; profit*
el **Día del Trabajo**	*Labor Day*	¡**Buen**	*Good appetite!*
el **escaparate**	*show window; cabinet*	**provecho!**	
la **expresión**	*expression*	**raza**	*race* (ethnic)
favorito	*favorite*	el **rey**	*king*
feliz	*happy, lucky*	**sala**	*room*
festivo	*festive; festival*	**sandalia**	*sandal*
día festivo	*holiday*	**santo(a)**	*saint*
gala: de gala	*formal, formal-dress*	**secreto**	*secret*
gran	*large; great* (before noun)	**seda**	*silk*
grito	*scream; shout*	**seguro**	*sure, certain*

la **sensación**	sensation
sin	without
tamaño	size
tarea	task, job, homework
último	last; latest
visita	visit

Verbos

alegrarse	to be glad
causar	to cause
celebrar	to celebrate
dejar	to let, permit; to leave, abandon
despedirse (i)	to say good-bye
disculpar	to excuse
dudar	to doubt
entrar	to enter
esperar	to hope for; to wait; to expect
estornudar	to sneeze
golpear	to hit, strike, bump
perdonar	to pardon; to excuse; to forgive
pisar	to step on
prepararse	to prepare, get oneself ready
probar (ue)	to test; to try out

probarse	to try on
quedar	to remain, stay; to be left
recibir	to receive, get
recoger (recojo)	to pick up; to collect

Otras expresiones

¡cómo no!	of course!
de veras	really, truly
el último grito	the latest thing
Está bien.	It's okay., All right.
la hora de comer	mealtime
Le queda muy bien.	It fits you very well.
No hay de qué.	It's nothing., Don't mention it.
No tenga cuidado.	Think nothing of it.
poner la mesa	to set the table
¡Salud!	Your health!, Bless you!
¿Se puede?	May I?

Refrán

Aunque la mona se vista de seda, mona se queda.
A monkey, although dressed in silk, is still a monkey.

LECCIÓN 8

Los novios con el padre en la ceremonia de la boda.

Perspectiva

Functional Conversational Goals: You should be able to

1 discuss with others dating, engagement, and marriage customs.
2 compliment your associates in various ways.
3 express what happened in the past: where you went, whom you met, what you did yesterday or last night, last week, last year.
4 explain what you want others to do and how you feel about certain things they do.

Language: You will study and practice

1 the use of the preterit tense.
2 some verbs regular in the preterit.
3 some verbs irregular in the preterit.

4 verbs with a different meaning in the preterit.
5 the preterit of **ir** and **ser**.
6 the negatives **tampoco**, **nunca**, **nada**.
7 the present subjunctive—a review.

Culture: You will learn about

1 the custom of **los piropos**.
2 courtship in Hispanic countries.
3 traditional and contemporary customs associated with marriage.

Pronunciation: You will be able to pronounce correctly

1 the Spanish **p** and **k** sounds.
2 the single-tap **r**.

Llorar poco y buscar otra.

Diálogo

¡ZAS, ME DIO CALABAZAS!

Eduardo y Luis son estudiantes del Instituto
Politécnico en Monterrey, México.

EDUARDO   ¡Ay! ¡Qué sueño tengo!

LUIS   ¿Qué pasó anoche? ¿Estuviste de
fiesta?

EDUARDO   No. Anoche fue un desastre y hoy
tuve que levantarme a las cinco.

LUIS   Hablé con Pablo y supe que al fin
terminaste el artículo para la revista
estudiantil.

EDUARDO   Sí, al fin lo pude terminar pero no
estudié nada.

LUIS   Yo no estudié tampoco. A propósito,
anoche no te vimos en la reunión del
Congreso Estudiantil. ¿Qué hiciste?

———

EDUARDO   Estuve con Elena. Primero fuimos al
cine y vimos una película excelente.
Luego la llevé de paseo al parque.

LUIS   Hombre, ¡qué interesante!

EDUARDO   Al principio sí, después comenzó a
hablar de mis otras amigas.

LUIS   ¿Qué le respondiste?

EDUARDO   Que me gustan todas las chicas . . .
rubias . . . morenas . . . pero que ella
es la única.

LUIS   Y ella, ¿qué te contestó?

EDUARDO   ¡Zas, me dio calabazas! Ya no quiere
verme otra vez.

LUIS   ¡Vaya, qué celosa! ¿Y por eso te
pusiste de mal humor?

EDUARDO   No fue la tragedia más grande del
mundo. Como dice el refrán: Llorar
poco y buscar otra.

PREGUNTAS

1   ¿Dónde estudian Eduardo y Luis?
2   ¿Por qué tiene sueño Eduardo?
3   ¿A qué hora tuvo que levantarse?
4   ¿Pudo terminar el artículo?
5   ¿Fue a la reunión Eduardo?

———

6   ¿Con quién estuvo Eduardo?
7   ¿Adónde fueron?
8   ¿De qué le habló Elena a Eduardo?
9   ¿Le gustan las rubias o las morenas?

———

10   ¿Es celosa Elena?
11   ¿Qué le dio a Eduardo?
12   ¿Tiene muchas novias Eduardo?
13   ¿Va a llorar mucho o poco Eduardo?

Notas culturales

LOS PIROPOS

Un piropo es una palabra o frase de adulación que el hombre le dice a una mujer desconocida[1] en el parque o en cualquier lugar público[1]. Los hombres del mundo hispánico lo consideran una habilidad artística poder inventar inmediatamente un piropo apropiado para una ocasión específica.

*unknown / **cualquier** . . . any public place*

Esa costumbre que tienen los hombres de decir piropos a una mujer que pasa no se considera ofensiva en los países de habla española. Los hombres creen que es una obligación ''echar una flor''[1] a una mujer bonita cuando la ven.

toss a flower

Algunos piropos son muy ingeniosos: ¡Quién fuera estrella para vivir en el cielo de sus ojos![1] Pueden también ser bastante[1] prosaicos: ¡Qué lindo budín para la Navidad![2] Otros piropos típicos son: ¡Una muñeca que camina![3] ¡Qué monumento![4]

fairly

PREGUNTAS

1 ¿A quiénes les dicen piropos, a los hombres o a las mujeres? **2** ¿Qué es un piropo? **3** ¿Son ilegales los piropos en el mundo hispánico? **4** ¿Por qué dicen piropos los hombres? **5** ¿Cómo son los piropos de los norteamericanos? **6** ¿Por qué no echan piropos en los Estados Unidos? **7** ¿Quiere usted (señorita) que le digan piropos?

Ahora vamos a ver cuál de los estudiantes de esta clase puede inventar el piropo más artístico, poético y romántico. En español, ¡por supuesto!

EL CORTEJO Y EL COMPROMISO[5]

En estos tiempos modernos de los 80 la sociedad hispánica pone mucho menos restricciones que antes en las relaciones entre las chicas y los jóvenes. Hoy día[1] en una cita los jóvenes no necesitan ser acompañados por una dueña[1], una chaperona u otras personas mayores. Con la excepción de ciertas familias tradicionales, como, por ejemplo, en regiones remotas o ciudades pequeñas, las relaciones entre los jóvenes hispanos son muy similares a las de[1] los jóvenes en los Estados Unidos. El compromiso entre los jóvenes dura[1] a veces varios años mientras el joven busca la seguridad financiera y económica. Los jóvenes, una vez comprometidos[1], son ''novios'' oficialmente. Juntos compran los muebles para su apartamento o su casa y se preparan para la boda.

Today

governess

to those of

lasts

once engaged

---

[1]*I wish I were a star so I could live in the heaven of your eyes!*   [2]*What a beautiful pudding for Christmas!*   [3]*A walking doll!*   [4]*What a monument!*   [5]*Dating (or courting) and engagement*

Jóvenes en un café de
Santiago, Chile.

PREGUNTAS

1 En los años 80, ¿ponen más o menos restricciones que antes en las relaciones entre las chicas y los jóvenes?   **2** En una cita, ¿dónde necesitan los jóvenes una dueña en estos días modernos? **3** ¿Qué diferencias hay entre el compromiso de los hispanos y el de los norteamericanos? **4** ¿Qué preparaciones tienen que hacer los novios para la boda?

EL MATRIMONIO

Hay muchos jóvenes hispanos que no se casan hasta los 26 o los 27 años o hasta estar bien establecidos en su empleo o su profesión.

Las amigas de la novia acostumbran darle a ella una despedida de soltera[1] y los amigos del novio le dan a él una despedida de soltero. La despedida es tradicionalmente una cena en un restaurante elegante. No hay ''recepción'', pero hay la costumbre de hacer una fiesta grande con banquete y baile.

farewell-to-single-life party

PREGUNTAS

1 ¿Por qué esperan algunos jóvenes hasta los 26 o 27 años para casarse?   **2** ¿A quién le dan una despedida de soltera? ¿Y de soltero?   **3** ¿Cómo son esas despedidas?   **4** ¿Qué hacen para celebrar una boda aquí?   **5** Para celebrar su boda, ¿quiere usted una despedida o una recepción?

Explicación y Aplicación

1. Verbos regulares en el pretérito

Eduardo habló con Pablo.

¡Le dio calabazas!

Eduardo   Elena

LUIS   ¿Estudiaste mucho anoche, Eduardo?
EDUARDO   No. Hablé con Pablo pero no estudié
nada.

LUIS   ¿Qué pasó anoche con Elena?
EDUARDO   Salí con ella al cine pero después
hablamos de mis amigas y ¡Zas! ¡Me
dio calabazas!

No las comprendo.

LUIS   Eduardo, ¿qué aprendiste anoche?
EDUARDO   Aprendí que es imposible
comprender a las chicas.

Conteste.

1 ¿Estudió mucho Eduardo anoche?
2 ¿Con quién habló?
3 ¿Con quién salió Eduardo?
4 ¿De qué hablaron Eduardo y Elena?
5 ¿Qué aprendió Eduardo anoche?
6 ¿Habló usted con su novio(a) anoche?
7 ¿Y no estudió usted?
8 ¿Salió usted anoche?
9 ¿Con quién salió usted el sábado pasado?
10 ¿Aprendió usted algo interesante?

In the preterit tense regular **-ar** verbs have one set of endings, and regular **-er** and **-ir** verbs have another.

hablar		aprender		salir	
hablé	hablamos	aprendí	aprendimos	salí	salimos
hablaste	hablasteis	aprendiste	aprendisteis	saliste	salisteis
habló	hablaron	aprendió	aprendieron	salió	salieron

2. Uso del pretérito

The Spanish preterit tense has more than one equivalent in English.

hablé	*I spoke, I did speak*
aprendí	*I learned, I did learn*
salí	*I went out, I did go out*

The preterit is used to report what happened in the past. Its focus is on the completion of actions or states of being or conditions in the past.

Comenzó a hablar de mis otras amigas.	*She started talking about my other girlfriends.*
No te **vimos**.	*We didn't see you.*
La **llevé** al cine.	*I took her to the movies.*
Hablé con Pablo.	*I talked with Paul.*

Spanish uses the preterit tense to describe what happened (*I spoke*) and another tense, the imperfect (see Lesson 10), to describe what was happening or what used to happen (*I was speaking*). Only the preterit tense is dealt with in this chapter.

3. Otros verbos que son regulares en el pretérito

The stem-changing verbs **sentarse** (**ie**), **pensar** (**ie**), **volver** (**ue**), **acostarse** (**ue**), and **mostrar** (**ue**) do not change their stem in the preterit tense. They have regular stems in the preterit and use the same set of stem endings as the regular verbs.

pensar (ie)		volver (ue)	
pensé	pensamos	volví	volvimos
pensaste	pensasteis	volviste	volvisteis
pensó	pensaron	volvió	volvieron

acostarse (ue)	
me acosté	nos acostamos
te acostaste	os acostasteis
se acostó	se acostaron

NOTE: In the preterit of regular verbs the stress falls on the endings, rather than on the stem as it does in the present tense.

Yo **hablo**	(regular verb, present tense—stress on the *stem*)
Yo **hablé**	(regular verb, preterit tense—stress on the *ending*)

All of the **-ar**, **-er**, and **-ir** verbs used in the exercises below are regular in the preterit tense.

A *Responda al mandato usando el pretérito. Siga el modelo.*

Piénselo bien. ~~command I did~~
Ya lo pensé.

1 Háblele al presidente. *ya le hablé*
2 Estudie la lección.
3 Cante la canción.
4 Llévela al cine.
5 Acuéstese temprano.
6 Muéstrele el pullover.

B *Siga el modelo.*

Dígales que lo piensen bien.
Dicen que ya lo pensaron.

1 Dígales que le hablen al presidente.
2 Dígales que estudien la lección. *Dicen que ya la estudiaron*
3 Dígales que canten la canción.
4 Dígales que la lleven al cine.
5 Dígales que se acuesten temprano.
6 Dígales que le muestren el pullover.

C *Conteste con el pretérito.*

¿Tenemos que trabajar hoy?
No, trabajamos ayer.

1 ¿Tenemos que estudiar el documento?
2 ¿Tenemos que contar el dinero?
3 ¿Tenemos que aprender los verbos?

D *Esta mañana estamos buscando a Eduardo. No sabemos dónde está. Queremos saber quiénes hablaron con él anoche.*

¿Luis?
Sí, Luis habló con Eduardo anoche.

1 ¿El doctor?   5 ¿La policía?
2 ¿Las chicas?   6 ¿Sus amigos?
3 ¿Yo?   7 ¿Nosotros?
4 ¿Ustedes?   8 ¿Ellas?

Tomaron un refresco en el restaurante.

E *Cambie del presente al pretérito.*

1 Yo estudio mucho.
2 Tú compras una revista.
3 Eduardo la lleva de paseo.
4 Elena y yo vemos la televisión.
5 Ellos trabajan aquí.
6 Ustedes no lloran mucho.
7 Vosotros comenzáis hoy.

F *Conteste con frases completas.*

1 ¿Llamó usted a la policía?
2 ¿Cuándo comenzó el baile?
3 ¿Escucharon ustedes la radio?
4 ¿Miró usted la televisión anoche?
5 ¿Quién le habló por teléfono ayer?
6 ¿Trabajaron ustedes anoche?
7 ¿Quién le prestó esa corbata?
8 ¿No tomaron la medicina ustedes?
9 ¿Ya terminó usted de trabajar?
10 ¿Nunca lloró usted en el cine?

G *¿Quiénes aprendieron a esquiar el invierno pasado?*

¿Eduardo?
Sí, Eduardo aprendió a esquiar el invierno pasado.

1 ¿Juan y yo?   5 ¿Usted y Felipe?
2 ¿Tú?   6 ¿Yo?
3 ¿Nosotras?   7 ¿Ellos?
4 ¿Ese joven?   8 ¿Todos?

H *Conteste con una frase completa usando el pretérito.*

1 ¿Aprendió usted mucho anoche?
2 ¿Qué aprendieron en la clase ayer?
3 ¿Aprendió usted algo nuevo esta mañana?
4 ¿Aprendió ella la lección?
5 ¿Aprendieron ustedes a hablar francés?

I *Ayer en la clase de español los estudiantes respondieron de diferentes maneras. Vamos a ver cómo respondieron. Siga el modelo.*

Pepe—bien.
Pepe respondió bien.

1 Luis y Anita—mal.
2 Yo—a todas las preguntas.
3 Nosotros—muy temprano.
4 Ustedes—en español.
5 Ellos—muy poco.
6 Vosotros—muy bien.

J *¿Cuántos años vivieron estas personas en otros países? Conteste según la indicación.*

El dentista—México, dos años.
El dentista vivió en México dos años.

1 Lucy y Jane—el Perú, tres años.
2 Nosotros—Panamá, un año.
3 Tú—España, dos años.
4 Ellos—Chile, un año.
5 El mecánico—Ecuador, dos años.
6 Ustedes—Nicaragua, un año.

K *Conteste con una frase completa.*

1 ¿Vivió usted en México?
2 ¿Dónde vivió su hermano?
3 ¿Vivieron ustedes en España?
4 ¿Vivió el profesor en México el año pasado?
5 ¿Quién vivió en Latinoamérica el año pasado?

ACTIVIDAD EN PAREJAS

ESTUDIANTE 1   Hablo con la profesora.
ESTUDIANTE 2   **Hablé con la profesora.**

1 Aprendo la lección.
2 Vivo en Los Ángeles.
3 Aprendemos español.
4 Elena habla rápido.
5 Eduardo aprende inglés.
6 Eduardo vive en México.
7 Ellos me hablan.
8 Ellas lo aprenden.
9 Ellos viven en España.

10 Escribimos una carta.
11 Me levanto temprano.
12 Termino el artículo.
13 Usted estudia mucho.
14 Ellos cantan bien.
15 Ella sale de la casa.
16 Ustedes comen mucho.
17 La lleva al cine.

4. Algunos verbos irregulares en el pretérito

El Congreso Estudiantil

EDUARDO   ¿Qué hiciste anoche, Luis?
LUIS   Primero fui al Congreso Estudiantil.
Después, me puse triste pensando en
los estudios.

Conteste.

1 ¿Qué hizo Luis anoche?
2 ¿Cómo se puso después Luis?
3 ¿A qué hora vino a casa?
4 ¿Por qué vino tarde a casa?
5 ¿En qué taberna estuvo?
6 ¿Qué celebraron los estudiantes?
7 ¿Qué tomó Luis?
8 ¿Bebió mucho Luis?

EDUARDO   Viniste muy tarde. ¿Qué pasó?
LUIS   Estuvimos de fiesta en la Taberna del
León celebrando el cumpleaños de
Pepe.
EDUARDO   Y tomaste mucha cerveza, ¿eh?
LUIS   Sí, bebí demasiado.

ir *to go*	
fui	fuimos
fuiste	fuisteis
fue	fueron

venir *to come*	
vine	vinimos
viniste	vinisteis
vino	vinieron

estar *to be*	
estuve	estuvimos
estuviste	estuvisteis
estuvo	estuvieron

hacer *to do, make*	
hice	hicimos
hiciste	hicisteis
hizo	hicieron

ponerse *to put on, to become* (sad, happy, etc.)	
me puse	nos pusimos
te pusiste	os pusisteis
se puso	se pusieron

The following verbs have irregular stems to which their preterit endings are attached. The endings listed below are added to each of these irregular stems.

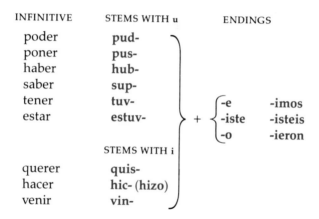

INFINITIVE	STEMS WITH u	ENDINGS	
poder	pud-		
poner	pus-		
haber	hub-		
saber	sup-	-e	-imos
tener	tuv-	-iste	-isteis
estar	estuv-	-o	-ieron
	STEMS WITH i		
querer	quis-		
hacer	hic- (hizo)		
venir	vin-		

NOTE: Only one of the above verbs has a spelling change: In the verb **hacer**, **c** becomes **z** before **o**.

A *Las siguientes personas pusieron sus libros en diferentes lugares. Siga el modelo.*

Elena—en el carro.
Elena los puso en el carro.

1 Nosotros—en el apartamento.
2 Juan y Lisa—en la cafetería.
3 Tú—en la casa.
4 Usted—en la mesa.
5 Yo—en el ómnibus.
6 Marta—en la biblioteca.

B *¿Cómo se pusieron estas personas? Siga el modelo.*

Eduardo—de mal humor.
Eduardo se puso de mal humor.

1 Elena—bonita.
2 Juan y yo—enfermos.
3 Luis—gordo.
4 Yo—de buen humor.
5 Luisa—flaca.
6 Ricardo y Samuel—contentos.
7 Ustedes—tristes.

C *¿A qué hora vinieron estas personas del trabajo?*

el doctor
¿A qué hora vino el doctor esta tarde?

1 los ingenieros
2 el piloto
3 usted
4 Luis y Francisco
5 tu compañero
6 la secretaria
7 yo

GOLDIE HAWN
LA ESTRELLA DE:
"JUEGO SUCIO" EN SU
MAS DISPARATADA
COMEDIA
PROTOCOLO

León Chacrón

APTA TODO PUBLICO

DIRECCION: HERBEST ROSS
From Warner Bros A Warner
Communications Company
JUEVES ESTRENO
LUXOR
SANTA FE 2

D *Pregúntele a un compañero o a una compañ*

1 ¿Te pusiste de acuerdo con tu novio(a)?
2 ¿Dónde estuviste ayer?
3 ¿Estuviste enfermo anoche?
4 ¿Cuándo viniste a esta ciudad?

'a' vs. 'en'

E *Conteste según su propia situación.*

1 ¿Se puso usted triste ayer?
2 ¿Cuándo hicieron ustedes la tarea? homework
3 ¿Vino usted temprano a la cafetería?
4 ¿Dónde pusieron ustedes los zapatos?
5 ¿Qué hizo usted anoche?
6 ¿Dónde estuvo usted el año pasado?
7 ¿Cuántos vinieron a la clase hoy?

ver *to see*	
(pretérito)	
vi[1]	vimos
viste	visteis
vio[1]	vieron

A *¿Quiénes vieron la película del Cine Rex?*

Mario y Juan
Mario y Juan la vieron anoche.

1 Yo
2 Muchas chicas
3 Anita y yo
4 Eduardo y Elena
5 Tú
6 Ustedes

B *Pregúntele a un compañero o a una compañera.*

1 ¿Viste a tu hermano anoche?
2 ¿Respondiste al profesor en español?
3 ¿Vieron ustedes al presidente?

C *Conteste con una frase completa.*

1 ¿A quién vio usted en el cine?
2 ¿Vieron ustedes la película anoche?
3 ¿Respondieron ellos bien?

[1]Notice that **vi** and **vio** do not require a written accent.

D *¿Dónde estuvieron estas personas?*

tú
¿Dónde estuviste anoche?

1 Luis   5 los muchachos
2 Julia y Eduardo   6 esa chica
3 usted   7 vosotras
4 ella

F *Pregunte si estas personas hicieron fiesta la semana pasada.*

Francisco
¿Lo hizo Francisco?

1 Elena y Eduardo   4 ellos
2 ustedes   5 tú
3 María   6 él

E *Estas personas estuvieron en varios lugares.*

nosotros—en la fiesta
Estuvimos en la fiesta.

1 María—en la taberna
2 ellos—en la plaza
3 mi mamá—en el supermercado
4 tú—en el restaurante
5 ustedes—en casa

G *Diga que estas personas lo hicieron.*

Lisa y Juana
Lisa y Juana lo hicieron la semana pasada.

1 Yo   4 Juana y yo
2 Tú   5 Ustedes
3 Alberto   6 Usted

5. Verbos con significado distinto en el pretérito

Each of the following verbs has a meaning in the preterit that is different from its meaning in other tenses.

poder   *to be able to*
Puedo ir a la fiesta.   *I can go to the party.*
Pude ir a esquiar.   *I managed to go skiing.*

saber   *to know*
Él lo **sabe**.   *He knows it.*
Él lo **supo**.   *He found it out.*   *learned*

conocer – met

must use imperfect for 'knew'

querer   *to wish, want*
Ella no **quiere** salir.   *She doesn't want to leave.*
Ella no **quiso** salir.   *She refused to leave.*
Ella **quiso** salir.   *She tried to leave.*

A *¿Quiénes pudieron ir a esquiar la semana pasada?*

El mecánico
El mecánico pudo ir.

1 Las enfermeras   4 Los hijos del dentista
2 Nosotros   5 Usted
3 Yo   6 Tú

B *Estas personas supieron de la fiesta anoche.*

Mi compañero
Mi compañero lo supo anoche.

1 Yo   4 Mi hermano
2 Tú   5 Ustedes
3 Los muchachos   6 Nosotras

C *Estas personas no quisieron ir a la clase a causa del frío.*

Las chicas
Las chicas no quisieron ir.

1 La señora Blanco
2 Nosotros
3 Yo
4 Mis padres
5 Ustedes
6 Las chicas

D *Conteste con una frase completa.*

1 ¿Pudo usted dormir anoche?
2 ¿Supieron ustedes que hay fiesta esta noche?
3 ¿No quiso usted ir a esquiar?
4 Yo no pude ir a la fiesta ayer. ¿Y usted?
5 ¿No quisieron ellos ir a esquiar?

Tampoco w/ negative
Tambien w/ affirmative

Vocabulario útil

REFERENCIAS AL PASADO

anoche	*last night*	el **año pasado**	*last year*
ayer	*yesterday*	el **mes pasado**	*last month*
anteayer	*day before yesterday*	la **semana pasada**	*last week*

Cambie al pretérito según el modelo.

Hoy no puedo salir.   (ayer)
Ayer no pude salir.

1 Ahora lo pongo aquí.   (anoche)
2 Ahora ponen el libro en la mesa.   (anteayer)
3 Ahora sabemos la verdad.   (el mes pasado)
4 Ya lo saben todos.   (ayer)
5 No tienen clases ahora.   (la semana pasada)

6 Están aquí hoy.   (anoche)
7 Hoy quieren hablar con usted.   (anteayer)
8 Ahora los estudiantes hacen muchas preguntas.   (ayer)

6. El pretérito de ir y ser

The verbs **ir** and **ser** have the same preterit forms. The context makes clear which verb is meant.

ser *to be*	
(pretérito)	
fui	fuimos
fuiste	fuisteis
fue	fueron

¿Quién **fue** el presidente el año pasado?   *Who was president last year?*
Fui estudiante en España.   *I was a student in Spain.*

A *¿Qué fueron estas personas? Dígale al profesor.*

Mi abuelo—doctor.
Mi abuelo fue doctor.

1 Mis tíos—ingenieros.
2 Mi mamá—profesora.
3 Nosotros—estudiantes.
4 Mi abuela—modista.
5 Yo—mecánico.

B *¿Quiénes fueron estas personas?*

El señor López-Portillo—presidente de México.
El señor López-Portillo fue presidente de México.

1 Tus tíos—actores de teatro.
2 Tu tía—una bailarina famosa.
3 Ellos—estrellas de cine.
4 Tus abuelos—amigos del presidente.
5 Ustedes—estudiantes de la universidad.

En la oficina de una fábrica de camiones en España.

ir *to go*
(pretérito)

fui	fuimos
fuiste	fuisteis
fue	fueron

¿Adónde **fue** el presidente? *Where did the president go?*
Fuimos a la fiesta anoche. *We went to the party last night.*

A *Pregúntele al profesor adónde fueron estas personas.*

tu mamá y tu papá
¿Adónde fueron tu mamá y tu papá?

1 Elena
2 las chicas
3 Eduardo y Luis
4 tú
5 ustedes
6 vosotros

B *Dígale al profesor adonde fueron estas personas.*

Jorge—al supermercado.
Jorge fue al supermercado.

1 Mis hermanos—a la tienda.
2 Tu abuela—a la plaza.
3 Los muchachos—al teatro.

4 María—a casa.
5 Ellas—al dormitorio.

C *Conteste con frases completas.*

1 ¿Quién fue el presidente el año pasado?
2 ¿Fue usted al cine ayer?
3 ¿Fueron ustedes estudiantes en México?
4 ¿Adónde fue usted anoche? *fui a casa*
5 ¿Fue un gran hombre su abuelo? *estuvé en casa*
6 ¿Fue usted al mercado ayer?

D *Conteste en el afirmativo o el negativo.*

1 Yo no fui al cine. ¿Y usted?
2 Luis no fue al parque. ¿Y usted?
3 Yo fui a la fiesta. ¿Y ustedes?
4 ¿Fueron sus amigos a la clase ayer?

7. Los negativos tampoco, nunca, nada

The negatives **tampoco**, **nunca**, and **nada** may come before or after the verb. When they come afterward, **no** must be used before the verb.

No estudié **tampoco**. *I didn't study either.*
Tampoco estudié. *Neither did I study.*
No quiere verme **nunca**. *She doesn't want to see me ever.*
Nunca quiere verme. *She never wants to see me.*
No aprendí **nada**. *I didn't learn anything.*

Notice the double negative in the dialog phrase **No estudié nada**. Literally, this would translate *I didn't study nothing*, but since double negatives are frowned upon in English, a better equivalent would be *I didn't study anything*. (Somethimes the best equivalent for **nada** is *at all*: **No estudié nada** *I didn't study at all*.) Double negatives with **no . . . nada**, **no . . . tampoco**, **no . . . nunca**, and other combinations are standard Spanish usage.

Yo tampoco is the equivalent of *nor I either* or *me neither*. **Yo también** means *I too* or *me too*. Compare the following negative and affirmative response patterns.

AFFIRMATIVE

¿Estudió usted **algo**? (*anything*)
¿Llamó usted a **alguien**? (*anyone*)
¿Va usted a hacer **algunos** viajes? (*some trips*)
¿Toma usted té **o** café?
Salen ellos. Yo salgo **también**. (*also*)

Ellas **siempre** quieren verte, ¿verdad? (*always*)

NEGATIVE

No, no estudié **nada**. (*nothing*)
No, no llamé a **nadie**. (*nobody*)
No, no voy a hacer **ninguno**. (*none;* in this context, a better equivalent is *any*)
No tomo **ni** té **ni** café. (*neither . . . nor*)
No salen ellos. Yo no salgo **tampoco**. (*neither;* here, a better equivalent is *either*)
No, no quieren verme **nunca**. (*never;* here, a better equivalent is *ever*)

A *Responda en el negativo o el afirmativo según su propia situación.*

¿Estudió usted algo anoche?
No, no estudié nada anoche.
Sí, estudié algo anoche.

1 ¿Hizo usted algo anoche? No hice nada
2 ¿Escribió usted algo anoche?
3 ¿Se puso usted de acuerdo con alguien anoche?
4 ¿Vio usted algo anoche?

B *Responda usando* **tampoco** *o* **también** *y la persona indicada.*

Elena no lo saludó.   (ellos—tampoco)
Ellos no lo saludaron tampoco.
Elena lo saludó.   (ellos—también)
Ellos lo saludaron también.

1 Luis no salió bien en el examen. (nosotros—tampoco)
2 Nosotros no fuimos al Congreso Estudiantil.   (Eduardo—tampoco)
3 Ellos estuvieron en el baile.   (yo—también)
4 Eduardo no estudió nada.   (ellos—tampoco)

Estudiaron en un patio de la Universidad.

C *Responda en el afirmativo o el negativo según su propia situación.*

> ¿Llamó usted a alguien anoche?
> **Sí, llamé a alguien anoche.**
> **No, no llamé a nadie anoche.**

1 ¿Estuvo usted con alguien anoche?

2 ¿Conversó usted con alguien anoche?
3 ¿Se puso usted de acuerdo con alguien ayer?
4 ¿Salió usted con alguien ayer?

ACTIVIDADES EN PAREJAS

A *Su compañero(a) le dice lo que hizo y usted le indica que usted y otros compañeros lo hicieron también. Siga el modelo.*

> ESTUDIANTE 1   Me levanté temprano.
> ESTUDIANTE 2   **Nosotros nos levantamos temprano también.**

1 Salí de casa.
2 Fui a la universidad.
3 Tuve clases toda la mañana.
4 Comí a las doce.
5 Trabajé hasta las cinco.
6 Estuve en el parque.
7 Estudié hasta las once.
8 Me bañé.
9 Respondí en español.
10 Escribí las tareas.

B *Su compañero(a) quiere saber lo que usted hizo ayer. Siga el modelo.*

> ESTUDIANTE 1   Hoy vas a la clase. ¿Qué hiciste ayer?
> ESTUDIANTE 2   **Ayer fui a la clase también.**

1 Hoy trabajas mucho.
2 Hoy sales de casa temprano.
3 Hoy escribes la carta.
4 Hoy compras un regalo.
5 Hoy estudias la lección.
6 Hoy ves el programa.
7 Hoy comes en la cafetería.
8 Hoy respondes bien a las preguntas.
9 Hoy te lavas las manos.
10 Hoy te levantas temprano.
11 Hoy te pones un sobretodo.

C *Conteste usando un complemento directo. Responda* **sí** *o* **no**.

> ESTUDIANTE 1   ¿Escribiste la carta?
> ESTUDIANTE 2   **Sí, la escribí.**
> **No, no la escribí.**

1 ¿Compraste los regalos?
2 ¿Estudiaste las lecciones?
3 ¿Viste el programa?
4 ¿Hiciste el trabajo?
5 ¿Escuchaste la radio?

Jóvenes enamorados en frente de la Iglesia en Barcelona.

Un joven mexicano busca trabajo.

D *Dígale a su compañero(a) que ya hizo usted estas cosas.*

> ESTUDIANTE 1   Préstele a Roberto el libro.
> ESTUDIANTE 2   **Ya se lo presté.**

1 Escríbale la carta a María.
2 Préstele el carro a Juan.
3 Lávese los dientes.   *me los lavé.*
4 Póngase un pullover.   *me lo puse*

E *Conteste las preguntas de su compañero(a). Cambie de papel y siga la conversación.*

1 ¿Qué hiciste anoche?
2 ¿Con quiénes estuviste?
3 ¿Estudiaste en casa ayer?
4 ¿Qué hiciste esta mañana?
5 ¿Pudiste terminar las tareas?
6 ¿Tuviste que escribir mucho?
7 ¿Trabajaste ayer?
8 ¿Cuándo fuiste al cine?
9 ¿Viste una película interesante?
10 ¿Dónde viviste el año pasado?
11 ¿Cuándo viniste aquí?
12 ¿Qué hiciste el verano pasado?

---

8. El presente de subjuntivo—repaso

A *Responda según el modelo.*

> Eduardo no estudia mucho. Yo quiero que . . .
> **Yo quiero que él estudie mucho.**

1 Luis no trabaja aquí. Quiero que . . . *trabaje*
2 Ellos no cantan bien. Dudamos que . . . *canten*
3 No estudiamos la lección. Ella quiere que . . .   *estudiemos*
4 Él no compra regalos. Insistimos en que . *compre*
5 Tú no hablas español. El profesor espera que . . .   *hables*
6 Ustedes no vienen temprano. Insisto en que . . .   *vengan*

B *Complete la frase.*

1 Ella quiere que él . . .
2 Insisto en que ustedes . . .
3 Esperamos que usted . . .
4 Siento que ella . . .
5 Ellos dudan que tú . . .

C *Responda según el modelo.*

¿Quieres escribir la carta?   (que él)
No, quiero que él la escriba.

1 ¿Quieres levantarte ahora?   (que ellos)
2 ¿Quieren ellos estudiarlo?   (que nosotros)
3 ¿Quiere usted que yo lo coma?   (que ella)
4 ¿Quieren ustedes que él les hable?   (que ella)
5 ¿Quiere él que ellos lo aprendan?   (que nosotros)

Lectura

ADELITA TIENE UN PROBLEMA.

Soy Adelita López, de Monterrey. Tengo un problema muy grande. Hoy me pasó una cosa horrible[1] en el trabajo. Soy contadora en la Compañía Nacional de Acero y esta mañana vino a hablar conmigo el señor Rojas que es el jefe de la sección de contabilidad[2]. Es soltero, joven, buen mozo[l] . . . y un verdadero tenorio[3]. Me habló como[l] una hora y me preguntó muchas cosas personales. Hizo vagas referencias a la necesidad de colaborar más con él y de conocernos mejor[4]. También me prometió[l] mucho progreso en el futuro. Ya tenía esperanzas de un aumento de salario y mucho éxito en la oficina. Luego me invitó a cenar con él, pero cuando supo que tengo novio se enojó[l] y no quiso creerlo ni aceptarlo. Me explicó[l] que si no salgo con él . . . adiós progreso y aumento de salario en esa oficina. ¡Qué falta[l] de respeto! ¿Verdad? Es un sinvergüenza[5].

good-looking / about

promised

se . . . *he got mad*
He explained to me
What lack . . . !

PREGUNTAS

1 ¿Qué trabajo tiene Adelita?   2 ¿Quién vino a hablarle?   3 ¿Cómo es el señor?   4 ¿De qué le habló el jefe?   5 ¿Qué le prometió a Adelita?   6 ¿Qué supo luego el jefe?   7 ¿Qué tiene que hacer Adelita?

[1]*Something horrible happened to me today*
[2]*head of the accounting department*
[3]*a real don Juan (don Juan Tenorio, great lover, from a play by Tirso de Molina)*
[4]*get to know each other better*
[5]*scoundrel (without shame)* (**gu** *before* **e** *or* **i** *is pronounced like English g, but* **gü** *before* **e** *or* **i** *is pronounced like English gw)*

¿Qué hicieron estas personas ayer?

A **El Cine Norma**

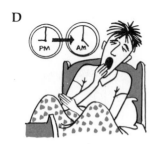

La familia García

B

María

C

La señora López
y el piloto

D

Luis

E

Elena y Eduardo

F

El señor López

En pocas palabras

COMPLETE LAS FRASES

1 _____ sueño.
2 _____ a las siete.
3 _____ tampoco.
4 Fui _____.
5 Nada _____.

FORME PREGUNTAS

1 Fui al cine porque me gusta.
2 Sí, me gustó el baile.
3 Me acosté a la una.
4 Sí, escribí una.
5 Trabajé cinco horas ayer.

BREVES CONVERSACIONES

Pregúntele a _____

a qué hora se despertó esta mañana.
a qué hora se levantó esta mañana.
si se lavó la cara esta mañana.
si le escribió una carta a su papá.
si estuvo en la clase ayer.
si fue al cine ayer.
si fue de paseo al parque.
si escribió un artículo ayer.
si estudió la lección de español.
si le gustaron los zapatos nuevos.
si volvió tarde a casa anoche.
si se acostó temprano.
si tuvo que estudiar anoche.

PREGUNTAS PERSONALES

1 ¿Qué hizo usted ayer después de la clase?
2 ¿Fue usted al cine?
3 ¿Dónde estuvo usted ayer por la tarde?
4 ¿Estudiaste mucho anoche?
5 ¿Trabajaron ustedes en casa el sábado pasado?
6 ¿Estuvo usted de fiesta el sábado?
7 ¿Fue usted al parque con su novio(a)?
8 ¿Qué hizo usted el domingo pasado?
9 ¿Tuvo usted que escribir cartas anoche?
10 ¿Pudo usted dormir bien anoche?

11 ¿A qué hora se levantó usted esta mañana?
12 ¿Se bañó usted después de levantarse?
13 ¿Se lavó usted la cara y las manos esta mañana?
14 ¿Comió usted algo esta mañana?
15 ¿Dónde vivió usted antes de venir a la universidad?
16 ¿Le gustó vivir allí?
17 ¿Vino su novio(a) a la universidad también?
18 ¿Aprendió usted algo en la clase esta mañana?

Sección de referencia

Pronunciación

Spanish p and the k-sound

The letter **p** and the **k**-sound in Spanish are not aspirated. Avoid the puff of air typical of English *k* and *p*.

poco   a propósito   ¿por qué?   papá   no quiere   soy el campeón
¿qué pasó?

Spanish r (single-tap)

To produce this sound, the tongue taps the gum-ridge above the upper teeth, much as it does in producing *tt* in the English word *butter*. Except at the beginning of a word or after **n**, **s**, or **l**, the letter **r** receives this single-tap pronunciation.

al principio   hablarme   fue un desastre   lo terminé   otras   entre ellas

Pronounce **r** between two vowels with a single tap.

para   pero   fuera   no quiere   los amores   espera   cara   Laura
hablaron

Vocabulario

alguno (algún before masc. noun)	*some*	principio	*start, beginning*
		referencia	*reference*
		el refrán	*saying; proverb*
anoche	*last night*	revista	*magazine*
anteayer	*day before yesterday*	el té	*tea*
artículo	*article*	la televisión	*television*
ayer	*yesterday*	tragedia	*tragedy*
el café	*coffee*	triste	*sad*
calabaza	*pumpkin, squash*	único	*unique, sole, only*
dar calabazas	*to jilt, give a cold shoulder*	verbo	*verb*
la canción	*song*	la vez	*time, occasion*
celoso	*jealous; jealous person*	otra vez	*again*
congreso	*congress*	¡zas!	*bang!, boom!*
el desastre	*disaster*		
documento	*document*		
estrella	*star*		

Verbos

llorar	*to cry*
mirar	*to watch, look at*
responder	*to respond, answer*
terminar	*to finish, end, terminate*

estudiantil	*student* (adj.)
el examen	*test, examination*
excelente	*excellent*
el fin	*end*
al fin	*at last, finally*
el humor	*humor*
imposible	*impossible*
Latinoamérica	*Latin America*
el león	*lion*
mundo	*world*
nadie	*no one*
ni . . . ni . . .	*neither . . . nor . . .*
ninguno (ningún)	*none*
nunca	*never; ever*
el ómnibus	*bus, omnibus*
Panamá (masc.)	*Panama*
pasado	*past, last* (adj.); *passed* (past part.)
el pasado	*the past*
paseo	*walk; trip*
película	*film; movie; picture*
politécnico	*polytechnic*
pretérito	*preterit*

Otras expresiones

llevar de paseo	*to take for a walk*
ponerse de acuerdo	*to be in agreement*
ponerse de buen humor	*to get in a good mood*
ponerse de mal humor	*to get upset*
ponerse triste	*to become sad*
¿Qué pasó?	*What happened?*
¡Vaya!	*Go on!*

Refrán

Llorar poco y buscar otra.
Cry just a little and look for another.

LECCIÓN 9

Almuerzo informal en el patio.

Perspectiva

Functional Conversational Goals: You should be able to

1 compare some typical Hispanic foods and dishes with those of the area in which you live.
2 order meals and drinks at a restaurant.
3 discuss similarities and differences regarding table settings in formal restaurants of Hispanic countries and North America.
4 describe what happened in the past.
5 give familiar commands or requests to children and adults.

Language: You will study and practice

1 stem-changing verbs in the preterit tense.
2 the irregular preterit forms of **decir**, **traer**, **dar**, **leer**, **creer**, **oír**, and **construir**.

3 spelling changes in the preterit of verbs ending in **-car**, **-gar**, and **-zar**.
4 affirmative **tú**-commands—regular forms.
5 affirmative **tú**-commands—irregular forms.
6 negative **tú**-commands.
7 pronouns with commands—a review.
8 the subjunctive in the noun clause—a review.

Culture: You will learn about

1 various popular foods in Spanish America.
2 menus and ordering meals in Latin American restaurants.

Pronunciation: You will be able to pronounce the Spanish consonant **d**.

Beber y comer buen pasatiempo es.

Diálogo

¡QUÉ SABROSOS ESTUVIERON LOS CHURRASCOS!

ANITA   ¡Hola, Carmen! ¿Qué hay de nuevo?

CARMEN   Nada de particular. ¿Te divertiste mucho anoche?

ANITA   ¡Chica, no te imaginas! Cenamos en el restaurante más famoso de Buenos Aires.

CARMEN   Pues, cuéntame todo. Saliste con Raúl otra vez, ¿no?

ANITA   Sí. Sus padres nos llevaron a cenar a La Cabaña.

_____

CARMEN   ¡No me digas! Entonces, ¿no estuvieron solos?

ANITA   No, estuvimos por primera vez con sus padres. Me trataron como una reina.

CARMEN   Supongo que comieron muy bien. ¿Qué pediste?

ANITA   ¡Ay! ¡Qué sabrosos estuvieron los churrascos! ¿Fuiste alguna vez a La Cabaña?

CARMEN   Sí, y me gustó mucho. Comí unos canelones que me encantaron.

_____

ANITA   Lo que nos gustó mucho también fueron los postres que sirvieron. Y ¡qué surtido de vinos! ¿Verdad?

CARMEN   Sí, ¿los probaste?

ANITA   Yo sí. El papá de Raúl bebió mucho y su esposa lo regañó. Pero él respondió como dice el refrán: Beber y comer buen pasatiempo es.

CARMEN   ¿Así que volviste temprano a casa?

ANITA   Sí, llegué antes de medianoche y me acosté en seguida. Y hoy me puse a dieta.

CARMEN   ¡Tú! ¿A dieta? ¡Imposible!

PREGUNTAS

1 ¿Qué hizo Anita anoche?
2 ¿Se divirtió mucho?
3 ¿Salió con Raúl otra vez?
4 ¿Quiénes los llevaron a cenar?

_____

5 ¿Cómo la trataron a Anita?
6 ¿Qué pidió Anita?
7 ¿Fue Carmen alguna vez a La Cabaña?
8 ¿Le gustó? ¿Qué comió?

_____

9 ¿Qué le gustó también a Anita?
10 ¿Probó los vinos Anita?
11 ¿Quién bebió mucho vino?
12 ¿Quién lo regañó?
13 ¿Qué respondió él?
14 ¿Cuándo llegó Anita a casa?

Notas culturales

LOS PLATOS TÍPICOS

Algunos norteamericanos, especialmente los que viven en el suroeste de los Estados Unidos, creen que los tacos, los burritos y las enchiladas son los platos típicos de toda la América Latina y de España también. Aun en México hay muchos platos típicos que no son picantes y que no contienen chile.

Lo que sí es cierto es que las amas de casa[l] en todo el mundo hispano tienen algo en común—las famosas quejas del alto costo de la vida: ¡Cómo subió la carne!, ¡Viste el precio del azúcar!, ¡Qué barbaridad!

Hay una gran variedad de platos riquísimos[l] y cada región tiene su especialidad. Claro, en estos días es posible encontrar restaurantes que acostumbran servirles a los norteamericanos su hamburguesa y su leche malteada[l]. Pero es una verdadera lástima[l] visitar España, por ejemplo, sin comer una paella a la valenciana, ese delicioso plato de arroz y mariscos que tiene su origen en Valencia.

Si va usted al norte de España, no pierda la oportunidad de comer merluza, uno de los numerosos platos excelentes de pescado que saben preparar los españoles de Santiago de Compostela y de las vascongadas[l].

Y en Latinoamérica, ¿a quién se le ocurre visitar[l] Buenos Aires sin probar esos sabrosísimos[l] churrascos tan famosos? En los Estados Unidos sólo recibimos la carne argentina en latas[l]. Aquí no conocemos la

housewives

very rich

malt / **es** . . . *it's really too bad*

Basque provinces

a quién . . . *who would think of visiting*
very delicious
cans

Tacos, enchiladas, ensalada y frijoles. Una comida mexicana servida al estilo tradicional.

La famosa paella a la valenciana con arroz y mariscos.

carne fresca de la Argentina y del Uruguay, pero en Europa, especialmente en Inglaterra, la carne del Río de la Plata[1] se considera[l] la mejor carne del mundo.   **se** . . . *is considered*

Dos platos muy comunes en España y en Latinoamérica son el arroz con pollo y la tortilla a la española[2]. También son muy populares el asopao de Puerto Rico, el choclo de Chile y los anticuchos del Perú[3].

PREGUNTAS

1 ¿A usted le gustan las enchiladas y tacos? **2** ¿De dónde viene la costumbre de comer burritos? **3** ¿Qué tienen en común las amas de casa en el mundo hispano? **4** ¿Qué contiene la paella a la valenciana? **5** ¿Dónde puede uno comer merluza? **6** ¿Qué son churrascos? **7** ¿Probó usted alguna vez uno de los platos típicos de Latinoamérica? **8** ¿Cuál es su favorito?

¡PSSSSSST! ¡MOZO!

Una de las costumbres típicas de los hispanos que nos parece rara a los norteamericanos es la manera de llamar al mozo en el restaurante. Para llamarlo le dicen ''pssst!'' Esto nos parece descortés a los norteamericanos pero no lo es para los hispanos. Si usted no tiene confianza en el sistema hispano puede decirle ''joven'', o ''señorita'' si es

[1]The mighty river, or estuary, between Argentina and Uruguay; also, name of the region including the rich agricultural lands of Argentina, Uruguay, and Brazil in the Plata basin.
[2]*rice with chicken and Spanish omelette* (made with diced potatoes)
[3]**asopao** = a hearty soup; **choclo** = a scalloped corn dish; **anticuchos** = pieces of barbecued meat on a stick.

una mujer. Si está en México, dígale ''mesero'' o en España ''camarero''.

No se sorprenda usted si no le sirven agua fría con hielo en la mesa. Los latinoamericanos y los españoles no están acostumbrados a tomar agua con la comida y a muchos no les gusta el hielo en los refrescos. Algunos toman Coca-Cola sin enfriarla[.] La bebida que más se usa en la mesa de los españoles es el vino.   *without chilling it*

Tampoco debe sorprenderse si no le sirven miel o conservas de frutas con el plato fuerte.[1] No comen dulces de ninguna clase con la carne. Tampoco es costumbre a comer mantequilla con el pan.

Si usted está de vacaciones en Latinoamérica durante la Navidad, es casi seguro que no va a comer pavo. En muchas partes no se acostumbra a comer el pavo como plato y en Cuba, por ejemplo, el plato tradicional para la Navidad es el lechón asado[.]   *roast suckling pig*

PREGUNTAS

1 ¿Qué dicen los hispanos para llamar al mozo?   **2** ¿Le parece descortés llamarlo así?   **3** ¿Qué nombre le dan al mozo en México?   **4** ¿Están acostumbrados a tomar agua con la comida los latinoamericanos?   **5** ¿Cómo comen el pan, con o sin mantequilla?   **6** ¿Cuál es el plato típico para la Navidad en Cuba?   **7** ¿Cuál es su plato favorito para la Navidad?

¡A LA MESA, POR FAVOR!

Si una hispana o un hispano lo (la) invita a comer en su casa con la familia, usted tiene mucha suerte. Hay personas que tienen amigos bastante[l] íntimos con quienes se tutean[l] pero no los invitan a la casa a comer o cenar. Así que no se ofenda usted si no lo invitan a comer en casa porque, por lo general, sólo invitan a miembros de la familia o a amigos muy íntimos.   *fairly / speak to each other using the **tú**-form*

En los Estados Unidos cuando uno está a la mesa comiendo, es falta de etiqueta apoyar los dos brazos en la mesa. Entre los hispanos no es así. Al contrario, si uno pone una mano en el regazo, ellos lo consideran una acción descortés. Según ellos uno debe apoyar los dos brazos en la mesa tocándola con las muñecas.

PREGUNTAS

1 ¿Se tutea usted con sus amigos?   **2** ¿A quiénes invitan a comer en su casa los hispanos?   **3** ¿Qué diferencia hay entre los latinos y nosotros en la etiqueta?   **4** ¿Dónde apoya usted los brazos cuando come?

---

[1]*Nor should you be surprised if they don't serve you honey or fruit preserves with the main course.*

Explicación y Aplicación

1. El pretérito de los verbos que cambian en la raíz

EN LA CABAÑA

CARMEN   ¿Qué pidieron ustedes en la cena?
  ANITA   Pedimos churrascos y ensalada mixta.
CARMEN   Y también el mozo te sirvió unos vinos
         excelentes, ¿verdad?
  ANITA   ¡Ya lo creo!

CARMEN   Así que, ¿te divertiste mucho en La
         Cabaña?
  ANITA   Sí, me divertí mucho.
CARMEN   Y el papá de Raúl, también se divirtió
         mucho, ¿verdad?
  ANITA   Sí, demasiado.

¡Qué sabrosos los churrascos!

¡Olé, viva el buen vino!

Conteste.

1 ¿Adónde fue Anita anoche?
2 ¿Qué pidió ella para cenar?
3 ¿Qué les sirvió el mozo en la cena?
4 Todo el mundo se divirtió, ¿no?
5 ¿Cómo se divirtió el papá de Raúl, comiendo
   o tomando?

6 ¿Usted fue alguna vez a un restaurante fino?
7 ¿Con quiénes fue usted al restaurante?
8 ¿Pidieron ustedes churrascos?
9 ¿Qué les sirvió el mozo?
10 ¿Qué les gustó más?
11 ¿Se divirtieron mucho?

pedir (i) *to ask for*		**divertirse (ie** *present tense,* **e→i** *pretérito) to have a good time*		**servir (i)** *to serve*	
pedí	pedimos	me divertí	nos divertimos	serví	servimos
pediste	pedisteis	te divertiste	os divertisteis	serviste	servisteis
pidió	pidieron	se divirtió	se divirtieron	sirvió	sirvieron

Note that all of these verbs change the stem of the third-persons singular and plural in the preterit tense.
Preferir is another verb of this type.

A *Su mamá invitó a algunos de sus amigos a la casa para cenar. Usted y otras personas les sirvieron churrascos a los invitados.*

> Mi hermana
> **Mi hermana sirvió churrascos.**

1 Yo
2 Gloria y Ana María
3 Nosotras
4 Ustedes
5 Carmen y Anita
6 Tú
7 Ellas
8 Vosotros

B *Los hombres y las mujeres están a dieta. Diga que estas personas no pidieron postre.*

> El señor Gómez
> **El señor Gómez no pidió postre.**

1 Los señores Blanco
2 Nosotros
3 El doctor y su esposa
4 Yo
5 Tú
6 Usted

C *Muchos estudiantes fueron al partido de fútbol la semana pasada. Estas personas prefirieron ir al cine.*

> El profesor
> **El profesor prefirió ir al cine.**

1 Carlos y yo
2 Las mujeres
3 Mi mamá
4 Vosotros
5 Carmen
6 Tú
7 Usted
8 Yo

RAÚL   ¿Dónde comiste ayer, Pepe?
PEPE   Comí en El Gaucho.
RAÚL   ¿Qué tal? ¿Comiste bien?
PEPE   No, comí muy mal pero al menos no me morí.
RAÚL   No te moriste pero estuviste enfermo, ¿verdad? ¿Qué hiciste?
PEPE   Tomé dos aspirinas, me acosté y me dormí en seguida.

Conteste.

1 ¿Dónde comió Pepe ayer?
2 ¿Qué comió?
3 ¿Cómo estuvo el bistec?
4 ¿Se murió Pepe?
5 ¿Qué tomó?
6 ¿Y cuándo se durmió?
7 ¿En qué restaurante comió mal usted?
8 ¿Se durmió usted después?
9 Pero no se murió, ¿verdad?
10 ¿Nunca se durmió usted en la clase de español?

En El Gaucho

¡Esta comida es horrible!

En la cama

Comí muy mal.

| morirse (ue) *to die* | | dormirse (ue) *to go to sleep* | |
unexpectedly			
me morí	nos morimos	me dormí	nos dormimos
te moriste	os moristeis	te dormiste	os dormisteis
se murió	se murieron	se durmió	se durmieron

Note that these stem-changing **o** to **ue** verbs also change **o** to **u** in the third-persons singular and plural in the preterit tense.

A *El padre de Sally y varias personas murieron en Corea. Diga que estas personas murieron en Corea.*

Su papá
Su papá murió en Corea.

1 Dos de sus primos
2 Su amigo
3 Muchos niños
4 Unos amigos de su papá
5 Muchas personas

B *Todos parecen cansados y con sueño hoy. Pregunte si estas personas durmieron bien anoche.*

tú
¿Dormiste bien anoche?

1 ustedes
2 Juan
3 Alicia y Carmen
4 el profesor
5 Anita
6 ellas

C *Conteste.*

1 ¿Murieron muchas personas en Corea?
2 ¿Dónde murió el papá de Sally?
3 ¿Por cuántas horas durmió usted anoche?
4 ¿Durmieron bien sus compañeros(as)?
5 ¿Durmieron ustedes ocho horas anoche?

D *Algunas personas tomaron dos aspirinas y se durmieron en seguida.*

Pepe
Pepe se durmió en seguida.

1 Nosotros
2 Ellos
3 Usted
4 Tú
5 Yo
6 El papá de Raúl

E *Otros comieron muy mal pero al menos no se murieron.*

yo
Al menos no me morí.

1 Pepe
2 María y Juan
3 usted
4 nosotros
5 vosotros
6 ellos

2. Formas irregulares del pretérito de decir y traer

EL POLICÍA Quiero que me diga la verdad. ¡Es
            importante!
PEPE Ya le dije la verdad.
EL POLICÍA Creo que me dijo mentiras.

En la comisaría de la Policía

En la Universidad de Buenos
Aires

PROFESORA ¿Trajeron ustedes el dinero?
ANITA Sí, yo traje 18.000 pesos. ¿Cuánto
       trajiste tú, Carmen?
CARMEN Yo sólo traje $15.000 hoy. Traigo el
        resto la semana que viene.

Conteste.

1 ¿Dónde está Pepe?
2 ¿Qué quiere el policía?
3 ¿Qué le dijo Pepe?
4 ¿Qué cree el policía?
5 ¿Qué cree usted? ¿Le dijo Pepe la verdad o
   mentiras?
6 ¿Qué trajeron Anita y Carmen?
7 ¿A quién se lo trajeron?
8 ¿Cuánto trajo Anita?
9 ¿Cuánto trajo Carmen?
10 ¿Siempre le dijo usted la verdad a su papá?

El Obelisco de Buenos Aires en
la Avenida Nueve de Julio.

decir *to say, tell*		**traer** *to bring*	
(pretérito)		(pretérito)	
dije	dijimos	traje	trajimos
dijiste	dijisteis	trajiste	trajisteis
dijo	dijeron	trajo	trajeron

In addition to the irregular stem, these verbs have **-eron** rather than **-ieron** as the third-person plural ending in the preterit tense.

A *En una investigación que hizo la policía algunos trataron de* (tried to) *defenderse. Diga que estas personas no dijeron la verdad.*

Ese señor
Ese señor no dijo la verdad.

1 Su esposa   4 Esas señoras
2 Sus amigos   5 Yo
3 Nosotros   6 Ustedes

B *Varios jóvenes del grupo que van a España durante el verano tienen que traer el dinero para el viaje hoy. Diga que estas personas trajeron el dinero.*

Anita y Carmen
Anita y Carmen trajeron el dinero.

1 Yo   4 Nosotros
2 Suzie   5 Ustedes
3 Ellos   6 Tú

C *Conteste.*

1 ¿Trajiste mucho dinero hoy?
2 ¿Dijo Anita que comió en el restaurante?
3 ¿Dijo usted la verdad?
4 ¿Qué trajo Carmen?
5 ¿Qué trajeron ustedes hoy?

3. Formas irregulares de **dar** en el pretérito

The verb **dar** is irregular in the preterit. Though it ends in **-ar**, it takes the **-er**, **-ir** endings but with no accent marks.

dar *to give*	
(pretérito)	
di	dimos
diste	disteis
dio	dieron

No le **di** una propina al mozo.   *I didn't give a tip to the waiter.*
¿Qué le **diste**?   *What did you give him?*

A *Cuando sale usted del restaurante le interesa saber si alguien le dejó una propina al mozo. Pregunte si estas personas le dieron una propina.*

el papá de Raúl
¿Le dio una propina el papá de Raúl?

1 Raúl   4 tú
2 ustedes   5 yo
3 Anita y Carmen   6 nosotros

B *Diga cuáles de estas personas le dieron (**sí**) o no le dieron (**no**) una propina al mozo.*

Raúl—no
Raúl no le dio una propina.

1 Anita—no
2 El papá de Raúl—sí
3 Carmen y yo—no
4 Ustedes—no
5 Los padres de Raúl—sí
6 Tú—sí

Cena formal en Segovia, España.

C *Conteste.*

1 Cuando fue al restaurante, ¿le dio usted una propina al mozo?

2 ¿Qué le dio a usted su papá?

3 ¿Quién le dio dinero a usted?

4 ¿Me dio algo esta mañana?

5 ¿Les dieron ustedes dinero a los pobres?

4. Formas irregulares del pretérito de **leer, creer, oír** y **construir**

leer *to read*		**creer** *to believe*		**oír** *to hear*		**construir** *to construct*	
leí	leímos	creí	creímos	oí	oímos	construí	construimos
leíste	leísteis	creíste	creísteis	oíste	oísteis	construiste	construisteis
leyó	leyeron	creyó	creyeron	oyó	oyeron	construyó	construyeron

¿**Leíste** esa novela?   *Did you read that novel?*

Ella no lo **creyó**.   *She didn't believe it.*

No, no **oímos** nada.   *No, we didn't hear anything.*

¿Cuándo **construyeron** tu casa?   *When did they build your house?*

~~~ ~ír usted una declaración de lo que pasa hoy, diga que lo mismo ocurrió ayer.

Pedro oye la música.
Ayer oyó la música también.

1 Los chicos leen los libros.
2 Lo creemos.
3 Ellos construyen casas.
4 Tú lees la revista.
5 Él lo cree.
6 Tú oyes algo.

B *Conteste.*

1 Ustedes no lo creyeron, ¿verdad?
2 ¿Lo creyó usted?
3 Tú lo creíste. ¿Y ella?
4 ¿Leyó usted la novela?
5 ¿La leyeron ellos?
6 ¿Construyó usted una casa?
7 ¿No oyeron ellos la música?
8 Su compañero(a) no oyó nada. ¿Y usted?

5. Cambios ortográficos en el pretérito de verbos en -car, -gar y -zar

In the **yo**-form of the preterit, verbs whose infinitive ends in **-car** change **c** to **qu**; verbs in **-gar** change **g** to **gu**; and verbs in **-zar** change **z** to **c**. These spelling changes are made to show that the addition of the **-é** ending does not change the pronunciation of the stem.

Other verbs with this spelling change are **tocar** *to touch, play (an instrument)* (**toqué**), **entregar** *to hand over* (**entregué**), and **empezar** *to begin* (**empecé**).

buscar *to look for* (pretérito)		**llegar** *to arrive* (pretérito)		**jugar** *to play* (pretérito)		**comenzar** *to begin* (pretérito)	
busqué	buscamos	llegué	llegamos	jugué	jugamos	comencé	comenzamos
buscaste	buscasteis	llegaste	llegasteis	jugaste	jugasteis	comenzaste	comenzasteis
buscó	buscaron	llegó	llegaron	jugó	jugaron	comenzó	comenzaron

Sí, **busqué** mis libros.
¿**Llegaste** tarde al partido?
Pues, **comencé** a hablar.

Yes, I looked for my books.
Did you arrive late for the game?
Well, I started talking.

A *Diga las formas del presente y del pretérito según el modelo.*

PRIMERA PERSONA

INFINITIVO	PRESENTE	PRETÉRITO
hablar	**hablo**	**hablé**
1 buscar	_____	_____
2 tocar	_____	_____
3 entregar	_____	_____
4 empezar	*empiezo*	*empecé*
5 jugar	*juego*	_____

B *Al oír usted una declaración de lo que ciertas personas hicieron ayer, diga que las personas indicadas hicieron lo mismo ayer.*

Carlos llegó hoy. (Yo)
Yo llegué ayer.

1 Elena comenzó hoy. (Nosotros)
2 Yo lo busqué hoy. (Ellos)
3 Tú llegaste hoy. (Nosotros)
4 Yo comencé hoy. (Ustedes)
5 Lo buscamos hoy. (Yo)
6 Ustedes comenzaron hoy. (Yo)

(con juguete-toy)

C *Conteste.*

1 ¿Llegó usted temprano al restaurante?
2 Y usted, ¿cuándo llegó?
3 ¿Cuándo comenzó el programa?
4 ¿Ya comenzó usted su dieta?
5 ¿Buscó usted a Anita?
6 ¿Quién la buscó?
7 ¿Jugó bien usted?
8 ¿A qué hora empezamos la cena?
9 ¿Le entregó usted la carta a su compañero(a)?
10 ¿Tocó usted el piano ayer?
11 ¿Cuándo jugó usted al tenis?
12 ¿Cuándo jugaron ellas al golf?
13 ¿Oyeron ustedes al profesor?
14 ¿Dijo usted la verdad?

D *Conteste según los modelos.*

¿Están ustedes contentos hoy?
Sí, pero ayer no estuvimos contentos.
No, y no estuvimos contentos ayer tampoco.

1 ¿Está usted contento(a) hoy?
2 ¿Está contenta Anita hoy?
3 ¿Están contentas ellas hoy?
4 ¿Estás contento(a) hoy?

¿Vuelve usted temprano?
Sí, y ayer volví temprano también.
No, y ayer tampoco volví temprano.

1 ¿Vuelven ellos temprano?
2 ¿Vuelven ustedes temprano?
3 ¿Vuelve él temprano?
4 ¿Vuelve Anita temprano?

Yo duermo la siesta todos los días.
No es cierto. Ayer no durmió usted la siesta.

1 Ella duerme la siesta todos los días.
2 Nosotros dormimos la siesta todos los días.
3 Ellos duermen la siesta todos los días.
4 Ustedes duermen la siesta todos los días.

No me divierto nunca.
No es cierto. Anoche usted se divirtió bastante.

1 Él no se divierte nunca.
2 Ellas no se divierten nunca.
3 Nosotros no nos divertimos nunca.
4 Usted no se divierte nunca.

Vocabulario útil

¡COMAMOS![1]

[1]*Let's eat!*

Las comidas[1]

el **desayuno**	breakfast	**desayunar**	to have breakfast	**comer**	to eat
el **almuerzo**	lunch	**almorzar** (ue)	to have lunch		
la **cena**	dinner	**cenar**	to have dinner		

Las bebidas[2]

el **jugo de naranja**	orange juice	**café solo**	black coffee
la **leche**	milk	una **taza de chocolate**	a cup of chocolate
el **azúcar**	sugar	la **cerveza**	beer
el **café con leche**	coffee with milk		

Del menú[3]

el **sandwich**		los **tacos**		el **tomate**	tomato
la **hamburguesa**		los **chorizos**	sausages	la **fruta**	
las **tortillas**		las **legumbres**	vegetables	la **manzana**	apple
las **enchiladas**		las **verduras**	green vegetables	el **helado**	ice cream
el **huevo**	egg	la **ensalada**	salad		
el **pescado**	fish	el **queso**	cheese		

[1]Meals   [2]Drinks   [3]From the menu

Lectura

EN EL RESTAURANTE

EL MAYORDOMO[1]	¿Tienen los señores[2] reservaciones?	
SEÑOR TOBÍAS	Sí, una mesa para dos a nombre de Tobías.	
MAYORDOMO	Pasen ustedes por aquí[¹], por favor.	this way
MOZO[3]	¿Están los señores listos para pedir[¹]?	ready to order
SEÑORA TOBÍAS	Sí. Tenga la bondad de traerme[¹] _____.	Please bring me
SEÑOR TOBÍAS	Tráigame, por favor[¹], _____.	Please bring me
MOZO	¿Cómo quiere usted la carne?	
SEÑOR TOBÍAS	Bien asada.[¹]	Well done.
	(Término medio.[¹])	Medium.
	(Poco asada.[¹])	Rare.
SEÑORA TOBÍAS	¿Cuánto tarda?[¹]	How long will it take?

[1]maitre d', headwaiter (**la mayordoma** if a woman)
[2]the lady and gentleman (can also mean gentlemen, ladies and gentlemen, etc. Use **señoras** or **señoritas** if all persons addressed are women.)
[3]Waiter (Use **Señorita** if the waiter is a woman.)

MOZO   Tarda media hora.
          (No tarda mucho.)
          (Ya está preparada.)

MOZO   ¿Y para tomar[1], señores?   *to drink*

SEÑOR TOBÍAS   A mí me trae un vino blanco[1] y a la señora una   *white*
          sangría[1].

SEÑOR TOBÍAS   ¡Psssssssst! Mozo, ¿me trae la cuenta[1], por favor?   *the bill*

MOZO   Sí ¡cómo no!

SEÑORA TOBÍAS   ¿Le dejaste[1] una propina para el mozo?   *Did you leave*

SEÑOR TOBÍAS   Sí, se la dejé en la mesa.

PREGUNTAS

1 ¿Qué desayunó usted esta mañana? **2** ¿Tomó usted jugo de naranja? **3** ¿A qué hora almorzamos? **4** ¿Qué almorzó usted? **5** ¿Prefiere usted hamburguesas o tacos? **6** ¿Le gustan las enchiladas? **7** ¿Cenaste bien anoche? **8** ¿Qué cenó usted? **9** ¿No le gustan los churrascos?
10 ¿Qué postre sirvieron en la cena?

---

[1] A drink of red wine, brandy, soda, and fruit served over ice.

La Cabaña

Menú

Entre Ríos 436
Buenos Aires

Fiambre surtido   Salpicón de ave   Jamón con melón

Sopa de verduras   Ensalada mixta   Ensalada rusa
Arroz con atún y mayonesa

Merluza al horno   Langosta   Langostino
Fiesta de mariscos   Trucha asada

Bife de lomo   Bife a caballo   Chorizos
Filet mignon   Chateaubriand   Chuletas de cordero
Churrascos   Lechón asado   Parrillada mixta   Pollo al horno
Chivito a la parrilla   Canelones   Lengua a la vinagreta

Puré de papas   Papas fritas   Papas rebosadas

Flan   Fruta de la estación   Queso surtido   Dulce de membrillo
Budín   Manzana asada   Dulce de batata   Dulce de leche

Café   Té

ACTIVIDADES EN PAREJAS

A Usando el vocabulario del menú de La Cabaña y las expresiones de la lectura **En el restaurante**, pidan una cena completa. Pueden alternar los papeles de mozo y cliente. Hagan referencia al **Vocabulario útil** para otras palabras.

B Pueden tomar turnos haciendo y contestando las preguntas sobre la lectura.

C Tomando turno, pregúntele a su compañero(a) de clase cuáles son sus restaurantes, comidas y bebidas favoritos.

Vocabulario útil

EN LA MESA

1 la **servilleta**
2 la **sal**
3 la **pimienta**
4 el **azúcar**
5 el **platillo**
6 el **tenedor**

el **cubierto**   *place setting*

7 la **mantequilla**
8 el **pan**
9 el **vaso**
10 el **plato**
11 el **cuchillo**
12 la **cuchara**

Conteste según los modelos.

¿Le traigo un cuchillo?
Sí, tráigame un cuchillo, por favor.

un tenedor	un plato
una cuchara	una servilleta
un vaso	

Páseme la sal, por favor.
Aquí la tiene.

la pimienta	el agua (*f*)
la mantequilla	el pan
la salsa de tomate	el azúcar

¿Puso usted el pan en la mesa?
Sí, lo puse en la mesa.
No, no lo puse en la mesa.

1 ¿Pusieron ustedes los tenedores en la mesa?
2 ¿Puso usted el cuchillo en la mesa?
3 ¿Puso Julio la pimienta en la mesa?
4 ¿Pusieron ellos las servilletas en la mesa?

¿Tomaste chocolate esta mañana?
Sí, tomé chocolate esta mañana.
No, no tomé chocolate esta mañana.

una taza de chocolate
jugo de naranja
leche
café con leche

¿Comió usted una ensalada ayer?
Sí, comí una ensalada ayer.
No, no comí una ensalada ayer.

un sandwich	enchiladas
una hamburguesa	tacos
un churrasco	

6. El imperativo afirmativo de tú—formas regulares

In addition to formal **usted**-commands for use with people you address as **usted** (p. 179), Spanish has a set of familiar **tú**-commands for persons you address as **tú**. The **tú**-command is often referred to as the imperative.

The affirmative **tú**-command form for all regular and stem-changing verbs and many irregular verbs is the same as the third-person (**él, ella**) form of the present-indicative tense. The pronoun **tú** is not generally mentioned with the command.

THIRD-PERSON PRESENT INDICATIVE	AFFIRMATIVE tú-COMMAND
Ella **habla** español. *She speaks Spanish.*	**Habla** español. *Speak Spanish.*
Ella **pide** vino. *She asks for wine.*	**Pide** vino. *Ask for wine.*
Él **trae** la comida. *He is bringing food.*	**Trae** la comida. *Bring the food.*

A *Su mejor amigo le pregunta si quiere que él haga ciertas cosas. Dígale que sí y pídale que lo haga. Siga el modelo.*

¿Quieres que yo hable más rápido?
Sí, habla más rápido.

1 ¿Quieres que yo estudie ahora? *estudia (no estudies)*
2 ¿Quieres que yo escriba la carta? *escribe (no escribas)*
3 ¿Quieres que yo coma aquí? *come (no comas)*
4 ¿Quieres que yo traiga la cuenta? *trae (no traigas)*
5 ¿Quieres que yo vuelva temprano? *vuelve (no vuelvas)*
6 ¿Quieres que yo almuerce con ellos? *almuerza (no almuerces)*

B *Su hermana le pregunta cuándo tiene que hacer varias cosas. Dígale que las haga ahora según el modelo.*

¿Cuándo sirvo el postre?
Sirve el postre ahora.

1 ¿Cuándo trabajo con ellos? *trabaja (trabajes)*
2 ¿Cuándo compro el regalo? *compra (no compres)*
3 ¿Cuándo pido churrascos? *pide (no pidas)*
4 ¿Cuándo como la ensalada? *come (no comas)*
5 ¿Cuándo ceno yo? *cena (no cenes)*
6 ¿Cuándo contesto la pregunta? *contesta (no contestes)*

7. El imperativo afirmativo de tú—formas irregulares

Only a few verbs have irregular forms in the affirmative **tú**-command. The following verbs are some of the most commonly used.

INFINITIVE	AFFIRMATIVE tú-COMMAND	INFINITIVE	AFFIRMATIVE tú-COMMAND
decir	**di** *no digas*	salir	**sal** *no salgas*
tener	**ten** *no tengas*	hacer	**haz** *no hagas*
venir	**ven** *no vengas*	ir	**ve** *no vayas*
poner	**pon** *no pongas*	ser	**sé** *no seas*

Su nuevo empleado en el trabajo le pregunta si tiene que hacer ciertas cosas. Dígale que sí, y pídale que haga lo siguiente.

¿Quiere usted que venga temprano?
Sí, ven temprano.

1 ¿. . . que haga la tarea ahora?
2 ¿. . . que diga la verdad?
3 ¿. . . que salga a la calle?
4 ¿. . . que tenga cuidado?

5 ¿. . . que ponga el dinero ahí?
6 ¿. . . que vaya mañana?
7 ¿. . . que sea simpático?
8 ¿. . . que venga más tarde?

8. El imperativo negativo de tú

The negative **tú**-command forms for all verbs are the same as the subjunctive forms.

No **hables** francés aquí.	*Don't speak French here.*
No **duermas** tanto.	*Don't sleep so much.*
No **vengas** tarde.	*Don't come late.*

A *Su asistente le dice que quiere hacer ciertas cosas. Dígale que no las haga.*

Quiero trabajar esta noche.
No, no trabajes esta noche.

1 Quiero comer ahora.
2 Quiero ir con ellas.
3 Quiero poner el plato allí.
4 Quiero traer el postre.
5 Quiero cenar allí.
6 Quiero venir tarde.
7 Quiero leer el menú.
8 Quiero comprar más.
9 Quiero volver mañana.
10 Quiero hablar inglés.

B *Conteste primero afirmativamente y luego negativamente según el modelo.*

¿Puedo comprar el libro?
Sí, compra el libro.
No, no compres el libro.

1 ¿Puedo comer la ensalada?
2 ¿Puedo ir con ustedes?
3 ¿Puedo hablar inglés en la clase?
4 ¿Puedo hacer la tarea ahora?
5 ¿Puedo poner el plato en la mesa?
6 ¿Puedo salir ahora?

En la bolsa de Buenos Aires.

9. La colocación de complementos con el imperativo—repaso

Affirmative

Reflexive and object pronouns follow **tú** as well as **usted** affirmative commands and are attached to them.[1]

Acuéstate, Carlos.	*Go to bed, Carlos.*
Siéntate, Anita.	*Sit down, Anita.*
Dímelo ahora.	*Tell it to me now.*
Póntelo, Juan.	*Put it on, Juan.*

Negative

Reflexive and object pronouns precede negative commands.

No **te acuestes**, Carlos.	No **me lo digas** ahora.
No **te sientes**, Anita.	No **te lo pongas**, Juan.

Su hermanito está pasando con usted el fin de semana. Conteste sus preguntas. Siga los modelos.

¿Escribo la carta?	¿Me acuesto ahora?	¿Te doy los zapatos?
Sí, escríbela.	**Sí, acuéstate ahora.**	**Sí, dámelos.**
No, no la escribas.	**No, no te acuestes ahora.**	**No, no me los des.**
1 ¿Como la ensalada?	1 ¿Me siento ahí?	1 ¿Te paso la sal?
2 ¿Tomo el vino?	2 ¿Me pongo el sombrero?	2 ¿Te doy la servilleta?
3 ¿Bebo la leche?	3 ¿Me levanto ahora?	3 ¿Te digo la verdad?
4 ¿Digo la verdad?	4 ¿Me baño aquí?	4 ¿Te leo el menú?
5 ¿Escribo la carta?	5 ¿Me lavo las manos?	5 ¿Te escribo la carta?

ACTIVIDADES EN PAREJAS

A *Juanita es una niña en la escuela primaria. La maestra le da instrucciones a Juanita usando la forma familiar (tú). Tomen ustedes los papeles de ellos y luego cambien.*

JUANITA   ¿Entro en la clase?
MAESTRA   **Sí, entra, Juanita.**

1 ¿Hablo español aquí?
2 ¿Me siento aquí?
3 ¿Escribo mi nombre?
4 ¿Pongo el libro aquí?

5 ¿Leo el libro?
6 ¿Me lavo las manos?
7 ¿Hago las tareas?
8 ¿Salgo ahora?

Ahora repitan ustedes el ejercicio usando mandatos negativos.

JUANITA   ¿Entro en la clase?
MAESTRA   **No, no entres, Juanita.**

[1]The sequence of pronouns, as always, is reflexive, indirect, direct. Remember spelling rules: add a written accent when necessary to keep the written form of the command-plus-pronoun from giving a false report of the way the command sounds.

B *El señor García es del Perú. Ahora está en la aduana* (customs) *en Los Ángeles. El inspector le da instrucciones al señor García usando la forma formal* (**usted**). *En la aduana todos tienen que:*

ponerse en fila	*get in line*
abrir y cerrar (ie) **sus maletas**	*open and close their suitcases*
sacar todo, **meter todo**	*take everything out, put everything in*

Usen ustedes mandatos afirmativos y tomen turno con los dos papeles.

SEÑOR GARCÍA ¿Tengo que esperar aquí?

INSPECTOR DE ADUANA **Sí, señor, espere usted aquí.**

1 ¿Puedo sentarme aquí?
2 ¿Puedo buscar mis maletas?

3 ¿Tengo que traerlas aquí?
4 ¿Puedo ponerme en fila?
5 ¿Tengo que abrir las maletas?
6 ¿Tengo que sacar todo?
7 ¿Puedo meter todo ahora?
8 ¿Puedo cerrar las maletas?
9 ¿Puedo llevármelas ahora?
10 ¿Puedo entregárselas al muchacho?

Ahora repitan ustedes el ejercicio usando mandatos negativos.

SEÑOR GARCÍA ¿Tengo que esperar aquí?

INSPECTOR DE ADUANA **No, señor, no espere usted aquí.**

Recogiendo uvas en la viña Peñaflor de Mendoza, Argentina.

10. El subjuntivo en cláusulas sustantivas—repaso

A *Combine en una forma creativa según el modelo.*

novia / no querer / que yo / comer
Mi novia no quiere que yo coma tanto.

1 ellos / esperar / que nosotros / llegar
2 Carmen / no querer / que su amiga / ir (vaya)
3 yo / querer / que mi papá / dar (dé)
4 yo / sentir / que usted / estar (esté)

B *Conteste primero con un mandato afirmativo y luego con un mandato negativo. ¡Ojo! Si la pregunta usa la forma* **tú**, *conteste con un mandato familiar.*

¿Quiere usted que yo pida más pan?
Sí, pida más, por favor.
No, no pida más.

1 ¿Quiere usted que venga a las siete?
2 ¿Quieres que te escriba cada semana?
3 ¿Quiere que le traiga la cuenta?
4 ¿Quieres que te diga la verdad?
5 ¿Quiere que lo ponga en la mesa?

*Diga lo que su mamá le manda a Carlitos, empleando el mandato familiar (**tú**) correspondiente.*

ACTIVIDADES EN PAREJAS

Yo vivo para comer. Dicen que soy una comilona (*big eater*). Quiero adelgazar (*lose weight*). Tengo que guardar línea (*stay in shape*). No puedo consumir más de 1200 calorías por día. Tomo toda una serie de vitaminas y proteínas.

Diana, la debutante

Soy un atleta profesional. Quiero aumentar de peso (*gain weight*) pero no quiero engordar. Quiero pesar 120 kilos. Tengo que consumir 4000 calorías por día. Tomo vitaminas y una preparación especial de proteínas que nos da el entrenador.

Todd, el futbolista

A *Pregúntele a su compañero(a):*

1 ¿Cómo es Diana?
2 ¿Le gusta comer mucho?
3 ¿Por qué está a dieta?
4 ¿Qué quiere hacer?
5 ¿Qué tiene que hacer para adelgazar?
6 ¿Cuál es el máximo de calorías que puede consumir?
7 ¿Qué toma Diana para mantener una dieta nutritiva?

B *Tomando el papel de Diana, pregúntele a su compañero(a) si puede comer varias clases de comida. Su compañero(a) va a contestar* **sí** *o* **no** *usando un mandato familiar.*

¿Puedo comer una ensalada mixta?
Sí, come mucha ensalada mixta.
¿Puedo comer muchas papas fritas?
No, no comas papas fritas.

1 ¿. . . mucho helado?
2 ¿. . . mucho churrasco?
3 ¿. . . mucho queso?
4 ¿. . . mucho postre?
5 ¿. . . mucho pan con mantequilla?
6 ¿. . . muchas legumbres?
7 ¿. . . mucho pescado?
8 ¿. . . muchos huevos?

C *Pregúntele a su compañero(a):*

1 ¿Cómo es Todd?
2 ¿Por qué está a dieta?
3 ¿Quiere ser gordo o flaco?
4 ¿Cuánto quiere pesar?
5 ¿Cuál es el mínimo de calorías que tiene que consumir por día?
6 ¿Qué contiene la preparación especial?

D *Tomando el papel de Todd, pregúntele a su compañero(a) si tiene que hacer estas cosas para aumentar de peso. Su compañero(a) responde* **sí** *o* **no** *usando un mandato familiar.*

1 ¿Debo tomar mucha leche?
2 ¿Tengo que comer mucho o poco?
3 ¿Tengo que comer pan con mantequilla?
4 ¿Debo hacer aeróbicas?
5 ¿Tengo que hacer mucho ejercicio?
6 ¿Puedo beber mucha cerveza?
7 ¿Puedo comer mucha pasta?
8 ¿Tengo que tomar muchas vitaminas?
9 ¿Puedo echar mucho azúcar al café?
10 ¿Puedo salir todas las noches con los amigos?
11 ¿Tengo que dormir ocho horas?
12 ¿Tengo que dormir la siesta?

En pocas palabras

COMPLETE LAS FRASES

1 Te vi _____.
2 _____ que traiga _____.
3 _____ divierto _____.
4 Tomé _____.
5 _____ la sal _____.

FORME PREGUNTAS

1 No estuve porque fui al banco.
2 Me puse a dieta ayer.
3 Estuve en casa anoche.
4 Sí, me hace falta un cuchillo.
5 Yo les di el dinero ayer.

BREVES CONVERSACIONES

Pregúntele

a un amigo si tomó jugo de naranja en el desayuno.
a una señorita si comió tacos en el almuerzo.
a un muchacho si tomó un vaso de leche en el almuerzo.
a una muchacha si comió enchiladas en la comida.
a una joven si comió chorizos en la cena.
a un estudiante si comió mucho postre.

PREGUNTAS PERSONALES

1 ¿Se divirtió usted mucho ayer?
2 ¿Dónde estuvo usted ayer por la mañana?
3 ¿Estuvo usted en casa ayer por la tarde?
4 ¿Qué hizo usted anoche?
5 ¿Por qué no fue usted al cine anoche?
6 ¿No le dio dinero a usted su papá para ir al cine?
7 ¿Quiere usted que yo le dé más dinero?
8 ¿Qué cenó usted anoche?
9 ¿Le gustó la cena?
10 ¿Quién la preparó?
11 ¿A qué hora desayunó usted esta mañana?
12 ¿Quiere usted que cenemos temprano esta noche?
13 ¿Quiere usted que yo le compre algo en el restaurante?
14 ¿Qué hizo usted el domingo?
15 ¿Por qué no vino usted a la clase el sábado?
16 ¿Se durmió usted en la clase ayer?
17 ¿Siente usted que no tengamos más horas de clase?
18 Cuando usted llegó tarde a la clase, ¿qué le dijo a la profesora?

Sección de referencia

Pronunciación

Spanish fricative d

In the following words, **d** is a fricative and is pronounced like English *th* in *they*. Place the tongue against the back of the upper front teeth.

¿Qué hay de nuevo?   ¡Qué surtido!
No estudió nada, ¿verdad?   todo
sus padres   engordar
especialidad   tardes

Spanish stop d

When Spanish **d** occurs at the beginning of a breath group or after **l**, or after **n**, it is pronounced as a stop rather than a fricative. The tongue is placed against the back of the upper front teeth, not against the alveolar ridge as for English *d*.

¿Dónde están?   Doña Ana
¿Cuándo viene?   El don de gentes
Dame un caldo.   Sácame el diente.

Vocabulario

almuerzo	*lunch*	huevo	*egg*
aspirina	*aspirin*	jugo	*juice*
el azúcar	*sugar*	la leche	*milk*
bebida	*drink, beverage*	la legumbre	*vegetable*
el bistec	*beefsteak*	mantequilla	*butter*
cabaña	*cabin*	manzana	*apple*
el café solo	*black coffee*	mentira	*lie*
cama	*bed*	el menú	*menu*
los canelones	*cannelloni*	mixto	*mixed*
cena	*dinner*	mozo	*waiter; young boy*
cierto	*certain, sure*	naranja	*orange*
comida	*meal; food*	novela	*novel*
comisaría	*commissariat* (police)	¡Olé!	*Bravo!*
Corea	*Korea*	el pan	*bread*
cubierto	*place setting; covered* (adj.)	particular	*particular; private*
cuchara	*spoon*	de particular	*special*
cuchillo	*knife*	partido	*game* (sports); *party* (political)
cuenta	*bill, check* (restaurant)		
chorizo	*smoked pork sausage*	pasatiempo	*pastime*
churrasco	*barbecued steak*	pescado	*fish*
dieta	*diet*	peso	*unit of currency; weight*
ensalada	*salad*	pimienta	*pepper*
famoso	*famous*	platillo	*small plate, saucer*
fino	*fine; excellent*	plato	*plate, dish*
fruta	*fruit*	el postre	*dessert*
gaucho	*Argentine and Uruguayan cowboy*	el programa	*program*
		propina	*tip* (money)
hamburguesa	*hamburger*	queso	*cheese*
helado	*ice cream*	reina	*queen*

resto	*rest, remainder*
sabroso	*delicious; tasty*
la **sal**	*salt*
el **sandwich**	*sandwich*
servilleta	*napkin*
sólo	*only, solely* (adv.)
surtido	*selection; supply; variety*
taza	*cup*
el **tenedor**	*fork*
el **tomate**	*tomato*
vaso	*drinking glass; vase*
las **verduras**	*vegetables; greens*
vino	*wine*
¡viva!	*long live!*

Verbos

construir (construyo)	*to construct; to build*
empezar (ie)	*to start*
encantar	*to charm, delight*
entregar	*to deliver; to hand over*

imaginar	*to imagine*
jugar (ue)	*to play*
morirse (ue)	*to die unexpectedly*
regañar	*to scold; to quarrel*
suponer (supongo)	*to suppose*
tratar	*to treat; to discuss*
tratar de + *inf.*	*to try to* (do something)

Otras expresiones

al menos	*at least*
así que	*so that, with the result that*
nada de particular	*nothing special*
ponerse a dieta	*to go on a diet*
¿Qué hay de nuevo?	*What's new?*
todo el mundo	*everyone*

Refrán

Beber y comer buen pasatiempo es.
To eat and drink is a good pastime.

Tercer repaso de estructuras

LECCIÓN 7

1. El presente de subjuntivo en la cláusula sustantiva

A *Dé la forma apropiada del verbo.*

1 (hablar)   Espero que él ~~hable~~ *hable* español.
2 (prestar)   Deseo que ella me ~~prestó~~ *preste* un vestido.
3 (vender)   Dudo que ellos me *vendan* el carro.
4 (aprender)   El profesor quiere que yo *aprenda* la lección.
5 (escribir)   Espero que usted me *escriba* mucho.
6 (vivir)   Siento que él no *viva* aquí ahora.
7 (salir)   Quiero que ellos *salgan* ahora.
8 (hacer)   Dudo que él lo *haga*.   no dudo ... hace
9 (decir)   Deseo que él me lo *diga*.
10 (tener)   Siento que nosotros no lo *tengamos*.
11 (venir)   Espero que ellos *vengan*.
12 (poner)   Pídale a él que lo *ponga* aquí.

B *Conteste con una cláusula sustantiva según el modelo.*

¿Qué quiere su papá?
Mi papá quiere que yo compre un auto.

1 ¿Qué quiere usted?   *Quiero que él venga.*
2 ¿Qué espera su novio(a)?   *Mi novio espera que yo coma.*
3 ¿Qué duda su mamá?   *Mi mamá duda que María venga.*
4 ¿Qué pide el profesor?   *El profesor pide que Juan lea.*
5 ¿Qué siente su amigo?   *Mi amigo siente que su gato muera.*

C *Responda según el modelo.*

Mi compañero puede cantar.
Pues, dígale que cante.

1 Mi hermano puede hablar español.   *Pues, dígale que hable español.*
2 Mi hermanita puede escribirlo.   *dígale que lo escriba*
3 Mi hijo puede ir.   *vaya*
4 Mi tío puede venir.   *venga*
5 Mi papá puede salir.   *salga*

2. Mandatos formales (formas para usted)

Dé la forma apropiada del verbo.

1 (ponerse) ~~se pon~~ *póngase* usted los zapatos, por favor.
2 (traer)   *Traiga* los vestidos mañana.
3 (esperar)   *Espere* un momento, por favor.
4 (pedir)   No *pida* clases difíciles esta vez.
5 (tener)   *tenga* paciencia, por favor.

3. Mandatos con complementos

A *Conteste según el modelo.*

¿Le presto el vestido?
Sí, préstemelo.
No, no me lo preste.

1 ¿Le leo la lección?   *léamela*
2 ¿Les cuento el secreto?   *Cuéntenoslo*
3 ¿Le lavo la camisa?   *lávemela*
4 ¿Le traigo el sombrero?   *tráigamelo*
5 ¿Le doy la revista?   *démela*
6 ¿Le pido un favor?   *pídamelo*

B *Conteste en el afirmativo y en el negativo según el modelo.*

¿Leo el libro?
Sí, léalo usted.
No, no lo lea.

1 ¿Tomo el refresco?
2 ¿Me acuesto ahora?
3 ¿Me baño aquí?
4 ¿Puedo traérselos?   *tráigamelo*
5 ¿Puedo dárselos?
6 ¿Puedo lavársela?

LECCIÓN 8

4. Verbos regulares e irregulares en el pretérito

Cambie el verbo del presente al pretérito según el modelo.

Yo hablo.
Yo hablé.

1 Él aprende. *aprendió*
2 Ellos responden. *respondieron*
3 Nosotros lo queremos. ~~queremos~~ *quisimos*
4 Usted no lo hace. *hizo*
5 Yo lo hago. *hice*
6 Él viene después. *vino*
7 Yo vengo también. *vine*
8 Él no puede ir. *pudo*
9 Ellos lo tienen. *tuvieron*
10 Yo estoy aquí. *estuve*
11 Él no lo sabe. *supo*
12 Yo lo pongo allí. ~~pone~~ *puse*
13 No vamos al mercado. *fuimos*
14 Somos buenos estudiantes. ~~estuvimos~~ *fuimos*
15 Voy al cine con ellos. *fui*
16 Usted es amigo de ella, ¿no? ~~estuve~~ *fue*

5. Los términos negativos tampoco, nunca, nada y los afirmativos también, siempre y algo

Complete las frases con el término apropiado.

1 ¿Saben algo ellos? No, no saben _nada_.
2 Yo estudié algo. ¿Y usted? Sí, yo estudié _algo_ también.
3 ¿Cuándo quiere ella verte? No quiere verme _nunca_.
4 Yo trabajé mucho, ¿y usted? Sí, yo trabajé mucho _también_
5 Ellos no fueron al baile. Nosotros no fuimos _tampoco_.
6 ¿Nunca va al cine? _Nunca_ voy al cine.
7 Yo no le presté nada. ¿Y usted? No, no le presté nada _tampoco_.

EL VINO DEL AÑO.

Lo último de Segura Viudas.
Un vino blanco excepcional.
Joven, fresco y afrutado.
 Con las mejores uvas, sabiamente mezcladas. Se lo ofrecemos en primicia.
 Viña Heredad, el vino del año.

VIÑA HEREDAD

Segura Viudas

LECCIÓN 9

6. El pretérito de verbos que cambian en la raíz

Cambie al pretérito según el modelo.

Me acuesto temprano.
Me acosté temprano.

1 Él se divierte mucho en la fiesta. *divirtió*
2 Ellos piden muchos favores. ~~pudieron~~ *pidieron*
3 Ella duerme hasta las once de la mañana. *durmió*
4 Yo no pido clases fáciles. *pude pedí dormió*
5 Ellos no sirven la comida. *sirvieron*
6 Ella prefiere bailar. *prefirió*

7. Otros verbos irregulares en el pretérito

Conteste.

1 ¿Leyó usted ese libro?
2 ¿Quiénes construyeron su casa?
3 ¿Qué le dijo usted a su compañero(a) esta mañana?
4 ¿Trajo usted el libro a la clase? *Traje*
5 ¿Oyeron ustedes algo?

8. Verbos con cambios ortográficos en el pretérito

Cambie al pretérito según el modelo.

Llego con mis amigos.
Llegué con mis amigos.

1 Comienzo el sábado. *Comencé*
2 Busco comida típica. *Busqué*
3 Toco la guitarra. *Toqué*
4 Empiezo a trabajar hoy. *Empecé*
5 No juego con ellos. *jugué*

9. Mandatos informales (con tú)

Conteste en el afirmativo y en el negativo según el modelo.

¿Hablo ahora?
Sí, habla ahora.
No, no hables ahora.

1 ¿Como ahora? *come* *comas*
2 ¿Aprendo ruso? *aprende* *aprendas*
3 ¿Escribo la carta? *escribe* *escribas*
4 ¿Compro el libro? *compra* *compres*
5 ¿Estudio ahora? *estudia* *estudies*
6 ¿Salgo del cuarto? *sale* *salgas*
7 ¿Pongo el libro en la mesa? *pon* *pongas*
8 ¿Hago el trabajo? *haz* *hagas*
9 ¿Voy a la clase? *ve* *vayas*
10 ¿Vengo esta noche? *ven* *vengas*

10. Actividades en parejas

A *Using familiar command forms, tell a classmate five things you would like him or her to do and five things not to do. Then, repeat the activity using formal command forms.*

B *Explain what you would like other persons to do and how you feel about certain things they do.*

C *Talk about what you did last weekend, explaining where you went, whom you saw, who went with you, whom you spoke to, etc.*

LECCIÓN 10

Soldados sandinistas en Managua, Nicaragua.

Perspectiva

Functional Conversational Goals: You should be able to

1 relate what you used to do in the past, at school, and on vacation.
2 make comparisons of equality and inequality regarding amount and degree.
3 interview classmates about their past activities.

Language: You will study and practice
1 the imperfect tense.
2 the three irregular verbs in the imperfect: **ser**, **ir**, **ver**.
3 the formation of adverbs ending in **-mente**.
4 comparisons of equality and inequality.
5 comparisons of adjectives—irregular forms.

6 the superlative of adjectives.
7 comparisons using the adverbs **mejor** and **peor**.
8 the absolute superlative.
9 the subjunctive in noun clauses—a review.

Culture: You will learn about
1 the Sandinistas in Nicaragua.
2 the dream of Simón Bolívar, the Liberator of America.
3 King Juan Carlos' being awarded the Simón Bolívar Award.

Pronunciation: You will be able to pronounce the Spanish trilled **r**.

A quien madruga, Dios lo ayuda.

Diálogo

¡EN ESOS DÍAS VIVÍAMOS MUY BIEN!

*Juan Luis estuvo por un tiempo en México. Acaba de
llegar a los Estados Unidos. Ahora está en la
Universidad de Tejas. Sus padres tuvieron que
emigrar después de la revolución sandinista contra el
dictador Somoza. Está hablando con una amiga de
Tejas.*

ESTER Hola, Juan Luis. ¿Qué tal la vida en
los Estados Unidos?

JUAN LUIS Más o menos. Ya estoy
acostumbrándome aquí. Yo extraño
mucho a mis amigos y mi tierra natal.

ESTER ¿Estabas muy contento allá?

JUAN LUIS Mira, Ester. Yo viví en Managua 17
años. No quería dejar el colegio, a
mis amigos, y a mis parientes.

ESTER Tus padres tuvieron que emigrar,
¿no?

JUAN LUIS Sí, para nosotros no había
posibilidad de continuar allá.

ESTER Me acuerdo que los sandinistas
subieron al poder en el año 1979.

JUAN LUIS Sí, yo estaba en un colegio de padres
jesuitas en esos días y tenía mi futuro
bien asegurado.

ESTER ¿Antes tus padres estaban bien
acomodados?

JUAN LUIS Bastante bien, sí. Nuestra casa era
hermosísima y yo iba al colegio en
taxi. ¿Sabes?

ESTER ¿Y después?

JUAN LUIS Mi papá tenía un cargo muy alto en el
gobierno de Somoza. Los sandinistas
confiscaron todo—la casa, los coches,
las propiedades.

ESTER Al menos pudieron salir vivos, ¿no?

JUAN LUIS Sí, en Managua estaba todo muy
caótico y peligroso.

ESTER ¿Cómo salieron?

JUAN LUIS En un avión privado. Nunca voy a
olvidarme. Eran las seis de la tarde y
al día siguiente fueron a tomar preso
a mi papá.

ESTER Bueno, me alegro que estén todos
ustedes aquí a salvo.

JUAN LUIS Gracias, Ester.

PREGUNTAS

1 ¿De dónde es Juan Luis?
2 ¿Cuándo llegó a los Estados Unidos?
3 ¿Le gusta la vida en los Estados Unidos?
4 ¿A quiénes extraña Juan Luis?
5 ¿Estaba muy contento en Nicaragua?
6 ¿Cuánto tiempo vivió en Managua?
7 ¿A quiénes no quería dejar?
8 ¿En qué colegio estaba en esos días?
9 ¿Cómo era la casa de Juan Luis?
10 ¿Cómo iba al colegio? ¿En bicicleta?

11 ¿Qué confiscaron los sandinistas?
12 ¿Cómo estaba Managua en esos días?
13 ¿Cómo salieron Juan Luis y su familia?
14 ¿Qué hora era cuando salieron?

15 ¿Qué vinieron a hacer los sandinistas al día siguiente?
16 ¿A quiénes extraña usted? ¿A sus padres o a sus amigos del colegio?

Notas culturales

SIMÓN BOLÍVAR Y EL SUEÑO DE UNA HISPANOAMÉRICA UNIDA

La rebelión de los colonistas contra España (1810–1821) al fin¹ resultó en la independencia de las colonias españolas de América. En esos días había muchos líderes políticos y militares que luchaban¹ por la independencia en Hispanoamérica—el General San Martín en la Argentina, O'Higgins en Chile, Artigas en Uruguay, y el padre Hidalgo en México. Simón Bolívar, el libertador, era quizás el más idealista de todos. Con sus soldados americanos trajo la libertad a una gran parte de Sudamérica. Además de eso¹ ese "quijote de América" también soñó con¹ la unión política de toda la América hispana. *finally*

were fighting, struggling

Besides that

dreamed of

En 1814, mientras estaba en plena batalla¹, Bolívar anunció a los soldados del General Rafael Urdaneta su gran objetivo: "Para nosotros, la Patria es América". Y en una carta de Jamaica, Bolívar mantuvo que su gran ideal era el de formar en el Nuevo Mundo una sola nación basada en la unidad histórica, lingüística y espiritual¹. *battle*

ideological

Bolívar reconocía la dificultad de unir a todos los diferentes pueblos de América. Sin embargo¹ convocó la primera conferencia panamericana para seguir con su proyecto. La conferencia no tuvo éxito¹ pero el ideal de unir a los pueblos sigue hasta nuestros días con el Premio Bolívar. *Nevertheless*

was not successful

PREGUNTAS

1 ¿Cuándo fue la rebelión de los colonistas contra España? 2 En esos años, ¿quiénes luchaban por la independencia? 3 ¿Por qué le llaman el "quijote de América" a Simón Bolívar? 4 ¿Qué sueño tuvo Bolívar? 5 ¿Cuál era su gran ideal?

EL REY DON JUAN CARLOS Y EL PREMIO BOLÍVAR

Hace unos años¹, el Rey de España, don Juan Carlos, y su esposa, doña Sofía, fueron invitados a Caracas, Venezuela, para la celebración del Bicentenario (1783–1983) de Simón Bolívar, gran compatriota *A few years ago* venezolano, y el "Libertador de América". En un solemne acto internacional auspiciado¹ por la Unesco otorgaron¹ al Rey el prestigioso Premio Bolívar.

sponsored / presented

El Rey ganó ese premio por dos razones¹ principales: 1) por la manera en que apoyaba¹ la transformación de España de una dictadura a una democracia, y 2) por la política¹ de igualdad y unión que el Rey practicaba¹ con las naciones hispanoamericanas.

reasons
was supporting

policy
was carrying on

La dictadura del General Francisco Franco en España duró¹ desde el año 1939 al año 1975. Durante ese tiempo España no tuvo muy buenas relaciones con Latinoamérica. Después de la muerte de Franco en 1975, los españoles, con la colaboración del Rey, establecieron una democracia con senadores y diputados libremente elegidos¹ que respetan los derechos¹ humanos. La familia real de España, don Juan Carlos, doña Sofía y los tres hijos, Felipe, Isabel y Cristina, goza de mucha popularidad no sólo en España sino también en todo el mundo hispánico. Por eso, el honor de recibir el Premio Bolívar era tan importante.

lasted

elected

rights

PREGUNTAS

1 ¿A qué país fueron invitados el Rey y su esposa? **2** ¿Qué celebración hicieron en Caracas? **3** ¿Quién fue Simón Bolívar? **4** ¿Qué le dieron al Rey? **5** ¿Qué transformación apoyaba el Rey? **6** ¿Qué política practicaba el Rey con las naciones de Hispanoamérica? **7** ¿Cuándo terminó la dictadura de Franco? **8** ¿Qué relaciones tenía Franco con Hispanoamérica? **9** ¿Qué tipo de gobierno tienen en España ahora? **10** ¿Qué reputación tiene la familia real de España en el mundo hispánico?

Explicación y Aplicación

1. El pasado imperfecto

En el colegio
1979

ESTER   ¿Estaban ustedes muy contentos en esos días?
JUAN LUIS   Sí, en esos días estábamos en el colegio de los jesuitas.

estudiar *to study*	
estudiaba	estudiábamos
estudiabas	estudiabais
estudiaba	estudiaban

trabajar *to work*	
trabajaba	trabajábamos
trabajabas	trabajabais
trabajaba	trabajaban

PASADO	PRESENTE
estudiaba ¿〜〜〜?	
trabajaba ¿〜〜〜?	→ FUTURO
IMPERFECTO	

Two past actions continuing simultaneously over an undefined time in the past

En el gobierno

El papá de Juan Luis trabajaba.

En el colegio

Juan Luis estudiaba.

JUAN LUIS   Yo estudiaba en el colegio y mi papá trabajaba en el gobierno.

Conteste.

1 ¿Dónde estaba Juan Luis en 1979?
2 ¿En qué colegio estaban Juan Luis y sus amigos?
3 ¿Dónde trabajaba el padre de Juan Luis?
4 ¿Trabajaban los dos, Juan Luis y su padre?
5 ¿Estaban ustedes en los Estados Unidos en 1979?
6 ¿Trabajaban o estudiaban ustedes?
7 ¿Estaba usted contento en los días pasados?
8 ¿En qué colegio estaba usted?

The imperfect tense is used to express past actions of a continuing or habitual nature.

En esos días yo **vivía** en Managua.   *In those days I was living in Managua.*
Yo **estudiaba** en un colegio de jesuitas.   *I used to study in a Jesuit high school.*

It is important to distinguish this continuing action from an action that is considered completed, which, as we have seen in previous chapters, requires the preterit tense.

Yo **viví** en Managua 17 años.   *I lived in Managua 17 years.*
   (*Action is considered past and
   completed*)

The imperfect tense is also used to describe a past condition, to describe the way something looked in the past, or to tell the time of day in the past.

Todo **estaba** caótico.   *Everything was chaotic.*
¡Nuestra casa **era** hermosísima!   *Our house was very beautiful!*
Eran las seis de la tarde.   *It was six o'clock in the afternoon.*

En Managua

ESTER ¿Tenían ustedes muchos tíos y
         primos ahí?
JUAN LUIS Sí, y no quería dejar a los parientes,
         la casa y todo eso.

Cuando subieron los sandinistas al poder, nosotros vivíamos en Managua en una gran casa.

Hay meaning *there is* or *there are* is the present-tense form of **haber**. In the imperfect, **haber** is regular. **Había** means *there was* or *there were*.

No **había** posibilidad de continuar allá.   *There was no possibility of continuing there.*

Tener *to have* is also regular in the imperfect.

Mi papá **tenía** un cargo muy alto.   *My dad had a very high post.*

Conteste.

1 ¿Qué tenían Juan Luis y sus padres en Managua?
2 ¿Por qué no querían salir de Nicaragua?
3 ¿Dónde vivía Juan Luis cuando subieron los sandinistas al poder?

4 ¿Dónde vivía usted en 1980?
5 ¿Vivían ustedes en Europa en esos días?
6 ¿Tenía usted muchos amigos y parientes ahí?
7 ¿Había sandinistas en su tierra natal?
8 ¿Cuántas personas había en su familia?

2. Verbos regulares en el imperfecto

The imperfect is the easiest of any tense to form: **-ar** verbs take a set of endings beginning with **-aba**; **-er** and **-ir** verbs take another set beginning with **ía**.

All verbs are regular in the imperfect except **ser**, **ir**, and **ver** (see page 252).

Notice that only the **nosotros**-form of the **-ar** verbs has a written accent on the ending: **hablábamos**. All the endings of **-er** and **-ir** verbs carry a written accent.

trabajar *to work*		**querer** *to wish*		**vivir** *to live*	
trabajaba	trabajábamos	quería	queríamos	vivía	vivíamos
trabajabas	trabajabais	querías	queríais	vivías	vivíais
trabajaba	trabajaban	quería	querían	vivía	vivían

A *¿Qué idioma hablaban estas personas? Pregunte.*

Juan
¿Qué idioma hablaba Juan?

1 tú
2 Luisa y Elena
3 ella
4 ustedes
5 el papá de Juan Luis
6 esos jóvenes

C *Conteste.*

1 ¿Siempre hablaba usted inglés en casa?
2 ¿Qué idioma hablaba usted en la escuela?
3 ¿Hablaban ustedes español?
4 ¿Hablaba usted inglés o francés?
5 ¿Qué idioma hablaban sus padres en casa?

B *Diga que estas personas hablaban el idioma indicado.*

Pedro—portugués.
Pedro hablaba portugués.

1 René—francés.
2 Gloria y Marta—ruso.
3 Ana María—español.
4 Nosotros—inglés.
5 Hans y Greta—alemán.
6 Tú—inglés.
7 Ustedes—español.

D *Diga que estas personas tenían las cosas indicadas.*

Juana—muchas hermanas.
Juana tenía muchas hermanas.

1 Yo—tres primos.
2 Alicia y María—muchos novios.
3 Nosotros—poco dinero.
4 Tú—muchos amigos.
5 Ustedes—una casa grande.
6 Ester—muchos amigos.

E *Conteste.*

1 ¿Tenía usted mucha paciencia con sus padres?
2 ¿Tenían ellos paciencia con usted?
3 ¿Tenían ustedes muchos amigos?
4 ¿Tenía usted que hablar inglés?
5 ¿Tenía usted muchas amigas?

F *Usted y sus amigos vivían antes en varios países. Diga que estas personas vivían en los países indicados.*

> José—México.
> **José vivía en México.**

1 Ester—Tejas.
2 Luis y Ana—la Argentina.
3 Paco—España.
4 Esas señoras—Francia.
5 Juan Luis—Nicaragua.
6 Nosotros—los Estados Unidos.
7 Ustedes—Guatemala.

G *Conteste.*

1 ¿Antes vivía usted en la Argentina?
2 ¿Antes vivía usted en los Estados Unidos?
3 ¿Dónde vivía su familia antes?
4 ¿Vivía usted con sus abuelos?
5 ¿Vivía su tío con ustedes?

H *Las cosas, con el tiempo, cambian mucho. Diga como eran las cosas antes. Exprese su sorpresa como en el modelo.*

> No hay tiempo ahora.
> **¿Cómo? Antes había tiempo.**

1 No hay dinero ahora.
2 Juan no habla español ahora.
3 Ramón no está aquí ahora.
4 Yo no vivo aquí ahora.
5 Alicia no trabaja ahora.
6 Ella no responde ahora.

ACTIVIDAD EN PAREJAS

Dígale a su compañero(a) de clase diez cosas que usted hacía en el pasado antes de asistir a la universidad.

3. Los verbos irregulares en el imperfecto

SILVIA OSEGUERA Mi papá era un comandante sandinista cuando echaron al dictador Somoza.

JUANA OSEGUERA En esos días no lo veíamos nunca porque estaba en la guerra.

SILVIA OSEGUERA Ahora no lo vemos porque tiene un trabajo muy importante en el gobierno.

Con los sandinistas en la guerra

Ariel Oseguera

No lo veíamos muy a
menudo.

Adiós, Papá.

En un trabajo importante con
el gobierno

Ariel Oseguera

En esos días

Silvia

SILVIA Cuando yo era niña, éramos muy
       pobres. Yo iba a la escuela a pie.
JUANA ¿No somos pobres ahora?
SILVIA Sí, pero en esos días no había esperanza.
JUANA Mamá dice que ahora hay más escuelas y
       hospitales.

Ahora

Silvia

Conteste.

1 ¿Qué era Ariel en la guerra contra Somoza?
2 ¿Por qué no veían a su papá las chicas?
3 ¿Por qué no lo ven ahora?
4 ¿Cómo iba a la escuela Silvia?
5 ¿Eran pobres las personas de la familia
  Oseguera?
6 ¿Había más escuelas antes?
7 ¿Cómo iba al colegio Juan Luis?
8 ¿Cómo iba usted al colegio?
9 ¿Qué era su papá antes?
10 ¿Veía usted a menudo a su papá?
11 ¿Eran pobres o ricos ustedes?

Only three verbs are irregular in the imperfect tense.

ser *to be*		**ir** *to go*		**ver** *to see*	
era	éramos	iba	íbamos	veía	veíamos
eras	erais	ibas	ibais	veías	veíais
era	eran	iba	iban	veía	veían

A *Repita y sustituya.*

Carlos era pobre en esos días.

1 Yo
2 Ellos
3 Nosotros
4 Juana y Silvia
5 Tú
6 Vosotros

Yo iba al colegio en bicicleta.

1 Él
2 Ellos
3 Nosotros
4 Ariel
5 Los chicos
6 Tú

Yo no veía a mi papá todos los días.

1 Él
2 Juana y Silvia
3 Los niños
4 Mamá
5 Nosotros
6 Tú

La Plaza de las Tres Culturas: La azteca, la colonial y la moderna.

B *¿Adónde iban estas personas?*

Ariel—a la guerra.
Ariel iba a la guerra.

1 Juana y Silvia—al teatro.
2 Nosotros—al cine.
3 Tú—a casa.
4 Ustedes—al banco.
5 Yo—al baile.
6 Los médicos—al hospital.
7 El piloto—al aeropuerto.

C *Usted está hablando con el profesor que tenía estos estudiantes en sus clases en el pasado. Pregúntele si eran listos.*

Juan Luis
¿Era listo Juan Luis?
María
¿Era lista María?

1 mi papá
2 mis hermanas
3 Silvia y Juana
4 ella

D *Cuando eran más jóvenes, muchas personas veían a sus abuelos los fines de semana. Diga que estas personas los veían los domingos.*

Juan
Juan los veía los domingos.

1 Anabel y Juana	5 Los chicos
2 Nosotros	6 Yo
3 Ustedes	7 Usted
4 Tú	8 Vosotros

4. La formación de adverbios en -mente

The suffix **-mente** is the equivalent of the *-ly* ending in English. This suffix is attached to the feminine form of adjectives with **-o**, **-a** endings. It is attached directly to the end of other adjectives.

afortunado	**afortunadamente**	*fortunately*
correcto	**correctamente**	*correctly*
desafortunado	**desafortunadamente**	*unfortunately*
franco	**francamente**	*frankly*
frecuente	**frecuentemente**	*frequently*
feliz	**felizmente**	*happily*
habitual	**habitualmente**	*habitually*
usual	**usualmente**	*usually*

Some adverbs retain the stress of the adjective form and are also stressed on the first syllable of the suffix **-mente**.

ADJECTIVE	ADVERB
difícil	**difícilmente**
fácil	**fácilmente**

Cambie los adjetivos a adverbios según el modelo.

(fácil)   Ella lo hace _____.
Ella lo hace fácilmente.

1 (frecuente)   Él trabajaba _____.
2 (usual)   Tú llegas tarde _____.
3 (correcto)   Contesté _____.
4 (evidente)   _____ ella no viene.
5 (franco)   Silvia habla _____ de su familia.

Vocabulario útil

EXPRESIONES ADVERBIALES DE TIEMPO[1]

Siempre hablaba inglés.	*I always spoke English.*
De vez en cuando hablaba español.	*Sometimes (Once in a while) . . .*
A menudo salía con los amigos.	*Often . . .*
De costumbre iba en taxi.	*Usually (Customarily), . . .*
Antes hablaba francés.	*Before (Formerly), . . .*
Cuando era niño jugaba al fútbol.	*When I was a child . . .*
Cuando era joven me gustaba leer.	*When I was a young man (woman), . . .*
De niño(a) aprendía español.	*As a child . . .*
En esos días vivía en el campo.	*In those days . . . in the country.*
Por lo general hablábamos inglés.	*Generally (Usually) . . .*

A *Usted está diciéndole a un amigo lo que pasa ahora
y lo que pasaba en el pasado. Siga los modelos.*

Ahora vivo en Tejas.   (en esos días)
En esos días vivía en Tejas.

Ahora hablo español.   (antes)
Antes no hablaba español.

1 Ahora hablo inglés.   (siempre)

2 Ahora estudio geografía.   (a menudo)

3 Ahora juego al tenis.   (de costumbre)

4 Ahora duermo la siesta.   (antes)

5 Ahora me divierto.   (de vez en cuando)

1 Ahora soy muy listo.   (en esos días)

2 Ahora trabajo mucho.   (de niño)

3 Ahora me gusta el golf.   (cuando era niño)

4 Ahora estudio mucho.   (la semana pasada)

5 Ahora me interesan los chicos.   (por lo
general)

---

[1]*Adverbial expressions of time*

B *Conteste según el modelo.*

¿Lee él mucho?
Dudo que lea mucho ahora, pero antes leía mucho.

1 ¿Estudia él mucho?
2 ¿Se levanta Elena temprano?
3 ¿Va Alberto mucho al cine?
4 ¿Vive ella en el campo?
5 ¿Se divierten ellos mucho?
6 ¿Se acuesta Luis temprano?
7 ¿Está contenta Silvia?
8 ¿A Ramón le gusta esquiar?
9 ¿Prefiere María el campo?
10 ¿Trabaja mucho su compañero(a)?
11 ¿Duerme él (ella) mucho?

C *Cambie según el modelo.*

Son las tres y media de la tarde.
Eran las tres y media de la tarde.

1 Son las dos y media de la tarde.
2 Son las diez de la noche.
3 Es la una y media de la tarde.
4 Son las doce de la noche.
5 Es la una de la tarde.
6 Son las seis de la mañana.

Una familia hispánica de paseo en San Antonio, Tejas.

ACTIVIDADES EN PAREJAS

A *Averigüe* (Find out) *lo que hacía su compañero(a) de clase en los siguientes lugares.*

en casa   con sus amigos
en la escuela   de niño(a)

Averigüe lo que hacía su compañero(a) en la escuela secundaria, en particular dónde vivía, dónde asistía a la escuela, y las cosas que le gustaban o que no le gustaban en la escuela. También pregúntele de sus profesores favoritos y las clases, actividades, y amigos preferidos en esos días. Cambien de papel.

B *Averigüe adónde iban sus compañeros(as) en estas ocasiones.*

en el verano   en el invierno   los domingos

---

5. Comparaciones de igualdad

Silvia tenía 5 pesos.
Juana tenía 5 pesos también.
Silvia tenía tantos pesos como Juana.

Juana sabía bailar muy bien.
Sus amigas sabían bailar muy bien también.
Juana sabía bailar tan bien como sus amigas.

Silvia leía mucho.
Sus compañeras leían mucho también.
Silvia leía tanto como sus compañeras.

Conteste.

1 ¿Cuántos pesos tenía Silvia?
2 ¿Cuántos pesos tenía Juana?
3 ¿Tenía Silvia tantos pesos como Juana?
4 Juana sabía bailar muy bien. ¿Y sus amigas?
5 ¿Sabía Juana bailar tan bien como sus amigas?

tanto(a, os, as). . .como
tanto como
tan. . .como

To formulate a comparison of equality based on a noun, **tanto(-a, -os, -as)** is used before the noun and **como** is used after it. **Tanto** agrees in gender and number with the noun.

Silvia tenía **tanto** dinero **como** Juana.	*Silvia had as much money as Juana.*
No comemos **tanta** pimienta **como** sal.	*We don't eat as much pepper as we do salt.*
Comieron **tantos** tacos **como** enchiladas.	*They ate as many tacos as enchiladas.*
Juan Luis sabía **tantas** palabras en español **como** yo en inglés.	*Juan Luis knew as many words in Spanish as I did in English.*

Comparisons of equality in terms of a verb are formed by using **tanto como** after the verb.

Silvia leía **tanto como** los otros.   *Silvia read as much as the others.*

Comparisons of equality in terms of an adjective or an adverb are formed by using **tan** before the adjective or the adverb and **como** after it.

El trabajo es **tan** importante **como** el estudio.   *Work is as important as study.*
Yo conozco a Juana **tan** bien **como** ellas.   *I know Juana as well as they do.*

Conteste **sí** *o* **no** *según los modelos.*

¿Era usted tan rico como Juan Luis?
Sí, yo era tan rico como Juan Luis.
No, yo no era tan rico como Juan Luis.

1	listo	3	bueno	5	alto
2	trabajador	4	inteligente	6	rico

¿Estudiaba usted tanto como Jaime?
Sí, yo estudiaba tanto como Jaime.

1	trabajaba	3	leía	5	hablaba
2	regañaba	4	dormía	6	escribía

¿Tenía usted tanto dinero como Silvia?
No, yo no tenía tanto dinero como Silvia.

1	zapatos	3	paciencia	5	casas
2	tiempo	4	ropa	6	amigos

¿Sabía bailar ella tan bien como ustedes?
Sí, ella sabía bailar tan bien como nosotros.

1 ¿Lo hizo Alberto tan mal como ustedes?
2 ¿Viene ella tan frecuentemente como su hermana?
3 ¿Hacen este trabajo tan fácilmente como el otro?

6. Comparaciones de desigualdad

Juan Luis tenía más dinero que Juana.
Juana tenía menos dinero que Juan Luis.

Juana era más alta que Silvia.
Silvia era menos alta que Juana.

Juan Luis   Juana

Juana   Silvia

To form a comparison of inequality with a noun or a regular adjective or adverb, **más** or **menos** is placed before it, and **que** is placed after it.

Yo sabía **más** inglés **que** Juan Luis.
Ariel tenía **menos** dinero **que** yo.
Juan Luis era **más** rico **que** Juana.
Felipe es **menos** gordo **que** Miguel.
Ella lo aprendía **más** fácilmente **que** yo.

I knew more English than Juan Luis.
Ariel had less money than I.
Juan Luis was richer than Juana.
Felipe is thinner (less fat) than Miguel.
She learned it easier than I.

Más que and **menos que** are used for comparisons of inequality in terms of a verb.

Silvia aprendía **más que** Juana.
Pero ella aprendía **menos que** Juan Luis.

Silvia learned more than Juana.
But she learned less than Juan Luis.

Before numbers the Spanish equivalent of *than* is **de**, not **que**.

Tengo **más de** diez dólares.
Ella tiene **menos de** diez dólares.

more than
less than

Responda según los modelos.

Silvia era muy pobre.
Sí, era más pobre que Juan Luis.

1 lista   3 inteligente
2 alta   4 bonita

¿Silvia jugaba mucho?
Sí, jugaba más que ellos.

1 ¿Silvia leía mucho?
2 ¿Silvia trabajaba mucho?

Ella aprendía poco, ¿no?
Sí, aprendía menos que ellos.

1 Ella hablaba poco, ¿no?
2 Ella cantaba poco, ¿no?

Juana no era muy lista.
Era menos lista que Silvia.

1 interesante   3 inteligente
2 alta   4 bonita

¿Tiene usted más de diez dólares?
No, tengo menos de diez dólares.

1 ¿Tiene ella más de diecinueve años?
2 ¿Necesita usted más de cinco dólares?
3 ¿Le dieron a usted más de tres libros?

Ellos lo hacen más frecuentemente que nosotros, ¿verdad?
Sí, lo hacen más frecuentemente que nosotros.

1 fácilmente	3 felizmente
2 perfectamente	4 rápidamente

7. Comparación de adjetivos—formas irregulares

The adjectives **bueno** and **malo** have irregular comparative forms.

ADJECTIVE		COMPARATIVE	
bueno(s) **buena(s)**	good	**mejor(es)**	better
malo(s) **mala(s)**	bad	**peor(es)**	worse

Mejor and **peor** do not change their ending to show the gender of the noun they modify. In the plural, they add **-es** for both genders.

Esta clase es **mejor** que la otra.
Ellos sufrían **peores** condiciones que ustedes.

This class is better than the other one.
They suffered worse conditions than you did.

A *Complete las siguientes frases empleando la forma apropiada de los comparativos.*

1 (*better*) Estos pantalones son _____ que las camisas.
2 (*worse*) Ellos sufrían _____ condiciones que nosotros.
3 (*worse*) Antes Pedro era _____ estudiante que su hermano.
4 (*better*) Ellas eran _____ bailarinas que nosotros.
5 (*bad*) Juan no era un muchacho muy _____.
6 (*better*) La fiesta de Carlota era _____ que la fiesta de Luisa.

B *Dígale a un compañero o a una compañera de clase que las cosas en la columna A son buenas pero que las cosas en la columna B son mejores. Luego diga que las cosas en A son malas pero que las cosas en B son peores.*

A	B
esta clase	las vacaciones

Esta clase es buena, pero las vacaciones son mejores.

	A	B
1	el dinero	la salud
2	la esperanza	la oportunidad
3	los viernes	los sábados
4	mi escuela	tu escuela

The adjectives **pequeño** and **grande** have alternate comparative forms, depending on their meaning: *age or size.*

ADJECTIVE   COMPARATIVE

pequeño(s), pequeña(s) $\begin{cases} \text{AGE} \\ \text{SIZE} \end{cases}$ AGE   **menor(es)**   *younger*
                                      SIZE   **más pequeño(s), pequeña(s)**   *smaller*

grande(s) $\begin{cases} \text{AGE} \\ \text{SIZE} \end{cases}$ AGE   **mayor(es)**   *older*
                    SIZE   **más grande(s)**   *bigger*

Mi hermano **menor** es **más pequeño** que yo.   *My younger brother is smaller than I.*
Ella es **mayor** que yo y **más grande** también.   *She is older than I and bigger, too.*

Una anciana y un bebé de España.

A *Use el comparativo apropiado en las siguientes frases.*

1 (*younger / bigger*) Mi hermano _____ es _____ que yo.
2 (*older*) ¿Es Silvia _____ que Juana?
3 (*older*) Dudo que ellas sean _____ que yo.
4 (*smaller*) Prefiero tener una clase _____.
5 (*bigger*) Siento que ellos no sean _____.

B *Dígale a un compañero o a una compañera de clase que las personas de la columna A son mayores y más grandes que las personas mencionadas en la columna B.*

A	B
Alberto	Alicia

Alberto es mayor y más grande que Alicia.

	A	B
1	mi papá	mi mamá
2	Elena	Luis
3	Jorge y Ricardo	Memo y Alfredo
4	ellas	ustedes
5	yo	Juana

C *Ahora, para dar énfasis a lo que dijo anteriormente, diga que las personas de la columna B son menores y más pequeñas que las personas de la columna A.*

Alicia es menor y más pequeña que Alberto.

8. El superlativo de adjetivos

To form the superlative of an adjective, a definite article is used before the comparative form.

ADJECTIVE	COMPARATIVE	SUPERLATIVE
alto(a)	más alto(a)	**el más alto, la más alta**
listo(a)	más listo(a)	**el más listo, la más lista**
inteligente	menos inteligente	**el (la) menos inteligente**
grande	más grande	**el (la) más grande**
malo(a)	peor	**el (la) peor**
bueno(a)	mejor	**el (la) mejor**

Yolanda es **alta**.	*Yolanda is tall.*
Cecilia es **más alta que** Yolanda.	*Cecilia is taller than Yolanda.*
Ana es **la más alta de**[1] todas.	*Ana is the tallest of all.*
José es **grande**.	*José is big (old).*
Armando es **mayor que** José.	*Armando is older than José.*
Enrique es **el mayor de**[1] todos.	*Enrique is the oldest of all.*

A *Responda con la forma apropiada.*

1 Luisa es amable. *kind*
   Carmen es _____ Luisa. *less kind than*
   Marta es _____ de todas. *the least kind*
2 Pedro es inteligente. *intelligent*
   Juan es _____ Pedro. *more intelligent than*
   Roberto _____ de todos. *the most intelligent*
3 Yo soy muy alto. *tall*
   Usted es _____ que yo. *taller*
   Él es _____ de todos. *the tallest*

B *En español, dígale a un compañero o a una compañera de clase que . . .*

1 Roberto is the smallest person in class.
2 the teacher is the oldest person in class.
3 you are the most intelligent person in your family.
4 this class is the easiest of all your classes.
5 this is the best year of your life.

9. Comparaciones empleando los adverbios mejor y peor

As adverbs, **mejor** and **peor** are used as the comparatives for **bien** and **mal**.

Anita juega **bien**.	*Anita plays well.*
Carmen juega **mejor**.	*Carmen plays better.*
Pedro canta **mal**.	*Pedro sings badly.*
Carlos canta **peor**.	*Carlos sings worse.*

[1]Note that the point of comparison in the superlative construction is introduced with **de**.

Un endoso comercial del famoso lanzador Fernando Valenzuela.

A *Cambie según el modelo. A escoger entre* **mejor** *y* **peor**.

> Anita canta bien.
> Carmen canta mal.   (Anita . . .)
> **Anita canta mejor que Carmen.**

1 Juan juega muy mal.
   Carlos juega muy bien.   (Juan . . .)
2 Yo escribo bien.
   Tú escribes muy mal.   (Tú . . .)
3 Rodolfo baila muy bien.
   Antonio baila muy mal.   (Rodolfo . . .)
4 Luisa habla mal.
   María habla bien.   (María . . .)

B *Conteste según los modelos.*

> ¿Canta Ana muy bien?
> **Sí, canta mejor que yo.**

1 ¿Juega Juan muy bien?
2 ¿Escribe Pedro muy bien?
3 ¿Habla Silvia muy bien?

> Silvia canta mal, ¿no?
> **Sí, canta peor que yo.**

1 juega   3 escribe
2 habla   4 ve

10. El superlativo absoluto

The absolute superlative of adjectives is formed by dropping the final vowel, if any, and adding **-ísimo**, **-ísima**, **-ísimos**, or **-ísimas**.

El inglés es **importantísimo**.	*English is most (very) important.*
Las clases son **interesantísimas**.	*The classes are very interesting.*
Ella es **simpatiquísima**[1].	*She is very friendly.*

Conteste según el modelo.

¿Es importante el inglés?
Sí señor, es importantísimo.

1 ¿Es interesante la clase?
2 ¿Son simpáticas esas chicas?
3 ¿Es grande su casa?

4 ¿Es fácil esta lección?
5 ¿Es difícil el alemán?

1

Ernesto   Jaime

2

Roberto   Félix

3

Ana   Juana

4

María   Ester

5

Felipe   Carlitos

6

El Sr. López y Juan

Haga dos comparaciones para cada cuadro.

1 Ernesto es . . .
  Jaime es . . .
2 Roberto es . . .
  Félix es . . .

3 Ana es . . .
  Juana es . . .
4 María juega al golf . . .
  Ester . . .

5 Felipe es . . .
  Carlitos . . .
6 El señor López es . . .
  Juan . . .

[1]Note the spelling change (**c→qu**) in order to maintain the /k/-sound.

ACTIVIDAD EN PAREJAS _____

Tomando turno, explíquele a su compañero(a) sus mejores y peores experiencias en la escuela primaria y secundaria.

A *Comience con* **Quiero que . . .**, **Dudo que . . .**, *o* **Espero que . . .** *y haga los cambios necesarios según el modelo.*

> No hablamos de las oportunidades.
> **Quiero que hablemos de las oportunidades.**

1 Ella no trabaja día y noche.
2 El doctor no tiene mucha paciencia.
3 Mis amigos no tienen muchos estudios.
4 Ellos no preservan el idioma.
5 Los cubanos no aprenden inglés.
6 No eliminamos la discriminación.

B *Dé el equivalente en español.*

1 We want our children to learn Spanish.
2 She hopes I will write her.
3 I doubt she will come tomorrow.
4 My mother wants me to get up earlier.
5 I doubt he studies at night.

Lectura

JUAN CARLOS RAMOS DE LA HABANA

Para nosotros, los latinos, es sumamente importante estar con la familia. Acabamos de celebrar una reunión de toda la familia Ramos aquí en Miami. Estamos todos juntos por primera vez desde 1961.

We have just celebrated
together

En el año 1960 Fidel Castro subió al poder y mis abuelos tuvieron que huir a México para salvar la vida. Mi abuelo era dueño de una farmacia. Además era íntimo amigo del ex-presidente Batista. Como muchos otros conservadores de Cuba, se declaró en contra de Castro y sus revolucionarios.

came to power
flee

he declared himself

No sé cómo pudo escaparse a México y luego pasar con su esposa a Miami donde mi tío Enrique ya estaba establecido. Yo nací en el año 1965 y mi hermanito, Pedro, nació en 1967. Me acuerdo que cuando éramos pequeños mis padres siempre hablaban en secreto de reunirse algún día con mis abuelos en Miami.

was born

Mi papá tuvo mala suerte. No pudo obtener nunca un buen trabajo porque los comunistas sabían que era de la familia Ramos. Nos faltaban muchas cosas y siempre vivíamos con miedo de ser presos y torturados en la cárcel.

to be arrested

Durante muchos años mi papá buscó alguna manera de venir a los Estados Unidos con su familia. Le fue imposible. En 1980 hubo una gran manifestación en La Habana. Querían salir del país a toda costa. Mi papá nos llevó a la embajada peruana y estuvimos allí con muchas otras personas esperando una visa para salir legalmente del país.

*there was (preterit of **haber**)*
public demonstration

Al fin mi papá encontró a un americano en el puerto de La Habana que prometió llevarnos a Miami por cien dólares cada uno. Era una lancha miserable. Íbamos tan apretados que nadie tenía esperanza de llegar sano y salvo. Tenía que oír los gritos de alegría que dimos cuando la lancha tocó por fin el muelle en Miami.

crowded
safe and sound / You had to hear
the shouts of joy

Es imposible imaginarse la fiesta que tuvimos con mis padres, tíos
y abuelos, y todos los primos e hijos de la familia Ramos en casa de mi
tío Enrique.

PREGUNTAS

1 ¿Dónde celebraron la reunión de toda la familia Ramos?   **2** ¿Cuándo subió al poder Castro?
3 ¿Qué era antes el abuelo?   **4** ¿Adónde fue el abuelo cuando se escapó de Cuba?   **5** ¿Dónde se
estableció el tío Enrique?   **6** ¿Por qué no pudo obtener trabajo el papá de Juan Carlos?   **7** ¿A
qué embajada fueron a buscar una visa?   **8** ¿Cuánto le pagaron al americano de la lancha?
9 ¿Cuándo dieron gritos de alegría?   **10** ¿Quiénes estuvieron en la fiesta?

Persons of Hispanic origin in the United States

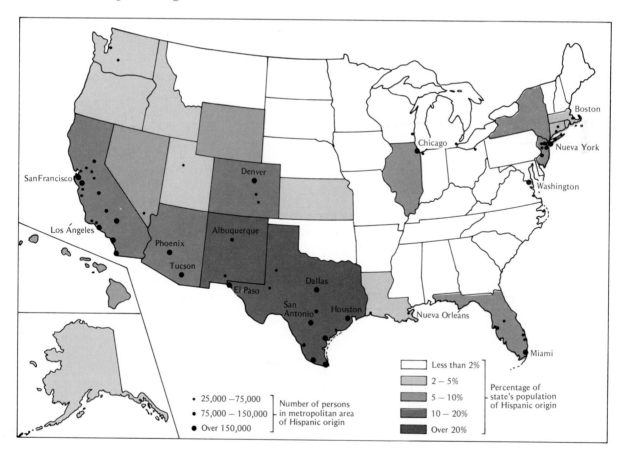

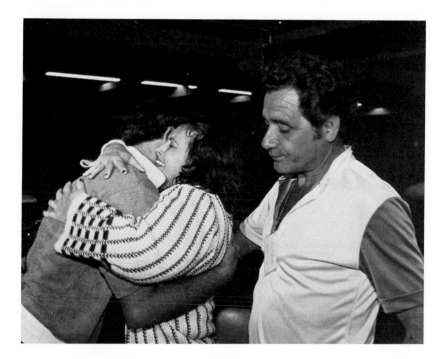

Familiares cubanos se reúnen
después de una separación de 12
años.

En pocas palabras

COMPLETE LAS FRASES

1 Podía _____.
2 _____ me gustaba _____.
3 _____ cuando era pequeño(a).
4 Yo estudiaba tanto _____.
5 ¿Por qué _____?

FORME PREGUNTAS

1 No, de costumbre no cantaba cuando era niño(a).
2 En mi casa hablaban inglés.
3 Me gusta el cine tanto como el teatro.
4 Sí, yo estaba contento(a) cuando era niño(a).
5 No, no me gusta el alemán tanto como el español.

BREVES CONVERSACIONES

Pregúntele a _____

si antes estudiaba mucho.
si siempre iba a clase.
si ayer quería ir al parque.
si siempre decía la verdad.
si antes vivía en California.
si de costumbre leía mucho.
si por lo general escribía cartas.
si antes hablaba francés.
si antes prefería el inglés.
si de niño se acostaba temprano.
si iba a menudo a los bailes.

PREGUNTAS PERSONALES

1 ¿Dónde vivía usted cuando era más joven?
2 ¿Hablaba usted español en casa?
3 ¿Qué hacía usted los veranos?
4 De costumbre, ¿dónde jugaban usted y sus hermanos?
5 ¿A usted le gustaba esquiar?
6 ¿Siempre dormía la siesta?
7 ¿Estaba usted contento(a) en casa?
8 ¿Qué hacía usted de costumbre los domingos?
9 ¿Iba usted a menudo al centro?
10 ¿A usted le gustaba la escuela?
11 ¿Estudiaba usted más que sus hermanos?
12 ¿Era usted muy listo(a) de niño(a)?
13 ¿Estudia usted tanto como sus amigos?
14 ¿Quiere usted que sus amigos aprendan español?
15 ¿Es usted más inteligente que su compañero(a) de cuarto?
16 ¿Fueron usted y sus amigos al cine ayer?
17 ¿Había mucha gente en el cine?
18 ¿Es importantísimo el español?

Sección de referencia

Pronunciación

Review of Spanish trilled r, written rr and r

Practice the trilled **rr**, which occurs between vowels.

los churrascos   las sierras   la guitarra   el desarrollo   en los barrios

When a single letter **r** occurs at the beginning of a word or after **l** or **n**, it is trilled the same as **rr**. Practice the trilled **r** in the following examples. Work across the columns.

recreo   en el recreo
Rodolfo   ¿Dónde está Rodolfo?
revolución   ¡Viva la revolución!
repleto   un estómago repleto
Enrique   Enrique es mexicano.

Vocabulario

acomodado	*well-to-do; convenient; suitable*	**campo**	*countryside; field*
afortunadamente	*fortunately*	**caótico**	*chaotic*
afortunado	*fortunate*	**cargo**	*post, job; load; burden; responsibility*
allá	*there*		
el **avión**	*airplane*	**colegio**	*high school*

el **comandante**	*commander*
la **condición**	*condition*
contra	*against; facing*
correctamente	*correctly*
correcto	*correct*
cuando	*when*
cubano	*Cuban*
desafortuna-damente	*unfortunately*
desafortunado	*unfortunate*
el **dictador**	*dictator*
difícilmente	*with difficulty*
el **dios**	*god*
Dios	*God*
la **discriminación**	*discrimination*
esperanza	*hope*
evidente	*obvious*
evidentemente	*obviously*
fácil	*easy*
fácilmente	*easily*
felizmente	*happily; luckily*
francamente	*frankly*
franco	*frank, open, candid*
frecuente	*frequent*
frecuentemente	*frequently*
gobierno	*government*
guerra	*war*
habitualmente	*habitually*
hermoso	*beautiful*
imperfecto	*imperfect*
importantísimo	*very important*
interesantísimo	*very interesting*
el **jesuita**	*Jesuit*
mejor: el (la) mejor	*the best*
menor	*younger; smaller; lesser*
menudo: a menudo	*often*
natal	*native* (adj.)
la **oportunidad**	*opportunity*
la **paciencia**	*patience*
el **país**	*country*
el (la) **pariente**	*relative; family member*
peligroso	*dangerous*
peor	*worse*
el (la) peor	*the worst*
el **poder**	*power*
la **posibilidad**	*possibility*

preso	*prisoner; imprisoned* (adj.)
privado	*private; deprived*
la **propiedad**	*property; ownership*
quien	*whom; he who*
rancho	*ranch; farm*
rápidamente	*rapidly*
la **revolución**	*revolution*
salvo	*safe* (adj.)
a salvo	*safe, out of danger*
sano y salvo	*safe and sound*
el (la) **sandinista**	*Sandinista*
siguiente	*following*
simpatiquísimo	*very friendly*
sorpresa	*surprise*
tan	*so, as*
el **taxi**	*taxi*
tejano	*Texan*
el **tenis**	*tennis*
tierra	*land, country; earth; field*
usualmente	*usually*
vivo	*alive*

Verbos

acabar	*to finish*
acordarse (ue)	*to remember*
acostumbrar	*to accustom; to be used to*
asegurar	*to assure; to secure; to guarantee*
ayudar	*to help*
confiscar	*to confiscate*
continuar (continúo)	*to continue*
echar	*to throw; to throw out, to throw away*
eliminar	*to eliminate*
emigrar	*to emigrate; to migrate*
escoger (escojo)	*to choose; to select*
extrañar	*to miss; to find strange*
haber (he, ha)	*to have* (auxiliary verb)
madrugar	*to get up early*
olvidar	*to forget*
preservar	*to preserve*
subir	*to come up; to go up; to climb; to raise*
sufrir	*to suffer*

Otras expresiones

acabar de + inf.	*to have just (done something)*
a pie	*on foot*
de costumbre	*usually, customarily*
de niño(a)	*as a child*
de vez en cuando	*once in a while*
por lo general	*generally, usually*
subir al poder	*to come to power*

Refrán

A quien madruga, Dios lo ayuda.
The early bird gets the worm. (God helps him who gets up early.)

LECCIÓN 11

Los hinchas en un partido de fútbol en la Argentina.

Perspectiva

Functional Conversational Goals: You should be able to

1 converse with others about the popularity of various sports of Hispanic cultures, including the role of both spectators and participants.
2 state your preferences regarding leisure-time activities and amusements.
3 talk about the past, distinguishing between completed past actions and those of an ongoing nature.

Language: You will study and practice

1 differences between the imperfect and preterit tenses.
2 the past progressive with the imperfect of **estar**.
3 the verbs **ser**, **ir**, and **venir** used in the imperfect as opposed to a past-progressive form.

4 verbs with different meanings in the preterit and the imperfect.
5 **conocer** versus **saber**—a review.
6 the reflexive **se** as a nonpersonal subject.
7 the reflexive **se** in unplanned actions.

Culture: You will learn about

1 the popularity of soccer (**fútbol**) in Latin America.
2 baseball and jai alai in the sports world of Spain and Latin America.

Pronunciation: You will be able to pronounce correctly the Spanish diphthongs **ai**, **ia**, **ie**, **ei**, and **io**.

De tal palo, tal astilla.

Diálogo

¡UNA INFRACCIÓN FLAGRANTE!

Federico es un deportista de Bogotá, Colombia. Está hablando con su tío Jaime del fútbol. Parece que Federico quiere ser profesional.

EL TÍO JAIME   ¡Qué bien jugaste ayer, Federico! ¡Eres un fenómeno en la cancha!

FEDERICO   Me gusta el equipo municipal pero yo siempre quería jugar por el Club Comercio como Papá.

EL TÍO JAIME   ¡De tal palo, tal astilla! Tu papá estaba loco por el fútbol también.

FEDERICO   ¿Qué pasó? ¿Por qué se opone tanto él a que yo juegue como profesional? Ahora quiere que yo sea arquitecto.

EL TÍO JAIME   ¿No sabes? Me extraña que no sepas de ese incidente.

FEDERICO   Pues, cuéntamelo.

EL TÍO JAIME   Bueno. Estaba jugando en el campeonato de Sudamérica contra Boca Juniors de la Argentina.

FEDERICO   Y el campeón de ese partido entraba a la competencia para la Copa Mundial en Europa, ¿no?

EL TÍO JAIME   Sí. La tragedia ocurrió a mediados del primer tiempo. Tu papá entraba furioso para marcar un gol cuando de repente Marañón, de Boca Juniors, le dio una patada por detrás que lo dejó tirado en el suelo con una pierna rota.

FEDERICO   Fue una infracción flagrante, ¿verdad?

EL TÍO JAIME   Sí. Todo el mundo lo sabía. Pero el Comercio perdió el partido 2 a 0.

FEDERICO   Después Papá quedó muy amargado, ¿verdad?

EL TÍO JAIME   Sí, se sentía defraudado y juró no jugar más.

FEDERICO   . . . y no dejar jugar a su hijo tampoco.

EL TÍO JAIME   Parece que así es, ¿verdad?

PREGUNTAS

1 ¿Qué carrera quería seguir Federico?
2 Según el tío Jaime, ¿cómo jugó Federico ayer?
3 ¿Cuál era siempre el deseo idealista de Federico?
4 ¿Qué deseos tenía el padre de Federico?
5 ¿A qué se opone su papá?
6 ¿Qué quiere ahora el papá de Federico?
7 ¿En qué partido ocurrió el incidente tan importante?
8 ¿Por qué era tan importante ese partido?
9 ¿Cuándo ocurrió la tragedia?
10 ¿Cuál fue la infracción flagrante de Marañón?
11 ¿Ganó o perdió el equipo del Club Comercio?
12 ¿Cómo se sentía el papá de Federico?
13 ¿Qué juró él?
14 ¿Qué otra decisión hizo en esa ocasión?

Notas culturales

LOS DEPORTES Y LOS AFICIONADOS[1]

Las corridas de toros no son, como comúnmente se cree, ni el deporte nacional ni la diversión más popular de los espectadores de España. Las corridas ocupan el segundo lugar en España. Son bastante populares en México y en el Perú también. El interés del público va en aumento[1] en deportes como las carreras de caballo[1], el básquetbol, el béisbol, el atletismo y el golf. Pero el fútbol es el rey de todos los deportes.

va . . . *is growing / horse racing*

Corrida de toros en Motul, Yucatán.

El fútbol

El **fútbol** es el deporte número uno para los participantes y también para los espectadores en todo el mundo hispánico. El entusiasmo de los hinchas por su equipo favorito a veces llega al fanatismo. Los chicos, jóvenes y algunas personas mayores se ven a cualquier hora del día practicando el fútbol. Juegan en el parque, en la calle o en la escuela. Si no hay pelota, se inventa una de improviso con papel, cartón, trapos o cualquier otra cosa disponible.

[1]*Sports and fans*

Partido de fútbol en una
cancha rural de Bogotá.

El fútbol como deporte para espectadores se juega generalmente los domingos por la tarde. Algunos equipos son patrocinados por¹ las universidades y por las municipalidades. El mayor interés del público está concentrado en los equipos profesionales, que son auspiciados por¹ los grandes clubes.

sponsored by

sponsored by

En los partidos de fútbol, los aficionados, o los hinchas, como comúnmente se conocen, siempre dejan sentir su presencia. La animación, especialmente en los partidos internacionales, es tan intensa que el tumulto y el alboroto son muy comunes. En Norteamérica cuando los hinchas les chiflan¹ a los jugadores, quiere decir¹ que están aplaudiendo y que les gusta mucho lo que están viendo. Cuando chiflan los hinchas en el mundo hispánico, es una indicación de extrema disatisfacción, crítica y censura.

whistle / it means

PREGUNTAS

1 ¿Cuál es la diversión más popular de los espectadores en España?   **2** ¿Cuál es el rey de los deportes?   **3** ¿Qué son "hinchas"?   **4** ¿Cuándo se juegan los grandes partidos de fútbol? **5** ¿Qué significa cuando los aficionados hispanos chiflan?

El béisbol y el jai alai

El **béisbol** se practica mucho en Cuba, Puerto Rico y Venezuela y todos los días hay más y más interés en México y Centroamérica. El béisbol no se juega tanto en los otros países de Latinoamérica ni en España. Muchos jugadores en las ligas mayores de los Estados Unidos son originalmente del Caribe y son de los mejores jugadores que hay.

El **jai alai**, o el frontón, se juega muchísimo en España, en Cuba y en México. Se juega también en algunos países de Hispanoamérica y en algunas partes de los Estados Unidos. Este juego tiene su origen entre los vascos del norte de España donde se llama "pelota vasca". Los jugadores juegan con una pelota que es un poco más pequeña que la de béisbol. La cancha tiene forma rectangular con paredes o frontones a lo largo de tres lados.[1] Tiran la pelota contra un frontón con una especie de canasta que se ata al brazo.[2] La velocidad que alcanza[l] la pelota es tan acelerada que es difícil verla y el juego puede ser peligroso. Para la seguridad de los espectadores que se sientan a un lado, hay una red protectora que se extiende a todo lo largo de la cancha. El juego atrae[l] a muchos espectadores que vienen a ver el partido y a apostar[l] para ver si ganan dinero.

reaches

attracts

to bet

PREGUNTAS

1 ¿Dónde se juega al béisbol en el mundo hispánico?   **2** ¿Dónde tiene su origen el jai alai?
3 ¿Cómo se juega al frontón?   **4** ¿Por qué es peligroso el frontón para los espectadores?

[1]*The court has a rectangular shape with walls or* **frontones** *along three sides.*
[2]*They throw the ball against a wall with a kind of basket that is tied to the arm.*

Estos puertorriqueños juegan al béisbol cerca de la antigua fortaleza "El Morro".

Explicación y Aplicación

1. Diferencias entre el pretérito y el imperfecto

En la cancha de fútbol

¡Es una infracción!

¡Se acabó! ¡No juego más!

EL TÍO JAIME Tu papá entraba furioso y Marañón le dio una patada por detrás.

FEDERICO Despúes, se sentía defraudado y juró no jugar más.

Conteste.

1 ¿Qué hacía el papá de Federico cuando Marañón le dio una patada?
2 ¿Cómo se sentía él después?
3 ¿Qué juró después?

4 ¿Qué hacía usted cuando entró el profesor? ¿Hablaba o leía la lección?
5 ¿Qué hacía usted cuando empezó la clase?

The preterit is used to indicate an action that is viewed as completed and past.

La tragedia **ocurrió** en el primer tiempo. *The tragedy occurred in the first period.*
El Comercio **perdió** el partido 2 a 0. *El Comercio lost the game 2 to 0.*

The imperfect expresses what used to happen customarily or habitually.

Yo **iba** a la escuela a pie. *I used to walk (go on foot) to school.*

It also indicates a continuing past condition.

Éramos muy pobres en esos días. *We were very poor in those days.*

Feelings or mental actions are generally considered continuing actions and thus use the imperfect.

Siempre **quería** jugar por el Club Comercio. *I always wanted to play for the Club Comercio.*
Papá se **sentía** defraudado. *Dad felt cheated.*

A *Conteste que ustedes hicieron estas cosas en las ocasiones indicadas.*

¿Van ustedes al cine esta noche? (el sábado pasado)
No, ya fuimos el sábado pasado.

1 ¿Van ustedes a trabajar esta tarde? (esta mañana)
2 ¿Vienen ustedes a la clase esta noche? (esta tarde)
3 ¿Van a acostarse temprano? (anoche)
4 ¿Van ustedes a jugar al fútbol esta noche? (anoche)
5 ¿Van ustedes a llamar a sus amigos esta tarde? (ayer)

B *Exprese lo que estas personas acostumbraban hacer en el pasado.*

Elvira—divertirse con sus amigos en las fiestas.
Elvira se divertía con sus amigos en las fiestas.

1 Federico—querer jugar al fútbol.
2 Catalina—vivir con los abuelos.
3 Nosotros—visitar a los amigos.
4 Los niños—ver la televisión.
5 Las niñas—levantarse tarde.

C *Conteste según el modelo usando el imperfecto para decir lo que pasaba en el pasado.*

¿Estudia usted francés? (antes)
No, pero antes estudiaba francés.

1 ¿Juega usted al fútbol? (en esos días)
2 ¿Vive usted con sus padres? (cuando era más joven)
3 ¿Le gusta leer? (cuando era más joven)
4 ¿Va usted al cine a pie? (cuando era más joven)
5 ¿Usted se divierte mucho? (de vez en cuando)
6 ¿Sale usted frecuentemente? (de costumbre)
7 ¿Son pobres ustedes? (en esos días)
8 ¿Quiere usted jugar al tenis? (cuando iba al colegio)
9 ¿Vuelve usted a casa temprano? (cuando era más joven)
10 ¿Se siente usted triste? (frecuentemente)

When the two past tenses are used in the same sentence, the imperfect is used to tell what was going on when something else happened. The preterit indicates what happened, and may be considered an interrupting action.

El papá de Federico **entraba** y Marañón le **dio** una patada.

Federico's father was entering and Marañón kicked him (gave him a kick).

¿Qué **hacía** usted cuando **entró** el profesor?

What were you doing when the professor came in?

IMPERFECTO	PRETÉRITO	PRESENTE
entraba	dio	
¿〜〜〜〜〜?		
hacía	entró	→FUTURO
¿〜〜〜〜〜?		

Continuing past action in progress

Interrupting past completed action

The imperfect sets the stage or describes the condition existing when something occurred.

Se **sentía** defraudado y **juró** no jugar más.

He was feeling cheated and swore he wouldn't play again.

En Bogotá, todo **estaba** caótico cuando **ganaron** el campeonato.

In Bogotá, everything was chaotic when they won the championship.

A *Las acciones mencionadas en la columna A ocurrían cuando las acciones en la columna B ocurrieron. Combine cualquier acción en B con cualquier acción en A.*

A	B
nosotros—hablar del partido	ellos—llegar
Hablábamos del partido cuando ellos llegaron.	
él—dormir	el profesor—terminar la lección
Juan—levantarse	Elena—llamar
yo—tener 18 años	yo—salir de la clase
ellos—aprender la salsa	Alicia—venir
Federico—ir a casa	él—ver al tío Jaime

B *Exprese lo que usted y sus amigos hacían de costumbre en el pasado que es contrario a lo que hacen ahora.*

Ahora yo estudio y ustedes juegan.
Sí, pero antes nosotros estudiábamos y tú jugabas.

1 Ahora yo contesto y ustedes preguntan.
2 Ahora yo me acuesto y ustedes se levantan.
3 Ahora yo entro y ustedes salen.

4 Ahora yo comienzo los estudios y ustedes los terminan.

The imperfect is used to tell time in the past.

Eran las siete cuando ella llegó.   *It was seven o'clock when she arrived.*

C *Conteste las siguientes preguntas según el modelo.*

¿A qué hora se levantó usted?   (las cinco)
Eran las cinco cuando me levanté.

1 ¿A qué hora se acostó Felicia?   (la una y media)
2 ¿A qué hora cenaron ustedes anoche?   (las nueve)
3 ¿A qué hora comenzó el programa?   (las ocho)
4 ¿A qué hora terminó la reunión?   (la una)

F *Conteste las siguientes preguntas.*

1 ¿Qué hacía usted cuando el profesor entró?
2 ¿Dijo usted que iba a estudiar este sábado?
3 ¿Qué hacía mientras que el profesor hablaba?
4 ¿Leía usted cuando su amigo llamó?
5 ¿Cuántas veces les escribió a sus padres la semana pasada?

D *Usted notó algo contrario a lo que dice Eduardo. Responda a Eduardo según el modelo.*

EDUARDO   Antes Alicia salía con Federico. (anoche)
Sí, pero anoche no salió con Federico.

1 Antes él bailaba.   (ayer)
2 Siempre estudiábamos en la biblioteca. (esta mañana)
3 De costumbre ella leía mucho.   (en esa ocasión)
4 Federico jugaba mucho en esos días.   (ese día)
5 Todos los días bailábamos la salsa.   (el sábado pasado)
6 Antes aprendíamos unos pasos estupendos.   (anoche)

E *Por lo general, Alicia* **llegaba** *tarde, pero ayer* **llegó** *temprano. Empleando los siguientes verbos, dígale a la clase otras cosas que Alicia hizo ayer.*

comer   comenzar   volver   entrar
venir   terminar   salir

Vocabulario útil [1]

LOS DEPORTES Y JUEGOS

¿Juega usted al **fútbol**?   Sí, es mi deporte favorito.
           básquetbol?
           golf?
           béisbol?
           tenis?
           dominó[1]?   Sí, es mi juego favorito.
           ajedrez[2]?

¿Le gusta a usted **esquiar** en la montañas?
               nadar[3] en la piscina?

Federico juega al fútbol. Es **futbolista**. Alicia es aficionada al fútbol. Federico es un gran **deportista**.

Nuestro equipo siempre **juega** los domingos.
                   gana
                   pierde[4]

Ganamos el **partido**.   *We won the game.*
Perdimos el **campeonato**.   *We lost the championship.*

---

[1]*dominoes*   [2]*chess*   [3]*to swim*
[4]from **perder** (**ie**) *to lose*

2. El pasado progresivo con el imperfecto de **estar**

The past-progressive construction is formed by using the imperfect of **estar** + a present participle.

Estábamos bailando.	*We were dancing.*
Ella **estaba leyendo**.	*She was reading.*

The difference between the simple imperfect (**bailábamos**) and the past progressive (**estábamos bailando**) is a matter of emphasis. The past progressive is used to go beyond the imperfect in emphasizing that something was in progress just at that moment.

Bailábamos.	*We were dancing.* (action continued over a period of time in the past)
Estábamos bailando.	*We were dancing.* (emphasis on action in progress)

A *Cambie los verbos según el modelo.*

Bailaba con ella.
Estaba bailando con ella.

1 Jugaban al fútbol.
2 Esquiaba con sus amigos.
3 Dormía la siesta.
4 Comías enchiladas.
5 Él le contaba la historia.
6 Hablábamos español.

B *Francisco le pregunta a Memo por qué no hizo las siguientes cosas. Responda como Memo le respondió con la información presentada. Siga el modelo.*

¿Por qué no me presentaste a Debbie?
(hablar con Federico)
No te la presenté porque yo estaba hablando con Federico.

1 ¿Por qué no me trajiste mi abrigo?　(bailar con Alicia)
2 ¿Por qué no viniste a la piscina?　(estudiar para mis clases)
3 ¿Por qué no llamaste a Elena?　(bañarme)
4 ¿Por qué no llegaste temprano al partido? (ayudar a mis padres)
5 ¿Por qué no contestaste el teléfono? (vestirme para la fiesta)
6 ¿Por qué no viste ese programa?　(dormir)

C *Conteste las preguntas según el modelo.*

¿Leyó usted la lección?
La estaba leyendo cuando usted entró.

1 ¿Tomó usted la medicina?
2 ¿Escuchó usted el programa?
3 ¿Escribió usted la carta?
4 ¿Llamó usted a su novio(a)?
5 ¿Comió usted el postre?
6 ¿Vio usted el partido?
7 ¿Bailó usted la salsa?

ROPA Y CALZADO DEPORTIVO
Chandalls, niquis y conjuntos de primeras "Puma", "Arkapen", "Slazenger", "Lacoste", "Fred Perry", "Dunlop", H.C.C. ...y zapatería de tenis, fútbol, tiempo libre... Paredes, Puma, Munich...

Descuento 10%

3. Ser, ir, venir—no emplean la forma progresiva

Ser, **ir**, and **venir** are rarely used in the past progressive. The simple imperfect is used instead.

Carmela **era** muy lista.	*Carmela was very sharp.*
Yo **iba** al partido.	*I was going to the game.*
Él **venía** a casa.	*He was coming home.*

Conteste con el progresivo si es correcto emplearlo.

1 ¿Iba usted al mercado?
2 ¿Venía usted a casa?
3 ¿Era usted lista de niña?
4 ¿No conducía usted?
5 ¿No venía usted?

6 ¿No comía usted?
7 ¿No iba usted por la calle?
8 ¿No dormía usted?
9 ¿No estudiaba usted?
10 ¿No era usted que vino?

4. Verbos con significado distinto en el pretérito y el imperfecto

Certain verbs, especially ones which in the imperfect describe a mental state, have a distinctly different meaning when used in the preterit.

conocer

¿Lo **conocía** usted de niño?	*Did you know him as a child?*
Lo **conocí** ayer.	*I met him yesterday.*

saber

Todo el mundo ya lo **sabía**.	*Everybody already knew it.*
Lo **supo** ayer.	*He found it out yesterday.*

poder

Podía hacerlo.	*He was able to do (capable of doing) it.*
¿**Pudo** hacerlo Federico?	*Did Federico manage to do it?*

querer

Quería abrirla.	*He wanted to open it.*
Quiso abrirla.	*He tried to open it. (He wanted to open it at that moment.)*
No **quería** venir.	*She didn't want to come.*
No **quiso** venir.	*She refused to come.*

conocer *to know, to be acquainted with*
(pretérito)

conocí	conocimos
conociste	conocisteis
conoció	conocieron

Un equipo femenino de
básquetbol en Madrid.

A *Pregunte cuándo las siguientes personas
conocieron a Federico.*

¿Cuándo conocieron **ustedes** a Federico?

ella, tú, ellas, yo, Alicia, nosotros, él, usted,
vosotros

saber *to know, to*	
know how	
(pretérito)	
supe	supimos
supiste	supisteis
supo	supieron

A *Pregunte cuándo supieron del baile estas personas.*

¿Cuándo **supiste** del baile?

ellos, usted, ella, tú, ustedes, yo, él, ellas

B *Conteste según el modelo.*

Yo conocí a Federico. ¿Y usted?
Sí, lo conocí también.

1 ¿Y ella?   4 ¿Y tú?
2 ¿Y ustedes?   5 ¿Y ellos?
3 ¿Y nosotros? 6 ¿Y vosotras?

B *Conteste según el modelo.*

Yo lo supe anoche. ¿Y ellos?
Lo supieron anoche también.

1 ¿Y él?   4 ¿Y ellas?
2 ¿Y tú?   5 ¿Y usted?
3 ¿Y ustedes? 6 ¿Y Alicia?

Campeonato gimnástico en la República Dominicana.

poder *to be able to*
(pretérito)

pude	pudimos
pudiste	pudisteis
pudo	pudieron

A *Diga cuando pudieron ir a la fiesta las siguientes personas.*

Usted—ayer.
Usted pudo ir a la fiesta ayer.

1 Él—anoche.
2 Tú—ayer.
3 Nosotras—el sábado pasado.
4 Ellos—a las cinco.
5 Yo—ayer.
6 Ella—el miércoles.
7 Federico—anoche.
8 Ustedes—esta mañana.

B *Conteste según el modelo.*

Yo no pude venir temprano. ¿Y usted?
No, no pude venir temprano tampoco.

1 ¿Y ella?   4 ¿Y tú?
2 ¿Y ustedes?   5 ¿Y Alicia?
3 ¿Y ellos?   6 ¿Y él?

querer *to wish, to
want, to love*
_____(pretérito)_____

quise	quisimos
quisiste	quisisteis
quiso	quisieron

A *Exprese quién no quiso jugar en el partido.*

Él no quiso jugar en el partido.

Yo, Ustedes, Tú, Ellas, Alicia, El papá de
Federico, Nosotros, Vosotros

B *Conteste según los modelos.*

Él no quiso comerlo. ¿Y ella?
Tampoco quiso comerlo.

1 ¿Y usted?	**4** ¿Y ellas?
2 ¿Y ellos?	**5** ¿Y Federico?
3 ¿Y nosotros?	**6** ¿Y tú?

¿Quiso usted ir al baile?
Quise pero no pude.

1 ¿Quisieron ustedes ir al partido?
2 ¿Quiso él ir al campeonato?
3 ¿Quisieron ellos salir?
4 ¿Quiso usted ir a la fiesta?
5 ¿Quiso ella aprender a nadar?

C *Conteste las siguientes preguntas.*

1 ¿Conoció Alicia a Federico?
2 ¿Cuándo supiste de la fiesta?
3 ¿Pudo usted terminar los estudios anoche?
4 ¿Quiso usted bailar ayer?
5 ¿Cuándo conociste al profesor?
6 ¿Pudieron ustedes estudiar anoche?
7 ¿No quisieron ustedes comer anoche?
8 ¿Dónde conoció usted a su novio(a)?

D *Dé el equivalente en español.*

1 He met her yesterday.
2 I knew her as a child.
3 We tried to come.
4 They were capable of learning but refused (to
learn).
5 Did you manage to finish the work?
6 Alicia didn't want to dance, but she did.
7 When did you find out that she wasn't going
to come?
8 We already knew she wasn't coming.

E *Complete la frase con el pretérito o el imperfecto.*

1 (conocer)   Nosotros _conocimos_ a Federico
anoche.
2 (conocer)   Ellos lo _conocíamos_ muy bien.
3 (saber)   Felipe no _sabía_ del accidente hasta
las nueve.   *supo*
4 (saber)   Federico nunca _supo_ la lección.   *sabía*
5 (poder)   Para Roberto fue imposible. No
podía abrirla.   *pudo*
6 (poder)   Nosotros siempre _podíamos_ hablarle
cuando queríamos.
7 (querer)   Tenía buenas intenciones. _quiso_
correr pero no pudo.
8 (querer)   Su mamá no le permitió comer
porque no _quería_ lavarse los manos.
9 (querer)   Era muy bueno Carlos. Me dijo
que _quería_ ayudarme.
10 (querer)   No _quería_ venir porque estaba
enfermo.

5. El imperfecto o el pretérito—más práctica

A *Complete las frases con el imperfecto o el pretérito y explique el porqué.*

Ayer yo (*ir*) _____ a ver el campeonato de fútbol. Me (*gustar*) _____ muchísimo porque (*ganar*) _____ el Club Comercio, mi equipo favorito. María no (*poder*) _____ acompañarme. De costumbre ella (*ir*) _____ a todos los partidos conmigo pero la semana pasada (*comenzar*) _____ a trabajar y no (*querer*) _____ perder el trabajo. Los dos equipos (*jugar*) _____ muy bien pero todo el mundo (*saber*) _____ que el Club Comercio (*ir*) _____ a ganar. Cuando yo (*salir*) _____ del estadio (*estar*) _____ muy contento.

B *Complete las frases con el pretérito o el imperfecto.*

(ir) Los martes Silvia _____ muy a menudo al cine.
Los martes Silvia iba muy a menudo al cine.

1 (ir) El martes pasado Silvia _____ al cine con Carlos.
2 (esquiar) En el invierno Roberto siempre _____ mucho.
3 (bailar) Cuando era joven Debbie _____ el tango.
4 (llegar) Federico _____ el domingo de Chile.

5 (hacer) De vez en cuando los abuelos de Juana _____ una fiesta.
6 (salir) El 6 de enero Julia _____ para México.
7 (ver) A menudo ellos _____ a Felipe.
8 (trabajar) Todos los días Juan _____ en el mercado.
9 (hablar) De costumbre Mario _____ inglés en casa.
10 (llevar) El sábado sus padres los _____ a La Cabaña.
11 (aprender) Antes Juana no _____ mucho en la escuela.
12 (vivir) En esos días Silvia _____ en México.
13 (estar) En la escuela primaria Silvia _____ siempre a gusto.
14 (ser) _____ las diez cuando el profesor entró.
15 (estudiar) De niña, Juana _____ mucho.
16 (divertir) Nosotros nos _____ mucho anoche.
17 (aprender) Ayer nosotros _____ unos pasos estupendos.
18 (ir) Cuando Juana tenía 18 años _____ a las clases de la universidad.
19 (hacer) ¿Qué _____ ustedes cuando entró el profesor?
20 (escribir) El mes pasado Carlos le _____ una carta a Felipe.

6. Conocer o saber—repaso

Remember that **conocer** means to be acquainted with someone or some place, while **saber** means to know a fact or to have information about something.

A *Dígale a su compañero(a) de clase que **conoce** o **sabe** las siguientes cosas.*

. . . a Carmela y a Alicia.
Conozco a Carmela y a Alicia.

1 . . . Madrid.
2 . . . que Federico ya vino.
3 . . . al profesor.
4 . . . esquiar en la nieve.

B *Dígale a su compañero(a) de clase las cosas que usted y sus amigos **conocían** o **sabían**.*

. . . que el profesor venía.
Sabíamos que el profesor venía.

1 . . . todos los estados de México.
2 . . . a Vicente.
3 . . . bailar muy bien.
4 . . . a muchas personas.
5 . . . que la fiesta empezó tarde.

7. Se reflexivo como sujeto impersonal

The reflexive pronoun **se** is used as the nonpersonal subject of a third-person singular verb when no reference is made to who or what performs the action. The construction merely indicates that an action is going on. The English equivalent is *one, you, they,* or *people* plus the verb.

No **se puede** vivir aquí.	*One (You) cannot live here.*
Se dice que él baila muy bien.	*People say he dances very well.*
No **se podía** bailar con esa música.	*You (One) couldn't dance with that music.*

A *Responda a su compañero(a) de clase según su propia opinión de acuerdo con los modelos.*

¿Qué tal la vida aquí?
Se vive muy bien aquí.

1 ¿Qué tal la comida aquí?
2 ¿Qué tal el trabajo aquí?
3 ¿Qué tal el estudio aquí?
4 ¿Qué tal el juego aquí?

¿Se vive bien o mal aquí?
Se vive bien aquí.
Se vive mal aquí.

1 ¿Se juega mucho o poco aquí?
2 ¿Se trabaja bien o mal aquí?
3 ¿Se come bien o mal aquí?
4 ¿Se estudia mucho o poco aquí?

¿Se puede fumar en la clase?
No, no se puede fumar en la clase.
Sí, se puede fumar en la clase.

1 ¿Se puede comer en la cafetería sin corbata?
2 ¿Se puede bailar en la catedral?
3 ¿Se puede hablar inglés en la clase de español?
4 ¿Se puede vivir bien con poco dinero?

B *Conteste las siguientes preguntas.*

1 ¿Dónde se aprende a esquiar?
2 ¿Dónde se habla francés?
3 ¿Cuándo se estudia la gramática?
4 ¿Por qué no se fuma en la clase?

Trotando para la salud en Veracruz, México.

1 Federico

2 Miguel y Alicia

3 El tío y su esposa

4 Silvia

5 Los del coro

6 Marcos

7 Roberto

8 Jaime Luisa Pancho

9 Juan

A *Según lo que usted ve en las ilustraciones, dígale a su compañero(a) las actividades que se pueden hacer en la fiesta, en la clase y en el campo.*

Se puede comer en la fiesta.

B *Usando las mismas ilustraciones, dígale a su compañero(a):*

1 lo que hicieron estas personas ayer.
2 lo que estaban haciendo el domingo.

1 Tami y Ana

2 Alicia y Jorge

3 Hans y María

4 La familia de Silvia

5 Samuel y Lisa

6 Alfredo

C *¿Qué hacían la semana pasada estas personas?*
Dígaselo a su compañero(a).

8. Se reflexivo en acciones inesperadas

The reflexive **se** plus a verb in the third person may be used to report actions which are perceived as happening accidentally or by themselves. The person involved or interested in the happening is indicated by the appropriate indirect-object pronoun.

Se me rompió el vaso.	*I broke the glass. (The glass broke on me.)*
Se me olvidó.	*I forgot it. (It was forgotten to me, slipped my mind.)*
Se le perdieron los libros.	*He lost his books. (His books got lost.)*
Se nos ocurre una idea.	*We have an idea. (An idea occurs to us.)*
Se me murió el gato.	*My cat died (on me).*
Se me quedó el libro en casa.	*I left my book at home. (My book remained (to me) at home.)*
Se me cayó el plato.	*I dropped the plate. (The plate fell from me.)* (**cayó** = irregular preterit of **caer**)

A *Conteste según los modelos.*

1 Se me ocurrió una idea. ¿Y a ti?
Se me ocurrió una idea también.

¿Y a ellos?   ¿Y a Silvia?   ¿Y a Juana?

2 Se me cayó el vaso. ¿Y a usted?
Sí, a mí se me cayó también.

¿Y a Anita?   ¿Y a ustedes?   ¿Y a ellos?

B *Federico es un poco olvidadizo y por eso se le olvidan varias cosas. Exprese lo que le pasó ayer.*

perder / el libro
Se le perdió el libro.

1 perder / el suéter
2 olvidar / la corbata
3 quedar en casa / las fotos
4 perder / los zapatos
5 olvidar / los periódicos
6 quedar en casa / el lápiz

C *Conteste según el modelo.*

¿Se le olvidó el dinero o el cheque?
Se me olvidó el cheque.

1 ¿Se le rompió el brazo o la pierna?
2 ¿Se le rompieron los platos o las tazas?
3 ¿Se le cayó el plato o el vaso?
4 ¿Se le murió el gato o el perro?
5 ¿Se le olvidó la hora o el día?
6 ¿Se le quedó en casa el libro o el lápiz?
7 ¿Se le ofreció dinero o trabajo?
8 ¿Se le permitió venir el jueves o el sábado?

9. El subjuntivo—repaso

A *¿Ocurren las siguientes cosas? Diga que usted lo duda.*

¿Viene Federico a la fiesta esta noche?
Dudo que él venga.

1 ¿Está Alicia en casa ahora?
2 ¿Baila bien Jaime?
3 ¿A Jaime se le ocurren buenas ideas?
4 ¿A Jesusita se le quedan los libros en casa frecuentemente?
5 ¿Ganan ellos el campeonato este año?

B *Conteste las siguientes preguntas.*

1 ¿Quiere Debbie que Alicia la presente a Federico?
2 ¿Quiere usted que los deportistas ganen más dinero?
3 ¿Le gusta a usted que jueguen al fútbol en las universidades norteamericanas?
4 ¿Siente usted que su compañero(a) de cuarto no le preste su ropa?
5 ¿Prefiere usted que se viva mejor aquí?

Lectura

MARIO Y SUS DIVERSIONES

Soy Mario Varela y vivo en Bogotá. En mi país el béisbol es bastante popular pero no hay nada como el fútbol en nuestra opinión. Todos los domingos hay partido y en diciembre cuando juegan el campeonato nacional muchas veces vamos al partido para ver jugar a los mejores equipos[1]. El gran partido final es casi siempre entre el Club Comercio y el Club Santa Fe[1]. Son los dos rivales tradicionales de Colombia. Hay otro campeonato que es internacional que se llama ''la Copa Libertadores''[2] en que juegan equipos de la Argentina, del Perú, Venezuela y el Brasil. En esos partidos el entusiasmo es tremendo y a veces los aficionados llegan a las manos[1].

    Cuando era pequeño vivía en Oruro y mi diversión favorita era la pesca[1]. Iba casi todos los sábados al campo para pescar con mis amigos. En el colegio nuestro deporte favorito era el buceo. Vivíamos un poco lejos del océano pero muchas veces íbamos en grupo a pasar el día jugando al vólibol y practicando el buceo en la playa. El vólibol todavía está muy de moda[1] en Colombia y yo juego mucho con mis compañeros de clase.

para . . . to see the best teams play

come to blows

fishing

fashionable

PREGUNTAS

1 En Colombia, ¿cuál es el rey de los deportes? **2** ¿Qué es ''la Copa Libertadores''? **3** Cuando era pequeño, ¿adónde iba Mario los fines de semana? **4** ¿Dónde buceaban? **5** ¿A qué otro deporte juega ahora Mario?

PREGUNTAS PERSONALES

1 ¿Es usted deportista? **2** ¿Cuál es su deporte favorito como participante? **3** ¿Y como espectador? **4** ¿Juega usted al golf? **5** ¿Le gusta ver el fútbol americano en la televisión? **6** ¿Cuál es su equipo favorito? **7** ¿Y su jugador favorito? **8** ¿Le interesan los Juegos Olímpicos? **9** ¿No practica usted ningún deporte? **10** ¿Prefiere usted bailar?

[1] The full historical name of Bogotá is Santa Fe de Bogotá.
[2] *The Liberators' Cup* (Simón Bolívar, 1783–1830, and José de San Martín, 1778–1850, are known as ''the Liberators'' for their role as the architects of the independence of Spanish South America.)

ACTIVIDADES EN GRUPOS DE TRES

A *Dígales a sus compañeros del grupo lo más interesante de sus deportes y diversiones favoritos durante sus años en la escuela secundaria, luego conteste las preguntas de sus compañeros.*

B *Tomando turno, cuénteles a sus compañeros del grupo lo que acostumbraba hacer antes de venir a la universidad, empleando las siguientes expresiones.*

cuando era niño(a)   de costumbre
antes   cuando era más joven
a menudo   en esos días
de vez en cuando
siempre

C *Tomando turno, dígales a sus compañeros de clase lo que hizo . . .*

el fin de semana pasado   anteayer
el año pasado   el mes pasado
anoche   ayer
la semana pasada   el domingo
                                 pasado

En pocas palabras

COMPLETE LAS FRASES

1 Estudiaba _____.
2 Carmela tuvo_____.
3 Supe _____.
4 Eran las seis _____.
5 ¿Qué deporte _____?
6 ¿Duda usted que _____?

FORME PREGUNTAS

¿Cuál fue la pregunta que le hizo su amigo a usted en los siguientes casos?

1 Sí, me divertía mucho en los deportes.
2 No, no sé jugar al tenis.
3 Conocimos a Federico en Chile.
4 No, no quise ir a la clase.
5 Sí, cuando éramos jóvenes jugábamos mucho.

CONTESTE

1 El año pasado, ¿trabajaba o estudiaba?
2 Antes de venir aquí, ¿estudiaba o trabajaba?
3 De costumbre, ¿leía el periódico o escuchaba la radio?
4 Antes de venir aquí, ¿vivía solo(a) o estaba con la familia?
5 Cuando era niño(a), ¿vivía en el campo o en la ciudad?

BREVES CONVERSACIONES

Pregúntele a _____
    qué hora era cuando él llegó.
    qué tiempo hacía cuando salió.
    si estaban bailando cuando llegó el profesor.
    si estaba él en casa cuando vino Juan.
    si eran las siete cuando él comió.
    si escribía ella la lección cuando entró Juan.
    si recibió una carta ayer.
    si conoció a Ricardo anoche.
    por qué no quiso comer anoche.
    cuándo supo del baile.

PREGUNTAS PERSONALES

1 ¿Qué hizo usted anoche?
2 ¿Fue usted al cine?
3 ¿No quiso usted estudiar?
4 ¿Qué hacía su compañero(a) de cuarto cuando usted regresó anoche?
5 ¿Qué hora era cuando usted llegó a casa?
6 ¿Tenía mucha hambre cuando se acostó anoche?
7 ¿Dormía mientras su compañero(a) estudiaba?

8 ¿Pudo usted dormir bien?
9 ¿No quiso usted hacer la tarea?
10 ¿Qué le gustaba hacer cuando era más joven?
11 ¿Esquiaba mucho?
12 ¿Qué deportes le gustaban?
13 ¿Jugaba al fútbol o prefería otras diversiones?
14 ¿Tenía usted novio(a) cuando era joven?
15 ¿Dónde lo (la) conoció?
16 ¿Era guapo(a)?
17 ¿Salían ustedes con frecuencia en esos días?

Sección de referencia

Pronunciación

Spanish diphthongs

The following words contain the diphthongs **ai**, **ia**, **ie**, **ei**, and **io**. A diphthong is usually a combination of a strong vowel (**a**, **e**, **o**) and a weak vowel (**u**, **i**).[1] The combination, with any accompanying consonants, is pronounced as one syllable.

ai	ia	ie	ei	io
bailan	Alicia	bien	béisbol	aficionados
traigo	farmacia	tiene	reina	lección

Vocabulario

abrigo	*overcoat*	**comercio**	*commerce; business*
aficionado(a)	*fan; amateur*	**competencia**	*competition*
el **ajedrez**	*chess*	**copa**	*cup*
amargado	*embittered*	**coro**	*chorus; choir*
arquitecto	*architect*	el **cheque**	*check*
astilla	*chip, splinter*	la **decisión**	*decision*
el **básquetbol**	*basketball*	el **deporte**	*sport*
el **béisbol**	*baseball*	el (la) **deportista**	*athlete*
boca	*mouth*	**deseo**	*desire, wish*
el **campeón**	*champion*	**detrás de**	*behind*
campeonato	*championship*	**por detrás**	*from behind*
la **catedral**	*cathedral*	el **dominó**	*dominoes*

[1]Two weak vowels can also combine to form a diphthong: **Luis**, **ciudad**.

equipo	team; equipment
estupendo	stupendous
fenómeno	phenomenon
flagrante	flagrant
furioso	furious
el fútbol	soccer; football
el futbolista	soccer player; football player
gato	cat
el gol	goal
gramática	grammar
historia	story
idealista	idealist, idealistic
el incidente	incident
la infracción	infraction
la intención	intention
juego	game; match
mediado	half over
a mediados de	about the middle of
mundial	world (adj.)
la ocasión	occasion
palo	stick
paso	step
patada	kick
perro	dog
pierna	leg
piscina	swimming pool
primario	primary
profesional	professional
repente: de repente	suddenly, all of a sudden
roto	broken; torn
según	according to
Sudamérica	South America

suelo	ground; floor
el suéter	sweater
tiempo	period (sports)

Verbos

abrir	to open
acompañar	to accompany
correr	to run
defraudar	to cheat; to defraud
fumar	to smoke
jurar	to swear
marcar	to mark; to dial (telephone)
nadar	to swim
ocurrir	to occur
oponer (opongo)	to oppose
oponerse	to oppose
preguntar	to ask
presentar	to introduce; to present
romper	to break; to tear
tirar	to throw; to throw out; to shoot

Otras expresiones

estar a gusto	to be happy, to feel comfortable
¡Se acabó!	That does it!, It's finished!

Refrán

De tal palo, tal astilla.
Like father, like son.

LECCIÓN 12

La Plaza Mayor de Salamanca, España.

Perspectiva

Functional Conversational Goals: You should be able to

1 obtain personal services such as haircuts or hairstyling, dry cleaning, and repairs in a shop where Spanish is spoken.
2 explain to others what you are going to do tonight, tomorrow, next week, and on other future occasions.

Language: You will study and practice
1 verbs regular and irregular in the future tense.
2 the future used to express probability.
3 the present with future meaning.
4 the Spanish present for expressing English *shall* and *will.*

5 the demonstrative pronouns.
6 the reflexive as equivalent of the passive voice.
7 the conjunctions **pero** and **sino.**

Culture: You will learn about
1 different kinds of specialized stores and shops found in Hispanic America.
2 various personal-service establishments.
3 the lottery in Spain and Latin America.

Pronunciation: You will be able to pronounce correctly the Spanish vowel sounds in words of multiple syllables.

Más vale pájaro en mano que ciento volando.

Diálogo

¿VAMOS DE COMPRAS?

Sherrie y Betty están estudiando español en la Universidad de Salamanca en España. Al salir de las clases Sherrie se encuentra con Lorenzo, un estudiante español que frecuenta el mismo comedor que ella.

LORENZO   ¡Hola, chica! Buenas tardes. ¿Qué tal las clases?

SHERRIE   Un poco difíciles. Los profesores no hablan inglés y hay mucho que no comprendo. Yo creo que nunca hablaré bien el español.

LORENZO   Ya lo aprenderás. ¿Qué piensas hacer este fin de semana?

SHERRIE   Betty y yo iremos de compras el sábado, ¿y tú?

LORENZO   Voy a salir al campo con mis padres. Salamanca no es una ciudad grande pero encontrarás cosas muy interesantes en la Plaza Mayor. ¿Quieres que las acompañe el sábado?

SHERRIE   Gracias. No será necesario, Lorenzo . . . Betty comprará de todo. Ya la conozco. Yo trataré de comprar poco, sólo algo típico de España como unos discos de Julio Iglesias o algunos recuerdos de plata.

LORENZO   Perdona que te lo diga, Sherrie, pero hay algo mucho más típico aquí en Salamanca. Los ciegos lo venden en la Plaza Mayor.

SHERRIE   ¿Ah, sí? ¿Qué será?

LORENZO   Billetes de lotería. Los compras el sábado, el domingo ganas el gordo y serás millonaria.

SHERRIE   ¡Ay qué fantasía, Lorenzo! Nunca tendré esa suerte. Más vale pájaro en mano que ciento volando. A propósito, ¿dónde se venden estampillas?

LORENZO   Estampillas para cartas, ¿no? En España ésas se llaman sellos y los compras en el estanco donde se venden tabaco y cerillas. Ahí viene Betty. Adiós, Sherrie. Nos veremos en el comedor.

SHERRIE   Adiós, Lorenzo, y muchas gracias.

PREGUNTAS

1 ¿Dónde están estudiando Sherrie y Betty?
2 ¿Dónde conoció Sherrie a Lorenzo?
3 ¿Por qué hay mucho que no comprende Sherrie en las clases?
4 ¿Cree Sherrie que hablará bien?
5 ¿Dice Lorenzo que Sherrie aprenderá español?
6 ¿Adónde irán Sherrie y Betty el sábado?
7 ¿Piensan ir de compras este fin de semana?
8 ¿Cómo quiere Lorenzo ayudarle a Sherrie?

9 ¿Qué tratará de comprar Sherrie?
10 ¿Qué le sugiere Lorenzo?
11 ¿Dónde se venden los billetes de lotería?
12 ¿Quiénes los venden?
13 ¿No quiere ser millonaria Sherrie?

14 ¿Qué significa ''más vale pájaro en mano que ciento volando''?
15 ¿Comprará Betty billetes de lotería?
16 ¿Cómo se llaman las estampillas en España?
17 ¿Dónde se venden sellos, tabaco y cerillas?

Notas culturales

LOS MERCADOS PÚBLICOS

Quizás los mercados más pintorescos e interesantes en todo el mundo hispánico son los mercados públicos. Tradicionalmente en todas las ciudades y pueblos hay un mercado central que contiene varias pequeñas tiendas. En México, por ejemplo, se llaman ''puestos''. Cada uno de los puestos tiene su propio dueño o dueña[]. En muchos casos los dueños fabrican, cultivan o crían[] los productos que venden.

su . . . *its own owner*
raise

Un mercado público en la República Dominicana.

Muchos clientes prefieren comprar en los mercados públicos porque allí pueden conseguir[1] mejores gangas. Si los precios no están marcados, todo el mundo sabe que es posible regatear para conseguir un precio más razonable. En estos mercados y en otras partes también, hay comercios pequeños que se especializan en la venta de un solo producto. Hay panaderías, donde se vende pan, carnicerías, donde se vende carne, y verdulerías, donde se venden verduras. *obtain*

La terminación **-ería** indica que es un lugar comercial donde se vende el producto mencionado. No es difícil adivinar lo que se vende en una frutería, una joyería o una perfumería. Y una peluquería con toda seguridad tiene que ser un negocio donde se le corta o se le arregla el pelo a uno.

La confitería. En Sudamérica, especialmente en la Argentina y en el Uruguay, la confitería es un lugar muy popular para los encuentros sociales. La gente se sienta para charlar[1] con los amigos y comer algo ligero o tomar un refresco. En la confitería se venden pasteles y tartas elegantes, pequeños sandwiches, bombones y postres como también refrescos y helados[1]. En el verano las confiterías ponen mesas y sillas afuera en la acera[1] y las reuniones entre amigos se hacen aún más placenteras. *chat* · *sillas . . . chairs outside on the sidewalk*

Los almacenes y los supermercados. Las tiendas que venden comestibles tienen nombres diferentes. En la Argentina, por lo general, se llaman almacenes, mientras que en México se llaman tiendas de abarrotes. En España uno ve con frecuencia letreros que dicen ''ultramarinos''[1]. Antes esta palabra se refería a los productos comestibles importados de otros países. Ahora es un término general para la tienda de comestibles. En todas partes hoy se ve otro letrero muy fácil de comprender. Es el del famoso ''supermercado'' que se extiende por todo el mundo. *overseas*

Las grandes casas comerciales que venden muebles, ropa, máquinas eléctricas y de todo en diferentes departamentos, son menos comunes que en los Estados Unidos.

PREGUNTAS

1 ¿Cuáles son los mercados más pintorescos del mundo hispánico? **2** ¿Qué son ''puestos'' en los mercados públicos de México? **3** ¿Qué costumbre tienen los dueños de los puestos? **4** ¿Por qué prefieren muchos clientes comprar en los mercados públicos? **5** ¿Qué significa ''regatear''? **6** ¿Qué se vende en una panadería? ¿Y en una perfumería? **7** ¿Qué indica la terminación **-ería**? **8** ¿Qué es una confitería? **9** ¿Qué acostumbran hacer en las confiterías? **10** En la Argentina, ¿qué se vende en un almacén? **11** ¿Cómo se llaman las tiendas de comestibles en México? **12** ¿Qué se vende en España donde hay un letrero que dice ''ultramarinos''? **13** ¿Qué se vende en un supermercado?

[1]**pasteles** . . . pastries and elegant cakes and pies, small sandwiches, candies, and desserts, as well as soft drinks and ice cream

Explicación y Aplicación

1. El futuro

¿QUÉ PIENSAS HACER ESTE FIN DE SEMANA?

LORENZO ¿Qué piensas hacer este fin de semana?

SHERRIE Betty y yo iremos de compras al centro. ¿Y tú?

LORENZO Yo iré al campo con mis padres.

Lorenzo al campo

Las chicas al centro

SHERRIE Betty comprará de todo—joyas, ropa y un montón de recuerdos. Yo trataré de comprar algo auténtico de España.

Las chicas irán de compras.

Sherrie   Betty

SHERRIE Yo nunca hablaré bien el español.

LORENZO Sí, el español es fácil. Ya lo aprenderás perfectamente.

¡El español es fácil!

Sherrie   Lorenzo

comprar *to buy*		aprender *to learn*		ir *to go*	
compraré	compraremos	aprenderé	aprenderemos	iré	iremos
comprarás	compraréis	aprenderás	aprenderéis	irás	iréis
comprará	comprarán	aprenderá	aprenderán	irá	irán

Conteste.

1 ¿Adónde irán las chicas el sábado?
2 ¿Adónde irán Lorenzo y sus padres?
3 ¿Qué comprará Betty?
4 ¿Qué tratará de hacer Sherrie?

5 ¿Nunca hablará bien el español Sherrie?
6 ¿Qué piensa Lorenzo?
7 ¿Lo hablará bien usted algún día?
8 ¿Nunca lo aprenderá usted perfectamente?

2. Verbos regulares en el futuro

Verbs regular in the future form the tense by adding a set of endings to the complete infinitive. These endings are the same for all three conjugations.

$$\text{Infinitive} + \begin{cases} \text{-é} & \text{-emos} \\ \text{-ás} & \text{-éis} \\ \text{-á} & \text{-án} \end{cases}$$

The future tense in Spanish is the equivalent of English *will* or *shall* plus the verb.

Hablaremos español.	*We'll speak Spanish.*
Pronto **veremos**.	*We shall soon see.*
Sherrie **irá** de compras.	*Sherrie will go shopping.*

The future may also be expressed in Spanish by using a form of **ir** + **a** + an infinitive. (See Lesson 2.)

Sherrie **va a estudiar** mañana.	*Sherrie is going to study tomorrow.*
Voy a cantar.	*I'm going to sing.*

A *¿Quiénes comprarán recuerdos? Estas personas, sí.*

nosotros
Compraremos recuerdos mañana.

él, ella, yo, ustedes, nosotras, ellos, tú, vosotros

B *¿Aprenderán español estas personas? Diga que* **sí.**

Betty y Sherrie
Betty y Sherrie aprenderán español.

Tú, Ellas, Yo, Ustedes, Él, Usted, Vosotras

C *Estas personas irán al centro el sábado.*

Ellos
Ellos irán al centro el sábado.

Ella, Tú, Ellas, Yo, Nosotros, Usted, Él, Ustedes

These model verbs are regular in the future tense. Most verbs are conjugated in the future tense in the same manner (for exceptions see p. 303).

D *Conteste según los modelos.*

1 Betty comprará mucho en el centro. ¿Y ustedes?
No, no compraremos nada.
Sí, compraremos algo.

¿Y Sherrie?   ¿Y usted?
¿Y nosotros?   ¿Y ellas?

2 Yo no venderé mi coche. ¿Y tú?
Sí, venderé mi coche.
No, no venderé mi coche.

¿Y Sherrie?   ¿Y ellos?
¿Y la profesora?   ¿Y ustedes?

3 Sherrie irá de compras. ¿Y tú?
Sí, yo iré también.
No, yo no iré nunca.

¿Y Lorenzo?   ¿Y tu hermana?
¿Y nosotros?   ¿Y ellos?
¿Y usted?

4 Le escribiré mañana. ¿Y ustedes?
Sí, le escribiremos mañana también.
No, no le escribiremos mañana.

¿Y ella?   ¿Y ellos?
¿Y Mario?   ¿Y usted?

5 Lo estudiaremos esta noche. ¿Y usted?
Sí, lo estudiaré también.
No, no lo estudiaré.

¿Y ella?   ¿Y ellos?
¿Y vosotros?   ¿Y ustedes?

6 Me levantaré temprano. ¿Y usted?
Sí, me levantaré temprano.
No, no me levantaré temprano.

¿Y ellas?   ¿Y ustedes?
¿Y usted?   ¿Y él?

7 Seré profesor(a) el próximo año. ¿Y usted?
Seré profesor(a) también.
No, no seré profesor(a).

¿Y ella?   ¿Y ellos?
¿Y ustedes?   ¿Y yo?

8 Lorenzo irá al campo este sábado. ¿Y vosotros?
Iremos al campo también.
No, no iremos al campo.

¿Y ella?   ¿Y yo?
¿Y ustedes?   ¿Y Betty?

E *Conteste.*

1 ¿Qué comprará usted en la joyería?
2 ¿Qué me venderá usted?
3 ¿A qué hora se levantará mañana?
4 ¿Insistirán ustedes en hablar inglés?
5 ¿Le escribirá una carta a su familia este domingo?
6 ¿Será usted estudiante el próximo año?
7 ¿Cuándo estudiarán ustedes la lección?
8 ¿Adónde irá usted esta noche?
9 ¿Quién irá de compras?
10 ¿Cuánto tiempo estudiará usted este fin de semana?
11 Yo no venderé mis libros. ¿Y usted?
12 ¿Comprará usted joyas muy finas?
13 ¿Le escribirán sus padres?
14 ¿Qué comprará usted este fin de semana?

3. Verbos irregulares en el futuro

En el mercado central

SHERRIE   Perdón, señora. ¿No hay manzanas hoy?
SEÑORA   No, señorita. No habrá hasta el martes.

El estanco está cerrado.

BETTY   ¿No puedo comprar sellos ahora?
UN SEÑOR   No, está cerrado el estanco. Esta tarde podrá comprar sellos después de las cuatro.

En la tienda de porcelanas

VENDEDORA   Tú sabes bastante bien el español, señorita.
SHERRIE   Gracias, señora. Pero nunca lo sabré muy bien.
VENDEDORA   Sabrás bien pronto si sigues conversando.

poder *to be able to*		**saber** *to know*	
podré	podremos	sabré	sabremos
podrás	podréis	sabrás	sabréis
podrá	podrán	sabrá	sabrán

The future of **hay**, from the verb **haber**, also has an irregular stem: **habrá**.

Conteste.

1   ¿Hay manzanas en el mercado hoy?
2   ¿Cuándo habrá manzanas?
3   ¿Por qué no puede comprar sellos ahora Betty?
4   ¿Cuándo podrá comprarlos?
5   ¿Sabe muy bien el español Sherrie?
6   ¿Cuándo lo sabrá bien según la vendedora?
7   ¿Habrá manzanas en el supermercado?
8   ¿Podrá usted visitar España este verano?
9   ¿Cuándo sabrás perfectamente el español?

Most verbs use the infinitive as the future stem; however, the following verbs have irregular stems. The regular endings (discussed in Section 2) are attached to these stems.

INFINITIVE	FUTURE STEM	FUTURE TENSE (yo-form)
haber	habr-	habré
poder	podr-	podré
saber	sabr-	sabré
querer	querr-	querré

Habrá baile el sábado.	*There will be a dance Saturday.*
¿**Podrá** venir usted?	*Will you be able to come?*
Sabremos mañana.	*We will know tomorrow.*
Todos **querrán** ir.	*Everyone will want to go.*

A *Hay una emergencia y no tenemos guía de teléfonos. ¿Quién sabrá el número de teléfono del hospital? Pregunte si estas personas lo sabrán.*

¿Lorenzo?
¿Sabrá Lorenzo el número?

¿ellos?   ¿Betty?   ¿las chicas?
¿la profesora?   ¿tú?   ¿nosotros?   ¿yo?

B *¿Quién podrá ir por el médico? Estas personas no podrán ir.*

¿Luis?
No, Luis no podrá ir.

¿nosotros?   ¿ellas?   ¿tú?   ¿ustedes?
¿Lorenzo?

The following verbs replace the **e** or **i** of the infinitive ending with **d**.

INFINITIVE	FUTURE STEM	FUTURE TENSE (yo-form)
tener	tendr-	tendré
venir	vendr-	vendré
poner	pondr-	pondré
valer	valdr-	valdré
salir	saldr-	saldré

Ella no **tendrá** manzanas mañana.	*She won't have apples tomorrow.*
¿**Vendrán** ellos a la plaza?	*Will they come to the plaza?*
Me lo **pondré** después.	*I'll put it on later.*
No **valdrá** mucho.	*It won't be worth much.*
¿Cuándo **saldrán** ustedes?	*When will you leave?*

A *¿Quién vendrá a la plaza? Estas personas, sí.*

Mario
Mario vendrá a la plaza.

Ellos, Yo, Nosotros, Usted, Él, Ustedes

B *Diga donde pondrán sus compras las siguientes personas.*

Betty
Las pondrá en la mesa.

ellas, nosotros, él, Sherrie, yo, vosotros

C *¿Cuándo saldrán las siguientes personas para el centro?*

nosotros—a las seis
Saldremos a las seis.

1 él—luego
2 ellas—en seguida
3 ustedes—a la una
4 Sherrie—en una hora
5 yo—ahora
6 usted—esta noche
7 tú—mañana
8 Lorenzo—esta tarde

D *Diga cuando tendrán verduras las siguientes personas.*

la vendedora
Las tendrá mañana.

nosotros, él, ellos, Cecilia, Mario y Cecilia, usted, yo, vosotros

E *Conteste en el afirmativo o en el negativo según los modelos.*

1 Ustedes lo sabrán mañana, ¿verdad?
Sí, lo sabremos mañana.
No, no lo sabremos mañana.

¿Y ellos?   ¿Y Ernesto?   ¿Y nosotras?
¿Y yo?

2 Ellos no vendrán nunca, ¿verdad?
No, no vendrán nunca.
Sí, vendrán pronto.

¿Y sus padres?   ¿Y el presidente?
¿Y ustedes?   ¿Y Lorenzo?   ¿Y Betty?

3 Yo saldré mañana temprano. ¿Y ustedes?
Sí, saldremos mañana también.
No, no saldremos mañana.

¿Y Mario?   ¿Y usted?   ¿Y ellas?   ¿Y él?
¿Y mi hermano?

La tuna canta en un restaurante de Barcelona, España.

In the following verbs, the stem consonant **c** is replaced by **r**.

INFINITIVE	FUTURE STEM	FUTURE TENSE (**yo**-form)
hacer	**har-**	haré
decir	**dir-**[1]	diré

¿Cuándo lo **harás**?   *When will you do it?*
Le **diré** mañana.   *I will tell you tomorrow.*

A *Sustituya los nuevos sujetos en la frase y repítala.*

1 ¿Qué hará ella mañana?
   ellos, usted, él, yo, ustedes, tú, Cecilia,
   vosotras

2 Le diré la verdad.
   nosotros, ella, tú, ellas, usted, él, ustedes

B *Conteste primero afirmativamente y luego negativamente.*

1 Ella les dirá la verdad. ¿Y usted?
   Sí, yo les diré la verdad.
   No, yo no les diré la verdad.

¿Y ellos?   ¿Y yo?   ¿Y Mario y Cecilia?
¿Y ustedes?

2 Usted hará el trabajo, ¿no?
   Sí, yo haré el trabajo.
   No, yo no haré el trabajo.

¿Y ustedes?   ¿Y Alberto?   ¿Y nosotros?
¿Y ellas?

C *Responda a las siguientes preguntas en el afirmativo.*

¿Irán al mercado los estudiantes?
   Sí, creo que irán al mercado.

1 ¿Dirá ella la verdad?
2 ¿Vendrán ellos temprano?
3 ¿Habrá clase mañana?

4 ¿Saldrán ellas en seguida?
5 ¿Hará buen tiempo mañana?
6 ¿Habrá partido de fútbol el sábado?
7 ¿Se pondrá ella ese vestido?

D *Responda que usted hará todas estas cosas más tarde.*

¿Quiere usted poner los sellos en la carta ahora?
   No, los pondré más tarde.

1 ¿Quiere usted venir hoy?
2 ¿Quiere usted salir conmigo ahora?
3 ¿Quiere usted tener un novio (una novia) ahora?
4 ¿Quiere usted hacer el trabajo esta mañana?
5 ¿Quiere usted decir la verdad ahora?
6 ¿Quiere usted vender su coche hoy?
7 ¿Quiere usted saber el secreto ahora?

E *Conteste en el negativo. Use pronombres por los objetos directos.*

¿Vas a tener el dinero mañana?
   No, no lo tendré mañana.

1 ¿Van ellos a hacer la tarea esta noche?
2 ¿Va usted a decir la verdad?
3 ¿Va ella a poner los sellos en la mesa?
4 ¿Va usted a tener las joyas más tarde?

---

[1]Note that the **e** becomes **i** in the future stem of **decir**.

F Responda a estas preguntas de acuerdo con su propia opinión. Use el tiempo futuro.

1 ¿Se pondrá usted un sombrero mañana?
2 ¿Vendrá usted a la clase mañana?
3 ¿Tendrán ustedes que estudiar este fin de semana?
4 ¿A qué hora saldrá usted de la casa mañana por la mañana?
5 ¿Hará frío esta noche?
6 ¿Podrá usted ir al cine esta noche?
7 ¿Habrá muchos estudiantes aquí mañana?
8 ¿Habrá una fiesta el sábado?
9 ¿Dirán ustedes la verdad?
10 ¿Quién hará la tarea?

4. El futuro para expresar probabilidad

In Spanish, the future tense is sometimes used to express uncertainty or probability in the present.

Será como tú dices.	It's probably like you say.
¿**Será** cierto?	Can it be true?
¿**Vendrá** él hoy?	I wonder if he is coming today.
¿**Estará** en casa ella?	Do you suppose she's home?
¿**Tendrá** sueño el profesor?	Can it be that the professor is sleepy?
Estará cansado.	He's probably tired.
¿Ya **serán** las diez?	Can it be ten o'clock already?

tener to have (futuro)	
tendré	tendremos
tendrás	tendréis
tendrá	tendrán

Tendremos que entrar.   We'll probably have to go in.

A Las siguientes personas asistieron a una fiesta anoche y no se acostaron hasta muy tarde. Pregunte si estas personas tendrán sueño esta tarde.

Luisa
¿Tendrá sueño Luisa esta tarde?

los amigos, Alfredo, tú, Carmen y Alicia, ellos, ustedes

B Conteste las siguientes preguntas expresando probabilidad.

1 ¿Quién tendrá que estudiar más?
2 ¿Tendrá su amiga dinero para comprar joyas?
3 ¿Tendrá sueño el profesor ahora?
4 ¿Tendrán tiempo para ir al centro sus amigos?

estar *to be* (futuro)

estaré	estaremos
estarás	estaréis
estará	estarán

Estarán en el centro.   *They must be downtown.*

A *Conteste según el modelo.*

Betty estará en el centro. ¿Y Sherrie?
También estará allí.

1 ¿Y el policía?   4 ¿Y ellos?
2 ¿Y sus amigos?   5 ¿Y su mamá?
3 ¿Y la vendedora?   6 ¿Y el profesor?

B *Conteste según su propia opinión.*

1 ¿Dónde estará su amigo?
2 ¿Estarán en el laboratorio los estudiantes?
3 ¿Estará en casa Lorenzo?
4 ¿Estará en casa su mamá?

C *Dé el equivalente en español.*

1 Do you suppose he is in the market?
2 Can it be that we are sleepy?
3 The professor's probably sick.
4 Can it be that they are buying it?
5 The store is probably closed.

D *Dé el equivalente en inglés.*

1 ¿Será que no vienen?
2 ¿Qué hora será ahora?
3 ¿Costará mucho esa blusa?
4 ¿Dónde estará Lorenzo?
5 No sé dónde está. Estará en la joyería.

5. El presente con significado futuro

In spoken Spanish the present indicative is often used to mention a future action. The element of time is not emphasized by this construction.

Me **llevo** este disco.   *I'll take this record.*
Lo **hago** mañana.   *I'll do it tomorrow.*

A *Responda según el modelo.*

¿Va usted a comprarlo?
Bueno, si usted quiere, lo compro.

1 leerlo   4 escribirlo   7 llamarlo
2 estudiarla   5 comerlo   8 hacerlo
3 aprenderla   6 llevarlo   9 venderla

B *Conteste que hará las siguientes acciones más tarde.*

¿Me ayuda usted a hacerlo?
Sí, más tarde le ayudo.

1 ¿Le habla usted al policía del accidente?
2 ¿Nos escribe usted una carta?
3 ¿Les dice usted la verdad?
4 ¿Me vende usted la revista?

6. El presente en español con significado de *shall* o *will*

English *shall* and *will* appear in questions about willingness. These have nothing to do with future time. Spanish uses present-tense verbs to formulate such questions.

Also, the verb **querer** is often used to express the notion of wishing or wanting. Note the following examples, in which one person questions another regarding his or her willingness to do something. All these verbs are in the present tense.

¿**Entramos**?	*Shall we go in?*
¿**Vamos** de compras?	*Shall we go shopping?*
¿**Compro** estas joyas?	*Shall I buy these jewels?*
¿**Quieres** ir al centro?	*Will you (Do you want to) go downtown?*
¿**Quiere** venir conmigo?	*Will you (Do you want to) come with me?*

Salamanca en el Río Tormes.

A *Pregúntele al profesor si usted debe hacer estas cosas. Siga el modelo.*

PROFESOR   Responder ahora.
ESTUDIANTE   ¿**Respondo ahora?**

1 Vender el libro.
2 Volver en seguida.
3 Levantarme ahora.
4 Comprar la medicina.
5 Tomarla ahora.

B *Conteste según el modelo.*

¿Trabajamos ahora?
No, después trabajamos.

1 ¿Comemos ahora?
2 ¿Entramos ahora?
3 ¿Estudiamos ahora?
4 ¿Lo llamamos ahora?
5 ¿Los compramos ahora?
6 ¿Vamos ahora?

C *Dé el equivalente en español.*

1 Shall we enter?
2 Will you write to me often?
3 Shall I try on these shoes?
4 Shall I buy the stamps?
5 Will you help me with the lesson?
6 Shall I call her?

7. Los pronombres demostrativos

The forms of the demonstrative pronouns are the same as the forms of the demonstrative adjectives (see Lesson 2), except that the demonstrative pronouns have a written accent.

	SINGULAR		PLURAL	
	Masculine	Feminine	Masculine	Feminine
	éste	ésta	éstos	éstas
	ése	ésa	ésos	ésas
	aquél	aquélla	aquéllos	aquéllas

¿Zapatos? Me gustan **éstos**.	Shoes? I like these.
¿Cuánto valdrá **éste**?	How much can this one be?
¿Y **aquél**?	And that one?
Esta camisa es mía, **aquélla** no.	This shirt is mine, that one isn't.
De todos los autos, **éste** es el mejor.	Of all the cars, this one is the best.
Estas muchachas no vienen, **ésas** sí.	These girls aren't coming, those are.

Demonstrative pronouns agree in gender and number with the noun they replace. When a demonstrative stands for an idea, situation, or unspecified action, one of the following three neuter forms is used. (The neuter forms do not have a written accent.)

esto	this
eso	that
aquello	that

Eso me parece barato.	That seems cheap (inexpensive) to me.
Eso no me gusta.	I don't like that.
Esto es ridículo.	This is ridiculous.
Aquello es absurdo.	That's absurd.

A Conteste según los modelos.

¿Te gusta este suéter?
No, prefiero ése.

1 estos pantalones   4 estas medias
2 este sombrero   5 este traje
3 esta blusa   6 este vestido

¿Qué te parece este traje?
Aquél me gusta más.

1 esta camisa   3 este anillo
2 este broche   4 esta corbata

B Dé el equivalente en español.

1 Do you like those shoes?
2 I don't understand that.
3 These records are very expensive, but those aren't.
4 Is that man over there your uncle?
5 Shall we go into that store?
6 This is absurd.
7 I like this coat.
8 I don't like that shirt.

8. El reflexivo como equivalente de la voz pasiva

When a subject acts upon an object, the verb is said to be in the active voice.

SUBJECT	OBJECT	(Active voice: subject acts on object.)
Betty compró **el disco** ayer.		*Betty bought the record yesterday.*

When the subject, rather than acting, is acted upon, the verb is said to be in the passive voice. A typical passive sentence in English is *The record was bought yesterday.* In Spanish a meaning of this kind may be expressed with a verb combined with the reflexive pronoun **se**. The verb used with **se** may be singular or plural; it agrees in number with the subject. The subject may follow or precede the verb.

(Passive voice: subject acted upon.)

Se compró el disco ayer. *The record was bought yesterday.*
Las puertas **se abrieron** a las siete. *The doors were opened at seven.*

Marcos quiere saber dónde se hacen las siguientes
cosas. Responda a sus preguntas.

¿Dónde se compró ese libro?   (librería)
Se compró en la librería.

1 ¿Dónde se vendieron esas naranjas?
  (mercado)
2 ¿Dónde se escribió este libro?   (Estados
  Unidos)
3 ¿Dónde se publicó este libro?   (Nueva York)

4 ¿Dónde se organizaron las Naciones Unidas?
  (San Francisco)
5 ¿Dónde se hizo ese vestido?   (España)

Librería en la Universidad de
San José, Costa Rica.

Vocabulario útil

ESTABLECIMIENTOS DE SERVICIOS PERSONALES[1]

la peluquería	*barbershop*
lavar el cabello	*to wash one's hair*
cortar el pelo	*to cut one's hair*
la lavandería (en seco)	*laundry (dry cleaner)*
lavar (en seco) la ropa	*to wash (dry clean) the clothes*
limpiar la ropa	*to clean the clothes*
la sastrería	*tailor shop*
hacer un traje	*to make a suit*
hacer un vestido	*to make a dress*
la zapatería	*shoe store*
vender zapatos	*to sell shoes*
lustrar las botas	*to shine (someone's) boots*
el salón de belleza	*beauty salon*
arreglar el cabello	*to set the hair*
dar un champú y peinado	*to give a shampoo and set hair (hairdo)*
la librería	*bookstore*
vender libros	*to sell books*
comprar libros	*to buy books*
la carnicería	*meat market, butcher shop*
vender carne	*to sell meat*
cortar carne	*to cut up meat*
la farmacia	*pharmacy, drugstore*
vender aspirinas	*to sell aspirins*
comprar medicina	*to buy medicine*

[1]*Personal-service establishments*

A *Durante su visita a Lima, Mario quiere conseguir varios servicios. Usando el vocabulario presentado, dígale donde puede recibirlos.*

¿Dónde me lavan el pelo?
Te lo lavan en la peluquería.

1 ¿Dónde me hacen un traje?
2 ¿Dónde me venden zapatos?
3 ¿Dónde me dan un champú y peinado?
4 ¿Dónde me limpian la ropa?
5 ¿Dónde me cortan el pelo?
6 ¿Dónde me lustran los zapatos?

B *Conteste las siguientes preguntas.*

1 ¿Dónde se venden aspirinas?
2 ¿Dónde se hacen vestidos?
3 ¿Dónde se corta la carne?
4 ¿Dónde se venden libros?
5 ¿Dónde se lustran los zapatos?

C *Diga por qué usted va a los siguientes lugares.*

¿a la lavandería?
Allí me lavarán la ropa.

1 ¿a la sastrería?
2 ¿a la farmacia?
3 ¿a la peluquería?
4 ¿al salón de belleza?
5 ¿a la carnicería?

Expresiones útiles

PIDIENDO DIRECCIONES EN LA CALLE

¿Hay un banco por aquí?	*Is there a bank around here?*
¿En qué calle está . . .?	*On which street is . . .?*
¿Por dónde se va a . . .?	*How does one get to . . .?*
Está ahí no más.	*It's right over there.*
Está en la esquina de las calles . . . y	*It's on the corner of . . . and . . . streets.*
Doble usted a la izquierda . . .	*Turn to the left . . .*
Doble usted a la derecha . . .	*Turn to the right . . .*
Camine usted dos cuadras . . .	*Walk two blocks . . .*
Camine usted media cuadra . . .	*Walk half a block . . .*
Siga usted por esta calle . . .	*Go down this street . . .*

ACTIVIDAD EN PAREJAS

Usted está en la Plaza Mayor y está pidiendo direcciones a un señor que conoce muy bien la ciudad. Pregúntele la dirección de las varias casas comerciales. Su compañero(a) tomará el papel del señor que conoce la ciudad. Luego, cambien de papel y repitan el ejercicio. Siga el modelo.

Plano de la ciudad

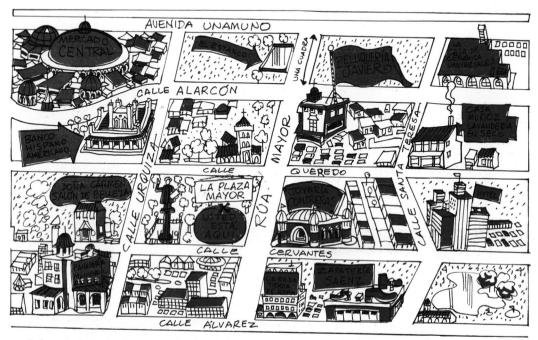

¿. . . Peluquería Javier?

ESTUDIANTE 1   **¿Por dónde se va a la Peluquería Javier?**

ESTUDIANTE 2   **Siga usted por la Rúa Mayor una cuadra. Está en la esquina de las calles Alarcón y Rúa Mayor.**

1 ¿. . . el Banco Hispanoamericano?
2 ¿. . . la Panadería Municipal?
3 ¿. . . el Mercado Central?
4 ¿. . . la Lavandería Muñoz?

5 ¿. . . la Zapatería Saenz?
6 ¿. . . el estanco?
7 ¿. . . el Salón de Belleza?
8 ¿. . . la Joyería Contreras?

9. Las conjunciones *pero* y *sino*

Both **pero** and **sino** are used as equivalents of English *but*. **Pero** is used in the sense of *nevertheless*.

Quiere comprarlas **pero** no tiene el dinero.   *She wants to buy them but has no money.*
Fui a la fiesta **pero** no te vi.   *I went to the party but I didn't see you.*

Sino is used, not **pero**, to contradict a preceding negative statement. If the contradiction is a clause, then **sino que** is used. The equivalent idea is *but rather, but instead,* or *on the contrary.*

No necesita dinero, **sino** amigos.

No fuimos al centro **sino que** estudiamos toda la tarde.

No trabajaron **sino que** jugaron.

He doesn't need money, but rather friends.

We didn't go to town but (instead) studied all afternoon.

They didn't work but (rather) played.

A *Lisa quiere saber lo que le gusta a Ricardo. Haga el papel de Ricardo, respondiendo según la información dada.*

¿Te gusta hablar español? (es muy difícil)

Sí, me gusta hablar español pero es muy difícil.

1 ¿Te gusta bailar? (no bailo muy bien)

2 ¿Te gusta jugar al tenis? (no juego mucho)

3 ¿Te gusta levantarte temprano? (los sábados duermo hasta muy tarde)

4 ¿Te gusta ir al cine? (no hay buenas películas)

B *Responda a las siguientes preguntas de acuerdo con los modelos.*

¿Es rico el profesor? (pobre)

No, no es rico sino pobre.

1 ¿Es difícil el español? (fácil)

2 ¿Es moreno Emilio? (rubio)

3 ¿Es simpático? (antipático)

4 ¿Es feliz la profesora? (triste)

5 ¿Es feo Ignacio? (guapo)

6 ¿Es elegante el sombrero? (bárbaro)

¿Viajan mucho ellos? (quedarse en casa)

No, no viajan mucho sino que se quedan en casa.

1 ¿Juega él mucho al golf. (nadar todos los días)

2 ¿Se acostó ella temprano? (estudiar toda la noche)

3 ¿Trabajaron ustedes el sábado? (divertirse)

4 ¿Les escribió usted a sus padres? (ir a verlos)

C *Complete las frases apropiadamente.*

1 No me gusta estudiar los sábados sino _____.

2 Él baila bien pero _____.

3 No fui a la fiesta anoche sino que _____.

4 Ella me vendió las joyas pero _____.

5 Para mí el zodíaco no es cosa de niños sino _____.

Salón de Belleza en Santiago, Chile.

1
2
3

4
5
6

Diga todas las cosas que estos jóvenes harán mañana.

ACTIVIDADES EN PAREJAS

A *Dígale a su compañero(a) adonde irá y todo lo que hará este fin de semana.*

B *Pregúntele a su compañero(a) lo que va a hacer el verano que viene. Su compañero(a) le contestará. Luego cambien de papel.*

Lectura

LA LOTERÍA

En el mundo hispánico es muy común comprar un número de lotería con la esperanza de ganar un premio y sacarse¹ mucho dinero. En España y en todos los países de Latinoamérica hay lotería. Generalmente está en manos del gobierno central y algunos de los beneficios¹ son para los hospitales y la asistencia¹ pública. En la lotería hay muchos premios de valores diferentes. El premio más grande se llama ''el gordo''¹ y paga¹ miles de pesos o pesetas. Los premios más grandes se pagan en la Navidad, el Año Nuevo y los días festivos. A muchas personas les gusta comprar números de la lotería a los ciegos

getting

profits

assistance

''the fat one'' / pays

Haciendo cola para comprar
billetes de lotería en Madrid.

porque creen que así tienen mejor suerte. A otros les gusta comprarlos a los niños. Algunos prefieren comprar un número de lotería aunque necesiten el dinero para comer. Hay personas muy ricas y pobres
que compran billetes de lotería[.] Algunos ganan una fortuna. Mu-   *lottery tickets*
chos se acuestan con la ilusión[] de ser ricos y por la mañana se le-   *hope*
vantan temprano para ver los resultados en el diario pero . . . nada.
No hay suerte esta vez. Otra decepción[.] Muchos no compran billetes. *disappointment*
Creen en el refrán, ''Más vale pájaro en mano que ciento volando''.

PREGUNTAS

1 ¿En manos de quién está la lotería? **2** ¿Qué hace el gobierno central con los beneficios?
3 ¿Qué es ''el gordo''? **4** ¿Cuándo pagan los premios más grandes? **5** ¿Quiénes compran billetes de lotería? **6** ¿Por qué se los compran algunos a los ciegos y a los niños? **7** ¿Qué decepción hay para muchos? **8** ¿Quiere usted comprar un número de lotería? **9** ¿Existe la lotería en
los Estados Unidos? **10** Muchos no compran billetes de lotería. ¿Por qué?

LA PASION DE ESPARRAGUERA

ACTIVIDADES EN PAREJAS

A *Usted acaba de recibir su cheque. Dígale a su compañero(a) lo que hará con el dinero; luego conteste las preguntas de su compañero(a).*

B *Usted piensa hacer un viaje a México. Dígale a su compañero(a) todas las cosas que tiene que comprar, donde las comprará y que servicios personales le hacen falta; luego conteste las preguntas de su compañero(a). (Cambien de papel y repitan.)*

En pocas palabras

COMPLETE LAS FRASES

1 Mañana lo _____.
2 _____ a la sastrería esta noche.
3 ¿_____ conmigo?
4 Ellos tendrán que _____.
5 Tú me _____. ¿Verdad?

FORME PREGUNTAS

¿Cuál fue la pregunta que le hizo su amigo a usted en cada uno de los siguientes casos?

1 Compraré zapatos con ese dinero.
2 Mañana saldré a las cuatro.
3 No, no le gustará ese broche.
4 Yo prefiero ésta.
5 Pepe tendrá veinte años.

BREVES CONVERSACIONES

Pregúntele a _____

    si le gusta esta lección.
    si le gusta su vestido nuevo.
    si le gusta el traje del profesor.
    si irá de compras el sábado.
    si tendrá que estudiar el viernes.
    si irá al parque el domingo.
    si se levantará a las seis.
    si se acostará a las diez.
    si aprenderá la lección mañana.
    si comprará un regalo para su amigo.

PREGUNTAS PERSONALES

1 Yo no voy a comprar nada este mes. ¿Y usted?

2 ¿Le gusta ir de compras?

3 ¿Irá usted de compras el sábado?

4 ¿Comprará usted un vestido?

5 ¿Duda usted que se vendan vestidos en una zapatería?

6 ¿Comprará usted otro par de zapatos?

7 ¿Prefiere usted estos zapatos o aquéllos? (*Conteste empleando* **sino**.)

8 ¿Cuándo se lustra usted los zapatos?

9 ¿Llevará usted la ropa a la carnicería?

10 ¿Quiere usted que su novio(a) le compre algo?

11 ¿Se lavará usted el cabello en casa o irá a la peluquería?

12 ¿Cree usted en los signos del zodíaco? ¿Por qué?

13 Según el horóscopo, ¿será éste un mes de mucha suerte para usted?

14 ¿Cuándo va a estudiar usted?

15 ¿Habrá clases mañana? ¿Por qué?

16 ¿Qué harán usted y sus amigos mañana?

17 ¿Dónde estará usted mañana a las seis?

Sección de referencia

Pronunciación

Spanish words with many syllables

The following words contain three syllables or more. Make sure you keep all the vowels pure, avoiding the schwa or *uh*-sound typical of English pronunciation.

pasara	Bogotá	insistirás	comprando	dejaremos	horóscopo	escorpio
solteros	anuncian	mostrarnos	selección	bonitas	señorita	

Vocabulario

absurdo	absurd	**carnicería**	butcher shop; meat market
aquél (**aquélla**)	that one (pron.)	**caro**	expensive
		cerilla	wax match; wax candle
aquello	that (pron.)	**cerrado**	closed
aquéllos (**aquéllas**)	those (pron.)	**ciego(a)**	blind person
		el **comedor**	dining room
auténtico	authentic	**compra**	purchase
auto	car, automobile	**cuadra**	block (city)
barato	cheap	el **champú**	shampoo
bárbaro	barbaric; barbarous	**derecho**	right, privilege; duty (customs); right (adj.); straight, direct (adv.)
belleza	beauty		
el **billete**	ticket; bill (money)		
bota	boot	**a la derecha**	to the right
el **broche**	brooch, clasp, pin	**disco**	record
cabello	hair	**ése (ésa)**	that one (pron.)
la **carne**	meat	**ésos (ésas)**	those (pron.)

esquina	corner
establecimiento	establishment
estampilla	stamp
estanco	stand (kiosk); store
éste (ésta)	this one (pron.)
esto	this, it (pron.)
éstos (éstas)	these (pron.)
fantasía	fantasy
farmacia	pharmacy; drugstore
el fin de semana	weekend
izquierdo	left
a la izquierda	to the left
joya	jewel
joyería	jewelry store
laboratorio	laboratory
lavandería	laundry
lavandería en seco	dry cleaner
librería	bookstore
lotería	lottery
millonario(a)	millionnaire
mismo	self; same
el montón	pile; heap
un montón de	a lot of
la nación	nation
pájaro	bird
peinado	hairdo
pelo	hair
peluquería	barbershop
el perdón	pardon, forgiveness
pieza	piece
plata	silver; money (slang)
porcelana	porcelain
próximo	next
puerta	door
recuerdo	souvenir; remembrance; keepsake
ridículo	ridiculous
el salón	salon; room
sastrería	tailor shop
seco	dry

sello	stamp; seal
servicio	service
los servicios	the bathroom
sino	but, but rather
la suerte	luck
tabaco	tobacco
típico	typical
el (la) vendedor(a)	salesperson, clerk
zapatería	shoe shop, shoe store
zodíaco	zodiac

Verbos

arreglar	to arrange; to adjust; to fix; to set (hair)
caminar	to walk
cortar	to cut
doblar	to turn
encontrarse (ue) con	to meet, run into; to be found
frecuentar	to frequent
limpiar	to clean
lustrar	to polish
organizar	to organize
publicar	to publish
sugerir (ie, i)	to suggest
valer (valgo)	to be worth
viajar	to travel
volar (ue)	to fly

Otras expresiones

ir de compras	to go shopping
por la mañana	in the morning
tener suerte	to be lucky

Refrán

Más vale pájaro en mano que ciento volando.
A bird in the hand is worth two in the bush (worth more than a hundred flying).

Cuarto repaso de estructuras

LECCIÓN 10

1. Verbos regulares e irregulares en el imperfecto

Complete las frases según el modelo.

Ahora no tomamos leche.
Antes la tomábamos siempre.

1 Ahora sé mucho de eso. Antes no _____ nada.
2 Ahora no voy a la universidad. Antes _____ todos los días.
3 Ahora hay dos estudiantes. Antes _____ veinte.
4 Ahora lo veo muy poco. Antes lo _____ todos los días.
5 Ahora soy muy listo. Antes no _____ muy listo.
6 Ahora no leo nada. Antes _____ mucho.
7 Ahora no hago nada los lunes. Antes _____ algo todos los días.
8 Ahora vivo en California. Antes _____ en Arizona.
9 Ahora no me gusta cantar. Antes me _____ mucho.

2. La formación de adverbios con la terminación -mente

Cambie según el modelo.

feliz
felizmente

1 usual   3 frecuente   5 fácil
2 habitual   4 solo   6 afortunado

3. Comparaciones de igualdad y de desigualdad

Haga primero comparaciones de igualdad y luego comparaciones de desigualdad según el modelo.

Yo soy **tan** listo **como** ella.
Yo soy **más** listo **que** ella.
Tom tiene **tantos** amigos **como** Juan.

1 Yo era _____ inteligente _____ Guillermo.
2 Yo tenía _____ amigos _____ María.
3 Ella estudia _____ _____ yo.
4 Nadie tenía _____ dinero _____ el profesor.
5 Nosotros corríamos _____ _____ ellos.
6 Flora comió _____ _____ Anita.
7 Ángel tiene _____ camisas _____ Alberto.
8 Yo era _____ bueno _____ mi hermano.
9 Ellos son _____ listos _____ las muchachas.
10 Claudia baila _____ bien _____ Elisa.

4. Comparación de adjetivos

Complete las frases según el modelo.

Esta fruta es deliciosa.
Ésa es más rica.   *That one is more delicious.*
Aquélla es la más rica.   *That one (over there) is the most delicious.*

1 Este vino es caro.
  Ése _____.
  Aquél _____.
2 Estas joyas son bonitas.
  Ésas _____.
  Aquéllas _____.
3 Este café es bueno.
  Ése _____.
  Aquél _____.

5. Comparaciones con mejor y peor

*Conteste con **mejor** o **peor** según el modelo.*

¿Habla bien Jaime?   (. . . que yo)
Sí, habla mejor que yo.
No, habla peor que yo.

1 ¿Canta bien su hermana?
2 ¿Baila bien su compañero(a) de cuarto?
3 ¿Toca el piano bien su mamá?
4 ¿Escribe bien el profesor (la profesora)?

6. El superlativo absoluto

Dé el superlativo en cada caso.

Esta lección es muy importante.
Esta lección es importantísima.

1 Ella es muy simpática.
2 Dicen que ese libro es muy fácil.
3 Su casa es muy grande.
4 Esas películas son muy interesantes.

LECCIÓN 11

7. El pretérito o el imperfecto

Traduzca al español.

1 I used to play football.
2 I played for an hour.
3 He was always arriving late.
4 Yesterday he arrived late.
5 He said he was going.
6 We were eating when he came in.
7 While I was studying you were working.
8 It was six o'clock.

8. La forma progresiva en el pasado

*Dé la forma progresiva con **estar**.*

Yo hablaba.
Estaba hablando.

1 Nosotros bailábamos.
2 Tú comías.
3 Ellos leían.
4 Ellos escribían.
5 Yo me vestía.
6 Él se levantaba.

9. Verbos con significado distinto en el pretérito

Traduzca al español.

1 I met him yesterday.
2 We found (it) out this morning.
3 Did Ricardo manage to leave early?
4 They refused to come.
5 I tried to talk to her.

10. Se reflexivo como sujeto impersonal

Dé el equivalente en español.

1 One eats well here.
2 They say he dances well.
3 You cannot study there.
4 Where does one smoke?
5 People work hard (a lot) here.

11. Se reflexivo en acciones inesperadas

Dé el equivalente en español.

1 My cat died (on me).
2 She lost her money.
3 I forgot the check.
4 The plates broke (on me).
5 We have an idea.

LECCIÓN 12

12. La forma de verbos en el tiempo futuro

Responda según los modelos.

> Voy a salir. ¿Y usted?
> **Sí. Yo saldré también.**

1 Voy a dormir. ¿Y usted?
2 Voy a ir al cine. ¿Y ustedes?
3 Voy a ser profesor. ¿Y ella?
4 Voy a estar en casa. ¿Y usted?
5 Voy a salir mañana. ¿Y ellos?

> Voy a buscarlo. ¿Y ellos?
> **Ellos lo buscarán también.**

1 Voy a hacerlo. ¿Y usted?
2 Voy a acostarme ahora. ¿Y ustedes?
3 Voy a saberlo pronto. ¿Y ella?
4 Voy a ponerme a dieta. ¿Y usted?
5 Voy a decírselo. ¿Y tú?
6 Voy a dárselos. ¿Y ustedes?

13. El futuro para expresar probabilidad

Dé el equivalente en español.

1 Can it be 11:00 o'clock already?
2 I wonder if she is coming.
3 He's probably late.
4 Do you suppose he'll bring his friend?

14. Los pronombres demostrativos

Dé la forma apropiada.

1 Estos sombreros son nuestros. _____ es mío. (*This one*)
2 Van a jugar al tenis. _____ me gusta. (*That*)
3 ¿Te gustan estos discos? No, yo prefiero _____. (*that one near you*)
4 ¿Qué te parece esta camisa? _____ me interesa más. (*That one, over there*)

15. El reflexivo como equivalente de la voz pasiva

Traduzca.

1 Where was this book written?
2 Where was your dress (shirt) made?
3 Is English spoken here?
4 At what time were the doors opened?

16. Las conjunciones pero y sino / sino que

Complete las frases con **pero**, **sino** *o* **sino que**.

1 Fui a buscarlo _____ no lo vi.
2 Los niños no durmieron _____ jugaron.
3 Quiero ir con ustedes _____ no tengo tiempo.
4 No necesitas tiempo _____ deseo.
5 Esta lección no es muy fácil _____ algo difícil.

17. Actividades en parejas

A *Relate to a classmate where you would go to buy different kinds of things, such as various foods, clothing, services, while living in Latin America or Spain.*

B *Mention to your classmate what you did last night after school.*

C *Tell a classmate where you used to go on vacation and what you customarily did while on vacation.*

D *Discuss with a classmate several things that you are going to do tonight, next week, and next summer.*

LECCIÓN 13

Las gitanas bailan el flamenco en una reunión familiar en Sevilla.

Perspectiva

Functional Conversational Goals: You should be able to
1 indicate where you would like to go, what you would like to see or do while traveling and sightseeing.
2 communicate what you would like to be or to do someday.
3 explain what you promised you would do.
4 tell several things you would do with more money, time, and talent.
5 tell how you would like to spend your free time.

Language: You will study and practice
1 the conditional tense.
2 the conditional in softened requests.

3 the conditional used to express probability in the past.
4 the verb **hacer** with expressions of time.
5 the uses of **por** and **para**.

Culture: You will learn about
1 some aspects of nightlife and entertainment in Madrid.
2 flamenco music and dancing.

Pronunciation: You will be able to pronounce correctly
1 Spanish **s** and **z**.
2 **c** before **e** or **i**.
3 Spanish **u**.

Dios bendiga al que no me haga perder el tiempo.

Diálogo

¿CUÁL ES TU PASATIEMPO FAVORITO?

Kelly y Daniel son dos americanos que están con la Fuerza Aérea de los Estados Unidos en España, cerca de Madrid. Trabajan como mecánicos de aviones. En su tiempo libre fueron al Café de las Chinitas para ver el Tablao Flamenco. Conocieron a una bailarina del tablao. Ahora los tres están cenando. Están comentando sobre sus pasatiempos favoritos y sus anhelos en la vida.

KELLY   Mi pasatiempo favorito es trabajar con los aviones y estudiar aviación. Quiero ser piloto pero no tengo suficientes clases de matemáticas. Con más estudios me permitirían hacer solicitud para el entrenamiento de piloto. Con más tiempo yo leería más revistas sobre la aviación y los nuevos adelantos científicos. Con mi propio avión yo llevaría vosotros a pasear a Africa. ¿Cuándo será ese día?

DANIEL   Yo preferiría pasar todo el día en la cocina experimentando con nuevas recetas. Me fascina la cocina española. También la francesa. ¡Qué cosas exquisitas saben preparar en Europa! Yo podría cenar en un restaurante diferente todas las noches en Madrid, pero me falta dinero. Como mecánicos ganamos poco. Algún día voy a heredar una fortuna de una tía que me quiere mucho, pero ahora no tengo centavo. Con ese dinero yo aprendería muchos idiomas y viajaría por toda Europa para conocer el arte del buen comer. Luego en los Estados Unidos montaría un programa de televisión para mostrar a las amas de casa como se preparan los platos más exóticos del mundo.

FELIZA   La pasión dominante de mi vida es el canto. No hay secretos. Todo el mundo sabe que me encanta todo tipo de música, especialmente la clásica. Me dicen que bailo bien pero tengo una voz bastante mediocre. Estoy convencida de que no me aceptarían en ninguna de las escuelas importantes de canto. ¡Qué bello sería estudiar con un gran maestro, y cómo me gustaría cantar algún día en los grandes salones de ópera en Milano, París y Londres!

Parece un sueño imposible. Me hace falta más esperanza. Con la posibilidad de progresar y tener éxito algún día como cantante de ópera, yo trabajaría con gusto ocho horas al día en la tienda de discos y seguiría cantando y bailando toda la noche para pagar las lecciones.

PREGUNTAS

1   ¿Qué hacen en España los dos amigos, Daniel y Kelly?
2   ¿Qué oficio tienen los dos?

3 ¿Dónde conocieron a Feliza?
4 ¿Qué oficio tiene Feliza?
5 ¿De qué están hablando los tres amigos?
6 ¿Cuál es el pasatiempo favorito de Kelly?
7 Con más estudios, ¿qué le permitirían hacer?
8 Con más tiempo, ¿qué leería Kelly?
9 Con su propio avión, ¿adónde llevaría a Feliza y a Daniel?

10 ¿Cómo preferiría Daniel pasar todo el día?
11 Con más dinero ¿qué podría hacer Daniel?
12 ¿De quién espera Daniel heredar mucho dinero?
13 Con ese dinero, ¿adónde viajaría Daniel?

14 ¿Qué tipo de programa de televisión montaría Daniel?

15 ¿Cuál es la pasión más importante en la vida de Feliza?
16 ¿Qué tipo de música le encanta a Feliza?
17 ¿Baila mejor que canta Feliza?
18 ¿Cómo es la voz de Feliza?
19 ¿Por qué no la aceptarían en ninguna escuela importante de canto?
20 ¿Con quién le gustaría estudiar?
21 ¿Dónde le gustaría cantar algún día?
22 Con la posibilidad de tener éxito como cantante, ¿qué seguiría haciendo Feliza?

Notas culturales [1]

EL TABLAO FLAMENCO

Literalmente el tablao (o el tablado) se refiere a las tablas de madera que usan los artistas como plataforma. El tablao flamenco es el nombre que se da a todo el programa flamenco que presenta un grupo de bailadores, cantadores y guitarristas.

El flamenco es más popular en las regiones del sur de España aunque los tablaos se presentan en todas partes del país. Se dice que los intérpretes más auténticos del baile y del canto flamenco son los gitanos de Andalucía.

Los músicos no usan música escrita. Todo es improvisado como en un conjunto de jazz. Muchas veces el guitarrista, que está en el conjunto principalmente para acompañar a los artistas, comienza el tablao tocando la guitarra. Toca diferentes selecciones como sevillanas, seguidillas o malagueñas. Luego un cantante, en la mayoría de los casos un hombre, sale al tablao y canta varios números. Muchos de los cantos flamencos son lamentos dolorosos y tristes o expresiones de pasiones fuertes.

Las emociones continúan aumentando. Salen los artistas más importantes con sus bailes vigorosos y poderosos. Los bailadores bailan solos o con el grupo que se compone de hombres y mujeres. Los que no están bailando animan a los otros con comentarios apropiados (¡olé! ¡viva tu gracia!) y ayudan al guitarrista a establecer el ritmo golpeando las manos al compás de la música. Una de las bailarinas más conocidas en estos tiempos es la renombrada artista Lucero Tena que aparece a menudo en el Corral de la Morería, un tablao famoso de Madrid.

PREGUNTAS

1 ¿Qué es un tablao flamenco? **2** ¿En qué parte de España interpretan más auténticamente el flamenco? **3** ¿Cómo es la música que acompaña el baile y canto flamenco? **4** ¿Cuál es el instrumento más importante que usan para acompañar el baile? **5** ¿Son alegres los cantos flamencos? **6** ¿Qué dicen los artistas para animar a sus compañeros? **7** ¿Quién es Lucero Tena?

MADRID DE NOCHE

En Madrid, como en todas las otras ciudades de España, la vida nocturna comienza relativamente tarde. Las funciones de la tarde en los teatros y cines suelen comenzar[1] a las 7:00 y las funciones principales no comienzan hasta las 10:30 o las 11:00 de la noche. La primera actuación de baile y de canto flamenco suele comenzar cerca de[1] la media noche y la segunda a las 3:00 de la madrugada. Si la gente tiene que trabajar al día siguiente, le va a hacer falta una buena siesta en la tarde, ¿no?

usually start

around

PREGUNTAS

1 ¿A qué hora suelen comenzar funciones de teatro en Madrid? **2** ¿Cuándo comienza la primera actuación de flamenco? **3** ¿Qué significa ''madrugada''? **4** ¿Por qué necesitan una siesta algunos de los madrileños?

Explicación y Aplicación

1. El condicional

The conditional of regular verbs is formed by adding a set of endings to the complete infinitive. These endings are the same for all three conjugations.

$$
\text{Infinitive} + \begin{cases} \text{-ía} & \text{-íamos} \\ \text{-ías} & \text{-íais} \\ \text{-ía} & \text{-ían} \end{cases} \qquad \text{llevar} + \text{ía} = \text{llevaría}
$$

With the exception of the verbs with irregular stems presented on p. 330, all verbs are regular in the conditional.

The conditional in Spanish is sometimes used to express a hypothetical action. In these uses it is the equivalent of *would* plus a verb in English. (Notice that the action named is in the future.)

¿**Viviría** usted ahí?   *Would you live there?*
Sí, yo **viviría** ahí.   *Yes, I'd live there.*

In English, *would* sometimes means *used to*. (The action named in this case is in the past.) Spanish uses the imperfect in these situations, not the conditional.

Siempre **íbamos** en autobús.   *We would (used to) always go by bus.*

The conditional is used to indicate an action that would occur if a condition were met. The condition to be met may be either implied or expressed.

Con más tiempo yo **leería** más.   *With more time I would read more.*
Yo **preferiría** pasar todo el día en la cocina.   *I would rather spend the entire day in the kitchen.*

The conditional is used to refer to an action which is projected forward in time from a point in the past.

Dijo que la **llevaría** a África.   *He said that he would take her to Africa.*
Prometió que **leería** las lecciones en casa   *She promised she would read the lessons at home*
  esta noche.   *tonight.*

Tomando el avión en Lima, Perú.

The conditional is to the past what the future is to the present.

PRESENT—FUTURE

Dice que **estará** aquí mañana. *He says he will be here tomorrow.*

PAST—CONDITIONAL

Dijo que **estaría** aquí mañana. *He said he would be here tomorrow.*

2. Verbos regulares en el condicional

LOS ANHELOS Y PASATIEMPOS

A África

FELIZA Con tu propio avión, ¿adónde me
llevarías, Kelly?
KELLY Te llevaría a pasear a África.

Con gusto

KELLY Con más esperanza, ¿cómo trabajarías?
FELIZA Yo trabajaría con gusto.
KELLY ¿Y seguirías cantando?
FELIZA Sí, seguiría cantando y bailando.

En Nueva York o Madrid

FELIZA Con el dinero de tu tía, ¿qué
aprenderías?
DANIEL Yo aprendería muchos idiomas y viajaría
por toda Europa.
FELIZA ¿Vivirías en Nueva York o Madrid?
DANIEL Viviría en Nueva York y Madrid
también.

trabajar		aprender		vivir	
trabajaría	trabajaríamos	aprendería	aprenderíamos	viviría	viviríamos
trabajarías	trabajaríais	aprenderías	aprenderíais	vivirías	viviríais
trabajaría	trabajarían	aprendería	aprenderían	viviría	vivirían

Conteste.

1 ¿Adónde llevaría Kelly a Feliza a pasear?
2 Con más esperanza, ¿cómo trabajaría Feliza?
3 ¿Qué seguiría haciendo Feliza?
4 ¿Qué haría Daniel con el dinero de su tía?
5 ¿Dónde viviría Daniel?
6 ¿Cómo trabajarían ustedes?

7 Con más esperanza, ¿seguirían ustedes cantando?
8 Con mucho dinero, ¿aprenderían ustedes muchos idiomas?
9 ¿Viajarían ustedes por toda Europa?
10 ¿Viviría usted en Madrid o Nueva York?

A *En una conversación Daniel le dijo a Kelly que no trabajaría día y noche. Diga que las siguientes personas tampoco trabajarían día y noche.*

1 el profesor
2 ellas
3 Fernando
4 los venezolanos
5 Jorge
6 ustedes
7 nosotros
8 vosotras
9 yo
10 tú
11 usted

B *A Fernando le gustaría ver un tablao flamenco. ¿Quiénes son otras personas con ese deseo?*

Carmen
A Carmen también le gustaría ver un tablao flamenco.

1 Miguel
2 nosotras
3 los venezolanos
4 Arturo
5 ella
6 ellos
7 él
8 usted

Leyendo el periódico del domingo en la Plaza de Armas, Santiago, Chile.

C *Conteste según el modelo.*

Yo no viviría en Europa. ¿Y usted?
Sí, yo viviría en Europa.
No, yo no viviría en Europa.

1 ¿Y ellas?
2 ¿Y ustedes?
3 ¿Y su tía?
4 ¿Y sus abuelos?
5 ¿Y sus padres?

D *Hablando de sus planes para el futuro, Daniel dijo las siguientes cosas. Cuente lo que él dijo.*

DANIEL Viviré en Madrid.
Dijo que viviría en Madrid.

1 Veré un tablao flamenco este sábado.
2 Trabajaré en Madrid.
3 Compraré unos regalos para mi familia.
4 Viajaré mucho durante las vacaciones.
5 Bailaré los bailes típicos de España.
6 Iré al teatro con mi novia.
7 Escribiré la carta mañana.

3. Verbos con raíces irregulares en el condicional

The verbs that have irregular stems in the future have the same irregular stems in the conditional.

INFINITIVE	FUTURE AND CONDITIONAL STEM	CONDITIONAL yo-*form*
haber	**habr-**	**habría**
poder	**podr-**	**podría**
saber	**sabr-**	**sabría**
poner	**pondr-**	**pondría**
tener	**tendr-**	**tendría**
venir	**vendr-**	**vendría**
salir	**saldr-**	**saldría**
valer	**valdr-**	**valdría**
querer	**querr-**	**querría**
decir	**dir-**	**diría**
hacer	**har-**	**haría**

A *Cuente lo que dijo Julia.*

JULIA   Habrá fiesta el sábado.
Dijo que habría fiesta el sábado.

1 Alicia podrá venir más tarde.
2 Haré el trabajo después de comer.
3 Los venezolanos saldrán pronto.
4 Fernando lo sabrá el martes.
5 Tendré que trabajar esta noche.
6 Manolo y Manuel vendrán a las ocho.

B *Responda según los modelos.*

¿Qué le prometió usted a la profesora, estudiar más?
Sí, le prometí que estudiaría más.
No, no le prometí que estudiaría más.

1 hablar mejor
2 ir a España
3 llegar temprano a la clase
4 no dormir en la clase
5 aprender los verbos

¿Qué les prometió a sus padres, trabajar mucho?
Sí, les prometí que trabajaría mucho.
No, no les prometí que trabajaría mucho.

1 comer muy poco
2 decir la verdad
3 volver a casa
4 ganar mucho dinero
5 no salir nunca
6 buscar una novia

¿Qué le dijiste a tu amiga? ¿Vienes o no vienes?
Le dije que no vendría.

1 ¿Quieres o no quieres?
2 ¿Bailas o no bailas?
3 ¿Sales o no sales?
4 ¿Puedes o no puedes?

Con más tiempo, ¿podría usted visitar a sus amigos?
Sí, visitaría a mis amigos.
No, no visitaría a mis amigos.

1 ¿hacer turismo en Madrid?
2 ¿leer más?
3 ¿dormir más?
4 ¿escuchar la radio?
5 ¿pasar más tiempo en casa?

ACTIVIDADES EN PAREJAS

A *Pregúntele a su compañero(a) de clase qué le gustaría más, siguiendo el modelo. Luego, cambien de papel.*

¿Te gustaría más ser rico o ser feliz?
Me gustaría más ser feliz.

¿Te gustaría más . . .
1 estudiar español o escuchar la radio?
2 trabajar en un banco o en un hospital?
3 tener amigos o tener dinero?
4 ir a España o a México?

5 vivir en el campo o en la ciudad?
6 ver un tablao flamenco o ir al teatro?
7 leer un libro de historia o un libro de español?
8 ver una película o jugar al tenis?
9 escuchar rock 'n' roll o disco?
10 ser rico(a) o feliz?

B *Dígale a su amigo(a) de clase seis cosas que haría con mucho dinero.*

4. El condicional en peticiones corteses

The conditional is used in softened requests and suggestions.

¿**Podrías** aconsejarnos una buena película? — *Could you recommend a good movie to us?*
Usted **debería** explicarlo mejor. — *You should explain it better.*

Forme peticiones más corteses de las siguientes frases.

¿Puede usted decirme la hora?
¿Podría usted decirme la hora?

1 ¿Puede usted acompañarme?
2 ¿Quiere usted ayudarme?
3 ¿Me presta usted cinco dólares?
4 ¿Me da usted el menú?
5 ¿Me pasa usted la sal?

5. El condicional para expresar probabilidad en el pasado

The conditional is also used to express probability in the past.

—¿Dónde estaban sus padres anoche? — *Where were your parents last night?*
—No estoy seguro. **Estarían** con los vecinos. — *I'm not sure. They were probably with the neighbors.*

—¿A qué hora llegaste al hotel? — *When did you arrive at the hotel?*
—**Serían** las once. — *It was probably eleven.*

—¿Quién era esa chica? — *Who was that girl?*
—¿Quién sabe? **Sería** una bailarina. — *Who knows? She was probably a dancer.*

—¿**Estudiaría** él para los exámenes? — *I wonder if he was studying for his tests.*

—¿**Sería** el jefe? — *I wonder if he was the boss?*

Remember that the future is used to express probability in the present.

—¿Dónde está Carlos? *Where is Charles?*
—**Estará** en casa de su amigo. *He is probably at his friend's home.*

A *Conteste las preguntas según los modelos.*

¿Qué hora era cuando llegaste anoche?
No sé. Serían las doce.

1 ¿Qué hora era cuando entró tu compañero(a) de cuarto anoche?
2 ¿Qué hora era cuando salieron ustedes de la fiesta?
3 ¿Qué hora era cuando vinieron ellos del tablao?

¿Dónde estaba José a esas horas? (en casa)
No tengo idea. Estaría en casa.

1 ¿Dónde estaba Kelly cuando salieron? (en el cine)
2 ¿Dónde estaba María cuando comenzó la función? (en casa)
3 ¿Dónde estaba el profesor cuando usted llegó? (en la clase)

¿Quién era ese ministro? (el señor Martínez)
No estoy seguro. Sería el señor Martínez.

1 ¿Quién era esa chica? (la secretaria)
2 ¿Quién era ese joven? (el hermano de Soledad)
3 ¿Quién era el presidente en ese tiempo? (Benito Juárez)

B *Indique usted donde estarían o lo que harían estas personas.*

Lupe—estar en casa de su tía.
Lupe estaría en casa de su tía.

1 Conchita—salir de vacaciones con su familia.
2 Feliza—comer con los dos amigos.
3 Alicia y Jorge—no poder salir de casa.
4 Amelia—estudiar para los exámenes.
5 Rafael—hablar con su novia, Graciela.

C *Dé el equivalente en español.*

1 She said she would study with me.
2 I wonder what time it was when he came.
3 Did they promise they would arrive early?
4 I wonder who she was.
5 She was probably sick.

6. Hacer con expresiones de tiempo

Hace is used with expressions of time and the present tense of the verb to express actions that began in the past and are still going on at the present time. Follow the pattern:

hace + length of time + **que** + present tense of the verb

or

length of time + **hace que**

¿**Hace cuánto tiempo que** ⎫ **estás** aquí?	*How long have you been here?*
¿**Cuánto tiempo hace que** ⎭	
Hace seis horas que hablamos.	*We have been talking for six hours.*
Hace mucho que no voy al cine.	*I haven't gone to the movies in a long time.*

A *Responda según el modelo.*

¿Hace cuánto tiempo que estás en Madrid?
(dos meses)
Hace dos meses que estoy en Madrid.

1 ¿Hace cuánto tiempo que estudias
    español?   (diez semanas)
2 ¿Hace cuánto tiempo que trabajas para esa
    compañía?   (un año)
3 ¿Hace cuánto tiempo que vives aquí?   (tres
    años)
4 ¿Hace cuánto tiempo que no ves a tu
    familia?   (dos semanas)
5 ¿Hace cuánto tiempo que se conocen
    ustedes?   (cinco años)

B *Conteste las preguntas de acuerdo con su propia
opinión.*

1 ¿Cuánto tiempo hace que estudia usted
    español?
2 ¿Hace mucho que no va al cine?
3 ¿Hace cuántos años que está usted en la
    universidad?
4 ¿Cuánto tiempo hace que usted no les
    escribe a sus padres?
5 ¿Cuántos minutos hace que está usted en
    esta clase?

C *Dé el equivalente en español.*

1 How long have you been playing golf?
2 I haven't gone to my geography class for
    three days.
3 Raquel, your boyfriend has been waiting for
    you for thirty minutes.

Hace with a preterit expresses the time since something happened. Two word-order formulas are used.

1) preterit + **hace** + length of time

> Lo **terminé hace veinticinco minutos.**   *I finished it twenty-five minutes ago.*

2) **hace** + length of time + **que** + preterit

> **Hace veinticinco minutos que** lo **terminé.**   *I finished it twenty-five minutes ago.*

A *Responda a las preguntas siguiendo el modelo.*

> ¿Cuándo vio usted esa película?   (un año)
> **La vi hace un año.**

1 ¿Cuándo comenzó la función?   (un cuarto de hora)
2 ¿Cuándo entraste al cine?   (veinte minutos)
3 ¿Cuándo comenzaron a dar esta película? (dos días)
4 ¿Cuándo llegó Kelly?   (un minuto)
5 ¿Cuándo lo hizo Daniel?   (cinco años)
6 ¿Cuándo vino ella?   (media hora)
7 ¿Cuándo estuvo usted aquí?   (un año)
8 ¿Cuándo volvió Feliza?   (tres meses)

B *Conteste las siguientes preguntas.*

1 ¿Hace mucho que vino usted a esta universidad?
2 ¿Cuántas horas hace que usted se levantó?
3 ¿Hace mucho tiempo que empezó usted sus estudios?
4 ¿Cuánto tiempo hace que conoció usted a su compañero(a) de cuarto?
5 ¿Hace cuánto tiempo que salió usted de la casa?

C *Traduzca las frases al español.*

1 I arrived ten minutes ago.
2 How long have you been studying Spanish?
3 How long ago did you eat?
4 I have been reading this book for two weeks.
5 How long ago did she call?
6 It has been raining for three days.

7. Usos de por y para

Por and **para** both frequently are equivalent to English *for*; however, they are not interchangeable. In general, **por** is used to express *for* in the sense of *in exchange for*, *because of*, or *for that reason*, whereas, **para** expresses *for* in the sense of *intended for*, *for the purpose of*, or *in order to*. A more detailed explanation of their respective uses is given below.

por	**para**
POR IS USED IN EXPRESSIONS OF:	PARA IS USED IN EXPRESSIONS OF:
Exchange (in exchange for)	*Intended recipient* (intended for)
Pagué doscientas pesetas **por** los boletos.	Los boletos son **para** Daniel.
I paid two hundred pesetas for the tickets.	*The tickets are for Daniel.*
	¿Hay una carta **para** mí?
	Is there a letter for me?

por	**para**
Cause or motive (because of, for the sake of)	*Purpose* (for the purpose of, in order to)
Por mí solo no lo hagan.	Los invitaron **para** tomar café.
Don't do it for me alone.	*They invited them to have coffee.*
Lo hice **por** amor.	La noche es **para** divertirse.
I did it because of love.	*Night is for having a good time.*
	Fueron a Madrid **para** divertirse.
	They went to Madrid to have fun.
Replacement (for, in place of, instead of)	*Beneficiary* (for the benefit of)
Fernando trabajó **por** Arturo ayer.	Arturo trabaja **para** una compañía grande.
Fernando worked for Arturo yesterday.	*Arturo is working for a big company.*
Duration of time (for)	*Time deadline* (by a certain time)
Hablamos de pasatiempos **por** dos horas.	Dijo que estaría aquí **para** mañana.
We spoke about pastimes for two hours.	*He said he would be here by tomorrow.*

por	para
Measure or number (per)	
Vuelan a 250 kilómetros **por** hora.	
They fly at 250 kilometers per hour.	
General location in time or space (by, along, through, around, in, at)	*Direction toward a place*
No vamos a trabajar **por** la noche.	Saldremos **para** Madrid.
We are not going to work at night.	*We shall leave for Madrid.*
Pasaremos **por** el café.	
We will go by the cafe.	
Hay buenos cines **por** aquí.	
There are good movie theaters around here.	
Object of errand (to go for)	*Unequal comparison*
Kelly fue **por** los boletos.	**Para** una película de terror no está mal.
Kelly went for the tickets.	*For a horror movie it's not bad.*
Fui **por** el correo.	Jaime es muy niño **para** su edad.
I went for the mail.	*Jim is very childish for his age.*
Mistaken identity	
A Daniel lo toman **por** mexicano.	
They take Daniel for a Mexican.	

Estos jóvenes españoles están jugando al ajedrez.

Esperando el tren en la estación de ferrocarril en Buenos Aires.

A *Responda empleando* **para** *y luego explique por qué se usa* **para** *en estas frases.*

1 ¿Para qué han ido a Madrid Kelly y Daniel? (ver el tablao)
2 ¿Para qué fueron al café?   (cenar con Feliza)
3 ¿Para dónde saldría Daniel?   (Venezuela)
4 ¿Para qué usaría el dinero Daniel?   (viajar)
5 ¿Para qué iría Feliza a París?   (cantar en la ópera)
6 Para progresar, ¿qué haría Feliza? (trabajaría día y noche)
7 ¿Para cuándo dijo que estaría aquí? (mañana)
8 ¿Para quién son las cartas?   (Feliza)
9 ¿Quién no está mal para actor de cine? (Burt Reynolds)
10 ¿Para qué clase de compañía trabaja usted? (compañía de petróleos)

B *Conteste las siguientes preguntas empleando* **por** *y explique por qué se usa* **por**.

1 ¿Cuánto pagaron por los boletos? (trescientas pesetas)
2 ¿Por quién trabajó Kelly en enero?   (Daniel)
3 ¿Quién fue por los boletos?   (Miguel)
4 ¿Cuándo va a bailar Feliza en el café?   (por la noche)
5 ¿Por cuánto tiempo hablaron de pasatiempos?   (dos horas)
6 ¿A cuántos kilómetros por hora vuelan?   (a doscientos kilómetros)
7 ¿Por dónde hay buenos cines?   (por aquí)
8 ¿Por dónde pasarán después de ver la obra?   (los Canasteros)
9 ¿A usted por quién lo (la) toman? (norteamericano(a))

C *Complete estas frases con* **por** *o* **para** *y explique el porqué en cada caso.*

1 Estoy en esta clase _____ aprender español.
2 Para aprender mucho tengo que estudiar _____ la noche.
3 Me gustaría ir a Madrid _____ ver un tablao flamenco.
4 En el viaje sería bueno pasar _____ Portugal.
5 Si hablo muy bien el español me van a tomar _____ español.
6 Estoy seguro que hay buenos cines _____ aquí.
7 Clint Eastwood no es mi favorito pero no está mal _____ actor americano.

8 Yo creo también que la noche es _____ divertirse.
9 Aquí sólo se puede viajar a 90 kilómetros _____ hora.
10 En Madrid tendríamos que pagar sólo 250 pesetas _____ los boletos.
11 Ayer no había carta _____ mí.
12 Me gustaría salir mañana temprano _____ España.
13 Yo quiero trabajar _____ una compañía pequeña.
14 _____ el momento no tengo dinero ni trabajo tampoco.
15 Ayer estudiamos español _____ dos horas.

Vocabulario útil

FRASES HECHAS CON POR Y EXPRESIONES DE TIEMPO CON HACE

por

por el momento	*for the moment*	**por ejemplo**	*for example*
por la mañana	*in the morning*	**por favor**	*please*
por la noche	*in the evening*	**por fin**	*at last*
por la tarde	*in the afternoon*	**por lo menos**	*at least*
por eso	*therefore, that's why*	**por lo visto**	*obviously*
por ahora	*for now*		

hace

¿Cuanto tiempo hace?	*How long has it been?*
Hace un segundo.	*It's been a second.*
Hace un **minuto**.	*a minute.*
Hace una **hora**.	*an hour.*
Hace una **semana**.	*a week.*
Hace un **mes**.	*a month.*
Hace un **año**.	*a year.*
Hace un **siglo**.	*a century.*
Hace una **eternidad**.	*an eternity.*
Hace un **buen rato**.	*quite a while.*

A *Haga tres frases originales empleando las frases hechas con* **por**.

B *Conteste las siguientes preguntas usando diferentes expresiones de tiempo con* **hace**.

1 ¿Hace cuánto tiempo que empezó la clase?
2 ¿Cuánto tiempo hace que no ve usted a su novio(a)?
3 ¿Hace cuánto que estudiamos esta lección?
4 ¿Hace cuánto tiempo que usted estuvo en casa?
5 ¿Hace cuánto tiempo que vinieron sus amigos a verlo(la)?
6 ¿Hace mucho tiempo que su amigo duerme en clase?
7 ¿Hace mucho tiempo que usted se despertó?

---

8. El subjuntivo—repaso y práctica

A *Kelly expresa varias cosas que quiere que hagan sus amigos. Con la información presentada, diga lo que quiere Kelly.*

1 volver pronto a Madrid
2 escribirle a menudo
3 terminar el trabajo temprano
4 no salir para París
5 ir al cine con él
6 pasar por el café

B *Al salir de Madrid, Miguel les dice a Fernando y a Arturo que hagan ciertas cosas. Diga usted lo que Miguel les dice.*

llevar estos regalos
Lleven estos regalos.

1 tener cuidado
2 volver a vernos
3 no olvidarse de nosotros
4 divertirse mucho en el viaje
5 escribirles a los amigos de España

Entrada a la estación del metro Moncloa en Madrid.

Lectura

EN LA TAQUILLA[1]

USTED	¿Qué precio tienen los boletos?
LA TAQUILLERA	¿Para la función de las siete o de las once?
USTED	Para la función de las once.
LA TAQUILLERA	Los mejores asientos en platea cuestan seiscientas pesetas cada uno.
USTED	¿Cuánto cuestan los boletos más baratos?
LA TAQUILLERA	Los de balcón alto son a doscientas pesetas.
USTED	¿Se puede ver y oír bien desde ahí?
LA TAQUILLERA	Sí, cómo no. Todos los asientos son buenos.
USTED	Necesito cinco juntos. ¿Los hay?
LA TAQUILLERA	Sí, me quedan cinco juntos en la primera fila de balcón.
USTED	Déme los cinco del balcón. Son mil pesetas en total, ¿no?
LA TAQUILLERA	Sí, aquí los tiene. Ahí está el portero y la acomodadora los llevará a los asientos.
USTED	Muchas gracias.

PREGUNTAS

1 ¿Cuántas funciones de teatro hay en España?   **2** ¿Cuándo comienzan?   **3** ¿Qué precio tienen los asientos en platea?   **4** ¿Cuáles son los asientos más económicos?   **5** ¿Qué es una acomodadora?   **6** ¿Le gustaría ir a una función a las once de la noche?   **7** ¿Cuándo irá usted a España?

[1]At the box office

ACTIVIDADES EN PAREJAS

A *Pregúntele a un(a) compañero(a) de clase si con más dinero él (ella) haría las siguientes cosas.*

dejar de trabajar
Tú, con más dinero, ¿dejarías de trabajar?

1	comprar unas joyas	**6**	dar muchas fiestas
2	viajar a Europa	**7**	cenar siempre en restaurantes finos
3	visitar al Rey de España	**8**	divertirse más
4	ir a Las Vegas	**9**	casarse
5	ver un tablao flamenco	**10**	vivir mejor

B *Pregúntele a un(a) compañero(a) de clase si con más tiempo él (ella) haría las siguientes cosas.*

hacer más ejercicio
Tú, con más tiempo, ¿harías más ejercicio?

1 estudiar más
2 escribir una novela
3 aprender francés
4 dormir todo el día
5 leer poesía
6 hablar más con los amigos
7 hacer deporte
8 tocar la guitarra
9 jugar al tenis
10 salir más

C *Pregúntele a un(a) compañero(a) de clase:*

1 ¿Qué harías con un millón de dólares?
2 ¿Qué harías con un Mercedes Benz?
3 ¿Qué harías con un avión jet?

D *Pregúntele a un(a) compañero(a) de clase:*

1 ¿Qué le prometiste a tu papá?
2 ¿Qué le prometiste a tu profesor?
3 ¿Qué le prometiste a tu mamá?
4 ¿Qué le prometiste a tu novio(a)?

E *Con un(a) compañero(a) de la clase aprenda de memoria el diálogo de la lectura ''En la taquilla'' y preséntaselo a la clase.*

Modelo — José
1 — Alicia
2 — Carmen
3 — Félix
4 — Julia
5 — Germán

Explique usted lo que harían estas personas con más tiempo y más dinero.

Con más tiempo y dinero José saldría al campo.

En pocas palabras

COMPLETE LAS FRASES

1 Terminamos de trabajar y por eso _____.
2 Irías al cine _____.
3 Me dijo _____.
4 ¿Qué hora _____?
5 _____ por la noche.

FORME PREGUNTAS

1 ¿Le gustaría _____?
2 ¿Creía usted que _____?
3 ¿Dice usted que _____?
4 ¿Dijo usted que _____?
5 ¿Podría usted _____?

BREVES CONVERSACIONES

Pregúntele a _____

si le gustaría ver una película esta noche.
si viviría contento(a) con poco dinero.
si diría siempre la verdad.
si hace mucho tiempo que está aquí.
si iría a casa a pie.
cómo le hablaría al presidente.
si aprendería ruso.

PREGUNTAS PERSONALES

1 ¿Qué le gustaría hacer en Madrid de noche?
2 ¿Cuánto pagaría usted por unos boletos de un baile flamenco?
3 ¿Viviría usted en España?
4 ¿Lo (La) tomarían por español(a)?
5 ¿Por cuántos días estaría usted allí?
6 ¿Dormiría la siesta todos los días?
7 Según usted, ¿la noche es para divertirse o para estudiar?
8 ¿Le dijo a su amigo que estudiaría esta noche?
9 ¿Qué le prometió usted a la profesora?
10 ¿Debería usted leer más?
11 ¿Cuánto tiempo hace que está en la universidad?
12 ¿Hace mucho tiempo que no va a casa de sus padres?
13 ¿Dijo usted que iría a su casa después de esta clase?
14 ¿Para ganar dinero trabajaría usted por la noche?
15 ¿Trabajaba usted para su papá?
16 ¿Qué hora era cuando usted regresó a casa anoche?
17 ¿Fue usted por el correo antes de volver a casa?

Sección de referencia

Pronunciación

Review of the Spanish s-sound

Spanish **s** and the **z** between vowels are pronounced like English *s* in *sing*. Avoid buzzing Spanish **s** as is done in pronouncing the English equivalents of these words.

representantes   andaluz   venezolanos   Venezuela   danzas

En el Perú dos muchachos de 14
años juegan a los naipes.

Spanish **c** followed by **e** or **i** is pronounced like an English *s*. Do not make a *sh*-sound as is done in pronouncing the English cognates of these words.

> francés   porción   nación   elección

Review of Spanish u

Spanish **u** is pronounced like English *oo* in *moon*. The sound is pure—do not add an accompanying *i*-sound as in pronouncing cognate words in English.

> gradual   cultura   espectacular   turista   Cuba   Arturo

Vocabulario

adelanto	*progress, advancement*	**boleto**	*ticket*
aéreo	*air, aerial* (adj.)	el (la) **cantante**	*singer*
ama	*housekeeper; landlady*	**centavo**	*cent*
ama de casa	*housewife*	**cerca**	*close, nearby*
el **amor**	*love*	**cerca de**	*near*
anhelo	*craving; yearning; desire*	**clásico**	*classic; classical*
el **arte** *f*	*art*	**cocina**	*kitchen*
bellas artes	*fine artes*	el **comer**	*eating*
el **autobús**	*bus*	**compañía**	*company*
la **aviación**	*aviation*	**correo**	*mail; post office*
el **bailarín**, la	*dancer*	**chino**	*Chinese*
bailarina		**chinito(a)**	*little Chinese* (**-ito** is a suffix used for endearment)
bello	*beautiful; fair*		

diferente	different
dominante	dominant
durante	during
la edad	age
ejemplo	example
entrenamiento	training
especialmente	especially
la eternidad	eternity
Europa	Europe
éxito	success
exótico	exotic
exquisito	exquisite
falta	lack; fault
flamenco	Flamenco; Andalusian gypsy dance, song, or music
fortuna	fortune
fuerza	strength; force; power
Fuerza Aérea	Air Force
la función	function; show
el jefe, la jefa	chief; boss
kilómetro	kilometer
libre	free
Londres	London
maestro(a)	teacher; instructor
Milano	Milan
ministro	minister
minuto	minute
momento	moment
obra	work; play (theatrical)
ópera	opera
París	Paris
la pasión	passion
película de terror	horror movie
peseta	monetary unit in Spain
petróleo	petroleum
propio	own; proper, suitable
rato	time; while
un buen rato	quite a while
receta	recipe; prescription
segundo	second
siglo	century
la solicitud	petition; request; solicitude
sueño	dream
suficiente	sufficient

tablao	Flamenco show; stage (short for tablado platform)
vecino(a)	neighbor
la voz	voice

Verbos

aceptar	to accept
aconsejar	to recommend; to counsel; to advise
bendecir (i)	to bless
comentar	to comment (on)
convencer (convenzo)	to convince
deber	should, ought; to owe
experimentar	to experiment; to experience
explicar	to explain
fascinar	to fascinate
heredar	to inherit
invitar	to invite
montar	to mount; to ride; to put together (a program, etc.)
pasear	to go for a walk, stroll; to go for a ride
progresar	to progress
prometer	to promise
usar	to use

Otras expresiones

¿Hace cuánto tiempo que está aquí?	How long have you been here?
hacer falta	to be lacking
por ahora	for now
por ejemplo	for example
por eso	therefore, that's why
por fin	at last
por lo menos	at least
por lo visto	obviously
tener cuidado	to be careful
tener éxito	to succeed

Refrán

Dios bendiga al que no me haga perder el tiempo.
God bless him who does not make me waste time.

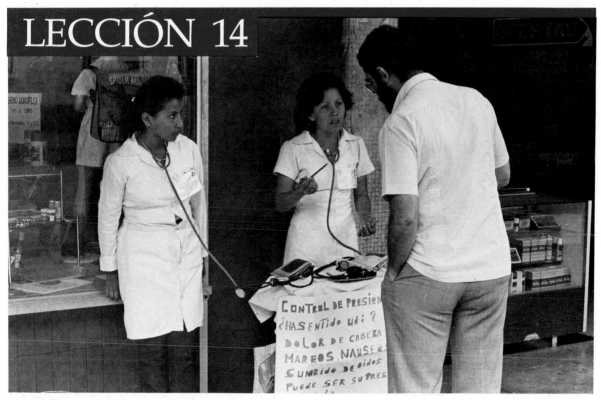

LECCIÓN 14

Control de la presión de sangre en Lima, Perú.

Perspectiva

Functional Conversational Goals: You should be able to

1 discuss the medical services available in Hispanic America.
2 summarize symptoms, ailments, or complaints you have had before.
3 request medical care, pharmaceutical services, etc.
4 persuade someone that you are ill or that you are well.

Language: You will study and practice using
1 the past participle.
2 the present-perfect tense.
3 the pluperfect tense.
4 the conditional perfect.

5 the future perfect.
6 past participles as adjectives.
7 **ser** and **estar** (review).
8 the passive voice.
9 stressed possessive adjectives.
10 possessive pronouns.

Culture: You will learn about
1 hospitals and medical facilities in Hispanic countries.
2 doctors and nurses in the Hispanic world.
3 the **farmacia**, **botica**, or **botánica**.

Pronunciation: You will review and practice pronouncing the Spanish **b** and **v**.

345

Para el mal de amores no hay doctores.

Diálogo

EL TRAUMA DE SUSANA

Susana le había dicho a David que no se sentía bien. David había notado que ella estaba un poco pálida. Sin embargo, David insistió en llevarla al teatro en el Bosque de Chapultepec. David es un norteamericano que trabaja en el Banco de América en México, y Susana, su novia, es una joven mexicana que también trabaja en el banco. Apenas habían entrado en el teatro cuando Susana se desmayó y se cayó al suelo. David llamó al Seguro Social y el médico ya ha venido.

POLICÍA   Con permiso, señores. Háganse a un lado. Dejen pasar al médico.

MÉDICO   ¿Qué ha pasado con la chica? ¿Ha tomado algo?

DAVID   Sólo hemos tomado un par de cervezas.

MÉDICO   Vamos a llevarla a la clínica.

En la clínica Susana vuelve en sí y comienza a recobrar fuerzas.

MÉDICO   ¿Cómo se siente ahora? ¿Le duele algo?

SUSANA   No, no me duele nada, doctor.

MÉDICO   Me parece que está muy débil, señorita. ¿Ha comido usted hoy?

SUSANA   No, señor. No he comido.

MÉDICO   Y ayer, ¿comió bien?

SUSANA   No. No he comido casi nada en toda esta semana.

MÉDICO   ¿Jamás ha sufrido usted de lo que llamamos anorexia?

SUSANA   No sé lo que es.

MÉDICO   Es la falta completa de apetito.

SUSANA   No. No es eso. Yo me preocupo mucho por David y cuando no me llama, no como. También él me ha dicho que no le gustan las mujeres voluminosas.

MÉDICO   ¡Ay, las señoritas y sus caprichos! Yo le habría mandado a freír papas a ese novio suyo. Para el mal de amores no hay doctores.

PREGUNTAS

1   ¿Quién es David?
2   ¿Dónde trabajan David y Susana?
3   ¿De dónde es Susana?
4   ¿Cómo estaba Susana? ¿Se sentía bien?
5   ¿Adónde la llevó David?
6   ¿Dónde estaba el teatro?
7   ¿Quién se desmayó?
8   ¿Qué tomaron David y Susana?
9   ¿Vino el médico?
10   ¿Adónde llevaron a Susana?
11   ¿Le duele algo a Susana?
12   ¿Está débil o fuerte Susana?
13   ¿Ha comido hoy Susana?
14   ¿Ha sufrido de anorexia Susana?
15   ¿Por qué no ha comido Susana?
16   ¿A David le gustan las mujeres voluminosas?
17   ¿Qué le habría mandado a hacer el médico a David?
18   ¿Qué es el mal de amores?

Notas culturales

EL SEGURO SOCIAL; PARTERAS Y CURANDERAS

El Seguro Social. Cuando Susana se desmayó en el teatro, en seguida pidieron la ayuda del Seguro Social. En México, como en otras partes del mundo hispánico, el gobierno ofrece asistencia médica por medio de los hospitales del Seguro Social. No es como el Seguro Social de los Estados Unidos que solamente da asistencia financiera a las personas después de jubilarse[l].   *after retiring*

   Parteras y curanderas. En los pueblos rurales donde hay pocos médicos la gente se sirve de enfermeras practicantes, parteras y curanderas. En los pueblos aun más remotos las curanderas tienen más influencia que los médicos y la gente busca sus consejos y remedios. Si una madre quiere dar a luz[l] a su hijo en casa, puede llamar a una partera o a una comadrona que viene a la casa a ayudarla en el parto.   **dar** . . . *give birth*

PREGUNTAS

1 ¿Qué diferencia encuentra usted en el Seguro Social de México y el de los Estados Unidos?
2 ¿Qué es una partera?

LA FARMACIA, LA BOTICA Y LA BOTÁNICA

La farmacia. Tradicionalmente sólo se venden medicamentos y medicinas en una farmacia. Hay perfumerías que se especializan en perfumes, productos cosméticos y artículos para embellecer la tez o el pelo. Normalmente, la farmacia no ofrece utensilios de cocina ni cosméticos como en los Estados Unidos. En algunas partes es posible

Una farmacia en
Huancayo, Perú.

Una botica de Santiago,
Chile.

vender medicinas sin la receta de un médico. Los clientes le explican
al farmacéutico sus síntomas y él les receta el tratamiento apropiado.
Por eso, el farmacéutico también es una persona de alto prestigio en la
comunidad. Se ve obligado a mantenerse al tanto de¹ los adelantos en
medicina y farmacología porque el público depende tanto de él.

mantenerse . . . *keep informed of*

    La botica y la botánica. En ciertos países hispánicos hay farmacias
que se llaman botica o botánica. La botica es especialmente popular
en España. En Puerto Rico y en la mayoría de los países del Caribe, la
farmacia del pueblo se llama la botánica. También hay botánicas en
Nueva York y en otros centros metropolitanos donde hay gran concentración de puertorriqueños. En las boticas y en las botánicas se
venden medicinas de todas clases, especialmente hierbas y medicamentos recomendados por las curanderas y comadronas. Muy a
menudo hay un adivino en la botánica que le dice a uno la buenaventura y que le da consejos y pociones al enfermo de amor.

PREGUNTAS

1 ¿Qué diferencia hay entre las farmacias del mundo hispánico y las nuestras?   **2** ¿Por qué tiene
mucho prestigio el farmacéutico en Latinoamérica?   **3** ¿Qué es una botánica?   **4** ¿Qué se vende
en las boticas?   **5** ¿Qué hacen los adivinos?   **6** ¿Cree usted en los adivinos?

Explicación y Aplicación

1. El pretérito perfecto

En el teatro

DAVID　El médico ha venido del Seguro Social.
MÉDICO　¿Qué ha pasado con la chica?
DAVID　Se ha desmayado.
MÉDICO　¿Qué han fumado ustedes?
DAVID　No hemos fumado nada.

comer (pretérito perfecto)	
he comido	hemos comido
has comido	habéis comido
ha comido	han comido

En la clínica

MÉDICO　¿Usted ha comido hoy?
SUSANA　No he comido en toda esta semana.
MÉDICO　¿Han tomado ustedes alcohol?
DAVID　Sólo hemos tomado un par de cervezas.

Conteste.

1　¿Quién ha venido del Seguro Social?
2　¿Quién se ha desmayado?
3　¿Han fumado marihuana ellos?
4　¿Ha comido Susana hoy?
5　¿Qué han tomado David y Susana?

6　¿Usted ha comido bien esta semana?
7　¿Qué ha tomado usted hoy?
8　¿Ha venido usted tarde a la clase hoy?
9　¿Ha venido temprano la profesora?

The present perfect is the tense used to indicate what has or has not happened.

El médico **ha venido**.　　*The doctor has come.*
No **he comido** hoy.　　*I have not eaten today.*

This tense is formed by combining a present-tense form of the auxiliary verb **haber** *to have* with the past participle of the main verb.

haber, PRESENT TENSE		PAST PARTICIPLE
he	hemos	
has	habéis	+ **hablado**
ha	han	

El participio pasado

The past participle of most verbs is formed by adding the ending **-ado** to the stem of **-ar** verbs and **-ido** to the stem of **-er** and **-ir** verbs.

INFINITIVE	PAST PARTICIPLE	ENGLISH EQUIVALENT
hablar	**hablado**	*spoken*
comer	**comido**	*eaten*
venir	**venido**	*come*

As in English, the present-perfect tense is used to describe a past condition or a completed action that is in some way connected with the present. This connection to the present may be either expressed or understood.

No **hemos tomado** nada.   *We haven't taken (drunk) anything.*

The reference to the present is understood as being today, this week, or this month.

No **he comido** hoy.   *I have not eaten today.*
El médico **ha venido**.   *The doctor has come.*

Although the reference to the present may not be stated, we understand that now the doctor has come or that he has just come.

Remember that, in contrast, the preterit or simple past tense is used to describe an action that was completed in the past with no connection to the present.

Yo **comí** ayer.   *I ate yesterday.*
Tomé dos cervezas.   *I drank two beers.*

Las ruinas maya de Palenque, México.

The two verb forms forming the present perfect (i.e., a present-tense form of **haber** plus a past participle) are not separated by another word, as may happen in English. Subject pronouns and adverbs either follow or precede the combination. Object pronouns always precede it.

David **nunca** ha tenido un accidente.   *David has **never** had an accident.*
¿Ha abierto **ella** las ventanas?   *Has **she** opened the windows?*
Ya lo he explicado.   *I have **already** explained it.*

The past participle of some verbs is formed irregularly. The following are some of the verbs with irregular past participles.

INFINITIVE	PAST PARTICIPLE	ENGLISH EQUIVALENT
abrir	**abierto**	*opened, open*
caer	**caído**[1]	*fallen*
creer	**creído**[1]	*believed*
decir	**dicho**	*said*
escribir	**escrito**	*written*
hacer	**hecho**	*made, done*
leer	**leído**[1]	*read*
morir	**muerto**	*died, dead*
poner	**puesto**	*put, placed*
romper	**roto**	*broken*
traer	**traído**[1]	*brought*
ver	**visto**	*seen*
volver	**vuelto**	*returned*

Diga el participio pasado de los siguientes verbos.

anunciar	ver	prometer	hacer
conducir	ser	caer	viajar
abrir	ir	volver	decir
probar	escribir	hablar	creer
leer	tocar	poner	morir

When the past participle is used with the auxiliary verb **haber** to form the present-perfect tense, it does not change to agree with the subject. It always ends in **-o**.

David ha comid**o**.
Susana no ha comid**o**.
Nosotros no hemos tomad**o** nada.

---

[1]Note that the past participles of **caer**, **creer**, **leer**, and **traer** require a written accent over the **i**.

A *Hay fiesta en casa de Susana y usted le ayuda.*
Dígale que las siguientes personas ya han venido.

>Ricardo
>**Ricardo ya ha venido.**

1 Alicia y Consuelo　　5 Paula
2 Alberto　　　　　　6 Leonor y Samuel
3 Yo　　　　　　　　7 Nosotras
4 Ustedes

B *David dice que nunca ha fumado marihuana. Diga*
que estas personas tampoco han fumado marihuana.

>Felicia
>**Felicia tampoco ha fumado marihuana.**

1 Teresa y su hermana　　5 Ernesto
2 Adolfo　　　　　　　6 Yo
3 Nosotros　　　　　　7 Ustedes
4 Tú　　　　　　　　8 Ellos

C *Conteste según los modelos.*

>¿Quieren hablar más?
>**No, ya hemos hablado mucho.**

1 bailar　　　5 pintar　　　9 cantar
2 esquiar　　6 estudiar　10 descansar
3 comprar　 7 viajar
4 trabajar　 8 pensar

>¿Van a hacerlo ellos?
>**No sé. ¿No lo han hecho todavía?**

1 construirlo　　4 tenerlo
2 traerlo　　　 5 comerlo
3 abrirlo　　　 6 prometerlo

>¿Cuándo lo vas a ver?
>**Ya lo he visto.**

1 hacer　　4 ver
2 decir　　5 poner
3 abrir　　6 escribir

D *Conteste las preguntas siguiendo los modelos.*

>¿Van ustedes a contestar las preguntas?
>**No, porque ya las hemos contestado.**

1 estudiar la lección　　4 leer el artículo
2 tomar la medicina　　5 comer el postre
3 decir las frases　　　6 ver la película

>¿Lo hizo?
>**Sí, ya lo he hecho.**

1 ¿Lo dijo?　　　5 ¿Lo escribió?
2 ¿Lo puso?　　 6 ¿Lo abrió?
3 ¿Lo explicó?　7 ¿Lo aprendió?
4 ¿Lo vio?　　　8 ¿Lo terminó?

E *Conteste las siguientes preguntas.*

1 ¿Ha aprendido usted mucho?
2 ¿Ha hablado español hoy?
3 ¿Ha vivido usted en México?
4 ¿Se ha roto usted una pierna?
5 ¿Ha ido usted al hospital?

6 ¿Han llamado ellos al médico?
7 ¿Han venido todos a la clase?
8 ¿Quién ha salido de la clase?
9 ¿Ha almorzado usted?
10 ¿Han llegado todos temprano a la clase?
11 ¿Han estado ustedes en el hospital?

ACTIVIDADES EN PAREJAS

A *Mientras Susana está en el hospital, varias personas la llaman por teléfono. Usted quiere saber si las siguientes personas la han llamado. Conteste que sí o que no, según el modelo, y luego cambien de papel.*

¿Ramón?
Sí, Ramón la ha llamado.
No, Ramón no la ha llamado.

1 ¿Sus amigos? han
2 ¿Nosotros? hemos

3 ¿El médico? ha
4 ¿Tú? has he
5 ¿La mamá de Ramón? ha
6 ¿David y Susana? han
7 ¿Ustedes? han hemos
8 ¿Yo? has

B *Su compañero(a) de clase quiere saber lo que usted ha hecho esta mañana. Conteste según el modelo.*

¿Estudiaste la lección?
No, no he estudiado todavía.

1 ¿Diste el dinero? he dado
2 ¿Fuiste al mercado? he ido
3 ¿Escribiste los ejercicios? he escrito
4 ¿Visitaste un enfermo? he visitado
5 ¿Ya comiste? he comido
6 ¿Ya te bañaste? me he bañado
7 ¿Terminaste el libro? he terminado
8 ¿Llamaste a tu amigo? he llamado

C *Su compañero(a) de clase le está diciendo todo lo que él o ella ha hecho. Responda según el modelo, y luego cambien de papel.*

Yo he estudiado.
No es cierto. Tú nunca has estudiado.

1 Yo he trabajado.
2 Yo he escuchado.
3 Yo he preparado el examen.
4 Yo he hecho los ejercicios.
5 Yo he salido con él (ella).
6 Yo he tomado notas.
7 Yo he jugado al tenis.

D *Su compañero(a) de clase le está preguntando a usted si le gustan varias cosas. Responda según el modelo.*

¿Te gusta viajar?
Sí, pero no he viajado este año.

1 ¿Te gusta esquiar?
2 ¿Te gusta visitar a los enfermos?
3 ¿Te gusta hacer deporte?
4 ¿Te gusta tomar fotos?
5 ¿Te gusta jugar al tenis?
6 ¿Te gusta salir al campo?

E *Pregúntele a su compañero(a) si ha hecho una de estas cosas este mes.*

escribir una carta
¿Has escrito una carta este mes?

1 pasear en bicicleta
2 ir a un concierto
3 hacer un viaje
4 romper algo
5 aprender algo nuevo
6 salir con los amigos (las amigas)
7 lavar el coche
8 comprar zapatos
9 sufrir de anorexia
10 desmayarse

2. El pluscuamperfecto

The pluperfect (compare English *had spoken*) is formed by combining an imperfect form of the auxiliary verb **haber** *to have* with a past participle. As with the present perfect, the two verb forms are not separated by another word.

haber, IMPERFECT TENSE		PAST PARTICIPLE
había	habíamos	trabajado
habías	habíais	visto
había	habían	dado

The pluperfect tense is used to indicate an act that is not only past, but that happened prior to another past act, either implied or stated.

Susana le **había dicho** a David que no se sentía bien.
David **había notado** que ella estaba pálida.

Susana had told David that she didn't feel well.
David had noticed that she was pale.

A *Jaime quiere saber si estaban en la fiesta las siguientes personas. Explíquele que habían llegado temprano.*

¿Estaba **Marcos** en la fiesta?
Sí, había llegado temprano.

1 las amigas de Elena
2 Ricardo
3 ustedes
4 ella
5 tú
6 Alfredo y Memo
7 usted
8 vosotras

B *Responda a las siguientes preguntas de acuerdo con los modelos.*

> ¿Trabajaron ellos?
> **Sí, dijeron que habían trabajado.**
> ¿Llegó ella temprano?
> **Sí, dijo que había llegado temprano.**

1 ¿Volvió él temprano?
2 ¿Salió ella a las cinco?
3 ¿Estudiaron ellos mucho?
4 ¿Cantó Feliza anoche?

> ¿Qué dijo usted? (ver al médico)
> **Dije que había visto al médico.**

1 ¿Qué dijiste? (terminar el trabajo)
2 ¿Qué dijeron ellas? (abrir las ventanas)
3 ¿Qué dijo él? (bailar con ella)
4 ¿Qué dijo usted? (poner el libro en la mesa)
5 ¿Qué dijisteis? (decir la verdad)
6 ¿Qué dijo ella? (abrir la puerta)
7 ¿Qué dijo usted? (comer los tacos)
8 ¿Qué dijo él? (tomar dos cervezas)

ACTIVIDADES EN PAREJAS

A *Su compañero(a) de clase le pregunta si no quiso hacer ciertas cosas. Responda según el modelo.*

> ¿No quisiste hablarles?
> **No, porque ya les había hablado.**

1 ¿No quisiste leerlo?
2 ¿No quisiste llevarlo?
3 ¿No quisiste visitarlas?
4 ¿No quisiste pagarles?
5 ¿No quisiste jugarlo?
6 ¿No quisiste escribirlos?
7 ¿No quisiste verlo?
8 ¿No quisiste pedirlo?

B *Su compañero(a) de clase le pregunta de varias cosas que otras personas no habían hecho antes. Responda según el modelo.*

> ¿A Ramón le gustó viajar?
> **Sí, nunca había viajado antes.**

1 ¿A Elena le gustó visitar a su tía?
2 ¿A Luisa le gustó comer en ese restaurante?
3 ¿A Ernesto le gustó vivir en México?
4 ¿A Juan le gustó tomar fotos?
5 ¿A Ana María le gustó esquiar?

A *¿Adónde han ido y qué han hecho estas personas?*

1 Susana y David _____ al teatro.
2 Susana se _____ y se _____ al suelo.
3 David _____ al médico.
4 El médico _____ para ayudarla a Susana.
5 El médico le pregunta a David si _____ bebidas alcohólicas.

B *¿Qué había pasado antes de desmayarse Susana?*

1 Susana le _____ a David que no se sentía bien.
2 David _____ que estaba pálida.
3 Susana se desmayó porque no _____.
4 David dijo que no _____ marihuana.
5 Ellos sólo _____ un par de cervezas.

3. El potencial compuesto

SUSANA David dijo que no le gustaban las
mujeres voluminosas.

MÉDICO Yo le habría mandado a freír papas a
ese novio suyo.

*Explíquele a su compañero(a) por qué está de acuerdo
o no está de acuerdo con estas personas.*

LOS AMIGOS DE DAVID

1 Yo le habría explicado mejor.
2 Yo le habría hablado de amor.
3 Yo le habría dicho lo mismo que el médico.
4 Yo le habría tratado con más respeto.

LAS AMIGAS DE SUSANA

1 Yo no le habría hablado más.
2 Yo no habría salido con él.
3 Yo no habría ido al teatro.
4 Yo le habría pedido una explicación.

The conditional perfect is formed by combining the conditional of the auxiliary verb **haber** with a past participle. The use of the conditional perfect is similar to English usage.

haber, CONDITIONAL TENSE PAST PARTICIPLE

habría	habríamos		dado
habrías	habríais	+	mandado
habría	habrían		visto

Yo lo **habría mandado** a freír papas. *I would have sent him on his way (to fry potatoes).*

Conteste las preguntas siguiendo los modelos.

1 El médico no le habría hablado más. ¿Y usted?
 No, yo no le habría hablado más.

 ¿Y ellos? ¿Y su amiga? ¿Y el policía?

2 Yo no habría ido al concierto. ¿Y usted?
 Sí, yo habría ido.
 No, yo no habría ido.

 ¿Y ellas? ¿Y el médico? ¿Y ustedes?

3 Yo habría llamado al médico. ¿Y usted?
 Sí, yo habría llamado al médico.

 ¿Y ustedes? ¿Y tú? ¿Y ellas?

4 No habría creído esto. ¿Y usted?
 No, no lo habría creído tampoco.

 ¿Y ellos? ¿Y sus hermanos? ¿Y ella?

5 Yo habría ido al hospital. ¿Y usted?
 No, no habría ido al hospital.

 ¿Y tú? ¿Y tus padres? ¿Y el profesor?

6 El médico le habría mandado a freír papas. ¿Y usted?
 No, yo no le habría mandado a freír papas.

 ¿Y ellos? ¿Y sus amigas? ¿Y Susana?

4. El futuro perfecto

The future-perfect tense is formed by combining the future of the auxiliary verb **haber** with a past participle.

haber, FUTURE TENSE			PAST PARTICIPLE
habré	habremos		llegado
habrás	habréis	+	dado
habrá	habrán		visto

The future perfect is used to tell what will have or what probably has happened by a given time in the future.

En cinco minutos **habrá llegado** el médico. — *In five minutes the doctor will have arrived.*
En dos minutos **habremos llegado** al hospital. — *In two minutes we will have arrived at the hospital.*
No **habrán tomado** nada, ¿verdad? — *You probably haven't drunk anything, right?*

A *Responda a las preguntas de acuerdo con los modelos.*

1 Susana ya habrá llegado. ¿Y los otros?
  Sí, ya habrán llegado también.

¿Y David?   ¿Y ustedes?   ¿Y nosotros?

2 Él ya se habrá levantado. ¿Y ustedes?
  Sí, ya nos habremos levantado.

¿Y el taxista?   ¿Y Susana?   ¿Y los médicos?

B *Diga que las siguientes acciones ya habrán ocurrido.*

¿Ha llegado el médico?
Sí, ya habrá llegado.

1 ¿Ha venido la carta?
2 ¿Han recibido el dinero?
3 ¿Hemos jugado una hora?
4 ¿Han ido al hospital?

¿Vas a salir el jueves?
Sí, para el jueves habré salido.

1 ¿Vas a verlo mañana?
2 ¿Vas a aprenderlo esta noche?
3 ¿Vas a hablarle el domingo?
4 ¿Vas a volver el veintisiete de este mes?

5. El participio pasado como adjetivo

The past participle, in addition to being used with **haber** to form the present perfect and pluperfect, may also be used as an adjective with such verbs as **estar** and **sentir**.

He abierto la puerta.	*I have opened the door.* (Past participle used as part of a verb.)
La puerta **está abierta**.	*The door is open.* (Past participle used as an adjective.)

A Cambie la frase modelo sustituyendo los sujetos y verbos siguientes.

Susana—acostar
Susana está acostada.

1 las ventanas—abrir
2 la lección—preparar
3 los libros—cerrar
4 los boletos—comprar
5 la joya—comprar
6 la casa—vender
7 las cartas—escribir
8 las tareas—hacer

B Conteste las preguntas siguiendo el modelo.

¿Escribió ella las cartas?
Sí, ya están escritas.

1 ¿Invitó él a sus amigos?
2 ¿Limpiaron ellos el cuarto?
3 ¿Construyeron ustedes la casa?
4 ¿Eliminó usted esa frase?
5 ¿Se lavó usted las manos?
6 ¿Se acostó él?
7 ¿Abrió él la puerta?

6. Ser y estar—repaso

Remember that **ser** is used with adjectives that indicate a normal quality which is considered characteristic of the subject.

Susana **es** mexicana.	*Susana is a Mexican.*
Ellos **son** fuertes.	*They are strong.*
Soy industrioso.	*I am industrious.*

Estar is used with adjectives that indicate a condition existing at a particular time which is not normal or characteristic of the subject or which may be viewed as temporary.

Susana **está** deprimida.	*Susana is depressed.* (Implication: she usually isn't.)
Susana **está** pálida.	*Susana is pale.* (Implication: she normally isn't.)

The same adjective may have different meanings, depending on whether it is used with **ser** or **estar**.

Es barato.	*It's cheap* (characteristically inexpensive).
Está barato.	*It's cheap* (now, but not normally).
Es enfermo.	*He's sickly.*
Está enfermo.	*He's sick* (now).

El volcán Popocatépetl visto desde Puebla.

When used with an adjective, **estar** sometimes corresponds to the English meaning of *to look* or *to seem*.

¡Estás muy bonita!	*You look very pretty!*
Ella **está** muy seria, ¿no?	*She seems very serious, doesn't she?*

A *Complete las frases escogiendo entre* **es** *o* **está**. *Luego explique la razón de su selección.*

Mi mamá es joven.
       en México.
       aquí.
       dentista.
       enferma.
       rica.
       en casa.
       americana.
       en la Argentina.
       estudiando español.

Mi papá es fuerte.
       acostado.
       rico.
       enfermo.
       viejo.
       inteligente.
       deprimido.
       pálido.
       joven.

Estar is used to express the location of someone or something.

Él **está** en casa.	*He is at home.*
¿Dónde **está** su carro?	*Where is his car?*

Ser is used to express the location of events or actions. (The English equivalent is *to take place*.)

La reunión **fue** en la sala grande.	*The meeting was (took place) in the large room.*
El examen **será** en el laboratorio.	*The exam will take place in the lab.*

Estar is used in combination with a present participle to form the progressive tenses.

Ella **está estudiando** ahora.	*She is studying now.*
Estaba leyendo el periódico.	*I was reading the newspaper.*

Ser + **de** is used to express origin or material.

Somos de México.	*We're from Mexico.*
El anillo **es** de oro.	*The ring is made of gold.*

Ser is used to express time.

Son las dos y media.	*It's two thirty.*
Eran las cinco cuando llegamos.	*It was five o'clock when we arrived.*

Ser is also used with predicate nouns.

Él **es** banquero.	*He is a banker.*
Ellos **son** norteamericanos.	*They are North Americans.*

B *Diga la forma apropiada de* **ser** *o* **estar** *y explique el porqué.*

1 ¿_____ ella estudiando anoche?
2 ¿Dijo que la reunión _____ en su oficina?
3 ¿Por qué _____ triste ella ahora?
4 ¿Dónde _____ mis zapatos?
5 Ellos _____ muy altos.

6 ¿De dónde _____ David?
7 ¿Quiénes _____ ellos?
8 Creo que esta lección _____ muy fácil.
9 El agua en las montañas _____ muy fría.
10 ¿_____ usted enfermo(a)?

7. La voz pasiva

Most verbs are found in *active* constructions: the subject acts.

David **compró** dos boletos.   *David bought two tickets.*

When the subject of the verb, rather than acting, is acted upon, the verb is said to be in the *passive* voice.

> Dos boletos **fueron comprados**.   *Two tickets were bought (by David).*

The agent, David, may or may not be expressed.

The passive voice is much less common in Spanish than in English because the reflexive **se** construction is so often used instead (see Lesson 12). However, Spanish-speakers do use the passive voice to place emphasis on the agent or doer of the action.

The passive voice is formed by combining the appropriate form of the verb **ser** with a past participle. The past participle must agree with the subject in number and gender.

Ese libro **fue publicado** el año pasado.	*That book was published last year.*
Las reuniones **fueron organizadas** por el señor Sánchez.	*The meetings were organized by Mr. Sánchez.*
Don Quixote **fue escrito** por Cervantes.	Don Quixote *was written by Cervantes.*
La isla **fue descubierta** por los españoles.	*The island was discovered by the Spaniards.*

A *Luis le pregunta a usted quién hizo las siguientes acciones. Respóndale en la voz pasiva siguiendo el modelo.*

> ¿Quién descubrió América?   (Cristóbal Colón)
> **América fue descubierta por Cristóbal Colón.**

1 ¿Quiénes ganaron el campeonato?   (los futbolistas de Brasil)
2 ¿Quién escribió *Don Quixote*?   (Cervantes)
3 ¿Quién publicó este libro?   (Wiley)
4 ¿Quién construyó esa casa?   (mi tío)

B *Conteste las siguientes preguntas de acuerdo con la información presentada.*

1 ¿En qué tienda fue comprada la joya?   (la joyería)
2 ¿Por quién fue organizada la fiesta de anoche?   (Susana)
3 ¿Dónde fue publicado este libro?   (Nueva York)
4 ¿Dónde fue escrito *Don Quixote*?   (España)
5 ¿Por quién fue escrito *Don Quixote*?   (Miguel de Cervantes)

The past participle is also used as an adjective with **estar** to indicate a resultant condition (the condition or state of something after the action of the verb has taken place). Compare the following sentences.

PAST PARTICIPLE WITH **ser**	PAST PARTICIPLE WITH **estar**
(In this case the action and the person doing the action are indicated.)	(In this case the condition which resulted from an action is expressed. Generally, no mention is made of an agent.)
La carta **fue escrita** por un inglés.	La carta **está escrita** en inglés.
Las puertas **fueron cerradas** por Emilio.	Las puertas **están cerradas**.

C *Complete las siguientes frases con la forma correcta de* **ser** *o* **estar**.

1 El grupo _____ organizado por el señor Sánchez.

2 Dijeron que el grupo _____ bien organizado.

3 El banco ya _____ cerrado. Lo cerraron a las seis.

4 El edificio _____ construido por los cubanos.

5 Ese escritor _____ muy cansado.

Vocabulario útil

EN EL CONSULTORIO DEL MÉDICO

RECEPCIONISTA	Buenos días. ¿Con quién quiere usted **cita**? *appointment*
PACIENTE	Con el médico, por favor.
	Con la doctora, por favor.
	Con el (la) psicoanalista, por favor.
	Con el (la) dentista, por favor.
	Con el (la) oculista, por favor.

¿Qué le duele? *What hurts you?*
Me duele la **mano**.
　　　　　la **cabeza**.
　　　　　el **estómago**.
　　　　　la **boca**.
　　　　　el **ojo**.
　　　　　el **oído**.
　　　　　la **pierna**.

¿Qué tiene usted?   *What's the matter with you?*

Tengo un **dolor de estómago**.   *stomachache*
                       muelas.   *aching (back)
                                      teeth*
              los huesos.   *aching bones*

Tengo **tos**.   *cough*
      fiebre.   *fever*
      alergia.   *allergy*

¿Cómo se siente hoy?		¿Cómo está usted?	
Me siento **animado**.	*enthusiastic*	Estoy **contento**.	*contented, happy*
deprimido.	*depressed*	**alegre**.	*happy, glad*
aburrido.	*bored*	**feliz**.	*happy, fortunate*
a gusto.	*at ease, comfortable*	**infeliz**.	*unhappy, unfortunate*
fuerte.	*strong*	**triste**.	*sad*
débil.	*weak*	**nervioso**.	*nervous*
		sano.	*healthy*
		enfermo.	*sick*

PACIENTE	¿Qué tengo que hacer?	
MÉDICO	Tome dos **aspirinas** y acuéstese.	*aspirins*
	Vamos a ponerle una **venda**.	*bandage*
	Tiene que **descansar** mucho.	*rest*
	Usted necesita mucho **reposo**.	*rest*
	Tiene que quedarse en **cama**.	*bed*
	Tome dos **pastillas** cada dos horas.	*pills*
	Vamos a ponerle una **inyección**.	*shot*
	Quiero que usted tome esta **droga** cada noche.	*drug*

A *Conteste las preguntas de acuerdo con los modelos.*

¿Cómo se siente usted, bien o mal?
Me siento bien.
Me siento mal.

¿fuerte o débil?   ¿animado o deprimido?
¿alegre o triste?   ¿a gusto o aburrido?

¿Qué tiene usted, fiebre?
Sí, tengo una fiebre terrible. *o*
No, nunca he tenido fiebre.

¿dolor de cabeza?   ¿dolor de estómago?
¿alergia?   ¿dolor de muelas?
¿tos?

B *Usted tiene fama de ser muy inteligente. ¿Qué es lo que me recomienda en los siguientes casos?*

Me siento cansado. ¿Qué hago?
Tiene que descansar mucho.

1 Me siento débil.   4 Estoy muy gordo.
2 Estoy triste.   5 Estoy aburrido.
3 Me siento fuerte.

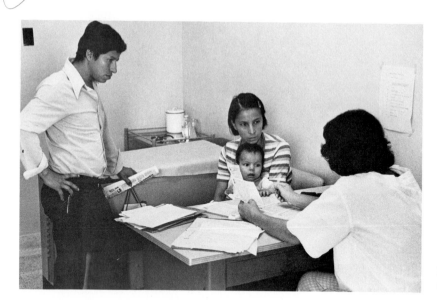

En la clínica del Seguro Social de Cali, Colombia.

C *Elisa está perfectamente bien de salud. Bárbara es una hipocondríaca. Responda primero como Elisa. Luego, al repetir el ejercicio, responda como Bárbara.*

¿Le duele la cabeza?

    ELISA   **No, no me duele la cabeza.**

    BÁRBARA   **¡Ay! ¡Cómo me duele la cabeza!**

el estómago   la muela   el ojo
el brazo

D *Conteste las preguntas siguiendo el modelo.*

    ¿A quién llama usted cuando está enfermo(a)?
    Llamo al médico cuando estoy enfermo(a).

1 ¿. . . cuando está deprimido(a)?
2 ¿. . . cuando está nervioso(a)?
3 ¿. . . cuando está alegre?
4 ¿. . . cuando se siente débil?
5 ¿. . . cuando le duelen los ojos?
6 ¿. . . cuando se ha roto una pierna?
7 ¿. . . cuando le duelen las muelas?
8 ¿. . . cuando se siente bien?

E *Complete las frases apropiadamente.*

1 Me siento _____ en esta clase.
2 Me siento _____ el Día de la Madre.
3 Siempre estoy _____ en la Navidad.
4 El Día de los Novios estoy _____.
5 Las personas alegres se sienten _____.
6 Una persona deprimida se siente _____.
7 Cuando no estoy a gusto me siento _____.
8 Un día estoy _____ y al otro día estoy deprimido(a).

F *Responda a las siguientes preguntas.*

1 ¿Cómo está usted ahora?
2 ¿Está usted triste hoy?
3 ¿Qué hace usted cuando está deprimido(a)?
4 ¿Con quién le gusta hablar cuando está contento(a)?
5 ¿Cómo se siente usted cuando está con los amigos?
6 ¿Se siente usted a gusto cuando está solo(a)?

8. Adjetivos posesivos—formas enfáticas

mío, mía, míos, mías	*of mine; my*
tuyo, tuya, tuyos, tuyas	*of yours; your*
suyo, suya, suyos, suyas	*of his, hers, its, yours, theirs; his, etc.*
nuestro, nuestra, nuestros, nuestras	*of ours; our*
vuestro, vuestra, vuestros, vuestras	*of yours; your*

The short-form possessive adjectives **mi, tu, su, nuestro, vuestro** were presented in Lesson 3. They precede the noun they modify.

tus amigas	*your friends*
nuestra clase	*our class*

The stressed or long-form possessive adjectives differ from the short forms in two ways:

1) They follow the noun they modify. In this position they receive more emphasis or stress.
2) Three of the five forms are longer; the other two are identical.

SHORT FORMS		LONG FORMS	
mi carro	*my car*	el carro **mío**	*my car*
tus amigas	*your friends*	las amigas **tuyas**	*your friends*
su hermano	*her brother*	el hermano **suyo**	*her brother*
nuestra clase	*our class*	la clase **nuestra**	*our class*
vuestras notas	*your grades*	las notas **vuestras**	*your grades*

Like other adjectives, the long-form possessives agree in number and gender with the noun they modify. This means that their endings agree with the noun possessed, not the possessor.

Margarita, el **vestido tuyo** no está aquí.	*Margarita, your dress is not here.*
Señor Aguado, las **camisas suyas** no están aquí.	*Señor Aguado, your shirts are not here.*

A *La policía está haciendo una investigación.*
Responda que no a todas sus preguntas.

LA POLICÍA   Esos jóvenes, ¿son amigos tuyos?
No, no son amigos míos.

1 Esas chicas, ¿son primas tuyas?
2 Esa señorita, ¿es hermana tuya?
3 Ese señor, ¿es profesor tuyo?
4 Esas muchachas, ¿son hermanas tuyas?
5 Esos chicos, ¿son compañeros tuyos?

In most contexts, the meaning of **suyo** is obvious. But where doubt might arise, **suyo** may be replaced by **de** + prepositional pronoun.

	POSSIBLE MEANING	TO CLARIFY USE
el amigo suyo	*your friend*	**el amigo de usted (de ustedes)**
	her friend	**el amigo de ella**
	his friend	**el amigo de él**
	their friend	**el amigo de ellos (de ellas)**

B *Responda según el modelo.*

¿Son de él esos zapatos?
Sí, son unos zapatos suyos.

1 ¿Es de ella esa casa?
2 ¿Es de ellos ese carro?
3 ¿Es de ella ese abrigo?
4 ¿Son de nosotros esas pastillas?

5 ¿Son de él esas fotos?
6 ¿Son de ella esas blusas?
7 ¿Son amigos de usted esos jóvenes?
8 ¿Son amigas de ella esas muchachas?

9. Pronombres posesivos

Possessive pronouns are the same forms as the long-form possessive adjectives (**mío**, **tuyo**, etc.). They generally are used with a definite article and they always agree in number and gender with the noun they replace.

Alicia, mi carro es viejo pero **el tuyo** es nuevo.　　*Alicia, my car is old but yours is new.*
Tu casa y **la mía** son bonitas—dijo Fernando.　　*"Your house and mine are pretty," said Fernando.*
Mis camisas y **las suyas** son caras.　　*My shirts and yours are expensive.*

After the verb **ser** the article is usually omitted.

Este pasaporte es **mío**.　　*This passport is mine.*
Ese carro es **suyo**.　　*That car is his.*
Las camisas son **nuestras**.　　*The shirts are ours.*

But after other verbs, the article is retained.

¿Usted tiene **el suyo**?　　*Do you have yours?*

Generally, the meaning of **el suyo, la suya, los suyos,** or **las suyas** is clear from the context. Where there might be misunderstanding, **de** + prepositional pronoun may be used to specify more exactly who is meant.

Las suyas son viejas.　　=　　Las **de** $\left\{ \begin{array}{l} \text{usted} \\ \text{ustedes} \\ \text{él} \\ \text{ella} \\ \text{ellos} \\ \text{ellas} \end{array} \right\}$ son viejas.

A *Su amiga es muy curiosa. Responda que sí a todas sus preguntas. Siga el modelo.*

> ¿Son de usted estas pastillas?
> **Sí, son mías.**

1 ¿Es de usted esta medicina?
2 ¿Es de David este carro?
3 ¿Es de ustedes esta casa?
4 ¿Es de Susana este disco?
5 ¿Son de ustedes estos libros?
6 ¿Es de ellas esta computadora?

B *Conteste siguiendo los modelos.*

1 ¿Tiene usted sus pastillas?
> **Sí, yo tengo las mías, pero Paco no tiene las suyas.**

(el) pasaporte   (la) medicina   (las) joyas
(las) fotos   (los) papeles

2 ¿Fue muy serio su accidente?
> **Sí, pero no tan serio como el suyo.**

fiebre   alergia   tos

3 ¿Dónde están el papá de Concepción y el de Eduardo?
> **El de Concepción está aquí. No sé dónde estará el de Eduardo.**

la medicina   los zapatos   los padres
la camisa   las fotos

C *Dé el equivalente en español.*

1 My books are here, but I don't know where yours are.
2 Susana took her medicine, but I haven't taken mine.
3 I met your girlfriend, but I haven't met his.
4 We doubt that your team is as good as ours.
5 Carolina wants her pictures and mine.
6 Mario wants me to sell my car and buy his.

ACTIVIDADES EN PAREJAS

A *Después de hacerle a usted un examen físico, el médico de la universidad le dice que usted no está enfermo(a) y que debe asistir a sus clases. Trate de convencer al médico que está enfermo(a) y no puede asistir a las clases. Explíquele todos los síntomas que tiene. Su compañero(a) de clase toma el papel del médico y luego pueden cambiar de papel.*

B *Usted está de veras muy enfermo(a) pero tiene una cita para salir con la chica más bonita (el joven más guapo) de la universidad. Trate de convencer a su compañero(a) de cuarto que está muy bien de salud. Cuéntele todas las pruebas de su buena salud y trate de convencerlo(la) que debe salir esta noche. El compañero (La compañera) insiste en que no debe salir y le explica sus razones.*

C *Su compañero(a) de cuarto no se siente bien. Conteste sus preguntas usando el imperativo de* **tú.**

> ¿Tengo que sentarme?
> **Sí, siéntate.**

1 ¿Tengo que tomar dos aspirinas?
2 ¿Tengo que acostarme?
3 ¿Tengo que descansar mucho?
4 ¿Tengo que dormir mucho?
5 ¿Tengo que llamar al médico mañana?
6 ¿Tengo que pedir más instrucciones?
7 ¿Tengo que quedarme en casa?

D *Una persona mayor que está de visita en su casa se siente muy mal. Conteste las mismas preguntas de la actividad* **C** *usando un mandato formal (***usted***) según el modelo.*

¿Tengo que sentarme?
Sí, siéntese, señora (señor).

Cambien de papel y repitan las dos actividades **C** *y* **D**.

Lectura

LOS SIGNOS DEL ZODÍACO—EL HORÓSCOPO

—¿Cuándo nació usted?
—Nací el 10 de noviembre.
—Ah, entonces usted nació bajo el signo de Escorpión.

Acuario
Del 20 de enero al 18 de febrero

Usted es progresista. Tiene ideas originales y buenas. Será un buen líder o simpatizante del movimiento de liberación feminina.

Piscis
Del 19 de febrero al 20 de marzo

Usted tiene una imaginación muy viva y algunas veces cree que es víctima del FBI o la CIA. Tendrá tendencia a ser tímido(a) pero siempre será una persona fascinante.

Aries
Del 21 de marzo al 19 de abril

Usted es una persona impulsiva, industriosa y un buen líder. Será general o madre superior de un convento.

Tauro
Del 20 de abril al 20 de mayo

Usted es muy práctico(a) y constante. Sabrá dedicarse a una causa como el comunismo o los estudios graduados.

Géminis
Del 21 de mayo al 21 de junio

Usted es una persona inteligente en extremo pero perezosa. Tendrá mucho éxito en la vida artística.

Cáncer
Del 22 de junio al 22 de julio

Usted es simpático(a) pero muy sentimental. ¡Cuidado! Podrá ser víctima de sus sentimientos.

Leo
Del 23 de julio al 22 de agosto

Usted es egoísta y no le gusta la crítica personal. Será un tipo de dictador arrogante o una esposa dominante.

Virgo
Del 23 de agosto al 22 de septiembre

Usted es una persona muy lógica, razonable y tranquila. Tiene posibilidad de ser un buen chófer de taxi o un(a) profesor(a) insufrible.

Libra
Del 23 de septiembre al 23 de octubre

Usted es más idealista y romántico(a) que realista. Vive en un mundo de literatura y fantasías. Algún día estará muy desilusionado(a) de la vida.

Escorpión
Del 24 de octubre al 21 de noviembre

Usted es una persona de carácter violento y de emociones intensas. No tiene escrúpulos y por eso tendrá mucho éxito financiero.

Sagitario
Del 22 de noviembre al 21 de diciembre

Usted es una persona entusiasta y un optimista incurable. Tendrá mucha suerte porque tiene muchos amigos.

Capricornio
Del 22 de diciembre al 19 de enero

A usted no le gusta hacer nada malo. Tendrá tentación de robar un banco pero no lo hará porque es de buen corazón.

PREGUNTAS

1 ¿En qué día y en qué mes nació usted? **2** ¿Bajo qué signo del zodíaco nació usted? **3** ¿Qué características tendrá usted según el zodíaco? **4** ¿Tiene usted esas características? **5** Según el zodíaco, ¿qué características tiene su mejor amigo(a)? **6** ¿Es cierto que tiene esas características? **7** ¿Cree usted en los signos? ¿Por qué?

En pocas palabras

COMPLETE LAS FRASES

1 Yo tengo mis pastillas. Él _____.
2 Mi camisa es bonita. _____ es bonita también.
3 Ahora me siento _____.
4 A mí _____.
5 _____ enfermo.

FORME PREGUNTAS

1 Sí, me duele mucho.
2 No, no lo sabía.
3 No, no me han puesto inyecciones.
4 Sí, ya habían salido cuando yo llegué.
5 Sí, ya la había abierto.

BREVES CONVERSACIONES

Pregúntele a _____

cómo se siente hoy.
si ha ido al médico este mes.
si el médico le dio pastillas.
cuánto tiempo hace que vive aquí.
si había vivido aquí antes.
si prefiere inyecciones o pastillas.
si sabe conducir muy bien.
por qué ha tenido tantos accidentes.

PREGUNTAS PERSONALES

1 ¿Ha tenido usted un choque con su carro?
2 ¿Había tenido lecciones de conducir?
3 ¿Se ha lastimado usted antes?
4 ¿Nunca ha estado en el hospital?
5 ¿Ha estado usted enfermo(a)?
6 ¿Hace cuánto tiempo que estuvo usted enfermo(a)?
7 ¿Qué le han gustado más, las pastillas o las inyecciones?
8 ¿Cuándo toma usted aspirinas?
9 ¿A quién llama cuando está deprimido(a)?
10 ¿Cómo se siente ahora?
11 ¿Nunca ha tenido alergia?
12 ¿Quiere usted ser médico(a)?
13 ¿Nunca ha querido ser psicoanalista?
14 ¿Qué lección estamos estudiando ahora?
15 ¿Dónde será el examen esta semana?
16 ¿Ha salido bien en los exámenes este semestre?
17 ¿Había estudiado mucho antes de los exámenes?
18 Mis clases son fáciles este semestre. ¿Y las suyas?

Sección de referencia

Pronunciación

Review of Spanish b, v

When **b** or **v** is initial in a breath group or follows **m** or **n**, it is a stop. Bring the lips together, temporarily stopping the passage of air.

    voy a casa   vaticano   banco   voto   un banco   ambulancia   convención

Spanish **b** or **v** in all other positions is a fricative continuant. Bring the two lips together, restricting the passage of air but allowing some to continue through. Avoid placing the lower lip against the teeth as for English v.

había   iba   ahí viene   una bolsa   no se mueve   yo voy a casa   el vaticano
el banco   el voto   habría

Vocabulario

abierto	*open; opened* (irreg. past part. of **abrir**)	el **mal**	*sickness*
		mío(a)	*my; mine*
aburrido	*bored; tiresome, boring*	**muela**	*back tooth; molar*
alcohólico	*alcoholic*	**nervioso**	*nervous*
alegre	*happy, glad*	el (la) **oculista**	*oculist*
alergia	*allergy*	**oído**	*ear*
animado	*enthusiastic; lively; animated*	**ojo**	*eye*
apenas	*hardly, scarcely*	**oro**	*gold*
apetito	*appetite*	el (la) **paciente**	*patient; patient* (adj.)
banquero	*banker*	**pálido**	*pale*
el **bosque**	*woods, forest*	**papa**	*potato*
brazo	*arm*	el **papel**	*paper; role, part* (theater)
cabeza	*head*	el **pasaporte**	*passport*
capricho	*whim, fancy, caprice*	**pastilla**	*pill*
casi	*almost*	el (la) **psicoanalista**	*psychoanalyst*
cita	*appointment; date*	el (la) **recepcionista**	*receptionist*
completo	*complete*	**reposo**	*rest*
concierto	*concert*	**respeto**	*respect*
consultorio	*clinic; office*	**sano**	*healthy; sane*
cuello	*neck*	**seguro**	*insurance*
débil	*weak*	**Seguro Social**	*Social Security*
deprimido	*depressed*		
descubierto	*discovered* (irreg. past part. of **descubrir**)	**serio**	*serious*
		suyo(a)	*his, her, its, your* (formal), *their, one's; of his, hers, its, yours* (formal), *theirs, one's*
dicho	*said* (irreg. past part. of **decir**); *saying*		
el **dolor**	*pain, grief, sorrow*	el (la) **taxista**	*taxi driver*
droga	*drug*	la **tos**	*cough*
ejercicio	*exercise*	el **trauma**	*trauma*
escrito	*written* (irreg. past part. of **escribir**)	**tuyo(a)**	*your* (fam.); *of yours*
		venda	*bandage*
el **escritor**, la **escritora**	*writer*	**ventana**	*window*
estómago	*stomach*	**viejo**	*old, ancient*
la **explicación**	*explanation*	**voluminoso**	*voluminous*
la **fiebre**	*fever*		
fuerte	*strong*		
hombro	*shoulder*		
hueso	*bone*	## Verbos	
industrioso	*industrious*	**cerrar (ie)**	*to close*
infeliz	*unhappy*	**descubrir**	*to discover*
la **inyección**	*injection, shot*	**desmayarse**	*to faint*
isla	*island*	**doler (ue)**	*to hurt; to be painful*
jamás	*never; ever*	**freír (i)**	*to fry*
lado	*side*	**mandar**	*to send; to command; to order*

notar	*to note; to notice*	**tener dolor**	*to have a pain in . . .*
pintar	*to paint*	**de . . .**	
recobrar	*to recover*	**volver en sí**	*to come back to oneself*

Otras expresiones

a gusto	*at ease, comfortable*
hacer deporte	*to play sports*
sin embargo	*nevertheless; however*

Refrán

Para el mal de amores no hay doctores.
For the lovesick there are no doctors.

LECCIÓN 15

¿Qué hay de nuevo? Hay que leer el periódico.

Perspectiva

Functional Conversational Goals: You should be able to
1 discuss headlines and news items.
2 make requests and state personal preferences.
3 acknowledge what others want, ask, insist, order, or suggest that you do.
4 relate feelings about what others do.

Language: You will study and practice using
1 the subjunctive mood (continued).
2 the present subjunctive in noun clauses (continued).
3 the present–subjunctive forms (continued).
4 the present subjunctive: stem-changing verbs.

5 the present subjunctive with **ojalá**.
6 the infinitive or the subjunctive.
7 the subjunctive versus the indicative in the noun clause.
8 the subjunctive or indicative with **creer**, **pensar**, **tal vez**, and **quizás**.

Culture: You will learn about issues of national interest in Latin America through newspaper headlines.

Pronunciation: You will review and practice the pronunciation of Spanish **g**, **j**, **x**, and **y**.

De lo que digan, ná. De lo que ves, la mitad.

Diálogo

LAS NOTICIAS DEL DÍA

Jim y Lisa son estudiantes de periodismo de la Universidad de California. Están de visita en Lima, Perú. Han conocido a Julio, un joven limeño que trabaja para El Mercurio, *un prestigioso periódico del Perú. Como ellos se interesan en el periodismo, Julio los había invitado a conocer las oficinas y la prensa de* El Mercurio.

JIM   Hola, Julio. Gracias por la invitación. Es un privilegio inesperado.

JULIO   Buenas tardes. Me alegro mucho de que vengan a visitarme.

LISA   Esto sí que es impresionante. ¿Qué especialidad tienes tú aquí, Julio?

JULIO   Yo soy ayudante al señor redactor que prepara la versión final y compone los titulares del diario.

LISA   ¿Qué son titulares?

JULIO   Creo que en su tierra se conocen como "headlines".

JIM   Sí, es cierto. Me imagino, Julio, que el problema mayor es el de establecer la verdad en muy pocas palabras. ¿No es así?

JULIO   Sí, y es difícil porque hay muchas personas que no creen lo que oyen y leen. Tú conoces este viejo refrán español: "De lo que digan, ná. De lo que ves, la mitad."

JIM   ¡Qué interesante el refrán! Sí, muchas personas son incrédulas.

JULIO   Aquí tienen ustedes algunos titulares[1] y párrafos de introducción. Son para el diario de esta tarde.

PREGUNTAS

1 ¿Qué estudian Jim y Lisa?
2 ¿Dónde están ellos?
3 ¿De dónde son?
4 ¿Quién es Julio?
5 ¿Dónde trabaja Julio?
6 ¿A qué les había invitado Julio?
7 ¿De qué se alegra Julio?
8 ¿Qué especialidad tiene Julio en *El Mercurio*?
9 ¿Qué son titulares?

[1]The headlines referred to are found in the **Notas culturales** and the **Lectura**.

McDonald's quiere americanizar
el mundo. San José, Costa Rica.

Notas culturales

LOS TITULARES DEL DIARIO

HUELGA DE ESTUDIANTES

Numerosos estudiantes y algunos profesores prosiguen en su actitud
de protesta contra la falta de autonomía en las universidades. En sus
manifestaciones los universitarios piden que los administradores sean
más democráticos.

HASTA EL CUELLO EN DEUDAS

En los diez años de crisis económica que lleva ya el mundo, los países
del tercer mundo han acumulado deudas exteriores tan desorbitadas
que nadie sabe como podrán pagarlas. Los bancos internacionales insisten en que todos los países paguen sus deudas. La alternativa es la
catástrofe.

EL PAPA PROPONE LA TEOLOGÍA DE LA BENDICIÓN FRENTE
A LA VIOLENCIA EN SU GIRA AMERICANA

Se calculan en tres millones los limeños que abarrotaron las calles y
plazas para ver al ''rey de los católicos'' como han apodado aquí al
papa. En un obvio esfuerzo de contrarrestar la influencia de la
''teología de la liberación'', dice el papa que el cristiano no necesita
ideologías materialistas ni violentas para colaborar en la liberación del
hombre. El papa aconseja que los eclesiásticos del Perú se opongan a
la revolución y la violencia.

LAS ÁSPERAS SANGRES DEL TERROR

La banda terrorista de ultraizquierda ha dado un terrible golpe de venganza. Ayer cayó abatido sobre las calles de Madrid otra víctima del terrorismo vasco. A las doce y media los terroristas vascos del norte de España asesinaron al teniente general Adalberto Carvajal Robledo. Su viuda no reclama represalias—sólo quiere que a ella la dejen en paz.

PREGUNTAS

1 ¿Quiénes están de huelga? **2** ¿Qué protestan los estudiantes? **3** ¿Qué piden los estudiantes?

———

4 ¿Qué significa "deudas desorbitadas"? **5** ¿En qué insisten los bancos internacionales?

———

6 ¿Qué son limeños? **7** ¿A quién llaman "el rey de los católicos"? **8** ¿Cuántas personas fueron a oír al papa en Lima? **9** ¿Necesita el cristiano ideas materialistas y violentas? **10** ¿Qué les aconseja el papa a los eclesiásticos del Perú?

———

11 ¿A quién han asesinado los terroristas en Madrid? **12** ¿De qué parte de España son los terroristas vascos? **13** ¿Qué pide la viuda del general asesinado?

Explicación y Aplicación

1. El modo subjuntivo (continuación)

LISA ¿Por qué protestan ustedes?
LAS AMAS DE CASA La vida está muy cara en estos días. Pedimos que bajen el precio de los alimentos.

JIM ¿Por qué están ustedes de huelga?
OBRERO Nos hace falta más dinero. Insistimos en que suban los jornales (*wages*).

Amas de casa unidas

Sindicato de obreros

LISA ¿Qué manifestación es ésta?
CIUDADANOS Queremos que la policía prenda a
los criminales. Tienen que
llevarlos a la cárcel.

Asociación de Ciudadanos
Contra los Atracos

La magnífica fachada de la Iglesia de La Merced en
Lima.

Conteste.

1 ¿Por qué protestan las amas de casa unidas?
2 ¿Cómo está la vida en estos días?
3 ¿Qué piden las amas de casa?
4 ¿Por qué están de huelga los obreros?
5 ¿Qué les hace falta?
6 ¿En qué insisten?
7 ¿Por qué están haciendo manifestación los de
la Asociación de Ciudadanos?
8 ¿Qué tienen que hacer con los criminales?
9 ¿Qué quieren ellos que haga la policía?

Lesson 7 introduced the subjunctive mood and verb forms and explained that this mood is used to express hypothetical actions or conditions, and also actions or conditions about which the speaker expresses an emotional reaction.

By definition the term *subjunctive* refers to something *subjoined* or dependent upon something else. Verbs used in the subjunctive mood are, in fact, dependent upon another main verb or idea, expressed or merely implied. Verbs in the subjunctive mood are, therefore, almost always found in a dependent clause. The verb or idea expressed in the main clause will determine whether the subjunctive or indicative will be used in the dependent clause.

The present subjunctive for most verbs is formed with the stem of the **yo**-form, present indicative, plus standard endings as follows:

-ar VERBS		-er AND -ir VERBS			
bajar *to lower*		**prender** *to arrest*		**subir** *to raise*	
baje	bajemos	prenda	prendamos	suba	subamos
bajes	bajéis	prendas	prendáis	subas	subáis
baje	bajen	prenda	prendan	suba	suban

2. El presente de subjuntivo en cláusulas sustantivas

A *clause* is a group of words that includes a subject and a verb. A *noun clause* is a clause that could be replaced in the sentence by an ordinary noun (see discussion, page 174). The noun clause is subordinate to another clause, which is the *main* clause. Notice in the following examples how the noun clause is subordinate to, or dependent upon, the main clause.

MAIN CLAUSE	NOUN CLAUSE	
Quiero	**que usted hable más despacio.**	*I want you to speak more slowly.*[1]
Dígales	**que nos visiten.**	*Tell them to visit us.*[1]
Siento	**que ella esté enferma.**	*I'm sorry she is sick.*
Espero	**que él venga.**	*I hope he is coming.*[1]

In the examples above, the noun clause answers *what* is wanted, requested, or felt by the subject of the main clause. In each case there is some type of influence or involvement connecting the action of the main clause with the action of the noun clause. When this influence or involvement is in the form of a wish, hope, desire, doubt, request, or emotional feeling, the verb in the noun clause is expressed in the subjunctive mood. Note also that the subject of the main clause is different from the subject of the noun clause.

a) Examples of main-clause verbs expressing hope, desire, preference, or necessity (dependent-clause verb = subjunctive):

Esperamos que tú nos **acompañes**.	*We hope you will accompany us.*
Él **prefiere** que no **salgamos**.	*He prefers we don't go out.*
Espero que **bajen** los precios.	*I hope that they will lower prices.*
Es necesario que se lo **digas** a papá.	*It's necessary that you tell father.*

b) Examples of main-clause verbs expressing feeling, emotion, approval, or advice:

Me **alegro** (de) que **haya** una rebaja en el precio.	*I am glad there is a discount in the price.*
Siento que no te **guste** la música clásica.	*I am sorry you don't like classical music.*
Te **aconsejo** que no lo **hagas**.	*I advise you not to do it.*
Me **gusta** que **hables** español.	*I like you to speak Spanish.*
Conviene que no **regresemos** tarde.	*It's better that we don't return late.*

c) Examples of main-clause verbs expressing doubt, denial, or uncertainty:

Dudo que **sea** posible.	*I doubt that it will be possible.*
No **creo** que nos **inviten**.	*I don't think they will invite us.*
¿**Piensa** usted que lo **sepan**?	*Do you think they know it?*

d) Examples of main-clause verbs expressing command or request:

Manda que **salgan** en seguida.	*He orders them to leave at once.*
Dígales que nos **visiten**.	*Tell them to visit us.*
Pídales que lo **hagan** pronto.	*Ask them to do it soon.*

[1]Notice that the English equivalent is sometimes expressed as an infinitive (*to speak, to visit*) or a participle (*coming*).

A *¿Cuáles son los deseos y sentimientos de estas personas?*

1 ¿Qué quiere Julio?
Quiere que Jim y Lisa lo visiten.

que tú, que nosotros, que ustedes, que el profesor, que yo, que ellos

2 ¿Qué piden las amas de casa?
Piden que el gobierno baje los precios.

que las tiendas, que el supermercado, que el metro

3 ¿Qué espera la profesora?
Espera que nosotros aprendamos español.

que Karl, que las chicas, que ellos, que todo el mundo

4 ¿Qué dudan los padres?
Dudan que nosotros les escribamos.

que tú, que ustedes, que Jim y Lisa, que su hija, que yo

B *Complete la frase sustituyendo las palabras indicadas.*

No pagan sus deudas. Insistimos en que . . .
Insistimos en que paguen sus deudas.

1 Ven la televisión ahora. Mamá no quiere que . . .
2 Fuman aquí. Se prohibe que . . .
3 Jim y Lisa lo visitan. Julio se alegra de que . . .
4 Ellos leen el periódico. El profesor espera que . . .
5 Lisa está enferma. Siento mucho que . . .
6 El gobierno no aumenta los salarios. Los obreros piden que . . .
7 Hablan de revolución. El papa aconseja que no . . .

3. El presente de subjuntivo: verbos regulares e irregulares

Most verbs that have an irregularity in the **yo**-form of the present indicative have the same irregularity in all forms of the present subjunctive. Lesson 7 presented nine examples:

SUBJUNCTIVE

salir	(yo salgo)	**salga, salgas, salgan, salgamos, salgáis, salgan**
hacer	(yo hago)	**haga**, etc.
decir	(yo digo)	**diga**, etc.
tener	(yo tengo)	**tenga**, etc.
venir	(yo vengo)	**venga**, etc.
poner	(yo pongo)	**ponga**, etc.
traer	(yo traigo)	**traiga**, etc.
pedir	(yo pido)	**pida**, etc.
ver	(yo veo)	**vea**, etc.

Here are five more verbs that form the present subjunctive in the regular way:

INFINITIVE	yo-*form,* PRESENT INDICATIVE	yo-*form,* PRESENT SUBJUNCTIVE
oír	**oigo**	oiga
conducir	**conduzco**	conduzca
traducir	**traduzco**	traduzca
construir	**construyo**	construya
conocer	**conozco**	conozca

A *Diga que usted quiere que las siguientes personas traigan los boletos.*

Espero **que él** traiga los boletos.

que ellos, que tú, que ustedes, que ella, que usted, que vosotros

B *Lisa quiere que varias personas oigan la música.*

Ella quiere **que tú** oigas la música.

que nosotros, que ustedes, que él, que yo, que Lisa, que ellas

C *Usted siente que las personas indicadas no conozcan a Julio.*

Siento **que ella** no conozca a Julio.

que ellos, que usted, que tú, que él, que Jaime, que vosotros

D *Usted se alegra de que estas personas conduzcan bien.*

Me alegro de **que ustedes** conduzcan bien.

que tú, que ella, que usted, que Lisa y Jaime, que él

E *Sus amigos quieren que las siguientes personas construyan una casa nueva.*

Quieren **que yo** construya una casa nueva.

que ella, que ustedes, que él, que nosotras, que ellos, que usted

Remember that when using indirect- and/or direct-object pronouns, they are placed *before* conjugated verb forms, whether in the indicative or subjunctive mood.

Quiero que **la** conozcas.   *I want you to meet **her**.*
Dudamos que **lo** traigan.   *We doubt they will bring **it** (masculine).*

F *Conteste las siguientes preguntas de su compañero(a) de acuerdo con el modelo.*

¿Quieres que ellos traigan la comida?
Sí, quiero que la traigan.

1 ¿Quieres que él traduzca el artículo?
2 ¿Sientes que ella no oiga la música?
3 ¿Dudas que yo conduzca el carro muy bien?
4 ¿Prefieres que no construyamos la casa aquí?
5 ¿Esperas que ellos te conozcan a ti?

Six very common verbs have subjunctive stems that are not derived from the **yo**-form of the present indicative.

dar		ir		ser	
dé	demos	vaya	vayamos	sea	seamos
des	deis	vayas	vayáis	seas	seáis
dé	den	vaya	vayan	sea	sean

estar		haber		saber	
esté	estemos	haya	hayamos	sepa	sepamos
estés	estéis	hayas	hayáis	sepas	sepáis
esté	estén	haya	hayan	sepa	sepan

Quieren que les **demos** la dirección de nuestra casa.

Espero que **vayas** conmigo.
Dudamos que el examen **sea** fácil.
¿Prefieres que ella **esté** aquí todo el día?

Siento que no **haya** Coca-Cola.
El profesor desea que lo **sepamos** bien.

They want us to give them the address of our house.[1]
I hope you will go with me.[1]
We doubt the test is easy.
Do you prefer her to be here all day? (or Do you prefer that she be here all day?)
I'm sorry there isn't any Coca-Cola.
The professor desires that we know it well.

Celebrando el Día de los Muertos en el Perú.

A *Sustituya las personas indicadas y repita la frase.*

1 Quieren **que nosotros** les demos el dinero.
   que ella, quo yo, que ustedes, que él, que usted

2 Prefiero **que tú** te vayas ahora.
   que ella, que ustedes, que nosotras, que Lisa, que vosotros

3 Espero **que ella** sea simpática.
   que él, que ellas, que usted, que nosotros, que Jaime

4 Me alegro de **que tú** estés aquí.
   que ellos, que Lisa, que mis amigas, que usted, que nosotros

5 Lisa duda **que yo** sepa la dirección.
   que nosotras, que él, que ellos, que usted, que vosotros

B *Responda a las preguntas que siguen.*

1 Hay partido esta tarde. ¿Duda usted que sea fácil ganarlo?

2 ¿Quiere usted que su novio(a) vaya al cine con usted esta noche?

3 ¿Desea su compañero(a) de cuarto que usted le dé dinero?

4 ¿Quiere que los niños se acuesten tarde o temprano?

5 ¿Qué quiere usted que haga el Presidente de los Estados Unidos este año?

[1]Notice that the subjunctive in the noun clause is sometimes best translated by the English future tense.

4. El presente de subjuntivo de verbos que cambian en la raíz

The **-ar** and **-er** verbs that are stem-changing in the present indicative show the same changes in the present subjunctive.

cerrar		acostar		entender		poder	
cierre	cerremos	acueste	acostemos	entienda	entendamos	pueda	podamos
cierres	cerréis	acuestes	acostéis	entiendas	entendáis	puedas	podáis
cierre	cierren	acueste	acuesten	entienda	entiendan	pueda	puedan

A *Haga las sustituciones indicadas.*

1 La profesora quiere **que tú** cierres la puerta.
que él, que ellos, que nosotros, que ella, que ustedes, que vosotros

2 Yo espero **que usted** entienda todo.
que ustedes, que él, que ellos, que los estudiantes, que nosotras, que vosotros

3 Me alegro de **que ellos** puedan ir mañana.
que usted, que nosotros, que ella, que tú, que mi hermano, que vosotros

4 ¿Por qué quiere ella **que usted** se acueste ahora?
que él, que yo, que nosotros, que ellos, que tú, que vosotros

The **-ir** verbs that change their stem from **e** to **i** in the present indicative make the same change in all forms of the present subjunctive.

pedir		seguir	
pida	pidamos	siga	sigamos
pidas	pidáis	sigas	sigáis
pida	pidan	siga	sigan

Exceptions are the **nosotros**- and **vosotros**-forms of **e** → **ie** and **o** → **ue** stem-changing verbs. The **e** of the stem changes to **i**, and the **o** of the stem changes to **u** in these two forms.

sentir		dormir	
sienta	**sint**amos	duerma	**dur**mamos
sientas	**sint**áis	duermas	**dur**máis
sienta	sientan	duerma	duerman

B *Sustituya las personas indicadas.*

1 Ella quiere **que tú** pidas la cuenta.
que yo, que nosotros, que ellos, que usted, que él, que ustedes

2 Mis padres quieren **que yo** siga otra carrera.
que mi hermano, que ella, que nosotros, que usted, que vosotras

3 Él duda **que ella** se sienta bien.
que ellos, que nosotros, que él, que ustedes, que vosotros

4 Mamá no quiere **que tú** duermas toda la mañana.
que yo, que ellos, que él, que nosotros, que Lisa, que vosotros

5 Ellos esperan **que él** no se muera nunca.
que nosotros, que ustedes, que yo, que usted, que tú, que vosotras

C *Exprese que Julio duda que ocurran las siguientes situaciones.*

> Volvemos al Perú.
> **Julio duda que volvamos al Perú.**

1 Lo sentimos mucho.
2 Pedimos una rebaja en el precio de pan.
3 Nos morimos en este calor.
4 Seguimos una carrera en deportes.
5 Dormimos más de diez horas.

D *Conteste estas preguntas.*

1 ¿Quieren sus padres que usted siga la carrera de ingeniería?
2 ¿Les aconseja el profesor a sus amigos que no duerman en la clase?
3 ¿Qué le pide usted al profesor que haga?
4 ¿Sienten ustedes que mueran muchas personas en accidentes de carro?
5 ¿Le gusta a usted que sus amigos le pidan mucho dinero?
6 ¿Duda usted que Jim y Lisa se diviertan?

5. Más práctica con verbos regulares e irregulares en el subjuntivo

A *Conteste siguiendo los modelos.*

> ¿Quiere salir ahora?
> **No, quiero que salga usted.**

1 ¿Quiere ir al mercado?
2 ¿Prefiere servir la carne?
3 ¿Espera volver?
4 ¿Quiere conocerla?

> ¿Quiere hacerlo?
> **No, quiero que lo hagan ustedes.**

1 ¿Prefiere encontrarlo?
2 ¿Quiere oírlo?
3 ¿Espera tenerlo?
4 ¿Quiere pedirlo?

Libros de segunda mano en Lima, Perú.

¿Ellos van a traducirlo ahora?
Sí, quiero que lo traduzcan.

1 ¿Van a ponerlo ahí?
2 ¿Van a traerlo luego?
3 ¿Van a saberlo mañana?

¿Él lo va a cerrar?
Espero que lo cierre.

1 ¿No va a perderlo?
2 ¿Va a entenderlo?
3 ¿Va a construirlo?

¿Nos acompaña Roberto?
No estoy seguro, pero espero que nos acompañe.

1 ¿Toma estas pastillas Lisa?
2 ¿Compra el regalo Julio?
3 ¿Escucha los programas Jim?
4 ¿Ve la televisión ella?

¿Va a comer la ensalada Julio?
Sí, quiero que la coma.

1 ¿Va a vender la casa?
2 ¿Va a leer el periódico?
3 ¿Va a volver a tiempo?
4 ¿Va a entender?

¿Puede escribir la carta Armando?
Sí, dígale que la escriba.

1 ¿Puede abrir la ventana?
2 ¿Puede traer el carro?
3 ¿Puede servir el postre?
4 ¿Puede vender los broches?

B *Complete las frases en una manera original.*

Mi hermano es muy rico. Quiero que . . .
Quiero que mi hermano me compre unos boletos para el partido.

1 A Jorge no le gusta bailar. Dudo que . . .
2 Soy muy inteligente. Mi amigo quiere que . . .
3 Luisa quiere ser policía. Preferimos que . . .
4 Tengo mucho tiempo. Mis padres quieren que . . .
5 Los latinoamericanos son simpáticos. Ellas esperan que . . .
6 Alicia sabe que hay fiesta este sábado. Ella espera que . . .
7 Terminaron los juegos anteayer. Ahora prefiero que . . .
8 Hay mucha nieve por aquí. Me gusta que . . .

Vocabulario útil

LOS COLORES

amarillo	*yellow*	dorado	*gold*	rosado	*pink*
anaranjado	*orange*	gris	*gray*	verde	*green*
azul	*blue*	morado	*purple*	azul oscuro	*dark blue*
blanco	*white*	negro	*black*	verde claro	*light green*
café (pardo, marrón)	*brown*	rojo	*red*		

¿De qué[1] color es la blusa que compraste?
Es azul claro.

What color is the blouse you bought?
It's light blue.

---

[1]When asking the color of an object, **de** is used before **qué**.

A *Conteste las preguntas.*

1 ¿De qué color es su casa?
2 El color de su corbata es café, ¿verdad?
3 ¿De qué color es su carro?
4 ¿De qué color son sus esquís?
5 ¿Cuál es su color favorito?
6 ¿De qué colores son las mariposas?
7 ¿De qué colores es la bandera (*flag*) de los Estados Unidos?
8 ¿De qué color es el césped (*lawn*)?
9 ¿Qué colores lleva usted hoy?
10 ¿Qué color llevan algunas personas el día de San Patricio de Irlanda?
11 ¿En qué color escribimos las deudas?
12 ¿De qué color es el cielo (*sky*) cuando hace buen tiempo?

B *Pregúntele a su compañero(a) de clase el color o los colores en que él o ella piensa cuando se mencionan las siguientes cosas.*

1	fruta	6	animal
2	automóvil	7	boda
3	flor	8	primavera
4	parque	9	otoño
5	nieve	10	casa

C *Indique usted algo en la sala de clase que es del color indicado.*

verde
La blusa de Luisa es verde.

1	rojo	6	anaranjado
2	amarillo	7	gris
3	café	8	morado
4	verde oscuro	9	rosado
5	azul	10	negro

6. El presente de subjuntivo con ojalá

Ojalá means *I hope (that)*, or more literally, *May God grant (that)*. Sometimes the word **que** is used with **ojalá** to introduce the noun clause and sometimes it is omitted. With or without **que**, the meaning remains the same. The subjunctive is always used in a noun clause following **ojalá**.

¡Ojalá (que) prendan a los criminales!	*I hope they arrest the criminals!*
Ojalá (que) tenga buena suerte.	*I hope that I have good luck.*
Ojalá (que) vuelvan pronto.	*I hope they will return soon.*

Forme una frase original empleando **ojalá** *y el verbo y el sujeto indicados siguiendo el modelo.*

terminar pronto—la huelga—ellas
Ojalá que ellas terminen pronto la huelga.

1 dar—el dinero—ellos
2 trabajar—mucho—tú
3 traer—un abrigo—él
4 decir—el secreto—ella
5 venir—temprano—ustedes
6 comprar—el coche nuevo—mi papá
7 saber—la lección—usted
8 levantarse—ahora—él
9 poder—llegar—ellos
10 escribir—una carta—mi novio

Hoy circula
El Colombianito

Hoy es fiesta patria; debe
izarse en residencias y edificios
el pabellón nacional

Medellín, Miércoles 7 de Agosto de 1985

EL COLOMBIANO

$40.00
48 PAGINAS   TRES SECCIONES   AÑO LXXIV. NÚMERO 24.384   VÍA AVIANCA Y ACES Tarifa Postal Reducida N° 77 de la Administración Postal Nacional

Parque de la Paz

HIROSHIMA, Japón. Al conmemorarse los 40 años del holocausto atómico que semidestruyó a esta ciudad, miles de familiares y allegados de las víctimas ... ... se concentra...

gobierno y el pueblo del Japón reiteraron su fidelidad a los principios antinucleares, a tiempo que oraban porque catástrofes como las de Hiroshima y Nagasaki no vuelvan a repetirse en ninguna parte del planeta, poniendo en peligro la ... ... de la ... ...foto-color

Betancur: 3 años de esfuerzo y tenacidad

- A pesar de las dificultades socio-económicas, conserva inalterable su optimismo

- La gestión bandera de su gobierno: meter en cintura la voracidad financiera

- A un año de terminar su mandato, el jefe del Estado confía en el éxito de su "Plan de Ajuste"

Pág. 11-A.

Hoy, Desfile de Silleteros

Por Catalina Villa Pérez
De EL COLOMBIANO

Bolívar, tomará luego la Avenida Oriental, descenderá por La Playa y después de cruzar por la ... ... tomará a Boli...

Obreros y gobierno acuerdan 'pacto social' contra paros

Por GERMAN NAVARRETE
Redactor de EL TIEMPO

El gobierno y el Frente Sindical Democrático acordaron ayer un "pacto social" para facilitar soluciones concertadas entre el Estado, los patronos y los sindicatos, e impedir grandes paros y huelgas.

El instrumento mencionado se llamará "Consejo Nacional de Concertación Económica y Social", en el cual se fusionarán los actuales consejos nacionales de Salarios, Trabajo y Migraciones, será consultado esta semana a los gremios de la pro- ... ... y después de revisado en el ... ...

mana próxima, será presentado por el gobierno al Parlamento para que sea creado por ley de la república, con carácter obligatorio para las tres partes.

Debido a que en el nuevo consejo tendrán igual representación y derecho a voz y voto 5 representantes del gobierno —los ministros de Trabajo, Hacienda, Desarrollo, Agricultura y el jefe de Planeación Nacional—, 5 voceros del sector privado —los presidentes de la ANDI, Fenalco, Acopi, SAC y Camacol— y 5 representantes de los trabajadores —los presidentes de las centrales obrer... ... ...

Bolivia:
Paz Estenssoro sería elegido Presidente

La designación se demora porque Congreso se enfrascó en discusión sobre la forma de votar.

LA PAZ, 4 (EFE).— Aunque hay una mayoría suficiente de partidos que apoyan la elección de Víctor Paz Estenssoro como Presidente de Bolivia, algunos parlamentarios que se oponen, especialmente de Acción Democrática Nacionalista (ADN), están tratando de obstaculizar la votació...

(MNR), planteó la suficiente discusión, que el Presidente del Congreso, el también dirigente del "MNR" Gonzalo Sánchez de Losada, sometió a votación.

Los parlamentarios de "ADN" igual que los del Partido Socialista Uno, justificaron su voto negativo con largos parlamentos.

El Presidente rechazó por inconstitucional la moción de "ADN" de que el voto fuera público, a pesar de que los militantes del partido del general Hugo Banzer Suárez, insisten en su triunfo en votos.

Mientras tanto, militantes de Acción Democrática Nacionalista (ADN) y del Movimiento Nacionalista Revolucionario (MNR) protagonizaron ... ...una pel... ...

ACTIVIDADES EN PAREJAS

A *Tomando turno, indíquele a su compañero(a) de clase dos cosas . . .*

1 que usted quiere que sus padres hagan.
Ejemplo: **Quiero que mis padres vengan a visitarme.**

2 que usted prefiere que sus profesores hagan.
Ejemplo: **Prefiero que mis profesores no den exámenes.**

3 que usted desea que haga su compañero(a) de cuarto.

Ejemplo: **Deseo que mi compañero(a) estudie más.**

4 que pide usted que haga el Presidente de los Estados Unidos.

Ejemplo: **Pido que el Presidente me invite a la Casa Blanca.**

5 que usted manda que haga su hermanito.

Ejemplo: **Mando que mi hermanito no salga de la casa.**

B *Tomando turno, dígale a su compañero(a) de clase cinco cosas que usted espera que pasen* (will happen) *o que no pasen. Emplee la expresión* **ojalá** *y una cláusula. Ejemplos:*

Ojalá reciba una carta hoy.
Ojalá no toquen música clásica.

Conteste.

1 ¿Qué aconseja el papa?

Ejemplo: **El papa aconseja que no hablen de revoluciones.**

2 ¿Qué quiere mamá?

3 ¿Qué temen los residentes de Lima?

4 ¿Qué quieren los obreros?

5 ¿Qué piden los estudiantes?

6 ¿Qué quieren las víctimas del atraco?

7. El infinitivo o el subjuntivo

If the subjects of both the main clause and the noun clause are the same, an infinitive is used where the subjunctive might otherwise be expected. Where there is a change of subject, the subjunctive is used. (Notice that the English equivalent has the infinitive in both cases.)

ONE SUBJECT (yo)

Quiero **escribir** una carta.   *I want to write a letter.*

TWO DIFFERENT SUBJECTS (yo AND usted)

Quiero que usted **escriba** una carta.   *I want you to write a letter.*

ONE SUBJECT (tú)

¿Esperas **poder** ir mañana?   *Do you hope to be able to go tomorrow?*

TWO DIFFERENT SUBJECTS (tú AND ella)

¿Esperas que ella **pueda** ir mañana?   *Do you hope she will be able to go tomorrow?*

Dé el equivalente en español.

1 I want her to go.
2 I want to go also.
3 We hope to finish early.
4 We hope you'll finish early too.

5 They need us to come early.
6 We need to come early.
7 I'm sorry you can't go with them.
8 I'm sorry I can't go with them.

Tienda de computadoras en Buenos Aires.

8. El subjuntivo o el indicativo en la cláusula sustantiva

In general, the indicative is used in the dependent noun clause when the verb in the main clause serves simply to introduce the report of information. The subjunctive is used when the main verb introduces the dependent clause not as a report, but as a hypothesis to be considered or carried out in the future.

HYPOTHESIS (Subjunctive used)

Dudo que me lo **vendan**.
Esperamos que **llegue** hoy.
Espero que **traigan** el dinero.
Dudo que lo **sepan**.
Pídales que lo **hagan** pronto.
Siento que usted no **pueda** salir.
Dígales que **salgan**.

REPORT (Indicative used)

Yo sé que me lo **venden**.
Es cierto que **llega** hoy.
Es verdad que **traen** el dinero.
Es seguro que lo **saben**.
Veo que lo **hacen** pronto.
Supongo que usted no **puede** salir.
Dígales que yo no **salgo**.

Remember that if both verbs have the same subject the infinitive is used.

SUBJUNCTIVE

Quiero que usted la **acompañe**.
Espero que él **pueda** venir.

INFINITIVE

Quiero **acompañar**la.
Espero **poder** venir.

A *Complete las frases con la forma correcta del verbo indicado.*

1 Sabemos que ella (viene / venga) esta noche.
2 Dicen que (hay / haya) veinte personas en el cuarto.
3 Dudo que ellas (pueden / puedan) encontrar la casa.
4 Supongo que usted (necesita / necesite) este dinero.
5 Siento que tú (tienes / tengas) un dolor de cabeza.
6 Espero que (sabes / sepas) hacerlo.

B *Traduzca al español.*

1 I want you to buy me the blouse.
2 I know you will buy me the blouse.
3 We're sorry you don't have the money.
4 We're sorry we don't have the money, either.
5 He hopes to arrive tomorrow.
6 She hopes he'll arrive tomorrow, too.
7 I understand that she can't sing tonight.

ACTIVIDAD EN PAREJAS

Tomando turno, dígale a su compañero(a) de clase dos cosas . . .

1 que usted insiste en que sus amigos hagan.
2 que la policía manda que ustedes hagan.
3 que usted prefiere que el Presidente haga.
4 que su compañero(a) de cuarto prefiere que usted haga.
5 que usted quiere que su novio(a) haga.

9. El subjuntivo o el indicativo con **creer,** **pensar,** tal **vez** y **quizás**

If the verb in the main clause is a form of **creer** or **pensar** in the negative, interrogative, or used in a way that implies doubt or uncertainty, the verb in the noun clause is in the subjunctive.

No creen que ella **venga**.   *They don't think she will come.*
¿Piensa usted que **jueguen** hoy?   *Do you think they will play today?*

Tal vez and **quizás** both mean *perhaps*. Depending upon the degree of uncertainty implied, they may be followed by either the subjunctive or the indicative; the subjunctive is used to imply greater doubt or uncertainty. In the following examples, the first sentence communicates more doubt on the part of the speaker.

Tal vez **haya** fiesta esta noche. ⎫
Tal vez **hay** fiesta esta noche. ⎭   *Perhaps there will be a party tonight.*

However, when either **tal vez** or **quizás** follows the verb, the indicative is used.

Quizás **construyan** la casa aquí. ⎫
Construyen la casa aquí, quizás. ⎭   *Perhaps they will build the house here.*

Tal vez **vengan** mañana. ⎫
Vienen mañana, tal vez. ⎭   *Perhaps they will come tomorrow.*

Según el modelo, forme una frase usando las palabras indicadas y explique por qué empleó el subjuntivo o el indicativo.

(creer / venir)
Creo que ellos vienen esta noche.
(quizás / saber)
Quizás sepan hablar español.

1 (pensar / tener)   4 (no creer / estudiar)
2 (creer / comer)   5 (quizás / escribir)
3 (tal vez / llegar)   6 (no pensar / entender)

Lectura

OTROS TITULARES DE LA PRENSA

MANIFESTACIÓN DE LAS AMAS
DE CASA UNIDAS

Las señoras amas de casa solicitan que el gobierno rebaje de inmediato los precios de los alimentos, especialmente del pan y la carne. Ruegan también las señoras que no suban más la tarifa del metro.

ATRACOS, ROBOS Y DELITOS CONTRA LA PROPIEDAD

Al regresar de las vacaciones muchos vacacionistas encuentran desvalijadas sus casas. También informa la policía que los atracos y robos en plena calle van aumentando en estos días constituyendo así una mayor inseguridad para los peatones en el centro y en los sectores residenciales. Los serenos han aumentado su vigilancia en las casas de apartamentos. Permiten entrar sólo a los residentes.

LA CARRERA DE ARMAMENTOS: SIGUEN LAS NEGOCIACIONES EN GINEBRA

El deshielo de relaciones entre las superpotencias no produce la deseada solución a la militarización del espacio. Los soviéticos exigen que los norteamericanos reduzcan el número de proyectiles autopropulsados en Alemania. Los norteamericanos se empeñan en que los rusos salgan de Afganistán.

PREGUNTAS

1 ¿Qué es una ama de casa?   **2** ¿Qué solicitan las amas de casa unidas?   **3** ¿Qué ruegan ellas?

———

4 ¿Qué es un atraco?   **5** ¿Por qué hay mayor inseguridad en las calles ahora?   **6** ¿Qué es lo que no permiten los serenos?

———

7 ¿Qué exigen los soviéticos?   **8** ¿Qué quieren los norteamericanos?

La compañía Sears en Monterrey, México.

En pocas palabras

COMPLETE LAS FRASES

1 Tal vez _____.
2 No quiero que _____.
3 ¿Duda usted _____?
4 Es posible _____.
5 Prohíben que _____.

FORME PREGUNTAS

1 Sí, quiero que él haga el trabajo.
2 No, no me gusta que canten.
3 Sí, creo que vuelven hoy.
4 No, no es cierto que estudien mucho.
5 Sí, es posible que me ponga una inyección.

BREVES CONVERSACIONES

Sigan el modelo.

Lola, dígale a Neto que abra la ventana.
LOLA   **El profesor quiere que abras la ventana.**
NETO   **Bueno, si él quiere, la voy a abrir.**

Dígale a _____

    que cierre la puerta.
    que escuche el programa esta noche.
    que lea el periódico antes de acostarse.
    que estudie la lección día y noche.
    que compre el regalo en el centro.
    que coma la ensalada en seguida.
    que tome el jugo de naranja ahora.
    que baile la rumba en la clase.
    que se levante temprano.
    que se lave las manos antes de comer.
    que no venga tarde a la clase.
    que no vaya al cine esta noche.
    que se acueste temprano esta noche.

PREGUNTAS PERSONALES

1 ¿Le gustaría visitar una prensa? ¿Por qué?
2 ¿Por qué le gustaría o no le gustaría ser periodista?
3 ¿Qué quieren hacer los periodistas?
4 ¿Es importante que los titulares de los periódicos sean cortos?
5 ¿Cree usted que los periódicos siempre reporten la verdad?
6 ¿Es importante que leamos las noticias todos los días?
7 ¿Les pide el profesor que ustedes lean los periódicos en español?
8 ¿Qué más les pide que hagan?
9 ¿Quieren ustedes que haya periódicos y revistas en la sala de clase?
10 ¿Cree usted que sean necesarias las manifestaciones?
11 ¿Qué quieren esas personas que participan en las manifestaciones?
12 ¿Quiere usted que bajen los precios de los alimentos?
13 ¿Qué piensa usted de las huelgas?
14 ¿Le gustaría a usted hacer huelga?
15 ¿Quiere que su compañero(a) de cuarto participe también?
16 ¿Qué otras cosas espera que él (ella) haga?
17 ¿Y qué prefiere su compañero(a) que haga usted?

Sección de referencia

Pronunciación

More about Spanish g, j, and x

Recall that Spanish **g** before **e** and **i** and Spanish **j** are pronounced like an aspirated English *h*, as in the word *hole*. This sound is more strongly aspirated in South America than in Mexico or Central America. Take the position for pronouncing *k* and force the stream of air to continue while maintaining that position.

Egipto	jirafa	Jorge	gente	Julio	por ejemplo	juegan	Georgina
México	Texas						

More about Spanish y

To produce the Spanish **y**, practice placing greater tension, buildup, and release than for English *y*.

yanqui   los yanquis   a casa, yanqui   ya lo creo

Vocabulario

alimento	*food; nourishment*	mercurio	*mercury*
la **asociación**	*association*	la **mitad**	*half; middle*
atraco	*holdup*	ná	(colloquial) short for **nada**
el **automóvil**	*automobile*		*nothing*
el (la) **ayudante**	*helper; assistant*	noticia	*news; notice*
bandera	*flag*	obrero(a)	*worker*
¡Basta!	*Enough!*	¡Ojalá!	*I wish!, God grant!; Hopefully*
la **cárcel**	*jail*	palabra	*word*
el **césped**	*lawn*	párrafo	*paragraph*
cielo	*sky*	periodismo	*journalism*
ciudadano(a)	*citizen*	precio	*price*
el **color**	*color*	prensa	*press; newspaper*
deuda	*debt*	prestigioso	*prestigious*
la **especialidad**	*specialty; major*	privilegio	*privilege*
huelga	*strike*	rebaja	*discount*
impresionante	*impressive*	el **redactor**, la	*editor*
incrédulo	*incredulous; unbelieving*	**redactora**	
inesperado	*unexpected; accidental*	el (la) **residente**	*resident*
la **introducción**	*introduction*	salario	*wage*
la **invitación**	*invitation*	sindicato	*union*
Irlanda	*Ireland*	tal vez	*perhaps*
el **jornal**	*day's pay, wages; day's work*	el **titular**	*headline*
limeño(a)	*person from Lima*	la **versión**	*version*
la **manifestación**	*demonstration; manifestation*	víctima	*victim*

Adjectives of color are listed on p. 385.

Verbos

bajar	*to lower; to go down; to get off*
componer (compongo)	*to compose; to fix*
convenir (ie)	*to be suitable; to agree; to convene*
desear	*to desire, to wish*
establecer (establezco)	*to establish*
prender	*to arrest, to seize, to grasp; to fasten*
prohibir (prohíbo)	*to prohibit, to ban*

protestar	*to protest*
temer	*to fear*
traducir (traduzco)	*to translate*

Otras expresiones

a tiempo	*on time*
estar de huelga	*to be on strike*
Esto sí que es . . .	*This really is . . .*

Refrán

De lo que digan, ná. De lo que ves, la mitad.
Believe only half of what you see, and of what you hear, nothing.

Quinto repaso de estructuras

LECCIÓN 13

1. El condicional

A *Cambie al tiempo condicional.*

No podemos ir.
No podríamos ir.

1 Ellos vienen mañana.
2 Salgo esta noche.
3 Ellos quieren estudiar.
4 Decimos la verdad.
5 No vale tanto.
6 No tengo tiempo para terminarlo.
7 Lo hacen ahora.
8 Yo no lo pongo ahí.
9 No sé decirle.
10 No hay cartas.

B *Responda según el modelo.*

¿Dice Juan que viene?
Ayer dijo que vendría.

1 ¿Dice Luisa que puede hacerlo?
2 ¿Dice Tomás que vuelve?
3 ¿Dice el profesor que va a la fiesta?
4 ¿Dice Mari Carmen que sale?
5 ¿Dice Manolo que trabaja mucho?
6 ¿Dice Fernando que lo sabe?
7 ¿Dice Arturo que lo hace?
8 ¿Dice Miguel que hay fiesta?

C *Conteste según el modelo.*

¿Qué le prometió a su hermano?   (prestarle dinero)
Le prometí que le prestaría dinero.

1 ¿Qué le prometió a su novia?   (comprarle un regalo)
2 ¿Qué le prometió a su papá?   (llamarlo)

3 ¿Qué le prometió a sus amigos?   (ir al cine con ellos)
4 ¿Qué le prometió a sus abuelos? (escribirles)
5 ¿Qué le prometió a su profesor?   (estudiar la lección)

2. El condicional en peticiones corteses

Haga más cortés la expresión según el modelo.

¿Puede usted explicarme eso?
¿Podría usted explicarme eso?

1 ¿Me presta usted cinco pesos?
2 ¿Me dice usted la hora?
3 ¿Le habla usted al profesor mañana?
4 ¿Me das ese libro?
5 ¿Pueden ustedes venir un poco más temprano?

3. El condicional para expresar probabilidad en el pasado

Conteste las preguntas según el modelo.

¿A qué hora llegó el médico? (*It was probably seven.*)
Serían las siete.

1 ¿Tuvo que salir en seguida? (*Yes, he probably had to leave at once.*)
2 ¿Dónde estaba su papá? (*He was probably at work.*)
3 ¿Llegó a las siete? (*Yes, he probably arrived at seven.*)
4 ¿Volvió a casa? (*Yes, he probably returned home.*)

4. **Hacer** con expresiones de tiempo

Dé el equivalente en español.

1 How long have you been studying?
2 I saw that film two years ago.
3 I haven't gone to the movies for a month.
4 How long have you been here?

5. **Por** o **para**

*Complete las frases con **por** o **para** según el caso.*

1 Ellos fueron _____ los zapatos.
2 _____ el momento no tengo dinero.
3 _____ favor, présteme quinientas pesetas.
4 Quiero comprar dos boletos _____ esta noche.
5 Manolo no lo hace _____ ser perezoso.
6 _____ un nuevo estudiante es bastante tranquilo.
7 Arturo, no tenemos boleto _____ ti.
8 Puedes pasar _____ la tienda a buscar uno.
9 Yo salgo mañana _____ Nueva York y no tendré tiempo.
10 Yo no vine aquí _____ trabajar.

LECCIÓN 14

6. El pretérito perfecto

Conteste según el modelo.

¿Cuándo escribirá usted las cartas?
Ya las he escrito.

1 ¿Cuándo abrirá usted la puerta?
2 ¿Cuándo venderá usted el carro?
3 ¿Cuándo se lavará usted las manos?
4 ¿Cuándo se lo dirá usted?
5 ¿Cuándo saldrá Ramón del hospital?

7. El pluscuamperfecto

Conteste según el modelo.

¿Comieron ustedes el postre?
No, ellos ya lo habían comido.

1 ¿Trajeron ustedes el libro?
2 ¿Lavaron ustedes la ropa?
3 ¿Salieron ustedes primero?
4 ¿Escribieron ustedes la carta?
5 ¿Hicieron ustedes la comida?

8. El potencial compuesto

Conteste según el modelo.

Él no quiso salir a esa hora.
Yo no habría salido a esa hora tampoco.

1 Ella no fue con él.
2 Ellos no hablaron con la policía.
3 No leyó todas las páginas anoche.
4 Ella no quiso trabajar para esa compañía.

9. El futuro perfecto

Conteste según el modelo.

Ha llegado Susana. ¿Y los Meléndez?
Sí, habrán llegado.

1 ¿Y Carlos?
2 ¿Y sus padres?
3 ¿Y ella?
4 ¿Y ellos?
5 ¿Y el profesor?
6 ¿Y tu hermana?

10. El participio pasado como adjetivo

Cambie al participio pasado.

¿Abro la puerta?
No, ya está abierta.

1 ¿Vendo el coche?
2 ¿Termino la tarea?
3 ¿Pago la cuenta?
4 ¿Preparo la cena?
5 ¿Cierro las ventanas?

11. Repaso de **ser** y **estar**

*A escoger entre **ser** y **estar**.*

Ramón _____ lastimado.
             mexicano.
             en el hospital.
             acostado.
             joven.
             triste.
             fuerte.
             un buen estudiante.
             amigo de David.
             conduciendo el coche.
             un buen conductor.
             inteligente.

12. La voz pasiva

Dé el equivalente en español.

1 This letter was written yesterday.
2 The letter was written by Mr. Sánchez.
3 America was discovered in 1492.
4 America was discovered by Columbus.
5 This book was published in New York.

13. Pronombres y adjetivos posesivos

A *Cambie al pronombre según el modelo.*

¿Dónde están sus zapatos?
Los míos están ahí.

1 ¿Dónde está su coche?
2 ¿Dónde está su boleto?
3 ¿Dónde están sus pastillas?
4 ¿Dónde están sus hermanas?
5 ¿Dónde está su medicina?
6 ¿Dónde están sus libros?

B *Conteste según el modelo.*

¿Es de él esa medicina?
Sí, es suya.

1 ¿Es de usted ese carro?
2 ¿Es de nosotros ese libro?

3 ¿Son de ellos esas medias?
4 ¿Son de él esos papeles?
5 ¿Es de ella esa blusa?

C *Complete las frases con dos formas del posesivo según el modelo.*

Este traje es nuevo. (de usted)
El suyo es viejo.
El de usted es viejo.

1 Estos zapatos son nuevos. (de él)
_____ son viejos.
_____ son viejos.
2 Estas blusas son nuevas. (de ella)
_____ son viejas.
_____ son viejas.
3 Este traje es nuevo. (de nosotros)
_____ es viejo.
_____ es viejo.
4 Esta casa es nueva. (de ellos)
_____ es vieja.
_____ es vieja.
5 Estos vestidos son nuevos. (de usted)
_____ son viejos.
_____ son viejos.

LECCIÓN 15

14. El presente de subjuntivo en cláusulas sustantivas

Cambie al subjuntivo de acuerdo con el modelo.

Él le pide dinero a su papá. (No quiero que . . .)
No quiero que él le pida dinero a su papá.

1 Él duerme ocho horas. (No quiero que . . .)
2 Ella cierra la puerta. (No deseo que . . .)
3 Ellas vienen mañana. (No quiero que . . .)
4 Usted entiende todo. (No deseo que . . .)
5 Ustedes salen el miércoles. (No quiero que . . .)
6 Ellos piden permiso. (No deseo que . . .)

7 Él sigue con las clases de química. (No quiero que . . .)
8 Siempre perdemos los partidos. (No desean que . . .)
9 Yo conduzco muy rápido. (Mi mamá no quiere que . . .)
10 Ellos dicen la verdad. (No deseo que . . .)
11 Nosotros lo traducimos al inglés. (No quieren que . . .)
12 Tú traes los boletos. (No deseo que . . .)

15. El presente de subjuntivo con **ojalá**

Complete la frase con los verbos y sujetos indicados.

1 (acostarse) Ojalá que mi compañero(a) . . .
2 (venir) Ojalá que mis amigos . . .
3 (escribir) Ojalá que mi novio(a) . . .
4 (tener) Ojalá que usted lo . . .

16. El infinitivo o el subjuntivo

Dé el equivalente en español.

1 He wants to play football.
2 We want her to work.
3 I'm sorry I can't go.
4 He doubts she can swim.
5 I hope to see you there.

17. El subjuntivo o el indicativo en la cláusula sustantiva

A escoger entre el indicativo y el subjuntivo del verbo **ir**.

1 Es cierto que él _____ al centro.
2 Deseo que él _____ al centro.
3 Creo que él _____ al centro.
4 Es lástima que él _____ al centro.
5 Dígale que él _____ al centro.
6 Ella manda que él _____ al centro.
7 Es importante que él _____ al centro.
8 Es verdad que él _____ al centro.
9 Ojalá que él _____ al centro.
10 He oído que él _____ al centro.

18. El subjuntivo o el indicativo con **creer, pensar, tal vez, quizás** y **ojalá**

A escoger entre el subjuntivo y el indicativo.

1 (llegar) ¿Cree usted que ellos _____ mañana?
2 (venir) Pienso que Juan _____ también.
3 (hablar) Yo no creo que ellos _____ español.
4 (ver) Quizás nosotros no lo _____ hoy.
5 (dormir) Dice que tal vez yo _____ mucho.
6 (tener) Creo que el profesor _____ razón.
7 (ganar) Ojalá que nosotros _____ el partido.
8 (ir) ¿Cree usted que María _____ al centro hoy?

19. Actividades en parejas

A *Tell your classmate how long since you: (1) started school, (2) studied all night, (3) saw your best friend, (4) went home.*

B *Your classmate is interested in the kinds of experiences you have had in the past. Indicate to him (her) three things that you have done.*

C *Mention five things that you wish would happen today.*

No hay nadie que se compare con los mariachis.

Perspectiva

Functional Conversational Goals: You should be able to
1 converse about Latin American music and rhythm.
2 compare types of people, i.e., generous, kind, lazy.
3 interview classmates for opinions and preferences regarding books, cars, music, etc.
4 express likes and dislikes regarding movies, records, singers.

Language: You will study and practice using
1 the present subjunctive in adjective clauses.
2 the present subjunctive in noun clauses—a review.
3 the use of the subjunctive with impersonal expressions.
4 the present subjunctive in indirect commands.
5 the present subjunctive for the *let's*-command.
6 **pedir** versus **preguntar**.

Culture: You will learn about
1 types of music popular in Latin America.
2 some famous Latin American composers.
3 the custom of **el gallo** (an early morning serenade).

Pronunciation: You will review and pronounce
1 Spanish diphthongs.
2 Spanish vowel sounds.

Cada cabeza es un mundo.

Diálogo

¡VIVA LA MÚSICA FOLKLÓRICA!

Steve es un joven de Manhattan, Kansas. Está haciendo una excursión de vapor por el Caribe. Hace dos días que el vapor está en San Juan, Puerto Rico. En una tienda de discos y cassettes Steve ha conocido a Pedro, un joven puertorriqueño que trabaja ahí.

STEVE   ¿Qué tal, Pedro? ¿Qué hay de nuevo?

PEDRO   Me alegro de verte, Steve. Esta noche hay un concierto que te va a gustar mucho.

STEVE   ¿Qué concierto es? ¿Una sinfonía? Yo quiero oír música que sea típica de Puerto Rico.

PEDRO   Pues, tienes mucha suerte. Es el Grupo Areyto. No hay grupo que interprete mejor la música de Puerto Rico.

STEVE   Bueno, sí. Eso me interesa. ¿Tú vas a ir?

PEDRO   Seguro que sí. Voy a llevar a mi novia. ¿Qué te parece? ¿Vamos a invitar a otra chica que nos acompañe?

STEVE   Me imagino que tú conoces a muchas chicas. ¿Habrá una que acepte la invitación de un gringo?

PEDRO   Sí, conozco a varias. ¡Que decidan ellas! Vamos a invitar a la amiga de mi novia. Se llama Juana.

En el concierto

STEVE   ¡Este grupo es formidable! ¡Me gusta mucho la música de Puerto Rico!

JUANA   Pues, a mí me gusta también pero prefiero la música de ustedes.

STEVE   ¿Cómo? ¡Es increíble que te guste más la música americana!

JUANA   No es eso. Yo prefiero una música que tenga más melodía.

STEVE   ¿Cómo qué, por ejemplo?

JUANA   Country Western. Es una música que me encanta. Fuimos de visita a Nashville y ahí conocí a Dolly Parton y Kenny Rogers.

STEVE   No lo comprendo pero me alegro que te guste nuestra música folklórica.

JUANA   En cuestión de gustos, tú sabes que cada cabeza es un mundo.

STEVE   ¡Ya lo creo! Un mundo diferente.

PREGUNTAS

1 ¿De qué parte de los Estados Unidos es Steve?
2 ¿Cuánto tiempo hace que está en San Juan?
3 ¿Quién es Pedro?
4 ¿Dónde conoció Steve a Pedro?
5 ¿Qué clase de música quiere oír Steve?
6 ¿Por qué es famoso el Grupo Areyto?
7 ¿Le interesa a Steve esa clase de música?
8 ¿A quién lleva al concierto Pedro?
9 ¿Qué sugiere Pedro?
10 Como Steve es de los Estados Unidos, ¿qué quiere saber?
11 ¿A quién invitan?

12 ¿A Steve le gusta la música del Grupo Areyto?

13 ¿Qué clase de música prefiere Juana?

14 ¿De qué se alegra Steve?

15 ¿Qué significa ''Cada cabeza es un mundo''?

16 ¿A usted le gusta Country Western? ¿Por qué?

Notas culturales

LA MÚSICA POPULAR

Los ritmos latinos tienen hoy, como en el pasado, gran aceptación entre los jóvenes de los Estados Unidos. Aún más grande es la popularidad del rock 'n' roll y el disco entre los latinoamericanos. Los ritmos y estilos de la música tradicional se oyen también pero es sorprendente escuchar la radio en cualquier país latino y oír los mismos discos que están de moda en los Estados Unidos.

Algunos de los ritmos y estilos latinos se conocen en los Estados Unidos y en el mundo entero. Por ejemplo, el tango, la cumbia, la salsa, el cha-cha-cha, la rumba y el bossa nova. Hispanoamérica es famosa por el gran número de diferentes estilos de bailes y cantos que tienen su origen entre los latinos.

El uso de bongós, maracas y castañuelas como instrumentos de percusión distingue la música latinoamericana de cualquier otro tipo de música en el mundo.

Estos jóvenes del Cuzco, Perú, tocan música folklórica tradicional.

PREGUNTAS

1 ¿Qué aceptación tiene la música popular de los Estados Unidos en Latinoamérica?   **2** ¿Cuáles de los ritmos, bailes o cantos latinos conoce usted?   **3** ¿Qué es lo que distingue la música latinoamericana de los otros tipos de música?

LA MÚSICA CLÁSICA

Los países hispánicos siempre fueron conocidos en todo el mundo por su música folklórica y popular. Ahora, en estos tiempos, hay compositores hispanoamericanos de música clásica que también son conocidos en todo el mundo.

Quizás el más distinguido compositor hispano es el mexicano Carlos Chávez (1899–   ). Entre sus obras más importantes están su *Tocata mexicana*, *Sinfonía india* y el ballet *El fuego nuevo*. El genio musical extraordinario del maestro Chávez se reconoce en su habilidad única de identificar y utilizar temas de los ritos musicales de los mayas, incas y aztecas.

Dos compositores notables de la Argentina son Juan José Castro (1895–1968) y Alberto Ginastera (1916–1983). Castro es famoso por su

Carlos Chávez
de México.

Heitor Villa-Lobos,
compositor brasileño y
director del Conservatorio
Nacional en su oficina
en Río de Janiero.

Claudio Arrau
de Chile.

Alberto Ginastera
de la Argentina.

ópera *Bodas de sangre* y sus obras para orquesta que incluyen *Sinfonía argentina* y *Corales criollos*[1]. Las obras más conocidas de Ginastera son su *Concierto argentino*, *Sinfonía porteña* y algunas piezas de música de cámara.

Heitor Villa-Lobos (1883–1959) del Brasil es una figura importante en la música latinoamericana. Su música refleja una fuerte influencia de temas populares y folklóricos. De unas 1500 piezas que compuso, hay *Danzas africanas* y nueve *Bachianas brasileiras*. Se dice que en su obra logró una síntesis entre el gran compositor Bach y el folklore de su país natal, el Brasil.

Otros músicos renombrados incluyen al pianista Claudio Arrau de Chile, al cubano Ernesto Lecuona, autor de *La Malagueña*, y al conductor Roque Cordero de Panamá.

PREGUNTAS

1 ¿Qué es la música folklórica?   **2** ¿Qué clase de música escribe Carlos Chávez?   **3** ¿De dónde fue Alberto Ginastera?   **4** ¿Cuál de los compositores utiliza temas de Bach?   **5** ¿Conoce usted *La Malagueña*?   **6** ¿Le gusta la música clásica?

[1]**Criollos** are persons of Spanish descent born and raised in a Spanish-American country. In the title of Castro's work, **criollo** signifies "native Argentine."

Explicación y Aplicación

1. El presente de subjuntivo en cláusulas adjetivas

¿QUÉ CLASE DE MÚSICA TE GUSTA?

STEVE   Yo quiero oír una música que sea típica.

JUANA   Yo prefiero una música que tenga más melodía. Country Western es una música que me encanta.

Steve y Juana

Juana

Pedro es el joven que trabaja en la tienda de
  discos.

PEDRO ¿Qué buscas?

STEVE Yo busco un tocadiscos que toque bien.

STEVE ¿Qué tienes?

PEDRO Yo tengo un tocadiscos que toca bien.

Pedro y Steve

Tienda de discos

Steve y Pedro

Éste toca muy bien.

Conteste.

1 ¿Qué clase de música quiere oír Steve?
2 ¿Qué clase de música prefiere Juana?
3 ¿Qué música le encanta a Juana?

4 ¿Quién es Pedro?
5 ¿Qué clase de tocadiscos busca Steve?
6 ¿Qué clase de tocadiscos tiene Pedro?

An adjective clause is a dependent clause which modifies a noun or a pronoun.

NOUN	ADJECTIVE CLAUSE
Es una **canción**	**que me encanta.**
It is a song	*that thrills me.*

The dependent adjective clause modifies the noun **canción**, which is in the main clause. You can tell that it is an adjective clause, not a noun clause, because it modifies a noun and could be replaced in the sentence by an ordinary adjective—for example, **nueva**.

PRONOUN	ADJECTIVE CLAUSE
No hay **nadie**	**que interprete mejor la música de Puerto Rico.**
There is no one	*who interprets better the music of Puerto Rico.*

In this case the adjective clause modifies a pronoun, **nadie**.

When the noun or pronoun modified by the adjective clause is indefinite or unknown, the verb of the adjective clause is in the *subjunctive*.

Tienda de discos en Bogotá, Colombia.

An indefinite noun modified: subjunctive

     Nos falta un **tocadiscos** que **toque** bien.   *We need a record player that plays well.*

In the mind of the speaker, the record player is one he needs or is seeking. He may not find one, or there may not be one; therefore, the subjunctive is used in the adjective clause.

    When the noun or pronoun modified by the adjective clause is definite or known to the speaker, the verb of the adjective clause is in the *indicative*.

A definite noun modified: indicative

     Aquí está un **tocadiscos** que **toca** bien.   *Here is a record player that plays well.*

In this case the noun modified is a definite record player which the speaker can see or has in his possession; therefore the indicative is used.

Compare the following examples.

SUBJUNCTIVE	INDICATIVE
Modified noun or pronoun is indefinite or unknown.	*Modified noun or pronoun is definite or known.*
Buscamos a **alguien** que **sepa** tocar la guitarra. *We are looking for someone who knows how to play the guitar.*	Aquí está **alguien** que **sabe** tocar la guitarra. *Here is someone who knows how to play the guitar.*
No hay **nadie** que **se compare** con el Grupo Areyto. *There is no one who compares with the Areyto Group.*	Ahí va **uno** que **toca** con el Grupo Areyto. *There goes one (someone) who plays with the Areyto Group.*
Busco un **disco** que **tenga** ritmos latinos. *I'm looking for a record that has Latin rhythms.*	Aquí está un **disco** que **tiene** ritmos latinos. *Here is a record that has Latin rhythms.*
¿Hay **artistas** aquí que **toquen** música clásica? *Are there any musicians here who play classical music?*	Sí, hay **artistas** aquí que **tocan** música clásica. *Yes, there are some artists (musicians) here who play classical music.*

A *Sustituya las palabras indicadas.*

1 Buscamos **una chica** que baile bien.
   unos jóvenes, un estudiante, una señora
2 Prefiero **algo** que tenga más ritmo.
   unos discos, una música, un compañero
3 ¿Hay **alguien** aquí que sepa alemán?
   profesores, un americano, una chica
4 No hay **nadie** que cante como Dolly Parton.
   músicos, persona, artistas

4 Tengo unos discos que son de música popular.   (Me faltan . . .)
5 Este salón es bastante grande.   (Espero encontrar . . .)
6 Ahora tienes unas camisas que te gustan. (Tienes que comprar . . .)
7 Aquí trabaja alguien que te conoce. (¿Trabaja aquí . . .?)
8 Él tiene un tocadiscos que toca bien. (¿Quién tiene . . .?)

B *Cambie las frases añadiendo las palabras entre paréntesis. Siga el modelo.*

Este disco tiene ritmos latinos.   (Busco)
Busco un disco que tenga ritmos latinos.

1 Ahí viene la persona que nos acompaña. (¿Dónde hay una . . .?)
2 Conozco a un joven que puede hacerlo. (Quiero conocer . . .)
3 Me llevan a un concierto que me gusta. (Lléveme . . .)

C *Marta les hace las siguientes preguntas a Inés y a Pedro. Responda a las preguntas primero como responde Inés y luego como responde Pedro, de acuerdo con los modelos.*

¿Quién habla ruso aquí?
   INÉS   **Aquí no hay nadie que hable ruso.**
   PEDRO   **Tengo un amigo que habla ruso.**

1 ¿Quién tiene un tocadiscos?
2 ¿Quién puede hacerlo?
3 ¿Quién sabe bailar la salsa?

Bailarines de Panamá.

¿Quién toca la guitarra?

INÉS **No conozco a nadie que toque la guitarra.**

PEDRO **Hay una señorita en clase que toca la guitarra.**

1 ¿Quién canta ópera?
2 ¿Quién escribe libros de historia?
3 ¿Quién dice siempre la verdad?
4 ¿Quién es olvidadizo?
5 ¿Quién habla perfectamente el español?

1 Juana

Country Western

2

Steve y el Grupo Areyto

3 Roberto y compañera

¡Cómo bailas!

4

Juan

1 ¿Qué clase de música le encanta a Juana?
2 ¿Qué clase de música le gusta a Steve?
3 ¿Qué clase de compañera prefiere Roberto?
4 ¿Qué clase de trabajo tiene Juan?

5 ¿Qué es importante? Es importante que _____.

6 ¿Qué es evidente?

5

¡LA VERDAD!

La esposa y el marido

6

Julio y Lisa

Vocabulario útil

ALGUNAS CARACTERÍSTICAS HUMANAS

Aprecio un abogado **que tenga compasión.** **paciencia.** **que sea generoso.** **industrioso.** **simpático.**	*I appreciate a lawyer who has compassion.* *patience.* *who is generous.* *industrious.* *likable.*
Prefiero una compañera **que no grite.** **ronque.** **mienta.** **que sea pobre.** **humilde.** **rica.**	*who doesn't shout.* *snore.* *lie.* *who is poor.* *humble.* *rich.*
Quiero una mujer **que sea inteligente.** **amorosa.** **ambiciosa.** **enérgica.** **pasiva.**	*who is intelligent.* *loving.* *ambitious.* *energetic.* *passive.*

Busco un hombre **que me trate de igual a igual.**	*who treats me as an equal.*
que sea trabajador.	*who is a worker.*
que no sea perezoso.	*who is not lazy.*
que sepa cocinar.	*who knows how to cook.*
que sea sosegado.	*who is peaceful.*
macho.	*authoritarian / manly.*

Conteste las preguntas escogiendo entre las posibilidades indicadas. También puede decir **Ninguno(a) de los (las) dos** *(neither one) y añadir otra posibilidad.*

¿A quién aprecia usted más, un amigo generoso o simpático?

a) **Aprecio más a un amigo que sea generoso.**

b) **Aprecio más a un amigo que sea simpático.**

c) **Ninguno de los dos. Aprecio más a un amigo que sea macho.**

1 ¿A quién comprende usted mejor, una compañera perezosa o una compañera inteligente?

2 ¿A quién aprecia usted más, un jefe industrioso o un jefe inteligente?

3 ¿Cuál prefiere usted, una amiga rica o una amiga pobre?

4 ¿Cuál busca usted, un novio macho o un novio sosegado?

5 ¿Cuál le gusta más, una persona enérgica o una persona pasiva?

6 ¿Cuál prefiere usted, un(a) compañero(a) que ronque o un(a) compañero(a) que mienta?

ACTIVIDADES EN PAREJAS

A *Su compañero(a) de clase va a recibir el título de la universidad al fin del año. Ya está buscando empleo para poder casarse e instalarse en una casa. Usted es reportero(a) del diario de la universidad. Hágale una entrevista para saber los gustos personales de su compañero(a). Siga el modelo empleando el subjuntivo en una cláusula adjetiva. Luego, cambien de papel.*

¿Qué clase de **trabajo** prefieres?
Prefiero un trabajo que pague bien.

1 casa	6 deportes
2 esposo(a)	7 médico
3 carro	8 dentista
4 estéreo (*stereo*)	9 música
5 familia	10 libros

B *Usted y su compañero(a) de clase están buscando un nuevo compañero (una nueva compañera) de cuarto. Tomando turno los dos, indiquen diez características (cinco cada uno) que buscan en su compañero(a) de cuarto. Sigan el modelo, usando el subjuntivo en una cláusula adjetiva.*

EJEMPLOS
Yo busco un compañero de cuarto que sea inteligente.
Yo busco una compañera de cuarto que no duerma todo el día.

2. El presente de subjuntivo en cláusulas sustantivas—repaso

A *Juana le hace varias preguntas a Inés. Inés contesta todas en el afirmativo. Haga el papel de Inés.*

1 ¿Dudas que Pedro vaya al concierto?
2 ¿Quieres que la orquesta toque música contemporánea?
3 ¿Quieres ir al baile con Pedro?
4 ¿Prefieres que yo traiga mi tocadiscos a la fiesta el sábado?
5 ¿Siempre les pides a los mariachis que canten esa canción?

C *Conteste las preguntas de acuerdo con su propia opinión.*

1 ¿Necesita usted que su papá le dé más dinero?
2 Cuando usted come en un restaurante, ¿quiere que le sirvan un poco de vino?
3 ¿Conviene que usted no trabaje los fines de semana?
4 ¿Espera usted divertirse este fin de semana?
5 ¿Siente usted que la vida no sea más fácil?

B *Complete las frases en una manera original.*

1 Quiero que . . .
2 Ella prefiere que . . .
3 Me gusta que . . .
4 ¿Creen ellos que . . .?
5 Les pedimos que . . .
6 Ojalá que . . .
7 Tal vez . . .
8 Dudo que . . .
9 Dígales que . . .
10 Sentimos que . . .

ACTIVIDADES EN PAREJAS

A *Tomando turno, exprésele a su compañero(a) de clase su reacción a cada situación combinando* **Me alegro que** *o* **Siento que** *con las frases. Emplee el subjuntivo en las cláusulas subordinadas, según el modelo.*

Mi mejor amigo está enfermo.
Siento que tu mejor amigo esté enfermo.

1 Esta noche paso por tu casa.
2 Mi novio(a) no viene hoy.
3 Yo tengo un nuevo estéreo.
4 El profesor no puede venir a la clase.
5 Hay fiesta mañana.
6 Mis amigos no me invitan.
7 Tenemos examen el viernes.
8 Mi nuevo compañero(a) habla español.
9 He recibido dinero de mi tía.
10 Mi novio(a) me ha dado calabazas.

B *Exprésele a su compañero(a) su reacción combinando* **Me gusta que** *o* **No me gusta que** *con las siguientes frases, según el modelo.*

Juan siempre trae los discos.
No me gusta que Juan traiga los discos.

1 Ellos tocan música clásica.
2 Él vende su guitarra esta tarde.
3 Vamos al cine esta noche.
4 Tenemos que estudiar.
5 El examen es fácil.
6 Las vacaciones comienzan hoy.
7 El profesor está contento.
8 No sabemos los verbos irregulares.
9 El español no es difícil.
10 Ya termina la clase.

3. El uso del subjuntivo con expresiones impersonales

An impersonal expression is one that does not have a person as the subject: *It's important that . . .*, *Too bad that . . ..* Such expressions are often followed by a noun clause. If the impersonal expression indicates uncertainty, possibility, doubt, or a feeling, the verb in the noun clause is in the subjunctive.

Here is a list of some of the most common impersonal expressions that require the subjunctive in affirmative, negative, and interrogative sentences.

Es importante que vengan.	*It's important that they come.*
¿Es posible que nos sirvan vino?	*Is it possible for them to serve us wine?*
Es necesario que lo tengamos.	*It's necessary for us to have it.*
Es mejor que no lo sepan.	*It's better that they don't know (it).*
Es una lástima que no lo hagan.	*It's a pity that they won't do it.*
Es probable que estén en casa.	*It's probable that they are at home.*

Other impersonal expressions are followed by the subjunctive when they are used negatively or in questions to indicate uncertainty or doubt. They may also be followed by the indicative when they are used in a way which does not indicate doubt.

SUBJUNCTIVE	INDICATIVE
No es cierto que **salgan** hoy.	Es cierto que **salen** hoy.
No es verdad que **sean** antiyanquis.	Es verdad que **son** antiyanquis.
No es seguro que **digan** eso.	Es seguro que **dicen** eso.
No es evidente que **tenga** dinero.	Es evidente que **tiene** dinero.
No es que no me **ayude**.	Es que usted no me **ayuda**.

A *Inés le dice a Juana que es importante que hagan las siguientes acciones. Haga el papel de Inés, siguiendo el modelo.*

> aprender a bailar bien
> **Es importante que aprendamos a bailar bien.**

1 conocer a todas las personas en el baile
2 no acostarse muy tarde
3 anunciar la fiesta hoy
4 aprovechar de las oportunidades
5 no comparar a estos mariachis con aquéllos

B *Conteste las preguntas en el afirmativo.*

1 ¿Es importante que aprendamos ese baile?
2 ¿Es posible que él nos acompañe?

3 ¿Es necesario que invitemos a otras amigas?
4 ¿Es mejor que llamemos al médico?
5 ¿Es evidente que su compañero(a) tiene mucho dinero?
6 ¿Es verdad que sus amigos son mariachis?

C *Responda negativamente.*

1 ¿Es importante que apreciemos la música clásica?
2 ¿Es evidente que a él no le gusta esa música?
3 ¿Es posible que los mariachis canten esta noche?
4 ¿Es cierto que Juana va al concierto con Pedro?
5 ¿Es que usted toma vino?
6 ¿Es probable que ellos vengan más tarde?

D *Dé el equivalente en español.*

1 It's possible the mariachis aren't here tonight.
2 It's better for us not to eat now.

3 It's true that I can't sing.
4 It's not necessary for me to go to bed early.

If the clause following an impersonal expression has no specific subject, the infinitive form of the verb is used *without* the word **que**.

Es necesario ir temprano.   *It's necessary to go early.*
Es mejor decir la verdad.   *It's better to tell the truth.*
No es posible estudiar en mi cuarto.   *It's not possible to study in my room.*

Dos amigas íntimas de Barcelona.

E *Pedro les hace a Juana y a Inés las siguientes preguntas. Juana le contesta en el afirmativo, pero Inés le responde en el negativo. Primero, haga el papel de Juana y luego el papel de Inés.*

1 ¿Es posible bailar esta música?
2 ¿Es mejor divertirse por la noche?
3 ¿Es posible apreciar la música rock 'n' roll?
4 ¿Es necesario cenar tarde?

F *Complete las frases en una manera original, siguiendo los modelos.*

Es posible que . . .
Es posible que ella cante esta noche.
Es posible . . .
Es posible ganar mucho dinero aquí.

1 Es probable que . . .
2 ¿Es mejor . . .?
3 ¿Es posible que . . .?
4 Es cierto que . . .
5 Es que . . .
6 Es una lástima que . . .
7 Es imposible que . . .
8 Es imposible . . .

G *Traduzca al español.*

1 Is it important to appreciate good music?
2 Is it important for us to leave early?
3 It's evident that he eats a lot.
4 It is possible he won't come.
5 It's impossible to finish the work this week.

ACTIVIDADES EN PAREJAS _____

Usted y su compañero(a) de cuarto están hablando de las características que desean en su futuro esposo (futura esposa). Tomando turno, digan cuatro características (dos cada uno) que . . .

1 . . . es necesario que tenga.

EJEMPLO   **Es necesario que me quiera mucho.**

2 . . . es importante que tenga.

EJEMPLO   **Es importante que sepa hablar español.**

3 . . . es mejor que tenga.

EJEMPLO   **Es mejor que sepa apreciar música clásica.**

4. El presente de subjuntivo en mandatos indirectos

The indirect command is generally introduced by **que**. Its verb is always in the present subjunctive.

Que **decida** él.	*Let him decide.*
Que **traigan** tacos.	*Have them bring tacos.*
¿No te gusta? Que los **pruebe** Pedro.	*You don't like them? Let Pedro try them.*
Que **toquen** más.	*Have them play more.*
Que **pague** ella la cuenta.	*Let her pay the bill.*

An indirect command is one which is not given directly to the person who is to carry out the request or wish. It is generally said to a second person about a third person. The English equivalent may be *let*, *have*, or *may*.

—Las malas lenguas pueden hablar.	*People may gossip. (Bad tongues may talk.)*
—¡Que **hablen**!	*Let them talk!*
—¿Quieres tú cantar o va a cantar Pedro?	*Do you want to sing or will Pedro?*
—Que **cante** Pedro.	*Have Pedro sing.*
—No tengo tiempo para hacerlo.	*I don't have time to do it.*
—Entonces, que lo **haga** ella.	*Then have her do it.*

Note that object pronouns are not attached to the verb in indirect commands. In all other commands, including the *let's*-command in the affirmative (see the following section), they are attached.

A *Conteste siguiendo los modelos.*

¿Canto yo o canta él?
Que cante él.

1 ¿Voy yo o va ella?
2 ¿Leo yo o lee Roberto?
3 ¿Toco yo o toca Inés?
4 ¿Pago yo o paga Juana?

Juan quiere escuchar la música.
Pues, que la escuche.

1 Osvaldo quiere tocar el piano.
2 Esa señorita quiere traer el postre.
3 Inés quiere comprar los regalos.
4 Marta quiere pagar la cuenta.

¿Deben traerlo ellos?
No, que no lo traigan.

1 ¿Deben escribirlo ellos? *no que no lo escriban*
2 ¿Debe comprarlo Luis?
3 ¿Debe lavarlo Dolores?
4 ¿Deben pedirlo ellas?
5 ¿Deben venderlo ellos?
6 ¿Debe decirlo Jesús?

B *Alberto está muy ocupado. Cuando su compañero
le pide que haga las siguientes acciones, Alberto dice
que otra persona debe hacerlas. Haga el papel de
Alberto, siguiendo el modelo.*

¿Puedes preparar la cena?   (Luis)
No, que la prepare Luis.

1 ¿Puedes limpiar el cuarto?   (Renaldo)
2 ¿Puedes contestar el teléfono?   (Raúl)
3 ¿Puedes poner la mesa?   (Roberto)
4 ¿Puedes ayudarme con este problema?
   (Pedro)
5 ¿Puedes llamar a Inés?   (Luis)

La madre y la hija se quieren mucho. Son uruguayas
de Montevideo.

5. El presente de subjuntivo con el imperativo de la primera persona plural (*Let's . . .*)

A *let's*-command is a command suggesting that *we* do something. It may be expressed in two ways. Earlier in
the book we saw examples of the common formula using **vamos a** plus an infinitive.

Vamos a invitarlo.   *Let's invite him.*
Vamos a jugar.   *Let's play.*
Vamos a comer.   *Let's eat.*

The first-person plural of the present subjunctive may also be used for this expression, although colloquially
this form is not as common as **vamos a** plus an infinitive.

¿Quieres comer ahora o más tarde?   *Do you want to eat now or later?*
Comamos ahora.   *Let's eat now.*

No hablemos más de política.   *Let's not talk any more about politics.*

The verb **ir** is an exception. The present subjunctive is used for the negative form of **ir** *to go* and **irse** *to go, to
get going,* but not for the affirmative.

Vamos a casa.	*Let's go home.*
No nos **vayamos**.	*Let's not go.*

In affirmative *let's*-commands, pronouns are attached to and become part of the verb, while in the negative they precede the verb.

¿Abrimos la puerta?	*Shall we open the door?*
Sí, **abrámosla**.	*Yes, let's open it.*
No, **no la abramos**.	*No, let's not open it.*

When the pronouns **nos** and **se** are attached to the end of an affirmative ''*let's*-command,'' the final **-s** of the verb is dropped.

Vámonos.	*Let's go.*
Sentémonos.	*Let's sit down.*
Mandémoselo.	*Let's send it to her.*

But the negative command retains the **-s**.

No **nos sentemos**.	*Let's not sit down.*
No **se lo mandemos**.	*Let's not send it to her.*

A *Conteste primero en el afirmativo y luego en el negativo, siguiendo los modelos.*

¿Nos sentamos o nos vamos?
Vámonos. Bueno, no nos vayamos.

1 ¿Leemos o escribimos?
2 ¿Hablamos o jugamos?
3 ¿Seguimos o volvemos?

¿Comemos o salimos?
Comamos. Bueno, no comamos.

1 ¿Nos levantamos o nos dormimos?
2 ¿Nos bañamos o nos lavamos?
3 ¿Nos vamos o nos quedamos?

¿Abrimos la puerta o la cerramos?
Cerrémosla. Bueno, no la cerremos.

1 ¿Vemos la televisión o la vendemos?
2 ¿Escribimos la carta o la olvidamos?
3 ¿Compramos el coche o lo dejamos?

Instituto Nacional de Bellas Artes

ballet folklórico de méxico
y Telón de Cristal
Fila **B**
PRIMER PISO
Butaca No. 25
$ 120.00
PALACIO DE BELLAS ARTES

B *Dé el equivalente en español. Emplee usted el subjuntivo.*

1 Let's invite Pedro to the concert.
2 Let's not drink so much wine this time.
3 Let's not wait any longer.
4 Let's decide now.
5 Let's ask for chicken tacos.
6 Let's sit down for a minute.
7 Let's buy it (**lo**) for her.
8 Let's not get up early.

6. Pedir o preguntar

Remember that **pedir** means *to ask for* and refers to a request made of someone to do something or to give something.

¿Qué van a **pedir**?	*What are you going to order (ask for)?*
Pídale que venga.	*Ask him to come.*
Voy a **pedirle** dinero.	*I am going to ask him for money.*
Ayer le **pedimos** cinco dólares.	*Yesterday we asked him for five dollars.*
Señor, le **pedimos** sólo un poco de paciencia.	*Sir, all we ask is a little patience.*

Note that **pedir** includes the idea of asking *for* something, and does not require the use of an additional word as in English.

Me **pidió** el coche.   *He asked me for the car.*

Preguntar means *to ask* in the sense of requesting information.

Pregúntele a qué hora viene.	*Ask him what time he is coming.*
Pregúntele si va al cine.	*Ask him if he is going to the movies.*

Hacer una pregunta means *to ask a question.*

El profesor nos **hace** muchas **preguntas**.   *The professor asks us many questions.*

A *Complete las frases empleando* **pedir**, **preguntar** *o* **hacer preguntas**.

1 *I asked him for a pencil.*
   Le _____ un lápiz.
2 *I want to ask her a favor.*
   Quiero _____ un favor.
3 *Ask them to speak Spanish.*
   _____ que hablen español.
4 *They asked me how I was.*
   Me _____ cómo estaba.
5 *Ask him if he wants to go.*
   _____ si quiere ir.
6 *He asked me a very difficult question.*
   Me _____ una pregunta muy difícil.

7 *Did he ask you for money?*
   ¿Le _____ dinero?
8 *He didn't ask me for anything.*
   No me _____ nada.
9 *I want to ask a question.*
   Quiero _____.
10 *Ask her if she wants some dessert.*
   _____ si quiere postre.

B *Traduzca.*

1 Did you ask for the tickets?
2 I asked him if he had them.
3 Let's ask him to bring them tomorrow.

Lectura

EL GALLO[1]

Yo soy Juana Escobedo de Guadalajara, la tierra de los mariachis, la música y el canto. Quiero contarles de[|] la serenata. ¿Una serenata en estos tiempos? Sí, señores. Aunque no lo crean[2], todavía tenemos esa costumbre. ¿Dónde está la señorita a quien no le guste despertarse a medianoche para oír la música de un grupo de jóvenes? ¿Y dónde hay un joven mexicano que no le guste tocar la guitarra o cantar con un grupo? A veces un grupo lleva una serenata a la casa de un amigo para saludarlo. Otras veces lo hacen para darle la bienvenida[|] a uno que está de visita en el pueblo. Muy popular entre nosotros es el gallo. Es una serenata que se hace a una persona muy temprano en la mañana de su cumpleaños y se llama gallo porque se hace al amanecer[|] con la intención de despertar a la persona con la música. En esas ocasiones casi siempre se canta *Las mañanitas*[3] o algo por el estilo[|]. Es siempre muy romántico cuando un joven lleva a sus amigos con sus guitarras para hacerle una declaración de amor a una señorita. Y es aún más romántico cuando la chica sale a la ventana a agradecer[|] la serenata.

tell you about

dar . . . *welcome*

at sunrise

something like that

say thanks for

PREGUNTAS

1 ¿Dónde existe la costumbre de cantar serenatas? **2** ¿Qué clase de música es la serenata? **3** ¿Quiénes cantan las serenatas? **4** ¿A qué hora salen los jóvenes a cantar? **5** ¿Qué es una declaración de amor? **6** ¿Les cantan serenatas a sus novias los norteamericanos?

[1]*The rooster* (early morning serenade)
[2]This is the subjunctive of **creer** *to believe.*
[3]Name of a famous song, literally *Early mornings.* Compare use of the plural here to that in **¡buenos días!**

ACTIVIDADES EN PAREJAS

A *Trate de averiguar todo lo que pueda* (Try to find out all that you can) *de las preferencias de su compañero(a) de clase. Pregúntele acerca de su colección de discos, su estéreo, sus instrumentos favoritos, los instrumentos que toca, sus preferencias en cuanto a la música clásica, popular o folklórica. Luego cambien de papel.*

B *Trate de averiguar todo lo que pueda de su compañero(a) de clase en cuanto a sus artistas, músicos y cantantes favoritos. Pregúntele quiénes son sus favoritos y por qué. Luego cambien de papel.*

En pocas palabras

COMPLETE LAS FRASES

1 Busco un amigo que _____.
2 Tengo un tocadiscos que _____.
3 Prefiero un disco que _____.
4 ¿Conoce usted a alguien que _____?
5 ¿Quiere usted que _____?

FORME PREGUNTAS

1 No me gusta la música popular.
2 No, no creo que ella venga.

3 Sí, tenemos un disco que es de música clásica.
4 Sí, conozco a un joven que puede hacerlo.
5 No, no hay nadie aquí que hable ruso.

BREVES CONVERSACIONES

Pregúntele a _____

si prefiere una novia que sea rica.
qué prefiere.
qué busca.
qué le hace falta.
si es posible que no venga mañana.
si es probable que llegue temprano mañana.
si conoce a alguien que hable francés.
si le gusta la música clásica.

PREGUNTAS PERSONALES

1 ¿Tiene usted muchos discos?
2 ¿Tiene usted un tocadiscos que toque bien?
3 ¿Qué música prefiere usted bailar?
4 ¿Conoce usted a alguien que toque el piano?
5 ¿Es verdad que usted toca el piano?
6 ¿Busca usted un disco que tenga ritmos puertorriqueños?
7 ¿Le gusta a usted la música tropical?
8 ¿Es cierto que usted tiene unos discos de música clásica?
9 ¿Es posible que usted siga la carrera de música?
10 ¿Duda usted que el profesor sea músico?
11 ¿De qué se alegra usted?
12 ¿Estudiamos o vamos al concierto?
13 ¿Es importante estudiar mucho?
14 ¿Es evidente que su compañero(a) estudia mucho?
15 ¿Va a la biblioteca su compañero(a) o va usted?

¡Qué simpático el chico! ¿No? Es un mexicano de Oaxaca.

Sección de referencia

Pronunciación

Review of diphthongs

The vowels **i** and **u** in Spanish are weak. The vowels **a**, **e**, and **o** are strong. The following words contain diphthongs composed of a strong and a weak vowel. Practice blending the sounds of the two vowels together. Without neglecting the sound of the weak vowel, make sure that the sound of the strong vowel dominates.

bailar   traiga   prefiero   aprecie   tienen   concierto   también   alguien

Review of vowels

In the following words be careful to give each vowel a clear sound. Avoid the schwa, or *uh*-sound, typical of English pronunciation in unstressed syllables.

señorita   mariachis   utilizado   acompañarnos   contemporánea
completamente   música   ganas   francamente

Vocabulario

amoroso	*loving*	**músico(a)**	*musician*
antiyanqui	*anti-Yankee; anti-American*	**orquesta**	*orchestra*
el (la) **artista**	*artist*	la **parte**	*part*
característica	*characteristic*	**pasivo**	*passive*
el **Caribe**	*Caribbean*	**política**	*politics*
la **compasión**	*compassion*	**puerto**	*port*
contemporáneo	*contemporary*	**puertorriqueño(a)**	*Puerto Rican*
la **cuestión**	*matter, question*	**ritmo**	*rhythm*
enérgico	*energetic*	**san**[1]	*saint*
la **excursión**	*excursion, trip*	**sinfonía**	*symphony*
folklórico	*folkloric*	**sosegado**	*peaceful*
formidable	*great*	el **tocadiscos**	*record player*
generoso	*generous*	el **vapor**	*steamboat*
gringo	Hispanic term for American	**varios**	*various, several*
guitarra	*guitar*		
humilde	*humble*		
increíble	*incredible, unbelievable*	**Verbos**	
lástima	*pity*		
lengua	*tongue; language*	**anunciar**	*to announce*
macho	*authoritarian, manly*	**apreciar**	*to appreciate*
marido	*husband*	**aprovechar (de)**	*to take advantage of*
melodía	*melody*		

[1]shortened form of **santo**, used before the given name of saints, except for **Tomás, Domingo, Toribio**

cocinar	*to cook*
comparar	*to compare*
decidir	*to decide*
gritar	*to shout, cry out*
interpretar	*to interpret*
mentir (ie)	*to lie (prevaricate)*
roncar	*to snore*

Otras expresiones

de igual a igual	*as an equal*
hacer una pregunta	*to ask a question*

Las malas lenguas pueden hablar.   *People may gossip.*

Refrán

Cada cabeza es un mundo.
To each his own.   (Each head is a (different) world.)

LECCIÓN 17

Una procesión religiosa de gigantes en las calles de Santiago de Compostela.

Perspectiva

Functional Conversational Goals: You should be able to

1 compare Latin American extended family and intimate friendships with your own.
2 explain what you will do under certain conditions.
3 answer questions using common conversational responses in expressing agreement or disagreement.

Language: You will study and practice using

1 the subjunctive and the indicative in adverb clauses.
2 the infinitive with prepositions.
3 the infinitive with **al**.

4 the infinitive as a verb complement.
5 the imperfect subjunctive.
6 the imperfect subjunctive in noun, adjective, and adverb clauses.

Culture: You will learn about

1 the levels of friendship in the Hispanic world.
2 the role of the godfather (**padrino**) and godmother (**madrina**).
3 the tradition of **Santiago de Compostela** in Spain.

Pronunciation: You will practice pronouncing the Spanish fricative **d**.

Si tomas amigos nuevos, no te olvides de los viejos.

Diálogo

¡SANTIAGO Y A ELLOS!

Hace dos años que Christine Robson es cónsul de los Estados Unidos en Santiago de Compostela. Para esta noche sus amigos le han organizado una despedida en el Hostal de los Reyes Católicos.

CHRISTINE ¡Qué lindo es estar con buenos amigos en este magnífico lugar!

FRANCISCO Aunque estés lejos, siempre te vas a acordar de Galicia y de España. Después que lleguen algunos más, vamos a comenzar la cena.

RAÚL Voy a sacar fotos para que tengas unos recuerdos. ¿Está bien?

CHRISTINE Sí, de acuerdo, con tal que yo no salga sola en la foto. Quizás después, cuando todos estén en su lugar, será mejor.

EVELINA Te vamos a extrañar mucho, Christine. Acuérdate del refrán que dice: Si tomas amigos nuevos, no te olvides de los viejos.

CHRISTINE ¡Qué precioso! No me olvidaré nunca.

EVELINA Bueno. Tan pronto como llegues a Washington vas a escribirnos.

CHRISTINE En cuanto sepa la nueva dirección, te la mando. Y quiero que vengan todos a visitarme sin que les haga una invitación por escrito.

FRANCISCO Brindo por la huésped de honor. Y para que no te olvides de nosotros te hemos traído estas botellas de felicidad.

CHRISTINE Muchísimas gracias. El vino santiagués me hará recordar a los buenos amigos de Galicia.

RAÚL ¿Y estos quesos gallegos? ¿Cómo los vas a pasar por la aduana sin que lo sepan los aduaneros?

CHRISTINE Me los llevo aunque tenga que pagar los derechos de aduana.

FRANCISCO No te olvides del santo patrón de Galicia.

CHRISTINE Sí. ¡Santiago y a ellos!

PREGUNTAS

1 ¿Qué puesto tenía Christine en España?
2 ¿Ha tenido buenos amigos Christine?
3 ¿Por qué quiere sacar fotos Raúl?
4 ¿Qué quieren que Christine haga al llegar a Washington?
5 ¿Qué va a hacer Christine con la nueva dirección?
6 ¿Quién es la huésped de honor?
7 ¿Por qué trajeron las botellas de vino?
8 ¿De qué servirá el vino santiagués?
9 ¿Qué problema tiene Christine si lleva los quesos?
10 ¿Quién es el santo patrón de Galicia?

Unos buenos amigos caminando por la calle en Madrid.

Un grupo de simpáticas amigas mexicanas.

Notas culturales

LA AMISTAD Y LA CONFIANZA

En el mundo hispánico las relaciones sociales se pueden clasificar en tres categorías generales.

1) Claro, la relación más íntima es la que¹ existe entre parientes y *the one that* miembros de la familia. La familia hispana con sus reuniones frecuentes de hermanos, hijos, primos y tíos, es la base de la vida social. El amor y la lealtad a los parientes y a los miembros de la familia es notable entre los hispanos y ''la familia tiene preferencia'' es una expresión que se oye a menudo.

2) Luego existe la relación bastante formal que se ve en el sistema del compadrazgo, es decir, entre los compadres y las comadres y sus familias. Esta relación es casi tan íntima como la de la familia misma. Se considera casi como una extensión de la familia.

3) Hay otra categoría de relaciones que se llama de **pura amistad**. Incluye a los que¹ están ligados por una amistad íntima que continúa *those that* durante muchos años. Es una relación semejante a la del¹ compa- *that of the* drazgo pero en este caso las personas no quieren o no han tenido oca- sión de imponerse¹ las obligaciones formales del compadrazgo. *take upon themselves*

PREGUNTAS

1 ¿Quiénes son sus parientes? **2** ¿Cuáles son las tres categorías de relaciones sociales en el mundo hispánico? **3** ¿En que consiste la pura amistad? **4** ¿Hay reuniones familiares en su casa todos los domingos? **5** ¿Puede usted confiar más en los miembros de su familia que en otras personas?

LOS PADRINOS Y LAS MADRINAS

Cuando un hijo o una hija se bautiza o se confirma, los padres invitan
a los dos amigos más íntimos a participar en la ceremonia del
bautismo. El compadre es el que sirve de padrino del hijo o de la hija.
La amiga viene a ser la madrina o la comadre y los hijos son respec-
tivamente ahijado y ahijada de los padrinos. Esta relación así formali-
zada se llama compadrazgo. Los padrinos aceptan la responsabilidad
de asegurar el progreso y el bienestar general de los ahijados. En caso
de morir los padres verdaderos, los padrinos actúan como padres y se
hacen cargo del niño hasta que se haga hombre.

take charge of the

PREGUNTAS

1 ¿Qué es un compadre? **2** ¿Y un padrino? ¿Qué responsabilidad acepta? **3** ¿Qué es el compadrazgo? **4** ¿Qué es un ahijado? **5** ¿Tendrá usted un compadre o una comadre cuando se
case?

SANTIAGO DE COMPOSTELA

Según una tradición de muchos siglos, se cree que el apóstol Santiago
pasó varios años en España, principalmente en la región de Galicia,
predicando el evangelio de Cristo. Después de su martirio en el año
44, fue enterrado en una tumba de mármol cerca del lugar que ahora
se conoce como Santiago de Compostela. La tradición mantiene que
en el siglo nueve una estrella indicó milagrosamente el lugar exacto
donde habían enterrado al apóstol Santiago. A ese lugar santo le
dieron un nombre en latín, **Campus Stella** (Campo de la estrella), que
en años subsiguientes se convirtió en Compostela.

En la Edad Media Santiago de Compostela era uno de los centros
de peregrinación más populares de toda Europa. Los peregrinos
venían de todas partes del continente así como también de Irlanda e
Inglaterra para visitar la tumba del renombrado apóstol tan amado de
Cristo y de los fieles.

as well as
so loved by
the faithful

Santiago es el santo patrón de España y el día de Santiago, el 25 de
julio, es un día muy festejado. ''Santiago y a ellos'' fue el famoso
grito de guerra durante la reconquista de España del poder de los mo-
ros.

celebrated

En los tiempos actuales Santiago conserva su popularidad como
centro religioso. Las peregrinaciones continúan, pero hoy día se hacen en autobús o en avión en vez de a pie. Miles de peregrinos llegan
anualmente para visitar la catedral y darle un cariñoso abrazo a la imponente imagen del apóstol.

instead of

Con cuarenta y seis iglesias, Santiago de Compostela tiene uno de
los obispados más influyentes del país. También hay una universidad
que atrae a estudiantes de toda España y de todas partes de Europa.

PREGUNTAS

1 Según la tradición, ¿dónde fue enterrado el apóstol Santiago?   **2** ¿Cómo pudieron saber donde estaba enterrado?   **3** ¿Qué es un peregrino?   **4** ¿Cuál fue el grito de guerra de los españoles en la reconquista de España?   **5** ¿Qué importancia tiene Santiago de Compostela hoy?
6 ¿Le gustaría darle un abrazo a la imagen del apóstol?

Explicación y Aplicación

1. El subjuntivo y el indicativo en la cláusula adverbial

RAÚL   Voy a sacar fotos para que tengas unos recuerdos. ¿Está bien?

CHRISTINE   Sí, con tal que yo no salga sola en la foto.

EVELINA   Tan pronto como llegues vas a escribirnos.

CHRISTINE   Sí, y en cuanto sepa mi nueva dirección, te la mando.

La despedida

Raúl   Christine

FRANCISCO   Para que no te olvides de nosotros . . .

La felicidad

Francisco y Christine

En Washington, D.C.

Christine

Conteste.

1 ¿Para qué va a sacar fotos Raúl?
2 ¿Está bien con Christine? ¿Qué condición impone ella?
3 ¿Cuándo quiere Evelina que Christine le escriba?
4 ¿Cuándo le va a mandar la nueva dirección?
5 ¿Para qué le traen las botellas de vino?

An adverb clause, like an adverb, usually modifies a verb and expresses purpose, time, place, or manner. Notice the adverb clauses in the following sentences.

MAIN CLAUSE | ADVERB CLAUSE

I am going to take a picture | **so that** you will have a souvenir.
I will send it to you | **as soon as** I know the address.
She will not stay | **unless** you do, too.

In each of the sentences an *adverbial conjunction* is used to *join* the adverb clause to the main clause. There are several adverbial conjunctions, some always requiring the subjunctive in the adverb clause and others allowing for either the indicative or the subjunctive, depending upon the idea to be conveyed by the sentence. The following conjunctions always require the subjunctive in the dependent clause.

antes (de) que	*before*	**a menos que**	*unless*
para que	*in order that, so that*	**en caso (de) que**	*in case*
sin que	*without*	**con tal (de) que**	*provided (that)*

¿Posiblemente él me dará una copia **antes (de) que** me vaya? | *Possibly he will give me a copy before I leave?*

Te damos estos recuerdos **para que** no nos olvides. | *We'll give you these souvenirs so that you won't forget us.*

¿Cómo vas a pasar por la aduana **sin que** lo sepan tus amigos? | *How are you going to pass through customs without your friends knowing?*

No voy a correr **a menos que** corra usted también. | *I am not going to run unless you run also.*

Vamos a sacar unas fotos hoy **en caso de que** no haya tiempo mañana. | *Let's take some pictures today in case there isn't time tomorrow.*

Ella dice que bailará **con tal que** tú bailes también. | *She says she will dance provided that you dance also.*

Los buenos amigos en el parque.

A *Raúl quiere saber si ustedes van a hacer ciertas cosas. Dígale que no las harán antes de que le hable.*

RAÚL   ¿Van a visitar Santiago de Compostela?

USTED   **Sí, pero hablaré contigo antes de que lo visitemos.**

1 ¿Van a ver esa película?
2 ¿Van a vender el carro?
3 ¿Van a casarse?
4 ¿Van a anunciar la fecha de la boda?
5 ¿Van a hacer una fiesta grande?

B *Usted es algo tímido(a) y no quiere hacer nada a menos que otras personas lo hagan también. Responda según el modelo.*

¿No comerá con ellas?
No comeré con ellas a menos que ustedes coman también.

1 ¿No irá al cine?
2 ¿No venderá estos boletos?
3 ¿No jugará en el partido?
4 ¿No participará en el programa?
5 ¿No traerá los discos?

D *Usted es buen amigo de Alfredo y quiere que Alfredo participe en varias diversiones. Alfredo no quiere hacer nada solo. Usted participa en algunas diversiones simplemente para que Alfredo lo haga también.*

ALFREDO   ¿Por qué vas al partido?

USTED   **Voy para que tú vayas también.**

1 ¿Por qué juegas al tenis?
2 ¿Por qué corres tanto?
3 ¿Por qué sales con las chicas?
4 ¿Por qué bailas en las fiestas?
5 ¿Por qué te diviertes los fines de semana?

C *Ahora usted no es tímido(a) y a usted le gusta hacer cosas sin que otros las hagan. Responda según el modelo.*

¿Va usted a España?
Sí, y sin que otros vayan.

1 ¿Va a salir ahora?
2 ¿Va a tomar ese vino?
3 ¿Va a trabajar allí?
4 ¿Va a sacar fotos?
5 ¿Va a conocer al rey?

E *Conteste las siguientes preguntas empleando **en caso de que**. Siga el modelo.*

¿Por qué lo hace usted ahora?
(posiblemente no habrá tiempo mañana)
Quiero hacerlo ahora en caso de que no haya tiempo mañana.

1 ¿Por qué compra usted los regalos ahora?
(posiblemente vendrá mi hermana mañana)
2 ¿Por qué se acuesta usted ahora?
(posiblemente mi novio pasará temprano por mí)
3 ¿Por qué no come usted más?
(posiblemente traerán postre)
4 ¿Por qué le da usted su número de teléfono?   (posiblemente él quiere llamarme)
5 ¿Por qué se baña usted ahora?
(posiblemente no habrá tiempo mañana)

F *Diga que usted hará las siguientes acciones con tal que las personas indicadas las hagan también.*

¿Quiere usted sacar fotos de Galicia? (mis compañeras)
Sacaré fotos de Galicia con tal que mis compañeras saquen fotos también.

1 ¿Quiere usted comer esos quesos gallegos? (Christine y Francisco)
2 ¿Quiere usted visitar Washington? (Evelina)
3 ¿Quiere usted pedir algo más? (ustedes)
4 ¿Quiere usted comenzar mañana temprano? (todos)
5 ¿Quiere usted probarse ese vestido? (mi hermana)

G *Complete las frases en una manera original.*

1 No voy a menos que . . .
2 Comeremos allí con tal de que . . .
3 ¿Le escribirás a tu novio(a) para que . . .?
4 Él va a comprar el disco hoy en caso de que . . .
5 ¿Vendrá ella antes de que . . .?
6 No trabajaremos más sin que . . .

ACTIVIDAD EN PAREJAS

Tomando turno, dígale a su compañero(a) de clase . . .

1 dos cosas que hará con tal que tenga dinero.
2 dos cosas que no hará a menos que su compañero(a) las haga también.
3 dos cosas que hará antes de que termine el año.
4 dos cosas que quiere hacer sin que lo sepa nadie.
5 dos cosas que hará en caso de que tenga tiempo.
6 dos cosas que hará para que su novio(a) esté contento(a).

Sus hijas Piedad Yépez de Balanzátegui y Lourdes Yépez de Alonso, sus nietos Teresa, Napoleón, César, Carmen, Cecilia, Salma, Ulises, Zulema, Rosa, Mariana y Mario Balanzátegui Yépez, Bisnietos, sobrinos, y demás familiares de la que en vida fue señora

✝ María Teresa Farfán Ochoa vda. de Yépez

Cumplen con el penoso deber de comunicar a sus amigos, relacionados y a los que fueron de la extinta su sensible fallecimiento, e invitan a la misa de cuerpo presente a las 16h00 y luego al traslado de sus restos mortales desde la sala de velación, letra B, a los funerales que tendrán lugar en el Cementerio General a las 17h00 del día de hoy. Por este acto de piedad cristiana sus deudos anticipan su agradecimiento.

Guayaquil, 5 de agosto de 1985

Fiesta familiar en Cali, Colombia.

Here is a second list of conjunctions that are also used to introduce adverb clauses. They may be followed by the subjunctive or the indicative.

cuando	*when*	**aunque**	*although*
hasta que	*until*	**mientras (que)**	*while, as long as*
tan pronto como	*as soon as*	**después (de) que**	*after*
en cuanto	*as soon as*		

La cláusula adverbial con el indicativo

The verb in the adverb clause is in the indicative if it refers to something that has occurred, is presently occurring, usually occurs, or is considered factual by the speaker.

Completed event which has occurred: indicative

    Cuando **vino** lo vi.   *When he came I saw him.*

Action which is occurring or usually occurs: indicative

    Cuando **viene** lo veo.   *When he comes I see him.*

The speaker considers it a fact: indicative

    Aunque **cuesta** mucho, lo compramos.   *Although it costs a lot, we buy it.*

La cláusula adverbial con el subjuntivo

The verb in the adverb clause is in the subjunctive if it refers to something that may happen in the future, or if there is uncertainty in the mind of the speaker regarding the facts in the case.

Action may happen at an indefinite time in the future: subjunctive

> La próxima vez cuando **venga**, lo veré.   *Next time when he comes, I'll see him.*

Doubt or uncertainty regarding the facts: subjunctive

> Aunque **cueste** mucho, lo compraremos.   *Although it may cost a lot, we will buy it.*

Compare the following examples:

INDICATIVE	SUBJUNCTIVE
Adverb clause refers to something that has occurred, is presently occurring, or usually occurs.	*Adverb clause refers to something that is yet to occur or something regarded as uncertain or nonfactual.*
Aunque me lo **dijo**, no lo creo.	Aunque me lo **diga**, no lo creeré.
Although he told me, I don't believe it.	*Although he may tell me, I will not believe it.*
Siempre descanso cuando **me canso**.	Descansaré cuando **me canse**.
I always rest when I get tired.	*I will rest when I get tired.*
Lo esperamos hasta que **vino**.	Lo esperaremos hasta que **venga**.
We waited for him until he came.	*We will wait for him until he comes.*
Tan pronto como lo **vi**, lo saludé.	Tan pronto como lo **vea**, lo saludaré.
As soon as I saw him, I greeted him.	*As soon as I see him, I will greet him.*
Los visitamos mientras **estamos** aquí.	Los visitaremos mientras **estemos** aquí.
We visit them while we are here.	*We will visit them while we are here.*
Tan pronto como **terminan**, se van.	Tan pronto como **terminen**, se irán.
As soon as they finish, they go.	*As soon as they finish, they will go.*

A *Cambie las frases al futuro según los modelos.*

Siempre salen después que están listos. (saldrán)
Saldrán después que estén listos.

1 Comemos cuando llega mamá. (comeremos)
2 Los visitan mientras están allí.   (visitarán)
3 Jugaron hasta que se cansaron.   (jugarán)
4 Se van a casa después que terminan.   (se irán)

5 Tan pronto como lo veo, lo saludo. (saludaré)
6 Lo compraron aunque costaba mucho. (comprarán)
7 Ustedes pueden salir cuando hay sol. (podrán)
8 Trabajábamos mientras estábamos allí. (trabajaremos)
9 Vino en cuanto pudo.   (vendrá)
10 No los vemos hasta que vuelven.   (veremos)

Voy aunque hace mal tiempo ahora.
(mañana)
Iré mañana aunque haga mal tiempo.

1 Estudio tan pronto como llego a casa. (esta
tarde)
2 Ellos trabajan hasta que terminan. (Este fin
de semana)
3 Vamos al cine cuando tenemos dinero. (La
próxima semana)
4 Se hacen las compras después que se abren
las tiendas. (En el futuro)
5 Descanso mientras ellos preparan la cena.
(Esta noche)

B *Haga oraciones completas empleando una
conjunción apropiada. Cambie los verbos a la forma
subjuntiva si es necesario.*

1 Es difícil salir / ellos nos ven.
2 La película comenzó / no habiá muchas
personas.
3 Voy de compras esta tarde / llueve.
4 Su papá le da dinero / ella puede ir.
5 Lo aprenderé / ella me lo explica bien.
6 Se lo daré / usted vuelve.
7 Él vendrá / no quiere.
8 Leeremos el periódico / descansamos.
9 No podemos esquiar / nieva mucho.
10 No me lo pongo / me queda muy bien.

ACTIVIDADES EN PAREJAS

A *Tomando turno, termine las frases indicándole a
su compañero(a) cuando o en qué condiciones hará
estas cosas.*

Le compraré un regalo cuando . . .
**Le compraré un regalo cuando reciba mi
dinero.**

1 Trabajaré contigo hasta que . . .
2 Terminaré el libro tan pronto como . . .
3 Iré de vacaciones aunque . . . *no tenga dinero*
4 Leeré ese libro mientras . . .
5 Estudiaré después que . . .
6 Jugaré al tenis cuando . . .
7 Te escribiré una carta tan pronto como . . .
8 Veré un programa en la televisión
mientras . . .
9 Me casaré aunque . . .
10 Lo compraré después que . . .

B *Haga preguntas empleando las siguientes
conjunciones. Otro(a) estudiante le contestará las
preguntas.*

1 con tal que	6 antes de que
2 cuando	7 hasta que
3 sin que	8 después que
4 para que	9 a menos que
5 mientras	10 tan pronto como

Modelo — antes de que

1 — aunque

2 — hasta que

3 — sin que

4 — cuando

5 — a menos que

Usando la conjunción adverbial indicada, haga una frase para cada cuadro.

Te daré un abrazo antes de que me vaya.

2. Usos del infinitivo

The infinitive is the only form of a verb used in Spanish as the object of a preposition. (In English, the *-ing* form is usually used instead.) Such phrases are often used adverbially.

SIMPLE ADVERB

No podemos salir **ahora**.   *We can't leave now.*

PREPOSITIONAL PHRASE

No podemos salir **sin terminar**.   *We can't leave without finishing.*

The main verb of the sentence and the infinitive have the same subject unless a different subject is specified with the infinitive.

Después de comer, salieron.	*After eating, they left.*
Después de salir el tren, regresamos a casa.	*After the train left, we returned home.*
Trabajaron **hasta cansarse**.	*They worked until getting tired.*
Se acostó **sin esperar** la cena.	*He went to bed without waiting for dinner.*

Al + infinitive is used to express an action upon which the action of the main verb is or was contingent. This structure answers the question *when?* or *in what connection?* about the main verb. The English equivalent is *on* or *upon* plus the *-ing* form of the verb.

> **Al salir**, se despidió de todos. *Upon leaving, he said good-bye to everybody.*
> **Al recibir** tu dirección, te mandaré la carta. *Upon receiving your address, I'll send the letter to you.*

Unless a different subject is specified, the implied subject of the infinitive is the same as the subject of the main verb.

> **Al terminar**, fueron a casa. *Upon finishing (when they finished), they went home.*
> **Al terminar nosotros**, fueron a casa. *Upon our finishing, they went home.*

When the verb is followed by a dependent noun clause, the subjects of the two verbs are different.

> **Él quiere** que **usted practique** primero. *He wants you to practice first.*

If the subject is not different, an infinitive phrase is used instead.

> **Él quiere practicar** primero. *He wants to practice first.*

The same rule generally holds for a dependent adverb clause.

Two subjects: clause

> No podemos continuar **hasta que ella lo termine**. *We can't continue until she finishes it.*

One subject: infinitive phrase

> No podemos salir **hasta terminarlo**. *We can't leave until finishing it.*

Here is a list of prepositional counterparts for some of the adverbial conjunctions.

CONJUNCTION	PREPOSITION
(used when subjects are different)	*(used when subjects are the same)*
antes de que	**antes de**
después de que	**después de**
sin que	**sin**
hasta que	**hasta**
para que	**para**

A *Conteste primero en el afirmativo y luego en el negativo, siguiendo el modelo.*

¿Va a seguir hasta terminar la carrera?
Sí, voy a seguir hasta terminarla.
No, no voy a seguir hasta terminarla.

1 ¿Va a practicar para ganar el partido?
2 ¿Va a aprender español sin hablarlo?
3 ¿Va a comer sin lavarse las manos?
4 ¿Va a acostarse sin esperar la cena?

B *En una conversación, Julio dice las siguientes cosas. Usted quiere corregir lo que Julio dice. Responda según el modelo.*

No podemos ir sin tener permiso.   (sin que todos)
No podemos ir sin que todos tengan permiso.

1 Carlos quiere comprarlo para tener un recuerdo.   (para que su novia)
2 Ellos no quieren regresar hasta aprender el idioma.   (hasta que yo)

3 Podemos descansar después de llegar al parque.   (después que todos)
4 Laura no puede acompañarnos sin conocernos mejor.   (sin que sus padres)

C *Conteste las siguientes preguntas en una manera original, empleando el subjuntivo o el infinitivo del verbo.*

¿Cuándo van a salir?   (después de / después que)
Vamos a salir después de comer. *o*
Vamos a salir después que lleguen los otros.

1 ¿Por cuánto tiempo trabajarán?   (hasta / hasta que)
2 ¿Para qué vienen ellos?   (para / para que)
3 ¿Podrá usted hacerlo?   (sin / sin que)
4 ¿Quiere usted pagarle al salir?   (antes de / antes de que)
5 ¿Por qué estudia usted tanto?   (en caso de / en caso de que)

Vocabulario útil

CONTESTACIONES SENCILLAS

Here is a list of words and phrases used in conversation to indicate agreement or nonagreement.

Seguro.	*Certainly.*	¿Tú eres americano? Seguro.
Claro.	*Of course.*	¿Vienes esta noche? Claro.
Sin duda.	*No doubt; Without a doubt.*	¿Lo hará él? Sin duda.
Creo que sí.	*I think so.*	¿Viene Anabel también? Creo que sí.
Creo que no.	*I think not.*	¿Vino Alano? Creo que no.
De acuerdo.	*Okay; All right; Agreed.*	¿Vamos al cine? De acuerdo.
Eso es.	*That's right.*	¿Por eso no te gusta? Eso es.
Precisamente.	*Exactly.*	¿Ella tiene 18 años?
Exactamente.	*Exactly.*	Exactamente (Precisamente).
En absoluto.	*Not on your life; Not at all.*	¿No sabes la lección? En absoluto.
Claro que no.	*Of course not.*	¿Y no saben nada de eso? Claro que no.
Rotundamente no.	*Absolutely not.*	¿Puedo ir al cine? Rotundamente no.
Quizás. (Quizá.)	*Perhaps.*	¿Es posible que llueva?
Tal vez.	*Perhaps.*	Quizás (Tal vez).

A *Responda con una de las contestaciones sencillas de arriba.*

1 ¿Usted estudia español?
2 ¿Viene usted a la clase mañana?
3 ¿Está usted seguro(a)?
4 ¿Cree usted que vendrán los otros estudiantes también?
5 No vendrá el Presidente a la clase, ¿verdad?
6 ¿Qué le parece? ¿Vamos a comer?
7 Usted no está casado(a), ¿verdad?
8 ¿Me presta usted veinte dólares?
9 ¿Cuántos años tiene el profesor (la profesora)? ¿Veintinueve?

B *Hágale por lo menos cinco preguntas a su compañero(a) de clase a las cuales se pueda responder con una de las expresiones de la lista. Su compañero(a) le responderá con la expresión apropiada.*

EJEMPLO **¿Saliste con mi novio(a) anoche?**
Claro que no.

3. El imperfecto de subjuntivo—el uso

The imperfect subjunctive is used in noun, adjective, and adverb clauses in the same cases which require the present subjunctive, except that the context is the past. Notice in the following examples that the context of the sentences marked **a)** is the present, requiring the present subjunctive in the secondary clause, whereas the context of the sentences marked **b)** is the past, requiring the past, or imperfect, subjunctive.

NOUN CLAUSES

a) Es urgente que usted le **hable**.   *It is urgent that you speak to her.*
b) Era urgente que usted le **hablara**.   *It was urgent that you speak to her.*

ADJECTIVE CLAUSES

a) Busco a alguien que me **dé** la respuesta.   *I am looking for someone who will give me the answer.*

b) Buscaba a alguien que me **diera** la respuesta.   *I was looking for someone who would give me the answer.*

ADVERB CLAUSES

a) Dice que irá a casa cuando **termine**.   *She says she will go home when she finishes.*
b) Dijo que iría a casa cuando **terminara**.   *She said she would go home when she finished.*

Even though the main verb is in the present tense, the dependent verb may be in the imperfect subjunctive if it refers to something definitely past.

Siento que usted no **viniera**.   *I'm sorry that you didn't come.*

4. El imperfecto de subjuntivo—la formación de verbos regulares e irregulares

The imperfect subjunctive forms for all regular, irregular and stem-changing verbs is derived from the **ellos**-form of the preterit tense by dropping **-ron**: **habla-ron**, **aprendie-ron**, **vivie-ron**, **estuvie-ron**, **pusie-ron**, **dije-ron**. To the stem, add the imperfect subjunctive endings: **-ra, -ras, -ra, -ramos, -rais, -ran**.

habla**ra**	hablá**ramos**[1]	pusie**ra**	pusié**ramos**[1]	dije**ra**	dijé**ramos**[1]
habla**ras**	habla**rais**	pusie**ras**	pusie**rais**	dije**ras**	dije**rais**
habla**ra**	habla**ran**	pusie**ra**	pusie**ran**	dije**ra**	dije**ran**

INFINITIVE	PRETERIT TENSE FORM	IMPERFECT SUBJUNCTIVE FORM
dar	dieron	**diera**
venir	vinieron	**viniera**
dormir	durmieron	**durmiera**
decir	dijeron	**dijera**
poner	pusieron	**pusiera**
pensar	pensaron	**pensara**
trabajar	trabajaron	**trabajara**

[1]Note that verbs with irregular forms in the preterit have the same irregular stem in the imperfect subjunctive and that the first-person plural carries a written accent mark. This is true for all verbs (**habláramos**, **pusiéramos**, **dijéramos**).

There are two sets of endings that may be used in the imperfect subjunctive: those ending in **-ra** as explained above and those ending in **-se**[1]. The **-ra** endings are more commonly used in spoken Spanish today and will be the only set of endings practiced in this text.

5. El imperfecto de subjuntivo en cláusulas sustantivas

The imperfect subjunctive, like the present subjunctive, is used in a dependent noun clause when there is a change of subject and the main clause expresses a feeling, request, doubt, approval, probability, or necessity *in the past*. (To review the use of the subjunctive in noun clauses, refer back to Lessons 7 and 15.)

Yo no quería que Christine nos **dejara**.	*I didn't want Christine to leave us.*
Era necesario que **volviera** a Washington.	*It was necessary for her to return to Washington.*
Insistimos en que nos **escribiera**.	*We insisted that she write to us.*
Él esperaba que yo **pagara** la cuenta.	*He expected me to pay the bill (hoped that I would).*

A *Responda a las preguntas siguiendo los modelos.*

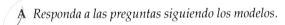

¿Fueron ustedes al parque?
Sí, y queríamos que ustedes fueran también.

1 ¿Estuvieron en la fiesta?
2 ¿Salieron ustedes temprano?
3 ¿Vieron ustedes el concierto?
4 ¿Participaron ustedes en el programa?
5 ¿Bailaron mucho en la fiesta?
6 ¿Vinieron ustedes temprano?

¿Le dieron el dinero?
Sí, el jefe les mandó que me lo dieran.

1 ¿Le compraron la leche?
2 ¿Le leyeron el contrato?
3 ¿Le pidieron los papeles?
4 ¿Le sirvieron el chocolate?
5 ¿Le dijeron el secreto?

B *Conteste las siguientes preguntas según los modelos.*

¿Y los regalos? ¿No los quisieron?
No, y yo esperaba que los quisieran.

1 ¿Y el secreto? ¿No lo supieron?
2 ¿Y el dinero? ¿No lo tuvieron?
3 ¿Y los libros? ¿No los pudieron vender?

4 ¿Y los primos? ¿No se fueron?
5 ¿Y los padres? ¿No estuvieron allí?
6 ¿Y los zapatos? ¿No se los pusieron?

¿Y se levantó Julieta?
No sé. Le sugerí que se levantara.

1 ¿Se acostó él?
2 ¿Se sentó ella?
3 ¿Se afeitó Romero?
4 ¿Se lavó?
5 ¿Se vistió él?

¿Lo aprendió Héctor?
Creo que sí. Le dije que lo aprendiera.

1 ¿Lo trajo Flora?
2 ¿Lo leyó María?
3 ¿Lo escuchó Carlota?
4 ¿Lo sirvió Diana?
5 ¿Lo hizo Jorge?

¿Compraron ellos el coche?
Sí, porque insistí en que lo compraran.

1 ¿Escribieron la carta?
2 ¿Tocaron el piano?
3 ¿Terminaron la carrera?
4 ¿Tomaron la leche?
5 ¿Limpiaron la casa?
6 ¿Vendieron la casa?
7 ¿Hicieron el trabajo?

[1]The **-se** forms for **hablar**, for example, are: **hablase, hablases, hablase, hablásemos, hablaseis, hablasen.**

C Dé el equivalente en español.

1 I told him to come early.
2 We hoped you would eat with us.
3 Julieta wanted Romero to remain at home.
4 He expected me to pay the bill.

5 I would like you to help me.
6 It was urgent that she talk to us.
7 Was it important for us to be there?

6. El imperfecto de subjuntivo en cláusulas adjetivas

The imperfect subjunctive, like the present subjunctive, is used in a dependent adjective clause when the antecedent noun or pronoun of the main clause is indefinite, negative, or unknown, and the time context is past or conditional. (To review the use of the subjunctive in adjective clauses, refer to Lesson 16.)

In the following sentences, notice the difference in usage between the present and past subjunctive.

Steve busca un tocadiscos que **toque** bien.
Steve buscaba un tocadiscos que **tocara** bien.

*Steve is looking for a record player that **plays** well.*
*Steve was looking for a record player that **played** well.*

Juana prefiere música que **tenga** más melodía.
Juana prefería música que **tuviera** más melodía.

*Juana prefers music that **has** more melody.*
*Juana preferred music that **had** more melody.*

A Cuando usted era más joven, ¿qué clase de amigos prefería? Conteste según el modelo.

ser inteligente
Prefería amigos que fueran inteligentes.

1 salir conmigo al cine
2 jugar al tenis conmigo
3 hablar en serio
4 decir la verdad
5 ir a las fiestas conmigo
6 estudiar conmigo

B Alicia y Jaime no están de acuerdo en cuanto a (as to) las siguientes situaciones. Alicia cree que sí, pero Jaime cree que no. Exprese primero lo que cree Alicia y después lo que cree Jaime.

Ahora hay señoritas que conducen autobuses. Antes . . .
ALICIA   **Sí, antes había señoritas que conducían autobuses.**
JAIME   **No, antes no había señoritas que condujeran autobuses.**

1 Ahora hay profesoras que son muy jóvenes. En los días de nuestros padres . . .
2 Ahora hay poetas que escriben muy bien. En esos días . . .
3 Ahora hay estudiantes que estudian día y noche. Antes . . .
4 Ahora hay tiendas que venden de todo. En el pasado . . .

C Conteste con el subjuntivo o el indicativo.

1 ¿Había un estudiante que llegara temprano a la clase?
2 ¿Recibiste esa carta que vino de España?
3 ¿Buscaba usted un libro que tuviera lecciones fáciles?
4 ¿Había alguien que te sirviera la cena?
5 ¿Encontró ella una secretaria que escribiera muy bien?

D *Complete la frase con el subjuntivo o el indicativo según el caso.*

1 (tocar el piano)   Yo no conocía a nadie que . . .

2 (hablar con usted)   ¿Quién era esa persona que . . .?

3 (ser generosa)   Ella quería una amiga que . . .

4 (tener dinero)   No había nadie que . . .

5 (saber alemán)   Dije que buscaba a alguien que . . .

6 (fumar marihuana)   ¿Habló usted con alguien que . . .?

7 (tomar pastillas)   ¿Había personas que . . .?

8 (ser programador)   Teníamos un amigo que . . .

9 (bailar bien)   Él quería conocer a una chica que . . .

10 (llevar sobretodo)   No vi a nadie esta mañana que . . .

7. El imperfecto de subjuntivo en cláusulas adverbiales

The imperfect subjunctive, like the present subjunctive, is used in dependent adverb clauses of time to indicate an action that is to occur at an indefinite time in the future. In the following example, the action is projected forward to an indefinite time in the future and the present subjunctive is used.

Comeré cuando **llegue** mi novia.   *I will eat when my fiancée arrives.*

La familia disfruta de la buena vida.

Note that in the following example the action had not occurred at the time the person was speaking. The action was *projected forward from a point in the past* to an indefinite time, and the imperfect subjunctive is used.

>   Dije que comería cuando **llegara** mi novia.   *I said I would eat when my fiancée arrived.*

If, however, the action has already occurred, the indicative is used.

>   Comí cuando **llegó** mi novia.   *I ate when my fiancée arrived.*
>   Dije que comí cuando **llegó** mi novia.   *I said I ate when my fiancée arrived.*

Like the present subjunctive, the imperfect subjunctive is used in dependent adverb clauses that reflect doubt or uncertainty in the speaker's mind.

PRESENT SUBJUNCTIVE

Yo compraré el coche aunque **cueste** $30.000.
I will buy the car although it may cost $30,000.

IMPERFECT SUBJUNCTIVE

Dije que compraría el coche aunque **costara** $30.000.
I said I would buy the car although it might cost $30,000.

If, however, there is no uncertainty in the mind of the speaker, the indicative is used.

>   Yo compraré el coche aunque **cuesta** $30.000.
>   *I will buy the car although it costs $30,000.*

>   Yo dije que compraría el coche aunque **costaba** $30.000.
>   *I said I would buy the car although it cost $30,000.*

For a complete list of adverbial conjunctions that may take the indicative or the subjunctive, see p. 429.

A *Conteste según el modelo.*

¿Terminó ella el trabajo?
Creo que sí. Dijo que lo terminaría tan pronto como tuviera tiempo.

1 ¿Hizo el vestido?   4 ¿Compró los regalos?
2 ¿Vino Jaime?   5 ¿Vendió la casa?
3 ¿Trajo el auto?   6 ¿Fue al mercado?

B *Cambie del presente al pasado. Siga el modelo.*

Ella trabajará hasta que termine.
Ella dijo que trabajaría hasta que terminara.

1 Iré cuando pueda.
2 Comerán tan pronto como lleguen los otros.
3 Christine escribirá en cuanto tenga tiempo.
4 Él se casará después que termine sus estudios.
5 Iré al centro aunque haga mal tiempo.

C *Rosa prometió que haría ciertas cosas. Siguiendo el modelo, diga lo que ella prometió.*

pagarme / tan pronto como / tener dinero
Ella prometió que me pagaría tan pronto como tuviera dinero.

1 salir / en cuanto / terminar el trabajo
2 preparar la cena / cuando / llegar a casa
3 visitarme / aunque / estar ocupada
4 quedarse en casa / mientras / llover
5 esquiar / después que / nevar
6 levantarse / tan pronto como / despertarse

For a complete list of adverbial conjunctions that always require the subjunctive, see p. 426.

D *Conteste empleando la conjunción indicada según el modelo.*

¿Fue a la fiesta tu primo? (a menos que)
Creo que no. Dijo que no iría a menos que fuera usted.

1 ¿Salió Juan anoche? (sin que)
2 ¿Trabajó ayer Felipe? (antes que)
3 ¿Se casó Jorge? (a menos que)
4 ¿Desayunaron ellos? (sin que)

E *Cambie al pasado según el modelo.*

Ella va a hablarme antes de que me vaya.
Ella dijo que iba a hablarme antes de que me fuera.

1 Ellos van a casarse con tal de que tengan permiso.
2 Voy a decírselo para que lo sepa.
3 Ella no va a ganar a menos que tenga más suerte.
4 Las muchachas no van a quedarse sin que te quedes tú.
5 Él va a preparar la comida antes que regrese su esposa.

F *Complete las frases con la forma correcta del verbo indicado.*

1 (terminar) Él prometió que descansaría después que todos _____ el trabajo.
2 (ayudar) ¿Dijo Julieta que lavaría platos con tal que su esposo le _____?
3 (ser) Él dijo que se acostaba muy tarde cuando _____ más joven.
4 (llegar) Él me dijo eso cuando _____ anoche.
5 (ir) No iría sin que _____ usted también.
6 (leer) Me dio el libro para que yo lo _____.
7 (aprender) Se lo expliqué hasta que lo _____.
8 (esperar) Mientras yo _____, ella se vestía.
9 (pagar) Dije que no lo iba a hacer a menos que ellos me _____ bien.
10 (acostarse) Él se durmió en cuanto _____.

ACTIVIDADES EN PAREJAS

A *Hágale las preguntas a su compañero(a). Él o ella le contestará.*

1 ¿Insistías en que tus compañeros(as) de cuarto estudiaran?
2 ¿Te alegrabas de que tus amigos te visitaran?
3 ¿Querías que tu banco te mandara más dinero?
4 ¿Le dijiste a tu papá que te comprara un regalo?
5 ¿Era necesario que trabajaras ayer?
6 ¿Esperabas que tu novio(a) estuviera menos preocupado(a)?
7 ¿Creías que el español fuera difícil?
8 ¿Mandaba tu mamá que lavaras los platos?
9 ¿Dudabas que tu novio(a) no te quisiera en serio?
10 ¿Sentías mucho que tu novio(a) te diera calabazas?

B *Hágale las siguientes preguntas a su compañero(a) de clase, quien le responderá usando cláusulas sustantivas, según el modelo.*

¿Qué le sugeriste a tu compañero de cuarto?
Le sugerí que comprara más boletos para la fiesta.

1 ¿En qué insististe?
2 ¿Qué les mandaste a tus amigos?
3 ¿Qué esperaba tu novio(a)?
4 ¿Qué era urgente?
5 ¿Qué quería tu padre?
6 ¿Qué le dijiste a tu amigo?
7 ¿Qué sentías al fin del semestre?
8 ¿Qué dudabas cuando eras joven?
9 ¿Qué te gustó de la semana pasada?
10 ¿De qué te alegras hoy?

C *Pregúntele a un compañero o a una compañera qué clase de persona, cosa, etc., quería. Su compañero(a) contestará las preguntas usando una cláusula adjetiva. Luego cambien de papel.*

gato
¿Qué clase de gato querías?
Quería un gato que comiera poco.

1 novia(o)   6 película
2 profesor(a)   7 disco
3 jefe   8 música
4 libro   9 comida
5 presidente   10 amigos

D *Dígale a su compañero(a) bajo cuales condiciones usted haría o no haría estas cosas. Tomen turno.*

1 Yo iría a Las Vegas con tal que _____.
2 Yo no compraría un Mercedes aunque _____.
3 Yo no trabajaría en Madrid aunque _____.
4 Yo no saldría con ellos a menos que _____.
5 Yo te pagaría la entrada al cine con tal que _____.
6 Yo no saldría de la casa sin que _____.
7 Yo no viviría en Rusia sin que _____.

E *Dígale a su compañero(a) cuándo haría o no haría lo siguiente.*

1 Dije que terminaría el trabajo cuando _____.
2 Dije que comería en cuanto _____.
3 Dije que no me casaría hasta que _____.
4 Dije que visitaría a mis padres después que _____.
5 Dije que descansaría tan pronto como _____.

Lectura

UNA CARTA DE EVELINA

Querida Christine:

Antes de nada, quiero que sepas que te extrañamos
mucho en el consulado. La señora que te reemplaza es
agradable pero todavía no la conocemos bien. En
España, como tú sabes, las amistades íntimas se forman
sólo después de mucho tiempo.

La semana pasada fue la primera comunión de mi
hermana, Feliza, en la iglesia mayor de Santiago.
Fueron todos los parientes para acompañarla y
después pasaron por la casa. Tenemos una familia
muy unida y todos nos llevamos muy bien.
Siempre estamos juntos. Vinieron muchos amigos
de la familia también. Don Luis y su esposa,
doña Estela, estuvieron con sus hijos. Siempre nos han
servido de padrino y madrina. Don Luis es el
compadre más íntimo que tiene papá. Creo que conociste una noche en mi casa al señor Álvarez, un
hombre de mucha confianza que trabaja con mi papá.
Bueno, también estuvo en casa el día de la comunión de Feliza.

¡Lástima que no estuvieras aquí para conocer a todos nuestros parientes, compadres y amigos! Feliza recibió tu
tarjeta y se puso muy contenta.

Sin otro asunto me despido de ti por ahora. No dejes de
escribirme y no te olvides que te apreciamos mucho.

Con todo cariño,
Evelina

First of all

we get along

Don't fail to write me

[1] *main church* (The Cathedral of Santiago de Compostela in Spain is one of the most important in Europe.)
[2] **Doña** is a term of respect used before the first name of a lady older than the speaker, or an especially worthy lady, married or unmarried. The term **don** is used the same way with men.
[1] *Without other topics (to tell you about), I'll say good-bye for now.*

PREGUNTAS

1 ¿Cómo se forman las amistades íntimas en España? ¿Y en los Estados Unidos?   2 ¿Dónde fue la primera comunión de Feliza?   3 ¿Qué es un padrino? ¿Y un compadre?   4 ¿Qué es un hombre de confianza?   5 ¿Tiene usted tantos amigos y parientes como Evelina?   6 ¿Quiénes son los amigos más íntimos de sus padres?   7 ¿Son sus padrinos también los íntimos amigos de sus padres?

En pocas palabras

COMPLETE LAS FRASES

1 Te veremos cuando _____.
2 Al _____ no quisieron comer.
3 Aunque _____.
4 _____ hasta que lleguen todos.

FORME PREGUNTAS

1 Me lo dijo tan pronto como llegó.
2 Dice que hará las preguntas cuando venga.
3 Sí, me levanto sin que lo sepa nadie.
4 No, no me casaré hasta que tenga veinticinco años.
5 Sí, vamos a continuar hasta que terminemos.

BREVES CONVERSACIONES

Pregúntele a _____

si va a casarse antes de tener veinticinco años.
si estudiará hasta aprender la lección.
si toma pastillas aunque se sienta bien.
si se lava las manos antes de comer.
si va al hospital cuando está enfermo(a).
si le pusieron algunas inyecciones el año pasado.
si baila cuando tocan una rumba.
si le presta veinte dólares para comprar un par de zapatos.

PREGUNTAS PERSONALES

1 ¿Le gustaría ir a Santiago de Compostela?
2 ¿Cuándo piensa usted viajar a España?
3 ¿Irá usted a Europa antes de terminar los estudios?
4 ¿Qué hará usted durante las vacaciones con tal de tener dinero?
5 ¿Qué tiene usted que hacer antes de que llegue el verano?
6 ¿Qué piensa usted hacer este verano en caso que tenga tiempo?
7 ¿Piensa usted hacer algo sin que lo sepa nadie? ¿Qué será?
8 ¿Qué hará usted después que termine la clase hoy?
9 ¿Dijo usted que regresaría a casa tan pronto como terminara las clases?
10 ¿Quería su novio(a) que usted estudiara con él (ella) esta noche?
11 Al principio del semestre, ¿buscaba usted clases que fueran fáciles?
12 ¿Le gusta el estudio de español aunque cuesta mucho tiempo?
13 ¿Querían sus padres que usted tomara clases de español?
14 ¿Qué hará usted esta noche después que usted y sus compañeros(as) cenen?
15 ¿Qué hizo usted anoche después de comer?
16 ¿Siempre se duerme usted tan pronto como se acuesta?

Sección de referencia

Pronunciación

Review of Spanish fricative d

Remember that the Spanish **d** between vowels is a continuing sound similar to English *th* in *those*. The same pronunciation is given to Spanish final **d**. Place the tip of the tongue against the upper teeth or between the teeth to produce the sound.

Estados Unidos	no se olvide de	agradecida	como decían
podamos	organizado	traído	ustedes
todos	personalidad	despedida	amistad

Vocabulario

absoluto	*absolute*
aduana	*customs agency*
aduanero(a)	*customs officer*
botella	*bottle*
caso	*case*
católico	*Catholic*
claro	*of course; clear* (adj.)
el (la) **cónsul**	*consul*
la **contestación**	*answer, reply*
contrato	*contract*
copia	*copy*
despedida	*farewell*
duda	*doubt*
exactamente	*exactly*
la **felicidad**	*happiness*
gallego	*Galician*
el **hostal**	*hostel, inn*
el (la) **huésped**	*guest*
lejos	*far away*
magnífico	*magnificent*
muchísimo	*very much*
el **patrón**, la **patrona**	*patron; boss; pattern* (m.) (for sewing)
santo patrón	*patron saint*
el **poeta**, la **poetisa**	*poet*
posiblemente	*possibly*
precioso	*precious*
respuesta	*answer, response*
rotundamente	*roundly, categorically*
santiagués	*pertaining to Santiago de Compostela*
sencillo	*simple, plain; single*
el **tren**	*train*
urgente	*urgent*

Conjunciones

a menos que	*unless*
antes (de) que	*before*
con tal (de) que	*provided that*
después (de) que	*after*
en caso (de) que	*in case*
en cuanto	*as soon as*
hasta que	*until*
mientras (que)	*while, as long as*
para que	*in order that, so that*
sin que	*without, unless*
tan pronto como	*as soon as*

Verbos

brindar por	*to drink a toast to*
cansarse	*to get tired, to weary*
imponer (impongo)	*to impose*
imponerse	*to assume, to take upon*
participar	*to participate*

practicar	*to practice*	**¡Qué lindo!**	*How great!*
recordar (ue)	*to remember*	**rotundamente no**	*absolutely not*
		¡Santiago y a ellos!	*Santiago and at 'em!* (famous battle cry)
Otras expresiones		**sin duda**	*without a doubt, no doubt*
claro que no	*of course not*		
en absoluto	*not at all*		
eso es	*that's right*		
hablar en serio	*to talk seriously*		
por escrito	*in writing*		

Refrán

Si tomas amigos nuevos, no te olvides de los viejos.
When you make new friends, don't forget the old ones.

LECCIÓN 18

Esto es cosa de hombres.

Perspectiva

Functional Conversational Goals: You should be able to

1 converse about topics such as machismo and women's liberation in Latin America and in the United States.
2 talk about actions suggested, wanted, or insisted upon in the past.
3 describe the type of spouse, classmate, roommate, professor you wanted or were looking for.
4 relate what you or others would do if the situation were right.

Language: You will study and practice using
1 the imperfect subjunctive in *if*-clauses.

2 the imperfect subjunctive after **como si**.
3 the imperfect subjunctive and the conditional for requests and courtesy expressions.
4 the subjunctive with **ojalá**.
5 the subjunctive in noun, adjective, and adverb clauses—review.

Culture: You will learn about
1 the **machismo** syndrome.
2 the traditional and more contemporary roles of Latin American men and women.

Pronunciation: You should be able to recite passages of poetry using correct pronunciation and intonation.

Contigo, pan y cebolla.

Diálogo

¡EL FIN DEL MUNDO!

Ricardo y Catalina, al fin, después de resolver muchos problemas, se han comprometido y han fijado fecha para su boda. Ricardo tiene 28 años. Es locutor de Radiotelevisión España. Catalina tiene 25, es profesora de la lengua española, estudia para el doctorado, y trabaja en la tarde de guionista.

CATALINA Me alegro que al fin pudiéramos fijar fecha para la boda.

RICARDO Yo también. ¡Ya era hora! Si no fuera por tu papá ya estaríamos casados.

CATALINA Pero tú insistías en que yo dejara la universidad, y él no quería eso. Pero, en fin . . .

RICARDO Ni tú tampoco. No es como si fuera el fin del mundo.

CATALINA Para ti, que eres como un caballero del siglo pasado, fue un logro muy importante obedecer a tu corazón en vez de la tradición machista.

RICARDO Creo que tu papá se preocupaba por el dinero que pudieras traer al matrimonio.

CATALINA Tú sabes que a mí no me importaba eso. Como te he dicho muchas veces, ''contigo, pan y cebolla''.

RICARDO De acuerdo, querida, pero tú vives una vida muy ajetreada . . . profesora, estudiante, guionista, y ya pronto, esposa. ¡Ojalá tuvieras más tiempo libre!

CATALINA Si tuviera más tiempo, estaría siempre contigo. Me ha costado un esfuerzo enorme llegar a este paso. Yo disfruto tanto de las clases en la universidad.

RICARDO Sí, comprendo. Y me gusta que estés ocupada en algo que te gratifique tanto. Algún día vas a pensar seriamente en nuestra familia del futuro, ¿verdad?

CATALINA Bueno, cariño, primero la boda y después veremos.

PREGUNTAS

1 ¿Por qué tardaron algo en comprometerse Ricardo y Catalina?
2 ¿Qué hace un locutor de radio?
3 ¿Cuál es el trabajo de un guionista?
4 ¿De qué se alegra Catalina?
5 ¿Qué es lo que no quería el papá de Catalina?
6 ¿En qué insistía Ricardo?
7 ¿Qué decidió al fin Ricardo?
8 ¿Por qué dice Catalina que Ricardo era como un ''caballero del siglo pasado''?
9 ¿Por qué se preocupaba el papá de Catalina?
10 ¿Insistía Catalina en que Ricardo tuviera mucho dinero?

11 Explique lo que significa ''contigo, pan y cebolla''.

12 ¿Cuántas funciones realiza Catalina?

13 ¿Cómo es una vida ajetreada?

14 ¿Qué preferiría Ricardo?

15 ¿Cómo explica Catalina su situación?

16 ¿Qué le gusta a Ricardo en cuanto al trabajo de Catalina?

17 ¿Qué le preocupa más a Ricardo?

18 ¿Cuándo va a pensar seriamente Catalina en su familia del futuro?

19 En su opinión, ¿cuántos hijos van a tener en el futuro Catalina y Ricardo?

Notas culturales

EL MACHISMO

Tradicionalmente el hombre hispano ha tenido tendencia a ser dominante en el matrimonio y la mujer ha aceptado su actitud de superioridad porque no había otro remedio.

En tiempos modernos esa tendencia se está modificando de acuerdo con las nuevas ideas de igualdad entre los sexos. Muchos maridos aceptan la responsabilidad de trabajar en la casa y ayudar a la esposa con las tareas diarias. Sin embargo, tradicionalmente, en pueblos pequeños y áreas rurales, han persistido entre los hispanos varias formas de machismo que, generalmente, se manifiestan en el respeto concedido al hombre enérgico y muy masculino, de mucho ánimo y firmeza. Para el hombre común de estos pueblos que siente la necesidad de establecer una identidad superior, el machismo le sirve como filosofía de la vida. En estos casos, la dominación en la casa no es tan importante como la necesidad de mostrar dos características fundamentales del hombre macho:

1) Dar la impresión que no tiene miedo de nada ni de nadie.
2) Documentar con experiencias que se cuentan entre los amigos su habilidad de conquistar el amor de las mujeres.

Pancho Villa, un héroe para el pueblo mexicano, personificó esas dos características. En la guerra de la Revolución Mexicana mostró su bravura atacando una ciudad de los Estados Unidos con un puñado de compañeros revolucionarios. Y, según la tradición, siempre tuvo mucha suerte con las mujeres. El hombre, si es digno de llamarse hombre, no puede ''rajarse'' nunca ni quedar menos, ni achicarse[1] según los valores aceptados comúnmente entre ''los machos''.

---

[1]**''rajarse''** . . . *never back down, nor be slighted, nor show cowardice*

Un jugador de fútbol.

Un gaucho moderno de Entre Ríos, Argentina.

Pancho Villa, el prototipo del macho mexicano.

PREGUNTAS

1 ¿Cómo es el hombre hispano tradicional? **2** ¿Cómo se están modificando las costumbres en tiempos modernos? **3** ¿Cuáles son las formas de machismo que todavía persisten? **4** ¿Cómo usa el machismo el hombre pobre y común? **5** Parece que el hombre macho en el mundo hispano siente la necesidad de mostrar dos características, ¿cuáles son? **6** ¿Qué simboliza Pancho Villa? **7** ¿Cómo mostró su machismo?

LA MUJER HISPANA

En muchas partes del mundo hispánico hay evidencias de que la mujer quiere deshacerse de¹ los rasgos que la han distinguido tradicionalmente. Ya no quiere ser tan sumisa, pasiva y dedicada únicamente a servir a su marido. En algunos lugares, la mujer hispana ya no acepta en la década de los '80¹ la idea de quedarse en casa y servirle al hombre. La educación universitaria le es cada vez más¹ accesible a la mujer moderna y muchas mujeres trabajan en puestos bastante elevados en la industria y en las profesiones. Una de las metas de la mujer norteamericana ha sido la de liberarse¹ de los trabajos penosos de la casa. En cambio, muchas mujeres del mundo hispano pueden costearse la ayuda de una criada que se ocupa de los quehaceres de la casa¹. Por eso, debido a¹ las circunstancias de su cultura, la mujer hispana no ha hecho tanto progreso en su liberación como la mujer norteamericana. Naturalmente, es muy difícil cambiar en poco tiempo las costumbres establecidas durante siglos.

get rid of

in the 80's
more and more

the one of freeing herself

household duties
due to

PREGUNTAS

1 ¿Cómo han sido las mujeres hispanas tradicionalmente?   **2** ¿Qué cambios se notan en la actitud de las mujeres hispanas en la década de los '80?   **3** ¿Por qué no ha hecho tanto progreso el feminismo en Latinoamérica como en los Estados Unidos?

Explicación y Aplicación

1. El imperfecto de subjuntivo en cláusulas con si

CATALINA Si tuviera más tiempo, estaría siempre contigo.

RICARDO Si fuera millonario no trabajaría.

Catalina y Ricardo

Ricardo el millonario

RICARDO No es como si fuera el fin del mundo.

CATALINA Mi amiga habla como si fuera
profesora.

El fin del mundo

La profesora—amiga de Catalina

Conteste.

1 ¿Qué haría Catalina si tuviera más tiempo?
2 ¿Qué haría usted si tuviera más tiempo?
3 ¿Bajo cuáles condiciones no trabajaría
Ricardo?
4 ¿Trabajaría usted si fuera millonario(a)?

5 ¿Cómo es la situación con Ricardo? ¿Es el fin
del mundo?
6 ¿Es profesora la amiga de Catalina?
7 ¿Cómo habla la amiga de Catalina?

An *if*-clause is one which is introduced with **si**, meaning *if*. The imperfect subjunctive, not the present subjunctive, is used in an *if*-clause when it refers to something considered contrary to fact, hypothetical, or unlikely to happen. The resultant clause generally has a verb in the conditional.

Contrary to fact: The implication in this sentence is that the speaker does not have enough time.

Si **tuviera** más tiempo, estaría siempre contigo.   *If I had more time, I would always be with you.*

Hypothetical: This sentence implies that the person being addressed does not travel much.

Si **viajaras** más, verías muchas cosas.   *If you traveled more, you would see many things.*

Unlikely to happen: The use of the subjunctive here sets up a hypothetical case.

Si **lloviera**, no iría al mercado.   *If it were to rain, I would not go to the market.*

The indicative is used in **si**-clauses that are neutral—that is, clauses that do not involve hypothetical cases or
unreality. Usually the **si** in this case may be translated by English *when* or *whether*, as well as by *if*.

Si **llueve**, no voy al mercado.   *If (When) it rains, I don't go to the market.*
Si **bailo**, me divierto.   *If (When) I dance, I have a good time.*
Si **tenía** hambre, comía.   *If (When) he was hungry, he ate.*
No sé si **vienen**.   *I don't know if (whether) they are coming.*

A *Cambiando las siguientes frases, exprese una idea hipotética (hypothetical).*

Si hace mal tiempo, no iré a la fiesta.
Si hiciera mal tiempo, no iría a la fiesta.

1 Si usted viene, verá a las dos chicas. *(viniera vería)*
2 Si él trabaja, ganaría bien. *(trabajara ganaría)*
3 Si usted estudia, aprenderá las lecciones. *(estudiara aprendería)*
4 Si es necesario, lo harán. *(fuera harían)*
5 Si Ricardo se levanta temprano, estará listo. *(estaría)*

Si viene mi novia, comemos.
Si viniera, comeríamos.

1 Si él practica, baila bien. *(practicara bailaríamos bien)*
2 Si ella llama por teléfono, ellos nos lo dicen. *(llamara dirían)*
3 Si mi compañero(a) estudia, sale bien. *(estudiara saldría)*
4 Si Diego le escribe una carta, ella la contesta. *(escribiera contestaría)*
5 Si ellos hacen el trabajo, pueden irse. *(hicieran podrían)*

B *Responda según el modelo.*

¿No vas a estudiar?
Si tuviera más tiempo, estudiaría.

1 ¿No vas a comer? *Si tuviera más tiempo, comería.*
2 ¿No vas a la fiesta? *, iría a la fiesta.*
3 ¿No vas a terminar la novela? *, terminaría la novela.*
4 ¿No vas a bailar con todos? *, bailaría con todos.*
5 ¿No vas a llamar a tu amigo? *, llamaría a mi amigo*
6 ¿No vas a ir de compras? *, iría de compras.*

C *Conteste las siguientes preguntas, expresando lo que usted hace en realidad si ocurren las situaciones indicadas.*

¿Qué hace usted si llueve los sábados?
Si llueve los sábados, me quedo en casa.

1 ¿Qué hace usted si hace mal tiempo en la primavera? *Si hace mal tiempo en la primavera, compro en las tiendas.*
2 ¿Qué hace usted si tiene sueño? *Si tengo sueño, me acuesto.*
3 Si usted tiene hambre, ¿qué hace? *Si tengo hambre, yo como.*
4 Si usted tiene razón, ¿qué hace? *Si tengo razón,*
5 ¿Qué hace si usted llega tarde a la clase?
6 ¿Qué hace usted si no le gusta una clase?

D *Ahora, responda a estas preguntas, explicando lo que haría si ocurrieran las situaciones que siguen.*

¿Qué haría usted si lloviera mañana?
Si lloviera mañana, dormiría hasta las 11:00.

1 ¿Qué haría usted si tuviera sueño en el cine?
2 ¿Qué haría usted si tuviera una alergia?
3 Si su mejor amigo(a) saliera con su novio(a), ¿qué haría usted?
4 Si alguien lo (la) invitara a un restaurante famoso pero usted no tuviera hambre, ¿qué haría?
5 ¿Qué haría si estuviera enfermo(a) ahora?
6 ¿Qué haría si tuviera hambre en casa de un amigo?
7 Si su jefe no le diera el dinero ganado, ¿qué haría?
8 Si usted fuera Presidente de los Estados Unidos, ¿qué haría?
9 Si no tuviera clase ahora, ¿qué estaría haciendo en estos momentos?
10 ¿Qué haría si usted fuera la profesora (el profesor) de esta clase?

E *Complete estas frases en una manera original.*

1 Iría a Las Vegas si . . .
2 Si viviéramos en Santiago . . .
3 Si mi novio(a) me mandara un regalo . . .
4 Si hace mal tiempo . . .
5 ¿Adónde iría usted si . . .?
6 ¿Te gustaría vivir en las montañas si . . .?
7 Ella dijo que si tuviera más tiempo . . .
8 ¿Seguiría la carrera de medicina si . . .?
9 No aprenderíamos nada si . . .
10 Si yo me levantara más temprano . . .

2. El imperfecto de subjuntivo después de **como si**

Since **como si** *as if* refers to something which is either contrary to fact or hypothetical, it always requires the imperfect subjunctive.

No es como si **fuera** el fin del mundo.	*It isn't as though it were the end of the world.*
Habla como si **estuviera** loco.	*He speaks as though he were crazy.*
Me tratan como si **fuera** una reina.	*They treat me as though I were a queen.*

Patricia le hace varias preguntas a Rebeca con respecto a las acciones de varios conocidos (acquaintances) *suyos. Haga las respuestas de Rebeca empleando* **como si**. *Siga el modelo.*

¿Son millonarios Manuel y Sonia?
(compran cosas como si)
No, pero compran cosas como si fueran millonarios.

1 ¿Sabe la dirección Andrés?   (habla como si)
2 ¿Es deportista Gloria?   (se viste como si)
3 ¿Tiene Tomás mucho dinero?   (vive como si)
4 ¿Está contenta Silvia?   (habla como si)
5 ¿Comprenden toda la lección Arturo y Felipe?   (se divierten como si)

3. El imperfecto de subjuntivo y el condicional en peticiones y expresiones corteses

As in English, the conditional may be used to soften a request or to show deference.

Explíqueme las costumbres.	*Explain the customs to me.*
¿Me **explicaría** usted las costumbres?	*Would you explain the customs to me?*

The conditional or the imperfect subjunctive of **poder** and **querer** may also be used to show deference in a request.

¿Puede usted acompañarme?	*Can you accompany me?*
¿**Podría** usted acompañarme?	*Could (Would) you accompany me?*
¿**Pudiera** usted acompañarme?	*Could (Would) you accompany me?*
¿Quiere usted acompañarme?	*Will you accompany me?*
¿**Querría** usted acompañarme?	*Would you like to accompany me?*
¿**Quisiera** usted acompañarme?	*Would you like to accompany me?*

Preparando la red para que los hombres puedan salir a pescar.

The conditional or the imperfect subjunctive of **deber** may be used to soften a statement of obligation or advice. Notice the different degrees of obligation in the following expressions.

Usted **tiene que** acostarse temprano.	*You have to go to bed early.*
Usted **debe** acostarse temprano.	*You ought to go to bed early.*
Usted **debería** acostarse temprano.	*You should go to bed early.*
Usted **debiera** acostarse temprano.	*You should go to bed early.*

A *Haga más corteses las siguientes peticiones.*

¿Puede usted acompañarme al banco?
¿Podría usted acompañarme al banco?

1 ¿Me vende usted el coche?
2 ¿Me presta usted cinco dólares?
3 ¿Tiene usted tiempo para hacerlo?
4 ¿Nos ayuda usted a construirlo?

¿Quiere usted leerme el letrero?
¿Quisiera usted leerme el letrero?

1 ¿Quiere usted mandarme las pastillas?
2 ¿Quiere usted prestarme el dinero?
3 ¿Quiere usted prepararme la ensalada?
4 ¿Quiere usted explicarme la razón?
5 ¿Quiere usted ayudarme?
6 ¿Quiere usted esperarme un rato?

¿Puede usted escribirme una vez por semana?
¿Pudiera usted escribirme una vez por semana?

1 ¿Puede usted hacerme el favor de estudiar mucho?
2 ¿Puede usted ir a ver a mi padre?
3 ¿Puede usted contestar pronto?
4 ¿Puede usted decir la verdad?
5 ¿Puede usted acostarse a las diez?
6 ¿Puede usted volver a las cinco?
7 ¿Puede usted llegar temprano?
8 ¿Puede usted prestarme treinta dólares?

B *Haga más corteses estos consejos.*

Usted debe trabajar más.
Usted debiera trabajar más.

1 Usted debe aprender a bailar.
2 Usted debe tomar las pastillas.
3 Usted debe acostarse antes de las once.
4 Usted debe ponerse a dieta.
5 Usted no debe esperar tanto dinero.
6 Usted no debe casarse tan joven.

ACTIVIDADES EN PAREJAS

A *Tomando turno con su compañero(a) de clase, terminen las siguientes frases indicando las condiciones bajo las cuales hacen tales cosas.*

Tendrás mucho éxito si . . .
Tendrás mucho éxito si trabajas mucho.

1 Iré de vacaciones si . . .
2 Me pondré a dieta mañana si . . .
3 El sábado vamos a hacer una fiesta si . . .
4 Mi tía vendrá a visitarnos si . . .
5 Voy a comprar zapatos nuevos si . . .
6 Estudiaré contigo si . . .
7 Aprenderé a tocar el piano si . . .
8 Vamos a trabajar esta noche si . . .
9 Me sentaré aquí si . . .
10 Te escribiré una carta si . . .

B *Tomando turno con su compañero(a) de clase, terminen las siguientes frases indicando las condiciones en que harían tales cosas.*

A mí me gustaría ayudarte si . . .
A mí me gustaría ayudarte si fuera rico(a).

1 Trabajaría ocho horas al día si . . .
2 Me casaría ahora si . . .
3 Iría a Las Vegas si . . .
4 Sacaría mejores notas si . . .

5 Bailaría contigo si . . .
6 Dormiría más si . . .
7 Comería menos si . . .
8 Estudiaría más si . . .
9 Jugaríamos al tenis si . . .
10 Veríamos un programa de T.V. si . . .

C *Pregúntele a su compañero(a) de clase lo que haría en las siguientes circunstancias. Su compañero(a) contestará las preguntas. Luego cambiarán de papel.*

tener un Mercedes Benz sport
¿Qué harías si tuvieras un Mercedes Benz sport?
Si tuviera un Mercedes Benz sport, viajaría a California.

1 vivir en México
2 estar en Acapulco
3 tener un tío millonario
4 ser actor de cine
5 tener mucha hambre
6 estar muy enfermo(a)
7 visitar Madrid
8 ser futbolista
9 hablar perfectamente el español
10 sacar una "A" en esta clase

4. El subjuntivo con ojalá

Ojalá, used with the present subjunctive, means *I hope*. When used with the imperfect subjunctive, **ojalá** means *I wish* or *Would that*, generally implying that the realization of the expressed wish is unlikely or impossible. **Ojalá** may be followed by **que**; however, it is generally used without **que** when used with the imperfect subjunctive. Notice its usage in the following sentences.

Ojalá que **vengan** mañana.	*I hope they (will) come tomorrow.*
Ojalá que **tuvieras** más tiempo libre.	*I wish you had more free time.*
Ojalá **pudiera** ir a la playa hoy.	*I wish I could go to the beach today.*

A *Su amiga le pregunta a usted si las siguientes personas hacen las acciones indicadas. Conteste con* **ojalá**.

¿Viene Luis a la fiesta?
Ojalá que venga.

1 ¿Canta Juan Carlos hoy?
2 ¿Vuelve María Teresa antes de las ocho?
3 ¿Aprenden español sus hijos?

B *Usted siente que ocurrieran las siguientes cosas. Empleando* **ojalá**, *exprese sus deseos de que estas cosas no fueran ciertas.*

José Luis está muy enfermo.
Ojalá no estuviera enfermo.

1 El hijo mayor de Francisca y Jorge deja la escuela.
2 Alberto tiene muchos problemas con el idioma.
3 Ellos se preocupan cuando él llega tarde por la noche.

C *Dé el equivalente en español.*

1 I wish you were happier.
2 I hope you can go with us.
3 I wish you could go with us.
4 I hope the test will be easy.
5 I hope she will marry me.

D *Empleando* **ojalá**, *exprese un deseo de que pasaran las siguientes cosas.*

Luis no viene a la reunión.
Ojalá viniera.

1 Mis amigos no aprenden español.
2 Ellos no entienden al político.
3 Mi jefe no me paga bien.
4 A él no le gusta mi idea.

E *Conteste con* **ojalá** *según el modelo.*

¿Tiene usted un auto nuevo?
No. Ojalá tuviera un auto nuevo.

1 ¿Puede usted ir a Acapulco?
2 ¿Es usted programador(a)?
3 ¿Está usted muy contento(a)?
4 ¿Es inteligente usted?
5 ¿Sabe usted esquiar?
6 ¿Comprende usted ruso?
7 ¿Tiene usted un tío rico?
8 ¿Aprende español su novio(a)?

F *Responda con* **ojalá** *según el modelo.*

Ella tiene muchos problemas.
Sí, ojalá no tuviera problemas.

1 Ricardo trabaja en la ciudad.
2 Catalina tiene que estudiar.
3 Nosotros estudiamos día y noche.
4 Ellos se duermen en la clase.
5 El profesor nos hace trabajar.

ACTIVIDAD EN PAREJAS

Dígale a su compañero(a) de clase cinco cosas que espera que haga. Cambien de papel.

MODELO **Ojalá que me ayudes con mis clases.**

5. El subjuntivo en cláusulas sustantivas—repaso

A *Juana le hace varias preguntas a Inés. Inés contesta todas en el afirmativo. Haga el papel de Inés.*

1 ¿Dudas que Pedro vaya al concierto?
2 ¿Quieres que la orquesta toque música contemporánea?
3 ¿Quieres ir al baile con Pedro?
4 ¿Prefieres que yo traiga mi tocadiscos a la fiesta el sábado?
5 ¿Siempre les pides a los mariachis que canten esa canción?

Una señora Juez de la Corte Suprema de México.

B *Complete las frases en una manera original.*

1 Quiero que . . .
2 Ella prefiere que . . .
3 Me gusta que . . .
4 ¿Creen ellos que . . .?
5 Les pedimos que . . .
6 Ojalá que . . .
7 Tal vez . . .
8 Dudo que . . .
9 Dígales que . . .
10 Sentimos que . . .

C *Sustituya las palabras en paréntesis y haga los cambios necesarios. Siga los modelos.*

Era importante . . . (que él / saber la verdad)
Era importante que él supiera la verdad.
(que ella / oír esa música)
Era importante que ella oyera esa música.

1 (que ellos / tener el dinero)
2 (que nosotros / hacer la tarea)
3 (que tú / venir temprano)
4 (que ustedes / ser felices)
5 (que ella / ir de compras)
6 (que yo / poder hacerlo)
7 (que usted / traer los libros)
8 (que Roberto / estar aquí)
9 (que él / dar la respuesta)
10 (que vosotros / salir de la clase)

Catalina quería . . . (que Roberto / sentarse aquí)
Catalina quería que Roberto se sentara aquí.

1 (que yo / volver pronto)
2 (que ellos / entender la respuesta)
3 (que tú / dormirse en seguida)
4 (que nosotros / pedir más vino)
5 (que vosotros / cerrar las ventanas)
6 (que él / sentirse feliz)
7 (que ellas / acostarse temprano)
8 (que nosotros / recordar todo)
9 (que yo / buscar un novio)

D *Complete las frases en una manera original, empleando el imperfecto de subjuntivo.*

1 Era increíble que tú no . . .
2 Me sorprendió que . . .
3 Ellos dijeron que estudiarían hasta que . . .
4 Ellos volverían a la fiesta si . . .
5 Era imposible que . . .

E *Dé el equivalente en español.*

1 I hope he came.
2 She gave me a picture before I left.
3 She would go if we went with her.
4 She wants him to stay.
5 It was important for me to go.
6 Tell them to wait.
7 I wrote for them to send me the book.
8 I hope Francisco can come.

F *Complete las frases con la forma apropiada del subjuntivo o del indicativo.*

1 (creer)   Era evidente que ellos no me _____.
2 (poder)   Yo esperaba que usted la _____ conocer.
3 (conocer)   Es posible que yo la _____ esta noche.
4 (hablarse)   Yo sentía mucho que ellos no se _____.

CINDU DE VENEZUELA S.A.

SOLICITA

RECEPCIONISTA

Requisitos:
Sexo femenino
Indispensable buena presencia
Experiencia en cargos similares
Educación y buenas maneras

Interesados presentarse con fotografía reciente y constancias de trabajos anteriores en:

Av. La Estancia, Edif. Torre Las Mercedes, piso 1, Chuao. Atención: Dpto. de Personal, Sra. Lourdes de Sanlo.

5 (venir)   Es una lástima que usted no _____ anoche.
6 (hacer)   Yo estoy seguro que él lo _____ ayer.
7 (volver)   Temo que ella no _____ mañana.
8 (dejar)   Anoche él sugirió que yo _____ mi carrera.
9 (traer)   Mandan que nosotros _____ el dinero hoy.
10 (llegar)   Sabíamos que ustedes _____ temprano.
11 (estar)   Me alegro que ellos _____ en la fiesta anoche.

G *Conteste las preguntas empleando* **como si**, *de acuerdo con los modelos.*

¿Es candidato?
No sé. Pero habla como si fuera candidato.

1 ¿Tiene él una casa muy grande?
2 ¿Sabe ella matemáticas?
3 ¿Gana ella mucho dinero?
4 ¿Trabaja él en la universidad?

¿Tiene ella la información?
No sé. Habla como si la tuviera.

1 ¿Son de Cuba ellos?
2 ¿Necesita trabajo ella?
3 ¿Tienen mucho dinero ellos?
4 ¿Le gusta el discurso?

Vocabulario útil

EL CASAMIENTO DE RICARDO Y CATALINA—POR ETAPAS[1]

RICARDO   La invité a que tomara un refresco.
Le pedí que saliera conmigo.
Le pedí que me diera permiso para ir a su casa.
Le hice mi declaración de amor.
Le pedí que fuera mi novia.[2]
Le pedí que se casara conmigo.
Me dio el sí.

Nos comprometimos.	*We got engaged.*
Fijamos fecha.	*We set a date.*
Nos casamos.	*We got married.*

PREGUNTAS PARA LOS CHICOS

1 ¿Le pidió usted a una señorita que tomara un refresco?
2 ¿Le pidió también que saliera con usted?
3 Usted no tiene que pedirle permiso para ir a su casa, ¿verdad?
4 ¿Cuándo piensa usted hacerle su declaración de amor?

PREGUNTAS PARA LAS CHICAS

1 ¿Alguien le pidió a usted que fuera su novia?
2 ¿Tiene usted miedo de comprometerse?
3 ¿Ya le pidió alguien que fijara fecha?
4 ¿Le pidió usted a algún joven que se casara con usted?

---

[1] *The marriage of Ricardo and Catalina—step by step*
[2] If she accepts, from this point on they go steady.

ACTIVIDADES EN PAREJAS

A *Tomando turno, responda a las declaraciones de su compañero(a) de clase, usando una expresión apropiada de la lista a la derecha. Siga el modelo.*

Ricardo y Catalina se casaron.
Me alegro que se casaran.

1 Llegaron a Miami.
2 Fueron a Cuba.
3 Vijaron sin accidente.
4 Sacaron buenas notas.
5 Terminaron el semestre.
6 Trabajé mucho.
7 Estuve enfermo(a).
8 Ya salí del hospital.
9 Perdí mil dólares.

—No me importa que . . .
—Espero que . . .
—Es increíble que . . .
—Me sorprende que . . .
—Es probable que . . .
—No creemos que . . .
—¡Qué lástima que . . .!
—¡Qué bien que . . .!
—No me gusta que . . .
—Es posible que . . .
—Me alegro que . . .
—Siento mucho que . . .
—No es posible que . . .

B *Tomando turno, exprésele a su compañero(a) de clase su reacción a cada situación combinando **Me alegro que** o **Siento que** con las frases. Emplee el subjuntivo en las cláusulas subordinadas, según el modelo.*

Mi mejor amigo está enfermo.
Siento que tu mejor amigo esté enfermo.

1 Esta noche paso por tu casa.
2 Mi novio(a) no viene hoy.
3 Yo tengo un nuevo estéreo.
4 El profesor no puede venir a la clase.
5 Hay fiesta mañana.
6 Mis amigos no me invitan.
7 Tenemos examen el viernes.
8 Mi nuevo(a) compañero(a) habla español.
9 Recibí dinero de mi tía.
10 Mi novio(a) me dio calabazas.

C *Exprésele a su compañero(a) su reacción combinando **Me gusta que** o **No me gusta que** con las siguientes frases, según el modelo.*

Juan siempre trae los discos.
No me gusta que Juan traiga los discos.

1 Ellos tocan música clásica.
2 Él vende su guitarra esta tarde.
3 Vamos al cine esta noche.
4 Tenemos que estudiar.
5 El examen es fácil.
6 Las vacaciones comienzan hoy.
7 El profesor está contento.
8 No sabemos los verbos irregulares.
9 El español no es difícil.
10 Ya termina la clase.

Modelo

Era urgente . . .

1

Yo dudaba que . . .

2

Insistieron en que . . .

3

Quería que . . .

4

Sentía que no . . .

5

Sugerí que ellos . . .

¿Qué les dicen estas personas a sus amigos?

Era urgente que yo te hablara.

6. El subjuntivo en cláusulas adjetivas—repaso

A *Virginia se encargaba de buscar* (was in charge of finding, looking for) *personas para varios puestos en su nueva compañía. Diga qué tipo de personas ella buscaba.*

ser amable
Buscaba una persona que fuera amable.

1 llegar a tiempo
2 hablar dos idiomas
3 aprender rápidamente
4 conocer la ciudad
5 querer trabajar muchas horas
6 poder expresarse claramente
7 tener deseos de conocer el mundo

B *Conteste las preguntas de acuerdo con su propia opinión.*

1 ¿Hay alguien aquí que comprenda la lección mejor que usted?
2 ¿Encontró usted un libro que presentara menos que éste?
3 ¿Buscaba su amigo una novia que tuviera la misma filosofía de la vida?
4 ¿No conoce usted a nadie que quiera acompañarlo(la) al cine?
5 ¿Ha visto turistas que no puedan hablar el idioma del país?

C *Complete las frases con la forma apropiada del verbo en paréntesis.*

1 (sabe / sepa)   No conozco a nadie que _____ la respuesta.
2 (llamó / llamara)   ¿Quién es esa persona que te _____ anoche?
3 (quería / quisiera)   Ella dijo que iba a presentarme a alguien que _____ ir.
4 (servía / sirviera)   No quería estudiar algo que no me _____.
5 (podía / pudiera)   ¿Encontraste una muchacha que _____ trabajar durante esas horas?
6 (enseñaba / enseñara)   Ellos buscaban al profesor que _____ la clase el semestre pasado.

7. El subjuntivo en cláusulas adverbiales—repaso

A *Cambie las frases empleando las conjunciones indicadas según el modelo.*

Te ayudaré esta noche si me lo pides.   (con tal que)
Te ayudaré esta noche con tal que me lo pidas.

1 Ellos no van a casarse si no viene el obispo. (a menos que)
2 Ella quiere visitar Santiago si tiene tiempo. (con tal que)
3 No quiero vender el coche si no es necesario.   (sin que)
4 Recuérdamelo y yo te mandaré el dinero. (para que)
5 Ella llegó pero él salió del restaurante. (antes que)
6 Yo no quería descansar si ellos no descansaban.   (a menos que)

B *Conteste las siguientes preguntas.*

1 Cuando usted llegue a casa esta tarde, ¿qué hará?
2 ¿Dijo su novio(a) que le mandaría cartas cuando fuera posible?

3 ¿Van ustedes a hacer un viaje este verano aunque cueste mucho?
4 ¿Prometió usted que prepararía la comida esta tarde mientras sus compañeros estudiaran?
5 ¿No va usted al teatro sin que su novio(a) vaya también?
6 ¿Siempre se afeita usted tan pronto como se levanta?
7 ¿Decidió su compañero(a) quedarse en casa hasta que hiciera buen tiempo?

C *Complete las frases en una manera original.*

1 Quiero conocer al banquero para que . . .
2 Mi novio(a) no come nada a menos que . . .
3 Nos divertiremos aunque . . .
4 Prometí que trabajaría hasta que . . .
5 Construyeron esa casa antes de . . .
6 ¡No te acuestes sin . . .!
7 Ellos nunca fueron al parque sin que . . .
8 Dijeron que regresarían tan pronto como . . .
9 Voy a estudiar mientras . . .
10 La invitaré a la fiesta antes que . . .

Lectura

EL JEFE DE LA FAMILIA[1]

Marilyn es una norteamericana de Idaho, casada con José Martínez, un paraguayo. Hace poco que se casaron y ahora viven en Asunción, Paraguay. Los vecinos, Rosalía y Efraín González, un matrimonio joven, pasan a saludar a los Martínez.

MARILYN   Tanto gusto en verlos.

ROSALÍA   El gusto es nuestro. ¿No está José?

MARILYN   Todavía no, pero debe llegar pronto, porque ya vamos a cenar.

ROSALÍA   Perdón. No queremos molestarlos. Vendremos en otra ocasión.

MARILYN   De ninguna manera. Quiero que ustedes se queden a cenar con nosotros.

(Media hora más tarde.)

MARILYN   Ya se está enfriando la cena y José no llega.

ROSALÍA   No importa, nosotros podemos esperar.

(Pasan treinta minutos más.)

MARILYN   Me parece mejor comenzar ya. Ustedes deben tener mucha hambre.

(Al fin José llega cuando ya están comiendo.)

MARILYN   José, Rosalía y Efraín vinieron a saludarnos y los invité a cenar con nosotros.

JOSÉ   *(Saluda muy serio.)* Me alegro de verlos.

MARILYN   Voy a calentar tu cena y te la traigo en un minuto.

(José sigue a Marilyn a la cocina.)

JOSÉ   *(Está enojado.)* ¿Desde cuándo se sirve la cena en esta casa cuando yo no estoy presente?

MARILYN   Pero querido, tú no llegabas y la cena se enfriaba.

JOSÉ   ¡No me interesa! En tu tierra quizás tengan otras costumbres pero estas cosas no se hacen aquí.

PREGUNTAS

1 ¿De dónde es Marilyn? **2** ¿Quiénes son Efraín y Rosalía? **3** ¿No quería José que Marilyn invitara a los González? **4** ¿Por qué estaba enojado José? **5** ¿Qué costumbres tenemos en los Estados Unidos? **6** ¿Quién manda en su casa? ¿Su mamá o su papá? **7** ¿Conoce usted a algún marido norteamericano como José? **8** ¿Necesita liberarse Marilyn?

[1] The head of the family

Señora española tradicional tejiendo en la calle.

Esta señora es directora de la compañía.

En pocas palabras

COMPLETE LAS FRASES

1 ¿No encontraste a nadie _____?
2 Tú dudabas _____.
3 No había un tocadiscos _____.
4 Él tenía uno que _____.
5 Antes de que _____.

FORME PREGUNTAS

¿Cuál fue la pregunta que le hizo su amigo a usted en cada uno de los siguientes casos?

1 Sí, allá había alguien que hablaba ruso.
2 No, no le dije que tuviera cuidado.
3 Sí, lo hizo sin que yo le dijera.
4 No, no tenía que volver.
5 Sí, siento que Juan no viniera.

BREVES CONVERSACIONES

Pregúntele a _____

qué le gustaba que hicieran sus amigos.
quién mandaba en su casa.
si él (ella) hacía todo el trabajo en casa.
si le mandaban lavar platos.
si temía no poder ir a la universidad.
si le gustaría tener un esposo macho.
cuándo quiere hacer un viaje.
si va a España tan pronto como tenga
    dinero.

PREGUNTAS PERSONALES

1 ¿Cuándo piensa usted casarse?
2 ¿Se casaría usted si tuviera novio(a)?

3 ¿Es importante que uno tenga trabajo antes de casarse?

4 ¿Busca usted a alguien que sea buen compañero (buena compañera)?

5 ¿Cuáles son las cualidades personales que usted prefiere?

6 ¿Siempre le ha sido importante encontrar una persona que tenga buena familia también?

7 ¿Qué clase de trabajo quiere usted tener cuando salga de la universidad?

8 Cuando empezó sus estudios, ¿era necesario que la universidad ofreciera ciertas clases?

9 ¿Hay clases que le gusten más que otras?

10 ¿Espera usted ser rico(a) algún día?

11 Si tuviera una gran cantidad de dinero, ¿qué haría?

12 Con ese dinero, ¿compraría cosas innecesarias?

13 Por lo general, si una persona tiene mucho dinero, ¿qué hace?

14 Si usted pudiera viajar a cualquier parte del mundo, ¿adónde iría?

Sección de referencia

Pronunciación

Poetry

Spanish poetry is read or declaimed with very precise articulation. Learn to read the following poems without a flaw in your pronunciation or intonation.[1] If your instructor assigns you to do so, memorize the poems and present them before the class.

Rimas
de Gustavo Adolfo Bécquer[2]

POR UNA MIRADA[1] . . .   *look*

Por una mirada, un mundo;
por una sonrisa[1], un cielo[1],   *smile / heaven*
por un beso[1]. . .   *kiss*
¡Yo no sé qué te diera por un beso!

¿QUÉ ES POESÍA?

¿Qué es poesía? dices mientras clavas[1]   *you fix*
en mi pupila tu pupila azul,
¿qué es poesía? ¿Y tú me lo preguntas?
¡Poesía . . . eres tú!

[1]These poems are recorded on the laboratory tapes.

[2]Gustavo Adolfo Bécquer (1836–1870); revered by many Spaniards as their most brilliant romantic poet. His favorite theme was the tragic search for an impossible, idealistic love with a woman who existed only in his dreams.

Vocabulario

bajo	*under* (prep.)	
caballero	*gentleman*	
candidato(a)	*candidate*	
cariño	*love, affection; dear*	
casamiento	*marriage*	
cebolla	*onion*	
claramente	*clearly*	
comprometido	*engaged, bound, committed*	
la **declaración**	*declaration; proposal*	
doctorado	*doctorate*	
enorme	*enormous*	
esfuerzo	*effort; courage, vigor*	
etapa	*step, stage* (of a process)	
por etapas	*step by step*	
el (la) **guionista**	*subtitle writer; scriptwriter*	
logro	*achievement*	
machista	*male, masculine* (adj.)	
matrimonio	*marriage; married couple*	
obispo	*bishop*	
ocupado	*busy*	
la **opinión**	*opinion*	
político	*politician; political* (adj.)	
querido(a)	*dear; loved one*	
refresco	*soft drink; refreshment*	
seriamente	*seriously*	
la **situación**	*situation*	
la **tradición**	*tradition*	
el (la) **turista**	*tourist*	

Verbos

ajetrear	*to exhaust, to harass*

comprometerse — *to commit oneself; to become engaged*

enseñar — *to teach*

expresar — *to express*

fijar — *to set* (a date); *to fix*

gratificar — *to gratify; to recompense, to reward*

importar — *to be of importance; to concern; to matter*

obedecer (obedezco) — *to obey*

ocupar — *to occupy; to keep busy*

realizar — *to fulfill, to carry out*

resolver (ue) — *to resolve*

tardar — *to be late, to delay*

Otras expresiones

en fin	*finally*
en vez de	*instead of*
llegar a este paso	*to reach this point*
trabajar de	*to work as*
¡Ya era hora!	*It was about time!*

Refrán

Contigo, pan y cebolla.
With you, for better or worse. (With you, (on) bread and onions.)

Sexto repaso de estructuras

LECCIÓN 16

1. El presente de subjuntivo o de indicativo en la cláusula adjetiva

A escoger entre el subjuntivo y el indicativo.

1 (trabajar)   Ella es la joven que _____ conmigo.

2 (tener)   ¿Conoce usted a alguien que _____ un tocadiscos?

3 (ser)   Quiero un disco que _____ de música clásica.

4 (bailar)   Busco una novia que _____ bien.

5 (hablar)   No hay nadie aquí que _____ ruso.

2. El presente de subjuntivo o de indicativo en expresiones impersonales

A escoger entre el indicativo y el subjuntivo.

1 Es posible que Juan lo sabe / sepa.

2 Es cierto que celebramos / celebremos mucho.

3 Es una lástima que hacen / hagan eso.

4 Es verdad que ganamos / ganemos hoy.

5 Es probable que sean / son americanos.

6 Es mejor que no se duerman / duermen.

7 Es importante que apreciemos / apreciamos la música clásica.

3. El presente de subjuntivo en mandatos indirectos

Responda con un mandato indirecto según los modelos.

> María quiere venir.
> **Pues, que venga.**

1 Pedro quiere salir.

2 Manolo quiere escuchar también.

3 Papá quiere pagar ahora.

> Ellos quieren traerlo.
> **Bueno, que lo traigan.**

1 Ella quiere hacerlo.

2 Él quiere decirlo.

3 Ella quiere comprarlas.

4. El subjuntivo como equivalente de *Let's*

Dé el equivalente en español.

> Let's dance.
> **Bailemos.**

1 Let's speak Spanish.

2 Let's eat now.

3 Let's sit down.

4 Let's buy it.

5 Let's not study now.

6 Let's not sit down now.

5. Pedir, preguntar o hacer una pregunta

A escoger entre **pedir**, **preguntar** *y* **hacer una pregunta**.

1 *He asked me a question.*
Me _____ una pregunta.

2 *They asked me how you were.*
Me _____ cómo estabas.

3 *She didn't ask me for anything.*
Ella no me _____ nada.

LECCIÓN 17

6. El presente de subjuntivo y de indicativo en cláusulas adverbiales

Complete las frases con la forma apropiada del verbo.

1 (hablar)   Yo siempre le _____ cuando viene.

2 (levantarme)   Mañana tan pronto como me
_____, voy a salir al campo.

3 (hacer)   Voy a hacerlo sin que lo _____ tú.

4 (ir)   Llámame antes de que te _____.

5 (llegar)   Sí, es cierto. Siempre como en
cuanto _____ a casa.

6 (regresar)   Voy a esperarlo hasta que (él)
_____.

1 que ella / llegar

2 que nosotros / terminar

3 que sus amigos / no ir

4 que yo / esperarlos

5 que el profesor / no darles examen

6 que ustedes / verlos

7 que tú / comprarles los boletos

7. Usos del infinitivo

A *A escoger entre el infinitivo u otra forma
conjugada del verbo.*

1 (comer)   Salen después de _____.

2 (venir)   Dicen que nos llamarán antes de
_____.

3 (terminar)   Parece que ellos van a terminar
después que nosotros _____.

4 (ver)   Al _____ el accidente, se puso
enfermo.

5 (ir)   Quiero _____ con ustedes al teatro.

6 (estudiar)   Ella no quiere que yo _____ allí.

7 (llegar)   Esperamos que ella _____ temprano
mañana.

8 (acostarse)   Dice que va a _____ temprano.

9 (escribir)   La profesora quiere que nosotros
_____ las frases varias veces.

10 (entender)   Estudiaré hasta _____ todo.

B *Dé el equivalente en español.*

1 We want you to go with us.

2 Upon doing the homework, we're able to
understand it.

3 After you return, we will talk.

4 I hope to be able to see you tonight.

5 Are you going to decide today?

9. El subjuntivo en cláusulas subordinadas (sustantivas, adjetivas y adverbiales)

A *A escoger entre el presente o el imperfecto del
subjuntivo.*

1 (venga / viniera)   Temía que ella no _____.

2 (haga / hiciera)   Mandan que él lo _____.

3 (tenga / tuviera)   Buscaban un muchacho
que no _____ miedo.

4 (quiera / quisiera)   No había nadie que _____
casarse.

5 (puedas / pudieras)   Dudo que tú _____
hacerlo.

6 (ayude / ayudara)   Usted lo hizo sin que
nadie le _____.

7 (vuelva / volviera)   Querían que ella _____
temprano.

8 (sepa / supiera)   ¿Saldría usted con una
señorita que no _____ hablar español?

9 (diga / dijera)   ¿Quieres que te _____ todo?

10 (tenga / tuviera)   Lo hice para que usted no
_____ que hacerlo.

B *Dé el equivalente en español.*

1 I was looking for someone to help me.

2 We left before she returned.

3 It's evident that we can't go.

4 Unless you help me, I'm not going to finish
my homework.

5 Where were you going when I saw you?

6 He said he would prepare dinner when he
returned.

8. El imperfecto de subjuntivo

Sustituya según el modelo.

> Ellos querían **que yo viniera** mañana.   (que
> él / hacerlo)
> **Querían que él lo hiciera mañana.**

LECCIÓN 18

10. El imperfecto de subjuntivo en cláusulas con si

A *Cambie las frases según el modelo.*

> Si él se casa, irá a México.
> **Si él se casara, iría a México.**

1 Si tengo dinero, iré a Las Vegas.
  Si _____ dinero, _____ a Las Vegas.
2 Si llueve, no jugaremos al tenis.
  Si _____, no _____ al tenis.
3 Si vuelve el sábado, podrá jugar.
  Si _____ el sábado, _____ jugar.
4 Si se levanta a las diez, llegará tarde.
  Si se _____ a las diez, _____ tarde.
5 Si está en casa, me llamará.
  Si _____ en casa, me _____.
6 Si tiene dinero, me lo presta.
  Si _____ dinero, me lo _____.
7 Si estudian, aprenden.
  Si _____, _____.
8 Si hay tiempo, iremos después de la cena.
  Si _____ tiempo, _____ después de la cena.
9 Si comemos allí, tendremos que pagar mucho.
  Si _____ allí, _____ que pagar mucho.
10 Si nos apuramos, llegamos a tiempo.
  Si nos _____, _____ a tiempo.

B *Conteste.*

1 Si pudiera ir a Sudamérica, ¿le gustaría hacerlo?
2 Si usted viviera en otro país, ¿cómo sería diferente la vida?
3 Si el profesor no viniera a clase, ¿se quedarían ustedes?
4 ¿Hablarían español sus compañeros de clase si fueran a España?
5 Si yo le pidiera cinco dólares, ¿me los prestaría?

11. El imperfecto de subjuntivo después de como si

Dé el equivalente en español.

1 They live as if they were poor.
2 He speaks as if he were from Latin America.
3 It is as if we were sisters (brothers).
4 She treated me as if I were a king.
5 They travel as if they were rich.

12. El imperfecto de subjuntivo y el condicional en peticiones y expresiones corteses

Traduzca al español.

1 Will you help me?
2 Can you help me?
3 Could you help me?
4 Would you like to help me?
5 You ought to help me.

13. El subjuntivo con ojalá

Complete las frases.

1 ¡Este examen es dificilísimo! Ojalá . . .
2 —¿Viene Luis a la fiesta?
  —Ojalá . . .
3 —Lástima que no pueda ir con nosotros.
  —Ojalá . . .
4 Ella dijo que me llamaría hoy. Ojalá . . . pronto.

14. Actividades en parejas

A *Express to your classmate several things that you wish were different.*

B *Explain to your classmate what you would do under the following circumstances:*

a) if you were older
b) if you were given three wishes
c) if you could have anything in this world
d) if you were someone else

VERBOS

Regular Verbs

Infinitive	hablar	aprender	vivir
	to speak	*to learn*	*to live*
Present participle	hablando	aprendiendo	viviendo
	speaking	*learning*	*living*
Past participle	hablado	aprendido	vivido
	spoken	*learned*	*lived*

Simple tenses

Present indicative	*I speak, do speak, am speaking*	*I learn, do learn, am learning*	*I live, do live, am living*
	hablo	aprendo	vivo
	hablas	aprendes	vives
	habla	aprende	vive
	hablamos	aprendemos	vivimos
	habláis	aprendéis	vivís
	hablan	aprenden	viven
Imperfect	*I was speaking, used to speak*	*I was learning, used to learn*	*I was living, used to live*
	hablaba	aprendía	vivía
	hablabas	aprendías	vivías
	hablaba	aprendía	vivía
	hablábamos	aprendíamos	vivíamos
	hablabais	aprendíais	vivíais
	hablaban	aprendían	vivían

471

Preterit	*I spoke, did speak*	*I learned, did learn*	*I lived, did live*
	hablé	aprendí	viví
	hablaste	aprendiste	viviste
	habló	aprendió	vivió
	hablamos	aprendimos	vivimos
	hablasteis	aprendisteis	vivisteis
	hablaron	aprendieron	vivieron
Future	*I will speak, shall speak*	*I will learn, shall learn*	*I will live, shall live*
	hablaré	aprenderé	viviré
	hablarás	aprenderás	vivirás
	hablará	aprenderá	vivirá
	hablaremos	aprenderemos	viviremos
	hablaréis	aprenderéis	viviréis
	hablarán	aprenderán	vivirán
Conditional	*I would speak, should speak*	*I would learn, should learn*	*I would live, should live*
	hablaría	aprendería	viviría
	hablarías	aprenderías	vivirías
	hablaría	aprendería	viviría
	hablaríamos	aprenderíamos	viviríamos
	hablaríais	aprenderíais	viviríais
	hablarían	aprenderían	vivirían
Present subjunctive	*(that) I may speak*	*(that) I may learn*	*(that) I may live*
	hable	aprenda	viva
	hables	aprendas	vivas
	hable	aprenda	viva
	hablemos	aprendamos	vivamos
	habléis	aprendáis	viváis
	hablen	aprendan	vivan

Imperfect subjunctive, -ra	*(that) I might speak*	*(that) I might learn*	*(that) I might live*
	hablara	aprendiera	viviera
	hablaras	aprendieras	vivieras
	hablara	aprendiera	viviera
	habláramos	aprendiéramos	viviéramos
	hablarais	aprendierais	vivierais
	hablaran	aprendieran	vivieran

Imperfect subjunctive, -se	*(that) I might speak*	*(that) I might learn*	*(that) I might live*
	hablase	aprendiese	viviese
	hablases	aprendieses	vivieses
	hablase	aprendiese	viviese
	hablásemos	aprendiésemos	viviésemos
	hablaseis	aprendieseis	vivieseis
	hablasen	aprendiesen	viviesen

Imperative	*speak*	*learn*	*live*
	habla	aprende	vive
	hablad	aprended	vivid

Compound tenses

Perfect infinitive
haber hablado *to have spoken*
haber aprendido *to have learned*
haber vivido *to have lived*

Perfect participle
habiendo hablado *having spoken*
habiendo aprendido *having learned*
habiendo vivido *having lived*

Present perfect *I have spoken, learned, lived*

he	hemos	
has	habéis	} hablado, aprendido, vivido
ha	han	

Past perfect *I had spoken*

había	habíamos	
habías	habíais	} hablado, aprendido, vivido
había	habían	

Future perfect	*I will have spoken, shall have spoken*	
	habré	habremos
	habrás	habréis
	habrá	habrán

hablado, aprendido, vivido

Conditional perfect	*I would have spoken, should have spoken*	
	habría	habríamos
	habrías	habríais
	habría	habrían

hablado, aprendido, vivido

Present perfect subjunctive	*(that) I may have spoken*	
	haya	hayamos
	hayas	hayáis
	haya	hayan

hablado, aprendido, vivido

Past perfect subjunctive, -ra	*(that) I might have spoken*	
	hubiera	hubiéramos
	hubieras	hubierais
	hubiera	hubieran

hablado, aprendido, vivido

Past perfect subjunctive, -se	*(that) I might have spoken*	
	hubiese	hubiésemos
	hubieses	hubieseis
	hubiese	hubiesen

hablado, aprendido, vivido

Stem-changing Verbs

Class I

Certain verbs ending in **-ar** and **-er** change the stressed stem vowel **e** to **ie** or **o** to **ue** in all persons of the singular and in the third person plural of the present indicative and the present subjunctive. The same changes occur in the singular imperative. (In the other tenses, no vowel changes occur.)

cerrar   *to close*

e to ie		

Present indicative	**cierro**	cerramos
	cierras	cerráis
	cierra	**cierran**

Present subjunctive	**cierre**	cerremos
	cierres	cerréis
	cierre	**cierren**

| Imperative | **cierra** | cerrad |

o to ue		

| | **volver** | *to return* |

Present indicative	**vuelvo**	volvemos
	vuelves	volvéis
	vuelve	**vuelven**

Present subjunctive	**vuelva**	volvamos
	vuelvas	volváis
	vuelva	**vuelvan**

| Imperative | **vuelve** | volved |

Other common Class I stem-changing verbs:

acordarse	despertar	jugar*	pensar
acostarse	empezar	llover	perder
almorzar	encender	mostrar	recordar
comenzar	encontrar	mover	rogar
contar	entender	negar	sentarse
costar	errar (yerro)	oler (huelo)	

*The verb **jugar** changes **u** to **ue**.

Class II

Certain verbs ending in **-ir** show the same changes as in Class I, plus a change of **e** to **i** or **o** to **u** in the present participle, the first and second persons plural of the present subjunctive, both third persons of the preterit, and all persons of the imperfect subjunctive. (In the other tenses, no vowel changes occur.)

e to ie, e to i

	sentir	*to feel*
Present participle	**sintiendo**	

Present indicative	**siento**	sentimos
	sientes	sentís
	siente	**sienten**

Preterit	sentí	sentimos
	sentiste	sentisteis
	sintió	**sintieron**

Present subjunctive	**sienta**	**sintamos**
	sientas	**sintáis**
	sienta	**sientan**

Imperfect subjunctive, -ra	**sintiera**	**sintiéramos**
	sintieras	**sintierais**
	sintiera	**sintieran**

Imperfect subjunctive, -se	**sintiese**	**sintiésemos**
	sintieses	**sintieseis**
	sintiese	**sintiesen**

Imperative	**siente**	sentid

o to ue, o to u

	dormir	*to sleep*
Present participle	**durmiendo**	

Present indicative	**duermo**	dormimos
	duermes	dormís
	duerme	**duermen**

Preterit	dormí	dormimos
	dormiste	dormisteis
	durmió	**durmieron**

Present subjunctive	**duerma**	**durmamos**
	duermas	**durmáis**
	duerma	**duerman**

Imperfect subjunctive, -ra	durmiera	durmiéramos
	durmieras	durmierais
	durmiera	durmieran

Imperfect subjunctive, -se	durmiese	durmiésemos
	durmieses	durmieseis
	durmiese	durmiesen

Imperative	duerme	dormid

Other common Class II stem-changing verbs:

advertir	divertirse	morir	referir
consentir	mentir	preferir	sugerir

Class III

Certain other verbs ending in **-ir** change **e** to **i** in all the persons and tenses affected in Classes I and II. (In the other tenses, no vowel changes occur.)

e to i

	pedir	*to ask for*

Present participle	pidiendo	

Present indicative	pido	pedimos
	pides	pedís
	pide	piden

Preterit	pedí	pedimos
	pediste	pedisteis
	pidió	pidieron

Present subjunctive	pida	pidamos
	pidas	pidáis
	pida	pidan

Imperfect subjunctive, -ra	pidiera	pidiéramos
	pidieras	pidierais
	pidiera	pidieran

Imperfect subjunctive, -se	pidiese	pidiésemos
	pidieses	pidieseis
	pidiese	pidiesen

Imperative	**pide**	pedid

Other common Class III stem-changing verbs:

conseguir	impedir	reñir	servir
despedir	perseguir	repetir	vestirse
elegir	reír	seguir	

Verbs with Spelling Changes

The letter c

c to qu Verbs that end in **-car** change **c** to **qu** before **e**.

Infinitive	**tocar**	*to touch*

Preterit	**toqué**	tocamos
	tocaste	tocasteis
	tocó	tocaron

Present subjunctive	**toque**	**toquemos**
	toques	**toquéis**
	toque	**toquen**

Other verbs with this change:
acercar, buscar, criticar, chocar, equivocar, explicar, indicar, practicar, sacar

z to c Verbs that end in **-zar** change **z** to **c** before **e**.

Infinitive	**cruzar**	*to cross*

Preterit	**crucé**	cruzamos
	cruzaste	cruzasteis
	cruzó	cruzaron

Present subjunctive	**cruce**	**crucemos**
	cruces	**crucéis**
	cruce	**crucen**

Other verbs with this change:
abrazar, almorzar (ue), comenzar (ie), empezar (ie), rechazar, rezar

| c to z | Verbs that end in a consonant plus **-cer** or **-cir** change **c** to **z** before **a** or **o**. |

Infinitive	**convencer**	*to convince*

Present indicative	**convenzo**	convencemos
	convences	convencéis
	convence	convencen

Present subjunctive	**convenza**	**convenzamos**
	convenzas	**convenzáis**
	convenza	**convenzan**

Other verbs with this change:
torcer (ue), vencer

| c to zc* | Verbs that end in a vowel plus **-cer** or **-cir** change **c** to **zc** before **a** and **o**. |

Infinitive	**conocer**	*to know*

Present indicative	**conozco**	conocemos
	conoces	conocéis
	conoce	conocen

Present subjunctive	**conozca**	**conozcamos**
	conozcas	**conozcáis**
	conozca	**conozcan**

*Spelling changes occur to show that stem pronunciation does not change as endings change. Because the alternation of **c** and **zc** records the presence of a /k/ sound in the forms shown, as well as the continued presence of an /s/ sound, it involves an irregularity. It is listed with the c-spelling changes for the convenience of the student.

Other verbs with this change:
agradecer, favorecer, ofrecer, parecer; conducir, introducir, producir, traducir

The letter g

| g to gu | Verbs that end in **-gar** change **g** to **gu** before **e**. |

Infinitive	**pagar**	*to pay*

Preterit	**pagué**	pagamos
	pagaste	pagasteis
	pagó	pagaron

Present subjunctive	pague	paguemos
	pagues	paguéis
	pague	paguen

Other verbs with this change:
entregar, jugar (ue), llegar, negar (ie), obligar

gu to g

Verbs that end in **-guir** change **gu** to **g** before **a** and **o**.

Infinitive	distinguir	*to distinguish*

Present indicative	distingo	distinguimos
	distingues	distinguís
	distingue	distinguen

Present subjunctive	distinga	distingamos
	distingas	distingáis
	distinga	distingan

Other verbs with this change:
seguir (i), conseguir (i)

g to j

Verbs that end in **-ger** or **-gir** change **g** to **j** before **a** and **o**.

Infinitive	coger	*to catch*

Present indicative	cojo	cogemos
	coges	cogéis
	coge	cogen

Present subjunctive	coja	cojamos
	cojas	cojáis
	coja	cojan

Other verbs with this change:
dirigir, elegir (i), escoger

The letter y

i to y

Verbs that end in **-eer** change unstressed **i** to **y**. Stressed **i** receives a written accent.

Infinitive	leer	*to read*
Present participle	leyendo	
Past participle	leído	

	Preterit	leí	leímos
		leíste	leísteis
		leyó	leyeron

Imperfect subjunctive, -ra	leyera	leyéramos
	leyeras	leyerais
	leyera	leyeran

Imperfect subjunctive, -se	leyese	leyésemos
	leyeses	leyeseis
	leyese	leyesen

Other verbs with this change:
creer

i to y, y inserted

Verbs that end in **-uir** (except **-guir, -quir**) change unstressed i to **y**. They also insert **y** before endings beginning **a, e,** or **o**.

Infinitive	construir	*to construct*

Present participle	construyendo

Present indicative	construyo	construimos
	construyes	construís
	construye	construyen

Preterit	construí	construimos
	construiste	construisteis
	construyó	construyeron

Present subjunctive	construya	construyamos
	construyas	construyáis
	construya	construyan

Imperfect subjunctive, -ra	construyera	construyéramos
	construyeras	construyerais
	construyera	construyeran

Imperfect subjunctive, -se	construyese	construyésemos
	construyeses	construyeseis
	construyese	construyesen

Imperative	construye	construid

Other verbs with this change:
concluir, contribuir, destruir, distribuir, huir, incluir

Irregular Verbs

Infinitive	Participles Imperative	Present Indicative	Imperfect	Preterit
andar *to go*	andando andado anda andad	ando andas anda andamos andáis andan	andaba andabas andaba andábamos andabais andaban	**anduve** **anduviste** **anduvo** **anduvimos** **anduvisteis** **anduvieron**
caer *to fall*	**cayendo** **caído** cae **caed**	**caigo** caes cae caemos caéis caen	caía caías caía caíamos caíais caían	caí **caíste** **cayó** **caímos** **caísteis** **cayeron**
continuar *to continue*	continuando continuado **continúa** continuad	**continúo** **continúas** **continúa** continuamos continuáis **continúan**	continuaba continuabas continuaba continuábamos continuabais continuaban	continué continuaste continuó continuamos continuasteis continuaron
dar *to give*	dando dado da dad	**doy** das da damos dais dan	daba dabas daba dábamos dabais daban	**di** **diste** **dio** **dimos** **disteis** **dieron**
decir *to say*	**diciendo** **dicho** di decid	**digo** **dices** **dice** decimos decís **dicen**	decía decías decía decíamos decíais decían	**dije** **dijiste** **dijo** **dijimos** **dijisteis** **dijeron**

Future	Conditional	*Present* Subjunctive	IMPERFECT SUBJUNCTIVE -ra	-se
andaré	andaría	ande	**anduviera**	**anduviese**
andarás	andarías	andes	**anduvieras**	**anduvieses**
andará	andaría	ande	**anduviera**	**anduviese**
andaremos	andaríamos	andemos	**anduviéramos**	**anduviésemos**
andaréis	andaríais	andéis	**anduvierais**	**anduvieseis**
andarán	andarían	anden	**anduvieran**	**anduviesen**
caeré	caería	**caiga**	cayera	cayese
caerás	caerías	**caigas**	cayeras	cayeses
caerá	caería	**caiga**	cayera	cayese
caeremos	caeríamos	**caigamos**	cayéramos	cayésemos
caeréis	caeríais	**caigáis**	cayerais	cayeseis
caerán	caerían	**caigan**	cayeran	cayesen
continuaré	continuaría	**continúe**	continuara	continuase
continuarás	continuarías	**continúes**	continuaras	continuases
continuará	continuaría	**continúe**	continuara	continuase
continuaremos	continuaríamos	continuemos	continuáramos	continuásemos
continuaréis	continuaríais	continuéis	continuarais	continuaseis
continuarán	continuarían	**continúen**	continuaran	continuasen
daré	daría	**dé**	diera	diese
darás	darías	des	dieras	dieses
dará	daría	**dé**	diera	diese
daremos	daríamos	demos	diéramos	diésemos
daréis	daríais	deis	dierais	dieseis
darán	darían	den	dieran	diesen
diré	diría	diga	dijera	dijese
dirás	dirías	digas	dijeras	dijeses
dirá	diría	diga	dijera	dijese
diremos	diríamos	digamos	dijéramos	dijésemos
diréis	diríais	digáis	dijerais	dijeseis
dirán	dirían	digan	dijeran	dijesen

Infinitive	Participles Imperative	Present Indicative	Imperfect	Preterit
deshacer *to undo,* *to take apart*	Like **hacer.**			
enviar *to send*	enviando enviado	**envío** **envías** **envía**	enviaba enviabas enviaba	envié enviaste envió
	envía enviad	enviamos enviáis **envían**	enviábamos enviabais enviaban	enviamos enviasteis enviaron
estar *to be*	estando estado	**estoy** **estás** **está**	estaba estabas estaba	**estuve** **estuviste** **estuvo**
	está estad	estamos estais **están**	estábamos estabais estaban	**estuvimos** **estuvisteis** **estuvieron**
haber *to have*	habiendo habido	**he** **has** **ha**	había habías había	**hube** **hubiste** **hubo**
		hemos habéis **han**	habíamos habíais habían	**hubimos** **hubisteis** **hubieron**
hacer *to do, to make*	haciendo **hecho**	**hago** haces hace	hacía hacías hacía	hice hiciste **hizo**
	haz haced	hacemos hacéis hacen	hacíamos hacíais hacían	**hicimos** **hicisteis** **hicieron**
imponer *to impose*	Like **poner.**			

Future	Conditional	Present Subjunctive	IMPERFECT SUBJUNCTIVE	
			-ra	-se
enviaré	enviaría	**envíe**	enviara	enviase
enviarás	enviarías	**envíes**	enviaras	enviases
enviará	enviaría	**envíe**	enviara	enviase
enviaremos	enviaríamos	enviemos	enviáramos	enviásemos
enviaréis	enviaríais	enviéis	enviarais	enviaseis
enviarán	enviarían	**envíen**	enviaran	enviasen
estaré	estaría	**esté**	**estuviera**	**estuviese**
estarás	estarías	**estés**	**estuvieras**	**estuvieses**
estará	estaría	**esté**	**estuviera**	**estuviese**
estaremos	estaríamos	estemos	**estuviéramos**	**estuviésemos**
estaréis	estaríais	estéis	**estuvierais**	**estuvieseis**
estarán	estarían	**estén**	**estuvieran**	**estuviesen**
habré	**habría**	**haya**	**hubiera**	**hubiese**
habrás	**habrías**	**hayas**	**hubieras**	**hubieses**
habrá	**habría**	**haya**	**hubiera**	**hubiese**
habremos	**habríamos**	**hayamos**	**hubiéramos**	**hubiésemos**
habréis	**habríais**	**hayáis**	**hubierais**	**hubieseis**
habrán	**habrían**	**hayan**	**hubieran**	**hubiesen**
haré	**haría**	**haga**	**hiciera**	**hiciese**
harás	**harías**	**hagas**	**hicieras**	**hicieses**
hará	**haría**	**haga**	**hiciera**	**hiciese**
haremos	**haríamos**	**hagamos**	**hiciéramos**	**hiciésemos**
haréis	**haríais**	**hagáis**	**hicierais**	**hicieseis**
harán	**harían**	**hagan**	**hicieran**	**hiciesen**

Infinitive	Participles Imperative	Present Indicative	Imperfect	Preterit
ir *to go*	**yendo**	**voy**	**iba**	**fui**
	ido	**vas**	**ibas**	**fuiste**
		va	**iba**	**fue**
	ve	**vamos**	**íbamos**	**fuimos**
	id	**vais**	**ibais**	**fuisteis**
		van	**iban**	**fueron**
mantener *to maintain*	Like **tener.**			
oír *to hear*	**oyendo**	**oigo**	**oía**	**oí**
	oído	**oyes**	**oías**	**oíste**
		oye	**oía**	**oyó**
	oye	**oímos**	**oíamos**	**oímos**
	oíd	**oís**	**oíais**	**oísteis**
		oyen	**oían**	**oyeron**
poder *to be able*	**pudiendo**	**puedo**	**podía**	**pude**
	podido	**puedes**	**podías**	**pudiste**
		puede	**podía**	**pudo**
		podemos	**podíamos**	**pudimos**
		podéis	**podíais**	**pudisteis**
		pueden	**podían**	**pudieron**
poner *to put*	**poniendo**	**pongo**	**ponía**	**puse**
	puesto	**pones**	**ponías**	**pusiste**
		pone	**ponía**	**puso**
	pon	**ponemos**	**poníamos**	**pusimos**
	poned	**ponéis**	**poníais**	**pusisteis**
		ponen	**ponían**	**pusieron**
querer *to wish*	**queriendo**	**quiero**	**quería**	**quise**
	querido	**quieres**	**querías**	**quisiste**
		quiere	**quería**	**quiso**
	quiere	**queremos**	**queríamos**	**quisimos**
	quered	**queréis**	**queríais**	**quisisteis**
		quieren	**querían**	**quisieron**

Future	Conditional	*Present Subjunctive*	IMPERFECT SUBJUNCTIVE	
			-ra	-se
iré	iría	vaya	fuera	fuese
irás	irías	vayas	fueras	fueses
irá	iría	vaya	fuera	fuese
iremos	iríamos	vayamos	fuéramos	fuésemos
iréis	iríais	vayáis	fuerais	fueseis
irán	irían	vayan	fueran	fuesen
oiré	oiría	oiga	oyera	oyese
oirás	oirías	oigas	oyeras	oyeses
oirá	oiría	oiga	oyera	oyese
oiremos	oiríamos	oigamos	oyéramos	oyésemos
oiréis	oiríais	oigáis	oyerais	oyeseis
oirán	oirían	oigan	oyeran	oyesen
podré	podría	pueda	pudiera	pudiese
podrás	podrías	puedas	pudieras	pudieses
podrá	podría	pueda	pudiera	pudiese
podremos	podríamos	podamos	pudiéramos	pudiésemos
podréis	podríais	podáis	pudierais	pudieseis
podrán	podrían	puedan	pudieran	pudiesen
pondré	pondría	ponga	pusiera	pusiese
pondrás	pondrías	pongas	pusieras	pusieses
pondrá	pondría	ponga	pusiera	pusiese
pondremos	pondríamos	pongamos	pusiéramos	pusiésemos
pondréis	pondríais	pongáis	pusierais	pusieseis
pondrán	pondrían	pongan	pusieran	pusiesen
querré	querría	quiera	quisiera	quisiese
querrás	querrías	quieras	quisieras	quisieses
querrá	querría	quiera	quisiera	quisiese
querremos	querríamos	queramos	quisiéramos	quisiésemos
querréis	querríais	queráis	quisierais	quisieseis
querrán	querrían	quieran	quisieran	quisiesen

Infinitive	Participles Imperative	Present Indicative	Imperfect	Preterit
reír *to laugh*	**riendo** **reído**	**río** **ríes** **ríe**	reía reías reía	reí **reíste** rió
	ríe **reíd**	**reímos** reís **ríen**	reíamos reíais reían	**reímos** **reísteis** **rieron**
saber *to know*	sabiendo sabido	**sé** sabes sabe	sabía sabías sabía	**supe** **supiste** **supo**
	sabe sabed	sabemos sabéis saben	sabíamos sabíais sabían	**supimos** **supisteis** **supieron**
salir *to go out*	saliendo salido	**salgo** sales sale	salía salías salía	salí saliste salió
	sal salid	salimos salís salen	salíamos salíais salían	salimos salisteis salieron
ser *to be*	siendo sido	**soy** **eres** **es**	era eras era	**fui** **fuiste** **fue**
	sé sed	**somos** **sois** **son**	**éramos** erais eran	**fuimos** **fuisteis** **fueron**
suponer *to suppose*	Like **poner.**			
tener *to have*	teniendo tenido	**tengo** **tienes** **tiene**	tenía tenías tenía	**tuve** **tuviste** **tuvo**
	ten tened	tenemos tenéis **tienen**	teníamos teníais tenían	**tuvimos** **tuvisteis** **tuvieron**

Future	Conditional	Present Subjunctive	IMPERFECT SUBJUNCTIVE -ra	-se
reiré	reiría	ría	riera	riese
reirás	reirías	rías	rieras	rieses
reirá	reiría	ría	riera	riese
reiremos	reiríamos	riamos	riéramos	riésemos
reiréis	reirías	riáis	rierais	rieseis
reirán	reirían	rían	rieran	riesen
sabré	sabría	sepa	supiera	supiese
sabrás	sabrías	sepas	supieras	supieses
sabrá	sabría	sepa	supiera	supiese
sabremos	sabríamos	sepamos	supiéramos	supiésemos
sabréis	sabríais	sepáis	supierais	supieseis
sabrán	sabrían	sepan	supieran	supiesen
saldré	saldría	salga	saliera	saliese
saldrás	saldrías	salgas	salieras	salieses
saldrá	saldría	salga	saliera	saliese
saldremos	saldríamos	salgamos	saliéramos	saliésemos
saldréis	saldríais	salgáis	salierais	salieseis
saldrán	saldrían	salgan	salieran	saliesen
seré	sería	sea	fuera	fuese
serás	serías	seas	fueras	fueses
será	sería	sea	fuera	fuese
seremos	seríamos	seamos	fuéramos	fuésemos
seréis	seríais	seáis	fuerais	fueseis
serán	serían	sean	fueran	fuesen
tendré	tendría	tenga	tuviera	tuviese
tendrás	tendrías	tengas	tuvieras	tuvieses
tendrá	tendría	tenga	tuviera	tuviese
tendremos	tendríamos	tengamos	tuviéramos	tuviésemos
tendréis	tendríais	tengáis	tuvierais	tuvieseis
tendrán	tendrían	tengan	tuvieran	tuviesen

Infinitive	Participles Imperative	Present Indicative	Imperfect	Preterit
traer *to bring*	**trayendo** **traído**	**traigo** traes trae	traía traías traía	**traje** **trajiste** **trajo**
	trae traed	traemos traéis traen	traíamos traíais traían	**trajimos** **trajisteis** **trajeron**
valer *to be worth*	valiendo valido	**valgo** vales vale	valía valías valía	valí valiste valió
	val (vale) valed	valemos valéis valen	valíamos valíais valían	valimos valisteis valieron
venir *to come*	**viniendo** venido	**vengo** **vienes** **viene**	venía venías venía	**vine** **viniste** **vino**
	ven venid	venimos venís **vienen**	veníamos veníais venían	**vinimos** **vinisteis** **vinieron**
ver *to see*	viendo **visto**	**veo** ves ve	**veía** **veías** **veía**	**vi** viste **vio**
	ve ved	vemos veis ven	**veíamos** **veíais** **veían**	vimos visteis vieron

Future	Conditional	Present Subjunctive	IMPERFECT SUBJUNCTIVE	
			-ra	-se
traeré	traería	traiga	trajera	trajese
traerás	traerías	traigas	trajeras	trajeses
traerá	traería	traiga	trajera	trajese
traeremos	traeríamos	traigamos	trajéramos	trajésemos
traeréis	traeríais	traigáis	trajerais	trajeseis
traerán	traerían	traigan	trajeran	trajesen
valdré	valdría	valga	valiera	valiese
valdrás	valdrías	valgas	valieras	valieses
valdrá	valdría	valga	valiera	valiese
valdremos	valdríamos	valgamos	valiéramos	valiésemos
valdréis	valdríais	valgáis	valierais	valieseis
valdrán	valdrían	valgan	valieran	valiesen
vendré	vendría	venga	viniera	viniese
vendrás	vendrías	vengas	vinieras	vinieses
vendrá	vendría	venga	viniera	viniese
vendremos	vendríamos	vengamos	viniéramos	viniésemos
vendréis	vendríais	vengáis	vinierais	vinieseis
vendrán	vendrían	vengan	vinieran	viniesen
veré	vería	vea	viera	viese
verás	verías	veas	vieras	vieses
verá	vería	vea	viera	viese
veremos	veríamos	veamos	viéramos	viésemos
veréis	veríais	veáis	vierais	vieseis
verán	verían	vean	vieran	viesen

VOCABULARIO/Español-Inglés

This vocabulary includes all the Spanish words that appear in the text and the workbook, except for identical cognates, words appearing only in a pronunciation section or a preliminary spelling exercise, and the Spanish letter names.

Active words are printed in **boldface**. The number at the end of an entry indicates the lesson in which the word was first used actively. The letter *P* in place of a number refers to **Preliminares**. Words that are not part of the active vocabulary appear in ordinary type and are considered passive.

The following criteria guided the preparation of the vocabulary:

1) Masculine nouns ending in **-o** and feminine nouns ending in **-a** are listed without articles: **desayuno, cena**.
2) Nouns with a masculine form ending in **-o**, a feminine form in **-a**, and the same English equivalent for both genders, are listed without articles: **amigo(a)**.
3) Definite articles are shown for all other nouns.
4) The masculine and feminine definite articles are both shown for a noun that has the same form for both genders: **el (la) cantante**.
5) Adjectives are listed in the masculine form; verbs are listed in the infinitive.
6) Cognates with spelling changes or accent marks are listed.

Each entry is defined with the meanings used in the textbook and the workbook, followed in some cases by other meanings. The vocabulary is an aid to study but not a comprehensive dictionary. Students should consult a regular dictionary when they need a more complete explanation of a particular word or phrase.

The following abbreviations are used:

adj.	adjective	inf.	infinitive	pl.	plural
adv.	adverb	irreg.	irregular	prep.	preposition
conj.	conjunction	m.	masculine	pron.	pronoun
f.	feminine	obj.	object	sing.	singular
fam.	familiar	part.	participle		

A

a *to*, 1; **a menos que** *unless*, 17; **a pie** *on foot*, 10; **a propósito** *by the way*, 6; **a tiempo** *on time*, 15
abarcar *to include*
abarrotar *to pack, to jam*
los abarrotes *groceries*
abatido *shot down; downcast*
abierto *open; opened* (irreg. past part. of **abrir**), 14

abogado(a) *lawyer*, 4
abrazo *embrace, hug*, 1; **darse un abrazo** *to hug (each other)*, 1
abrigo *overcoat*, 11
abril *April*, 5
abrir *to open*, 11; **Abran los libros . . .** *Open your books . . .*, P
absolutamente *absolutely*
absoluto *absolute*, 17; **en absoluto** *not at all*, 17
absurdo *absurd*, 12

abuela *grandmother*, 3
abuelo *grandfather*, 3; **los abuelos** *grandparents*, 3
aburrido *bored; tiresome, boring*, 14
acabar *to finish*, 10; **acabar de** + inf. *to have just (done something)*, 10; **¡Se acabó!** *That does it!, It's finished!*, 11
académico *academic*
accesible *accessible*

493

el **accidente** *accident*, 7; **por accidente** *by accident*, 7
la acción *action*
acelerado *accelerated*
acento *stress, accent*
la aceptación *acceptance*
aceptar *to accept*, 13
acera *sidewalk*
acerca de *about*
acero *steel*
acomodado *well-to-do; convenient; suitable*, 10
el (la) acomodador(a) *usher (usherette)*
acompañar *to accompany*, 11
aconsejar *to recommend; to counsel; to advise*, 13
acontecer *to happen*
acordarse (ue) *to remember*, 10
acostar (ue) *to lay (something) down*, 6; **acostarse** *to lie down; to go to bed*, 6
acostumbrado *accustomed*
acostumbrar *to accustom; to be used to*, 10
la actitud *attitude*
la actividad *activity*
activo *active*
acto *act*
la actuación *performance*
actual *present, present-day*
actuar (actúo) *to act, to perform*
Acuario *Aquarius (astrology)*
acuerdo *agreement*, 4; **estar de acuerdo** *to agree*, 4
acumular *to accumulate*
achicarse *to be intimidated*
adaptado *adapted*
adelante *ahead, forward*, 7; **¡Adelante!** *Come in!*, 7
adelanto *progress, advancement*, 13
adelgazar *to lose weight*
además *besides, in addition*, 3
adiós *good-bye*, P
adivinar *to guess; to solve, to figure out*
adivino(a) *fortune teller*
adjetivo *adjective*, 2
la administración *administration*

el (la) administrador(a) *administrator*
admitir *to admit*, 2
¿adónde? *where? (to where?)*, 2
aduana *customs agency*, 17
aduanero(a) *customs officer*, 17
la adulación *praise, flattery*
adverbial *adverbial*
adverbio *adverb*
aéreo *air, aerial* (adj.), 13
aeróbicas *aerobics*
aerolínea *airline*
aeronáutico *aeronautic*, 4
aeropuerto *airport*, 4
afeitar *to shave*, 6; **afeitarse** *to shave oneself*, 6
Afganistán (m.) *Afghanistan*
aficionado(a) *fan; amateur*, 11
afirmativamente *affirmatively*
afirmativo *affirmative*, 1
afortunadamente *fortunately*, 10
afortunado *fortunate*, 10
África *Africa*, 1
africano *African*
afuera *outside*
el (la) **agente** *agent*, 4; agente de policía *policeman; detective*
agitado *agitated*
agosto *August*, 5
agradable *agreeable; pleasant*
agradecer *to thank for*
el **agua** (f.) *water*, 5
ahí *there* (adv.), 5
ahijado(a) *godchild*
ahora *now*, 1; **por ahora** *for now*, 13
el aire *air*
el **ajedrez** *chess*, 11
ajetrear *to exhaust; to harass*, 18
al *to the* (contraction of **a** + **el**), 1; **al fin** *finally, at last*, 8; **al menos** *at least*, 9
alboroto *disturbance*
alcanzar *to attain; to reach*
alcohólico *alcoholic*, 14
aldegazar *to lose weight*
alegórico *allegoric*

alegrarse *to be glad*, 7
alegre *happy, glad*, 14
alegría *joy*
el **alemán** *German language; German male*, 2; la **alemana** *German female*, 2
Alemania *Germany*, 2
alergia *allergy*, 14
alfabeto *alphabet*
algo *something, anything*, 4
alguien *someone*, 7
alguno(a) (algún) *some, any*, 8
alimento *food; nourishment*, 15
el almacén *storehouse; store*
almorzar (ue) *to eat lunch*, 4
almuerzo *lunch*, 9
alojamiento *lodging, housing*
alta tecnología *high technology*, 4
alternar *to alternate*
alternativa *alternative*
alternativo *alternative* (adj.)
altiplano *highland plain*
alto *tall; high*, 2; **En voz alta.** *Aloud.*, P
altura *altitude; height*
alumno(a) *student*
allá *there*, 10
allí *there*
ama *housekeeper; landlady*, 13; **ama de casa** *housewife*, 13
amable *friendly*, 2
amanecer *to dawn, to begin to get light*
el amanecer *sunrise, dawn*
amar *to love*
amargado *embittered*, 11
amarillo *yellow*, 15
ambicioso *ambitious*, 4
el ambiente *atmosphere*
América *America*
americanizar *to Americanize*
americano *American*, 2
amigo(a) *friend*, 1
la amistad *friendship*
el **amor** *love*, 13; el **mal de amores** *lovesickness*, 14
amoroso *loving*, 16
anaranjado *orange*, 15

anciano old, aged, 2
Andalucía Andalusia
andino Andean
anhelo craving; yearning; desire, 13
anillo ring, 6
la animación enthusiasm, animation
animado enthusiastic; lively; animated, 14
animar to encourage; to strengthen; to enliven
ánimo enthusiasm, spirit; courage, valor
anoche last night, 8
anteayer day before yesterday, 8
anteriormente previously
antes (de) before (prep.), 6; **antes (de) que** before (conj.), 17
los anticuchos pieces of barbecued meat on a skewer
antiguo former; old, ancient
antipático unfriendly; disagreeable, 2
antiyanqui anti-Yankee; anti-American (adj.), 16
antónimo antonym
antropología anthropology
anualmente annually
anunciar to announce, 16
añadir to add
año year, 5; **el Año Nuevo** New Year's Day, 7
apartamento apartment, 1; dormitory, 2
apellido surname; name
apenas hardly, scarcely, 14
apetito appetite, 14
aplaudir to applaud
la aplicación application
apodar to nickname
apostar to bet, to wage
el apóstol apostle
apoyar to lean, to rest; to hold up
apreciar to appreciate, 16
aprender to learn, 1
apretado compact, tight, crowded

apropiadamente appropriately
apropiado appropriate, proper
aprovechar (de) to take advantage of, 16
apuntado pointed; sharp
apurarse to be in a hurry, 6
aquel, aquella that (adj.), 2
aquél, aquélla that one (pron.), 12
aquéllo that (pron.), 12
aquellos, aquellas those, 2
aquéllos, aquéllas those (pron.), 12
aquí here, 1
el (la) árabe Arab
el árbol tree
el arete earring, 6
argentino Argentine, Argentinian, 2
árido dry, arid, 5
armamento arms, armor
arquitecto architect, 11
arquitectura architecture
arreglar to arrange; to adjust; to fix; to set (hair), 12
arriba above
arrogante arrogant
el arroz rice
el arte (f.) art, 13; **bellas artes** fine arts, 13
artículo article, 8
artístico artistic
artificial artificial, 4
el (la) artista artist, 16
asado roasted; bien asado well done; poco asado rare (food)
asco disgust, nausea, 4; **¡Qué asco!** How disgusting!, 4
asegurar to assure; to secure; to guarantee, 10
asesinar to murder
así so, thus, 1; **así así** so-so, 1; **así qué** so that, with the result that, 9
asiento seat
asignatura course, subject, 4
asistencia attendance; assistance; asistencia pública public welfare
el (la) asistente attendant

asistir a to attend
la **asociación** association, 15
asopao a hearty soup of Puerto Rico
aspecto aspect, feature
áspero rough; harsh
aspirina aspirin, 9
astilla chip, splinter, 11
el (la) **astronauta** astronaut, 4
asunto subject, matter
atacar to attack
atar to tie
el (la) **atleta** athlete
atletismo athletics; track
atraco holdup, 15
atraer to attract; to allure, to charm
el **atún** tuna
aumentar to increase; aumentar de peso to gain weight
aumento increase, raise
aun even
aún still, yet
aunque although, though, 7
auspiciado patronized, sponsored
auténticamente authentically
auténtico authentic, 12
auto car, automobile, 12
el **autobús** bus, 13
el **automóvil** automobile, 15
autónoma independent, autonomous, self-governing
autonomía autonomy
autopropulsado self-propelled
el (la) **autor(a)** author
el **auto-stop** hitchhiking; hacer auto-stop to hitchhike
el **ave** (f.) fowl
avenida avenue
averiguar to find out; to inquire
la **aviación** aviation, 13
el **avión** airplane, 10
¡ay! oh!, alas!, 5
ayer yesterday, 8
ayuda help, assistance
el (la) **ayudante** helper; assistant, 15
ayudar to help, 10
el (la) **azteca** Aztec

el **azúcar** *sugar*, 9
azul *blue*, 6; **azul oscuro** *dark blue*, 15

B

bachillerato *high-school degree*, 4
bailable (adj.) *dance, dancing; danceable*
el (la) **bailador(a)** *dancer*
bailar *to dance*, 2
el **bailarín**, la **bailarina** *dancer*, 13
el **baile** *dance*, 7
bajar *to lower; to go down; to get off*, 15
bajo *short*, 2; *under* (prep.), 18
el **balcón** *balcony*
el **ballet** *ballet*
banco *bank*, 1
banda *strip, ribbon*
bandera *flag*, 15
banquero *banker*, 14
el **banquete** *banquet*
bañar *to bathe* (something), 6; **bañarse** *to bathe oneself*, 6
el **bar** *bar*, 2
barato *cheap*, 12
la **barbaridad** *outrage; nonsense; barbarism*
bárbaro *barbaric; barbarous*, 12
barra *gang*
basado *based*
la **base** *basis, foundation*
básico *basic*, 2
el **básquetbol** *basketball*, 11
¡Basta! *Enough!*, 15
bastante *enough, sufficient*, 1
batalla *battle*
batata *sweet potato* (Argentina)
bautismo *baptism*
bautizar *to baptize*
bautizo *baptism*
el **bebé** *baby*
beber *to drink*, 2
bebida *drink, beverage*, 9

el **béisbol** *baseball*, 11
belleza *beauty*, 12
bello *beautiful; fair*, 13; **bellas artes** *fine arts*, 13
bendecir (i) *to bless*, 13
la bendición *blessing*
beneficio *benefit; profit*
beso *kiss*, 1; **darse un beso** *to kiss* (each other), 1
biblioteca *library*, 3
bicentenario *bicentennial*
bicicleta *bicycle*, 6
bien *well; fine*, 1; **Está bien.** *He's fine.*, 1
bienestar *well-being, welfare*
bienvenida *welcome;* dar la bienvenida *to welcome*
el **bife** *beef, steak*
el **billete** *ticket; bill* (money), 12; billete de lotería *lottery ticket*
el **bistec** *beefsteak*, 9
blanco *white*, 15
blusa *blouse*, 6
boca *mouth*, 11
boda *wedding*, 6
boleto *ticket*, 13
bolígrafo *ball-point pen*, 6
bolsa *stock exchange*
el **bombón** *bonbon; candy*
la **bondad** *kindness, favor*
el **bongó** *bongo drum*
bonito *pretty*, 2
el **bosque** *woods, forest*, 14
bota *boot*, 6
botánica *botany*, 4; *drugstore*
botella *bottle*, 17
botica *drugstore*
el **Brasil** *Brazil*, 5
brasileiro *Brazilian*
bravura *bravery*
brazo *arm*, 14
el **break-dance** *break-dance*, 2
breve *brief*
brindar por *to drink a toast to*, 17
el **broche** *brooch, clasp, pin*, 12
bruja *witch*
buceo *scuba diving*
el **budín** *pudding*
buenaventura *fortune*

bueno (buen) *good*, P
buscar *to look for, search for*, 3

C

caballero *gentleman*, 18
caballo *horse*
cabaña *cabin*, 9
cabello *hair*, 12
cabeza *head*, 14
cabina *booth* (telephone)
cada *each, every*, 4; cada vez más *more and more*
caer (caigo) *to fall*, 6
el **café** *coffee*, 8; *brown*, 15; **café solo** *black coffee*, 9
cafetería *cafeteria*, 3
calabaza *pumpkin, squash*, 8; **dar calabazas** *to jilt, give a cold shoulder*, 8
el **calcetín** *sock*, 6
calcular *to calculate; to estimate*
calendario *calendar*, 5
calentar *to warm up, to heat*
la calidad *quality*
calma *calm, quiet*
el **calor** *heat, warmth*, 5; **Hace calor.** *It's hot.*, 5; **Tengo calor.** *I'm warm (hot).*, 5
caloría *calorie*
la **calle** *street*, 5
cama *bed*, 9
cámara *chamber; hall;* música de cámara *chamber music*
camarero *waiter*
cambiar *to change*, 3
cambio *change* (noun); en cambio *on the other hand*
caminar *to walk*, 12
el camión *truck*
camisa *shirt*, 6
camiseta *T-shirt*
el **campeón** *champion*, 11
campeonato *championship*, 11
campo *countryside; field*, 10
canasta *basket*
el Cáncer *Cancer* (astrology)
la **canción** *song*, 8
cancha *court, field, ground* (athletics), 5

candidato(a) *candidate*, 18

los **canelones** *cannelloni*, 9

cansado *tired*, 1

cansarse *to get tired, to weary*, 17

el (la) cantador(a) *singer*

el (la) **cantante** *singer*, 13

cantar *to sing*, 2

canto *song*, 6

caótico *chaotic*, 10

la capital *capital*

Capricornio *Capricorn (astrology)*

capricho *whim, fancy, caprice*, 14

cara *face*

el carácter *character, personality*

característica *character-istic*, 16

la **cárcel** *jail*, 15

cargo *post, job; load; burden; responsibility*, 10

el **Caribe** *Caribbean*, 16

caricatura *caricature*

cariño *love, affection; dear*, 18

cariñoso *loving, affectionate*

la **carne** *meat*, 12

carnicería *butcher shop; meat market*, 12

caro *expensive*, 12

carrera *career; race*, 4; carreras de caballo *horse racing*

carreta *cart*

carro *car; auto*, 1

carta *letter*, 2

el cartón *cardboard*

casa *house; home*, 1; a casa *home*; en casa *at home*

casado *married*

casamiento *marriage*, 18

casar *to marry*, 6; **casarse (con)** *to get married (to)*, 6

casi *almost*, 14

caso *case*, 17; **en caso (de) que** *in case*, 17

castañuela *castanet*

castigar *to punish, to chastise*

castillo *castle*

la catástrofe *catastrophe*

la **catedral** *cathedral*, 11

categoría *category*

católico *Catholic*, 17

catorce *fourteen*, 3

causa *cause*; a causa de *because of, on account of*

causar *to cause*, 7

cebolla *onion*, 18

la celebración *celebration*

celebrar *to celebrate*, 7

los **celos** *jealousy*, 5; **Tengo celos. I'm jealous.**, 5

celoso *jealous; jealous person*, 8

cena *dinner*, 9

cenar *to eat dinner*, 6

censura *censure*

centavo *cent*, 13

centígrado *centigrade*, 5

centímetro *centimeter*

centro *center; downtown*, 3

Centroamérica *Central America*

cerca *close, nearby*, 13; **cerca de** *near*, 13

ceremonia *ceremony*

cerilla *wax match; wax candle*, 12

cero *zero*, 3

cerrado *closed*, 12

cerrar (ie) *to close*, 14; **Cierren los libros.** *Close your books.*, P

cerro *hill*

cerveza *beer*, 2

el **césped** *lawn*, 15

ciego(a) *blind person*, 12

cielo *sky*, 15

cien, ciento *hundred*, 3

ciencia *science*

científico(a) *scientist; scientific (adj.)*, 4

ciento uno (un, una) *hundred and one*, 4; cien por ciento *100 percent, completely*

cierto *certain, sure*, 9

cinco *five*, 3

cincuenta *fifty*, 3

el **cine** *movie, movies*, 3

cinematografía *cinematography*, 4

el **cinturón** *belt, sash*, 6

circunstancia *circumstance*

cirujano *surgeon*, 4

cita *appointment; date*, 14

la **ciudad** *city*, 5; ciudad universitaria *university campus*

ciudadano(a) *citizen*, 15

claramente *clearly*, 18

claro *of course; clear* (adj.), 17; **claro que no** *of course not*, 17

la **clase** *class*, 1; todas clases *all kinds*

clásico *classic; classical*, 13

clasificar *to classify*

cláusula *sentence, clause*

la **clave** *key*

el (la) **cliente** *client, customer*

el clima *climate*

clínica *clinic*, 4

coca *coke*

cocina *kitchen*, 13

cocinar *to cook*, 16

el **coche** *car*, 7

cola *queue*; hacer cola *to stand in line*

la colaboración *collaboration*

colaborar *to collaborate*

la colección *collection*

colegio *high school*, 10

la colocación *placement; location*

colonia *colony*

el (la) colonista *colonist*

el **color** *color*, 15

columna *column*

la comadre *godmother; intimate friend*

comadrona *midwife*

el **comandante** *commander*, 10

combinar *to combine*

comedia *comedy*

el **comedor** *dining room*, 12

comentar *to comment (on)*, 13

comentario *commentary*

comenzar (ie) *to start, begin*, 3

comer *to eat*, 2; **comerse** *to devour*, 6

el **comer** *eating*, 13

comercial *commercial*

comercio *commerce; business*, 11

el comestible *foodstuff; edible* (adj.)
comida *meal; food,* 9
comienzo *beginning*
el comilón, la comilona *big eater*
comisaría *commissariat* (police), 9
como *like, as,* 6
¿**cómo?** *how?; what?,* 1; ¡**cómo no!** *of course!,* 7
compadrazgo *friendship or relationship of the godfather*
el compadre *godfather; intimate friend*
compañero(a) *companion; partner,* 2; **compañero(a) de cuarto** *roommate,* 2
compañía *company,* 13
la comparación *comparison*
comparar *to compare,* 16
comparativo *comparative*
el compás *beat* (of music); *compass*
la **compasión** *compassion,* 16
el (la) compatriota *compatriot*
competencia *competition,* 11
complemento *complement;* complemento directo *direct object;* complemento indirecto *indirect object*
completar *to complete*
completo *complete,* 14
complicado *complicated*
componer (compongo) *to compose; to fix,* 15
el (la) compositor(a) *composer*
compra *purchase,* 12; **ir de compras** *to go shopping,* 12; hacer compras *to go shopping*
comprar *to buy,* 3
comprender *to comprehend, understand,* 2
comprometerse *to commit oneself; to become engaged,* 18
comprometido *engaged, bound, committed,* 18
compromiso *compromise; commitment*
la **computación** *computing,* 4

computadora *computer,* 4
común *common*
la **comunicación** *communication,* 4
la comunidad *community*
la comunión *communion*
comunismo *communism*
el (la) comunista *communist*
comúnmente *commonly*
con *with,* 1; **con tal (de) que** *provided that,* 17
concedir *to concede*
la concentración *concentration*
concentrar *to concentrate*
concierto *concert,* 14
concordancia *agreement*
la **condición** *condition,* 10
condicional *conditional*
conducir (conduzco) *to conduct, lead; to drive,* 4
el (la) conductor(a) *driver, motorist; conductor*
confeccionar *to make* (clothing)
conferencia *conference*
confianza *trust, confidence*
confiar *to confide*
confirmar *to confirm*
confiscar *to confiscate,* 10
confitería *confectionery*
congelar *to freeze,* 5
congestionado *congested*
congreso *congress,* 8
la conjunción *conjunction*
conjunto *ensemble* (noun); *joined, united* (adj.)
conmigo *with me,* 5
conocer (conozco) *to know,* 4
conocido(a) *acquaintance; known* (adj.)
conquistar *to conquer*
conseguir (i) *to obtain, to get*
consejo *advice*
el (la) conservador(a) *conservative*
conservar *to keep, to maintain*
conservas *preserves*
considerar *to consider*
la consonante *consonant*
constante *constant*
constar (de) *to consist of*
constituir *to constitute*

la construcción *construction*
construir (construyo) *to construct; to build,* 9
el (la) **cónsul** *consul,* 17
consulado *consulate*
consultorio *clinic; office; information bureau,* 14
consumir *to consume*
la contabilidad *accounting*
el (la) contador(a) *accountant*
contar (ue) *to count; to tell,* 4
contemporáneo *contemporary,* 16
contener (ie) *to contain*
contento *happy, content; satisfied,* 1
la **contestación** *answer, reply,* 17
contestar *to answer,* 6
contigo *with you* (fam. sing.), 5
el continente *continent*
la continuación *continuation*
continuar (continúo) *to continue,* 10
contra *against; facing,* 10
la contracción *contraction*
contrario *contrary;* al contrario *on the contrary*
contrarrestar *to counteract, to resist*
el contraste *contrast*
contrato *contract,* 17
convencer (convenzo) *to convince,* 13
convenir (ie) *to be suitable; to agree; to convene,* 15
convento *convent*
la conversación *conversation*
conversar *to converse,* 4
convertir (ie) *to convert*
convocar *to call together*
copa *cup,* 11
copia *copy,* 17
el **corazón** *heart,* 4
corbata *necktie,* 6
cordero *lamb*
Corea *Korea,* 9
coro *chorus; choir,* 11
correctamente *correctly,* 10
correcto *correct,* 10
corregir (i) *to correct*

correo *mail; post office,* 13
correr *to run,* 11
corresponder *to correspond,* 4
el (la) **correspondiente** *correspondent*
   corrida *bullfight*
   corriente *current*
cortar *to cut,* 12
la corte *court*
cortejo *dating, courting, court-ship*
cortés *polite, courteous*
cortesía *courtesy,* 7
corto *short*
cosa *thing,* 6; cosa de hombres *something for men*
cosecha *harvest*
cosechar *to harvest*
cosmético *cosmetic*
costar (ue) *to cost,* 4
costearse *to afford; to pay one's way*
costo *cost*
la **costumbre** *custom,* 1; **de costumbre** *usually, customarily,* 10
crear *to create*
creativo *creative*
creer *to believe, to think,* 3
criada *maid*
criar *to raise, to rear*
criollo *Creole*
la crisis *crisis*
   cristiano *Christian*
   Cristo *Christ*
   crítica *criticism*
   crucigrama *crossword puzzle*
cuadra *block* (city), 12
cuadro *picture, painting*
¿cuál? *which?, what?,* 4
cualquier *whoever, whichever; anyone*
cuando *when,* 10; **de vez en cuando** *once in a while,* 10
¿cuándo? *when?,* 2
cuanto: **en cuanto** *as soon as,* 17; en cuanto a *as to, as for*
¿cuánto? *how much?,* 3; **¿cuántos?** *how many?,* 3
cuarenta *forty,* 3
cuarto *room,* 2; *fourth* (adj.); **compañero(a) de cuarto**

   roommate, 2
cuatro *four,* 3
cuatrocientos(as) *four hundred,* 4
   cubano *Cuban*
cubierto *place setting; covered* (adj.), 9
cuchara *spoon,* 9
cuchillo *knife,* 9
cuello *neck,* 14
cuenta *bill, check* (restaurant), 9; *account;* **darse cuenta de** *to realize, become aware of,* 6
   cuero *leather*
   cuerpo *body,* 5
la **cuestión** *matter, question,* 16
cuidado *care; worry,* 3; **No hay cuidado.** *No problem.,* 3; **No tenga cuidado.** *Think nothing of it.,* 7
   cuidar *to take care of*
   cultivar *to cultivate*
   cultura *culture*
cumbia *a Latin American dance,* 7
el **cumpleaños** *birthday,* 5
   cuñado *brother-in-law*
   curandero(a) *herb healer; quack*
curioso *curious*

CH

el **champaña** *champagne*
el **champú** *shampoo,* 12
el **chaperón, la chaperona** *chaperon*
   charlar *to chat*
el **chateaubriand** *tenderloin steak*
el **cheque** *check,* 11
chica *girl,* 1
chico *boy,* 1; **chicos** *boys; boys and girls,* 1
   chiflar *to whistle*
el **chile** *chili pepper*
chileno(a) *Chilean,* 2
chino *Chinese,* 13; **chinito(a)** *little Chinese* (**-ito** *is a suffix used for endearment*), 13

   chivito *kid (young goat)*
   choclo *scalloped corn dish; ear of corn*
el (la) chófer *driver; chauffeur*
el choque *collision*
chorizo *smoked pork sausage,* 9
   chuleta *chop, cutlet*
churrasco *barbecued steak,* 9

D

   dado *given*
   danza *dance*
dar *to give,* 1; **darse cuenta de** *to realize; become aware of,* 6; **darse un abrazo** *to hug (each other),* 1; **darse un beso** *to kiss (each other),* 1; dar a luz *to give birth*
de *from; about,* 2; *of,* 1; **de igual a igual** *as an equal,* 16; **de último grito** *the latest thing,* 7; **de vez en cuando** *once in a while,* 10
deber *should, ought; to owe,* 13
el **deber** *duty,* 6; **los deberes** *homework,* 6
   debido a *due to*
débil *weak,* 14
el (la) debutante *beginner*
   década *decade*
la decepción *disappointment; deception*
decidir *to decide,* 16
decir (i) **(digo)** *to say, tell,* 4; querer decir *to mean; to signify*
la **decisión** *decision,* 11
la **declaración** *declaration; proposal,* 18; *statement*
   dedicado *dedicated*
   dedicarse *to dedicate oneself*
deducir (deduzco) *to deduce; to deduct,* 4
   defenderse *to defend oneself*
   definido *definite; defined*
definitivo *definitive,* 4
defraudar *to cheat; to defraud,* 11

dejar *to let, permit; to leave, abandon*, 7

del *of the; from the* (contraction of **de** + **el**), 3

delicioso *delicious*

delito *crime*

demasiado *too much*, 1

democracia *democracy*

democrático *democratic*

demorar *to delay*

demostrar (ue) *to demonstrate*

demostrativo *demonstrative*

el (la) **dentista** *dentist*, 4

departamento *department; apartment*

depender (de) *to depend (on)*

el (la) **dependiente(a)** *clerk; salesperson*, 7

el **deporte** *sport*, 11; **hacer deporte** *to play sports*, 14

el (la) **deportista** *athlete*, 11

depósito *deposit; depot; warehouse*

deprimido *depressed; weakened*, 14

derecho *law*, 4; *right, privilege; duty* (customs); *right* (adj.); *straight, direct* (adv.), 12; **a la derecha** *to the right*, 12; Facultad de Derecho *Law School*

desafortunadamente *unfortunately*, 10

desafortunado *unfortunate*, 10

desagradable *unpleasant, disagreeable*

el **desastre** *disaster*, 8

desayunar *to eat breakfast*, 6

desayuno *breakfast*, 6

descansar *to rest*, 6

desconocido *unknown*

descortés *discourteous*

la descripción *description*

descubierto *discovered* (irreg. past part. of **descubrir**), 14

descubrir *to discover*, 14

desde *since*

desear *to desire, to wish*, 15

deseo *desire, wish*, 11

deshacerse de *to get rid of*

deshielo *thaw*

desierto *desert*

la desigualdad *inequality*

desilusionado *disillusioned*

desmayarse *to faint*, 14

desorbitado *exhorbitant*

despacio *slow; slowly*, 6

despacho *office*, 4

despedida *farewell*, 17; *farewell party*

despedirse (i) *to say good-bye*, 7

despertar (ie) *to awaken* (someone), 6; **despertarse** *to wake up*, 6

después *after, afterwards*, 2; **después (de) que** *after*, 17

desvalijado *plundered, robbed*

detrás de *behind*, 11; **por detrás** *from behind*, 11

deuda *debt*, 15

el **día** *day*, P; **Buenos días.** *Good morning.*, P; **día festivo** *holiday*, 7; **día y noche** *all the time*, 2; **el Día de la Independencia** *Independence Day*, 7; **el Día de la Madre** *Mother's Day*, 7; **el Día de la Raza** *Columbus Day*, 7; el Día de los Muertos *Day of the Dead*; **el Día de los Novios** *Valentine's Day*, 7; **el Día de los Reyes** *Epiphany*, 7; **el Día del Trabajo** *Labor Day*, 7; hoy día *today*; por día *per day*; todo el día *all day*; **todos los días** *every day*, 3

diálogo *dialog*, 1

diario *daily; daily newspaper; diary*, 6

dibujo *drawing*

diciembre *December*, 5

el (la) **dictador(a)** *dictator*, 10

dictadura *dictatorship*

dicho *said* (irreg. past part. of **decir**); *saying*, 14

diecinueve *nineteen*, 3

dieciocho *eighteen*, 3

dieciséis *sixteen*, 3

diecisiete *seventeen*, 3

el **diente** *tooth*, 6

dieta *diet*, 9; **ponerse a dieta** *to go on a diet*, 9

diez *ten*, 3

diferencia *difference*

diferente *different*, 13

diferir *to differ*

difícil *difficult*, 2

dificilísimo *very difficult*

difícilmente *with difficulty*, 10

la dificultad *difficulty*

digno *worthy, deserving; dignified*

dinámico *dynamic*

dinero *money*, 4

el **dios** *god*, 10; **Dios** *God*, 10

el diploma *diploma*

la **dirección** *address; direction*, 4

directo *direct*

el (la) **director(a)** *director*, 4

la disatisfacción *dissatisfaction*

disciplina *discipline*

disco *record*, 12

discoteca *discotheque*, 2; *disco*

la **discriminación** *discrimination*, 10

disculpar *to excuse*, 7

discurso *speech*

diseño *style, design*

disfrutar *to enjoy*, 6

disponible *available; disposable*

disputado *disputed*

distancia *distance*

la distinción *distinction*

distinguido *distinguished*

distinguir *to distinguish*

distinto *different, distinct*

la diversión *amusement; diversion*

divertir (ie, i) *to amuse*, 6; **divertirse** *to have a good time*, 6

doblar *to turn*, 12

doble *double*

doce *twelve*, 3

el (la) **doctor(a)** *doctor*, 1

doctorado *doctorate*, 18

documentar *to document*

documento *document*, 8

el **dólar** *dollar*, 4

doler (ue) *to hurt; to be painful*, 14

el **dolor** *pain, grief, sorrow*, 14; **tener dolor de . . .** *to have a pain in . . .*, 14

doloroso *painful; sorrowful; sad*

la **dominación** *domination*

dominante *dominant*, 13; *dominating*

domingo *Sunday*, 3

dominicano *Dominican*

el **dominó** *dominoes*, 11

don *Mr.* (title of respect)

donde *where*, 3

¿dónde? *where?*, 1

doña *Mrs., Miss* (title of respect)

dorado *gold*, 15

dormir (ue) *to sleep*, 4; **dormirse** *to fall asleep*, 6

dormitorio *bedroom*, 5

dos *two*, 3

doscientos(as) *two hundred*, 4

droga *drug*, 14

ducha *shower*, 6

duda *doubt*, 17; **sin duda** *without a doubt, no doubt*, 17

dudar *to doubt*, 7

dueña *governess, chaperone*

dueño *owner, proprietor; master; landlord*

dulce *sweet* (adj.); **el dulce** *candy; sweets*

durante *during*, 13

durar *to last, to continue*

E

e *and* (used for **y** before a word beginning with the vowel sound /i/)

eclesiástico *ecclesiastic; ecclesiastical*

económico *economic*

el **ecuador** *equator*

echar *to throw; to throw out, to throw away*, 10

la **edad** *age*, 13; **la Edad Media** *Middle Ages*

edificio *building*, 1

la **educación** *education*

educativo *educational*

egoísta *egotistic, selfish*

ejemplo *example*, 13; **por ejemplo** *for example*, 13

ejercicio *exercise*, 14

el *the* (m.), 1

él *he; him* (obj. of prep.), *it*, 1

elástico *elastic*

eléctrico *electric*, 6

electrónica *electronics*, 4

elegante *elegant*, 6

elegido *chosen, elected*

elevado *elevated, high*

eliminar *to eliminate*, 10

ella *she; her, it* (obj. of prep.), 1

ellas, ellos *they; them* (obj. of prep.), 1

ello *it*

embajada *embassy*

el (la) **embajador(a)** *ambassador*, 4

embargo: sin embargo *nevertheless; however*, 14

embellecer *to beautify*

emergencia *emergency*

emigrar *to emigrate; to migrate*, 10

la **emoción** *emotion*

emocionante *emotional*

empeñar *to begin; to engage in*; **empeñarse** *to insist*

empezar (ie) *to start*, 9

empleado(a) *employee*, 6

emplear *to employ*

empleo *job*

en *in; at; on*, 1; **en absoluto** *not at all*, 17; **en cambio** *on the other hand*; **en caso (de) que** *in case*, 17; **en cuanto** *as soon as*, 17; **en cuanto a** *as to, as for*; **en fin** *finally*, 18; **en frente de** *in front of*; **en seguida** *at once, immediately*, 6; **en vez de** *instead of*, 18

enamorado *in love*

encantar *to charm, delight*, 9

encargar *to put in charge of*

encontrar (ue) *to find,*

encounter, 4; **encontrarse (ue) con** *to meet, run into; to be found*, 12

encuentro *encounter, meeting*

endoso *endorsement*

enérgico *energetic*, 16

enero *January*, 5

el **énfasis** *emphasis, stress*

enfático *emphatic, stressed*

enfermero(a) *nurse*, 3

enfermo *sick, ill*, 1

enfriar *to chill*

engordarse *to become fat*

enojado *angry*

enojarse *to get mad*

enorme *enormous*, 18

ensalada *salad*, 9

enseñar *to teach*, 18

entender (ie) *to understand*, 3

entero *entire*

enterrado *buried*

entonces *then; and so*, 2

entrada *entrance*

entrar *to enter*, 7

entre *between, among*, 1

entregar *to deliver; to hand over*, 9

el (la) **entrenador(a)** *trainer*

entrenamiento *training*, 13

entrevista *interview*

entusiasmo *enthusiasm*

entusiasta *enthusiastic*

equipo *team; equipment*, 11

el **equivalente** *equivalent*

equivocarse *to be wrong, to be mistaken*

escalar *to climb*, 5

el **escaparate** *show window; cabinet*, 7

escaparse *to escape; to flee*

escaso *scarce*

esclavo *slave*

escoger (escojo) *to choose; to select*, 10

el **Escorpión** *Scorpio* (astrology)

escribir *to write*, 2

escrito *written* (irreg. past part. of **escribir**), 14; **por escrito** *in writing*, 17

el (la) **escritor(a)** *writer*, 14

escrúpulo *scruple*

escuchar *to listen to*, 4
escuela *school*, 3
ese, esa *that* (adj.), 2
ése, ésa *that one* (pron.), 12
esfuerzo *effort; courage, vigor*, 18
eso *that* (pron), 4; **a eso de**
around; **eso de . . .** *this*
business of . . . (colloquial),
4; **eso es** *that's right (that's*
it), 17
esos, esas *those*, 2
ésos, ésas *those* (pron.), 12
espacio *space*
España *Spain*, 2
el **español** *Spanish language;*
Spanish male, 1; la **española**
Spanish female, 1
especial *special*
la **especialidad** *specialty;*
major, 15
especializarse *to specialize*
especialmente *especially*, 13
la especie *species; kind, sort*
especificar *to specify*
específico *specific*
espectáculo *spectacle, show*
el (la) espectador(a) *spectator*
esperanza *hope*, 10
esperar *to hope for; to wait; to*
expect, 7
espiritual *spiritual*
esposa *spouse; wife*, 6
esposo *spouse; husband*, 6
el **esquí** *ski; skiing*, 5
esquiar *to ski*, 5
esquina *corner*, 12
Está bien. *It's okay., All right.*, 7
establecer (establezco) *to*
establish, 15
establecimiento *establish-*
ment, 12
la **estación** *season*, 5; *station*
estado *state*, 1; los **Estados**
Unidos *the United States*, 1
estampilla *stamp*, 12
estanco *stand (kiosk); store*, 12
estar *to be*, 1; **estar a gusto** *to*
be happy, to feel comfortable,
11; **estar de acuerdo** *to*
agree, 4; **estar de huelga** *to*
be on strike, 15

este, esta *this* (adj.), 2
el este *east*
éste, ésta *this one* (pron.), 12
estéreo *stereo*
el (la) estilista *stylist, designer*
estilio *style*
esto *this, it* (pron.), 12; **Esto**
sí que es . . . *This really*
is . . ., 15
estómago *stomach*, 14
estornudar *to sneeze*, 7
estos, estas *these*, 2
éstos, éstas *these* (pron.), 12
estrella *star*, 8
estricto *strict*
estructura *structure*
el (la) **estudiante** *student*, P
estudiantil *student* (adj.), 8
estudiar *to study*, 1
estudio *study* (room); (pl.)
studies, 4
estupendo *stupendous*, 11
etapa *step, stage* (of a
process), 18; **por etapas**
step by step, 18
la **eternidad** *eternity*, 13
etiqueta *etiquette*
Europa *Europe*, 13
evangelio *gospel*
evidencia *evidence*
evidente *obvious*, 10
evidentemente *evidently,*
obviously, 10
evitar *to avoid*
exactamente *exactly*, 17
exacto *exact*
el **examen** *test, examination*, 8
excelente *excellent*, 8
la excepción *exception*
la **excursión** *excursion, trip*, 16
exigir *to demand*
existir *to exist*
éxito *success*, 13; **tener éxito**
to succeed, 13
exótico *exotic*, 13
experiencia *experience*
experimentar *to experiment;*
to experience, 13
la **explicación** *explanation*, 14
explicar *to explain*, 13
explorar *to explore*

la **explosión** *explosion*
expresar *to express*, 18
la **expresión** *expression*, 7
exquisito *exquisite*, 13
extender (ie) *to extend*
la **extensión** *extension; expanse*
la **exterior** *exterior*
extrañar *to miss; to find*
strange, 10
extraordinario *extraordinary*
extremadamente *extremely*
extremo *extreme*

F

fábrica *factory*, 2
fabricar *to manufacture*
fácil *easy*, 10
fácilmente *easily*, 10
la facultad *school; faculty*
fachada *façade*
falda *skirt*, 6
falta *lack; need; fault*, 13;
hacer falta *to need; to be*
lacking, 13
faltar *to be lacking*, 5
fallecido *deceased*
fama *reputation; fame*
familia *family*, 1
familiar *relative; family*
member; familiar, family (adj.)
famoso *famous*, 9
fanatismo *fanaticism*
fantasía *fantasy*, 12
fantástico *fantastic*, 4
farmacéutico *pharmacist*
farmacia *pharmacy; drug-*
store, 12
farmacología *pharmacology*
fascinante *fascinating*
fascinar *to fascinate*, 13
favor: por favor *please*, 6
favorito *favorite*, 7
febrero *February*, 5
fecha *date* (calendar), 5
la **felicidad** *happiness*, 17
felicitar *to congratulate*, 2
feliz *happy, lucky*, 7
felizmente *happily;*
luckily, 10
femenino *feminine; female*

feminismo *feminism*

fenómeno *phenomenon*, 11

feo *ugly*, 2

ferrocarril *railroad*

fértil *fertile*

festejar *to celebrate; to fete*

festivo *festive; festival*, 7; **día festivo** *holiday*, 7

el fiambre *cold cut*

la **fiebre** *fever*, 14

fiel *faithful;* los fieles *the faithful* (religion)

fiesta *party*, 3

figura *figure*

fijar *to set* (a date); *to fix*, 18

fila *line; row*

el filete *fillet*

el **filme** *film, movie*, 4

filosofía *philosophy*, 4

el **fin** *end*, 8; **fin de semana** *weekend*, 12; **al fin** *at last, finally*, 8; **en fin** *finally*, 18; **por fin** *at last*, 13

el final *final*

financiero *financial; financier*

fino *fine; excellent*, 9

firmeza *firmness*

física *physics*, 4

físico *physical*

flaco *thin, skinny*, 2

flagrante *flagrant*, 11

flamenco *Flamenco;* Andalusian gypsy dance, song or music, 13

el flan *rich custard*

la **flor** *flower*, 5

Florida *Florida*, 5

flotante *floating*

el folklore *folklore*

folklórico *folkloric*, 16

fondo: en el fondo *in the background*

forma *manner, way, form, shape*

la formación *formation*

formalizar *to formalize*

formar *to form*

formidable *great*, 16

fortaleza *fortress*

fortuna *fortune*, 13

la **foto** *photograph*, 4

francamente *frankly*, 10

el **francés** *French language; French male*, 1; la **francesa** *French female*, 1

Francia *France*, 2

franco *frank, open, candid*, 10

la **frase** *phrase; sentence*, 4

frecuencia *frequency*

frecuentar *to frequent*, 12

frecuente *frequent*, 10

frecuentemente *frequently*, 10

freír *to fry*, 14

el **frente** *front;* frente a *in the front of;* en frente de *in front of*

fresco *fresh, cool*, 5

los **frijoles** *beans*

frío *cold*, 5; **Hace frío.** *It's cold.*, 5; **Tengo frío.** *I'm cold.*, 5

frito *fried*

el **frontón** *main wall of a handball court*

fruta *fruit*, 9

frutería *fruit store*

el **fútbol** *soccer; football*, 11

fue, fui (etc.) *preterit tense of both* **ir** *and* **ser**, 8

fuego *fire*

fuera *outside*

fuerte *strong*, 14

fuerza *strength; force; power*, 13; **Fuerza Aérea** *Air Force*, 13

fumar *to smoke*, 11

la **función** *performance; function*, 13

furioso *furious*, 11

el **fútbol** *soccer; football*, 11

el (la) **futbolista** *soccer player; football player*, 11

futuro *future*, 6

G

gala: de gala *formal, formal-dress*, 7

gallego *Galician*, 17

gallo *rooster; early morning serenade*

ganar *to gain, earn; to win*, 4

ganga *bargain*

gato *cat*, 11

gaucho *Argentine and Uruguayan cowboy*, 9

el Géminis *Gemini* (astrology)

general: por lo general *generally, usually*, 10

el general *general*

generalmente *generally*

generoso *generous*, 16

genio *genius; temperament, disposition*

la **gente** *people*

geografía *geography*, 4

gerundio *gerund, present participle*

el (la) **gigante** *giant*

gimnástico *gymnastic*

Ginebra *Geneva*

gira *outing; tour*

gitano(a) *gypsy*

gobernar (ie) *to govern*

gobierno *government*, 10

el **gol** *goal*, 11

el **golpe** *blow, knock*

golpear *to hit, strike, bump*, 7

gordo *fat*, 2

gozar (de) *to enjoy*

gracia *grace*

gracias *thank you*, 1

grado *degree* (temperature), 5; *grade* (school)

graduado *graduate*

gráfico *graphic*

gramática *grammar*, 11

gran *large, great* (before noun), 7

grande *big, large, great*, 3

gratificar *to gratify; to recompense, to reward*, 18

gratis *free*

griego *Greek*

gringo *Hispanic term for American*, 16

gris *gray*, 15

gritar *to shout, cry out*, 16

grito *scream; shout*, 7; **de último grito** *the latest thing*, 7

grupo *group*, 7

guapo *handsome; good-looking*, 2

guardar *to guard; to keep;* guardar línea *to keep in shape*

guatemalteco(a) *Guatemalan*

guerra *war,* 10

el (la) guía *guide; directory*

el (la) **guionista** *subtitle writer; scriptwriter,* 18

guitarra *guitar,* 16

el (la) guitarrista *guitarist*

gustar *to be pleasing; to like,* 5

gusto *pleasure,* 1; **a gusto** *at ease, comfortable,* 14; **Mucho gusto.** *Glad to meet you (Much pleasure).,* 1

H

Habana *Havana*

haber (he, ha) *to have* (auxiliary verb), 10

la habilidad *ability, skill*

habitualmente *habitually,* 10

hablar *to speak, talk,* 1; **hablar en serio** *to talk seriously,* 17

hacer (hago) *to do; to make,* 4; **Hace buen (mal) tiempo.** *It's good (bad) weather.,* 5; **Hace calor.** *It's hot.,* 5; **¿Hace cuánto tiempo que estás aquí?** *How long have you been here?,* 13; **Hace frío.** *It's cold.,* 5; **Hace sol.** *It's sunny.,* 5; **Hace viento.** *It's windy.,* 5; hacer compras *to go shopping;* **hacer deporte** *to play sports,* 14; **hacer falta** *to need; to be lacking,* 13; **hacer una pregunta** *to ask a question,* 16

el **hambre** (f.) *hunger,* 5; **Tengo hambre.** *I'm hungry.,* 5

hamburguesa *hamburger,* 9

hasta *until,* P; **Hasta la vista.** *I'll see you.,* P; **Hasta luego.** *Until later. (See you later.),* P; **Hasta mañana.** *Until tomorrow. (See you tomorrow.),* P; **hasta que** *until,* 17

hay *there is, there are* (from verb **haber**), 3; **Hay lluvia.** *It's rainy.,* 5; **Hay nieve.** *It's snowy.,* 5; **Hay nubes.** *It's cloudy.,* 5; **hay que** *it is necessary; one must,* 6; **Hay sol.** *It's sunny.,* 5; **Hay viento.** *It's windy.,* 5; **No hay de qué.** *It's nothing., Don't mention it.,* 7

hecho *done, made* (past part. of **hacer**); **hecho a la medida** *custom-made,* 7

helado *ice cream,* 9

heredar *to inherit,* 13

herencia *heritage, inheritance*

hermanito *little brother,* 6

hermano(a) *brother (sister),* 3

hermoso *beautiful,* 10

el **héroe** *hero*

la **heroína** *heroine*

hervir (ie, i) *to boil,* 5

hielo *ice*

hierba *herb*

hijo(a) *child; son (daughter),* 1; los **hijos** *children,* 1

el (la) hincha *spectator, fan*

hiponcondríaco(a) *hypochondriac*

hipotético *hypothetical*

hispánico *Hispanic*

hispano *Spaniard; Spanish American*

Hispanoamérica *Spanish America*

hispanoamericano *Spanish American*

historia *history,* 4; *story,* 11

histórico *historic*

hoja *leaf; razor blade,* 6

¡Hola! *Hello!, Hi!,* 1

el **hombre** *man,* 3

hombro *shoulder,* 14

el honor *honor*

hora *hour; time,* 3; **la hora de comer** *mealtime,* 7; **¡Ya era hora!** *It was about time!,* 18

horario *schedule*

horno *oven*

horóscopo *horoscope*

el **hospital** *hospital,* 1

el **hostal** *hostel, inn,* 17

el **hotel** *hotel,* 5

hoy *today,* 3; hoy día *today*

huelga *strike,* 15; **estar de huelga** *to be on strike,* 15

hueso *bone,* 14

el (la) **huésped** *guest,* 17

huevo *egg,* 9

huir *to flee, avoid, shun*

humano *human,* 4; el **ser humano** *human being,* 4

húmedo *humid,* 5

humilde *humble,* 16

el **humor** *humor,* 8; **ponerse de buen humor** *to get in a good mood,* 8; **ponerse de mal humor** *to get upset,* 8

I

idealista *idealist, idealistic,* 11

la **identidad** *identity*

identificar *to identify*

ideología *ideology*

el **idioma** *language,* 1

iglesia *church,* 6

igual *equal; equally;* **de igual a igual** *as an equal,* 16

la **igualdad** *equality*

igualmente *equally; the same to you,* 2

ilegal *illegal*

la **ilusión** *dream; illusion; hope*

ilustración *illustration*

la **imagen** *image*

la **imaginación** *imagination*

imaginar *to imagine,* 9

imperativo *imperative, command*

imperfecto *imperfect,* 10

la **implantación** *implantation,* 4

implantar *to implant,* 4

imponente *imposing*

imponer (impongo) *to impose,* 17; **imponerse** *to assume, to take upon,* 17

importado *imported*

importancia *importance*

importante *important,* 1

importantísimo *very important,* 10

importar *to be of importance; to concern; to matter,* 18
imposible *impossible,* 8
la impresión *impression*
impresionante *impressive,* 15
improvisado *improvised*
improviso *unexpected, unforeseen;* de improviso *unexpectedly, suddenly*
impulsivo *impulsive*
el **incidente** *incident,* 11
incluir (incluyo) *to include*
incrédulo *incredulous; unbelieving,* 15
increíble *incredible, unbelievable,* 16
indefinido *indefinite*
independencia *independence,* 7
la indicación *indication*
indicado *indicated*
indicar *to indicate,* 4
indicativo *indicative*
el (la) **indígena** *native, Indian; indigenous* (adj.)
indirecto *indirect*
industria *industry*
industrioso *industrious,* 14
inesperado *unexpected; accidental,* 15
infeliz *unhappy,* 14
infinitivo *infinitive*
la inflexión *inflection*
influencia *influence*
influyente *influential*
la información *information*
informar *to inform*
la **infracción** *infraction,* 11
ingeniería *engineering,* 4
ingeniero(a) *engineer,* 4
ingenioso *ingenious*
Inglaterra *England,* 2
el **inglés** *English language; English male,* 2; la **inglesa** *English female,* 2
inmediatamente *immediately*
inmediato *immediate;* de inmediato *immediately*
el (la) **inmigrante** *immigrant*
innecesario *unnecessary*
la inseguridad *insecurity*
la insensibilidad *insensitivity,*

hardheartedness
insistir *to insist,* 2
el (la) inspector(a) *inspector*
instalarse *to settle*
la institución *institution*
la instrucción *instruction*
instrumento *instrument*
insufrible *insufferable*
integrado *integrated*
la integridad *integrity*
intelectual *intellectual*
inteligente *intelligent,* 2
la **intención** *intention,* 11
intenso *intense*
el interés *interest*
interesante *interesting,* 4
interesantísimo *very interesting,* 10
interesar *to be interested*
internacional *international*
interpretar *to interpret,* 16
el (la) intérprete *interpreter*
interrogativo *interrogative*
íntimamente *intimately*
íntimo *intimate*
la **introducción** *introduction,* 15
inventar *to invent*
la investigación *investigation*
el (la) **investigador(a)** *investigator,* 4
invierno *winter,* 5
la **invitación** *invitation,* 15
invitar *to invite,* 13
la **inyección** *injection, shot,* 14
ir (irreg.) *to go,* 2; **ir de compras** *to go shopping,* 12; **irse** *to go away, leave,* 6
Irlanda *Ireland*
isla *island,* 14
italiano *Italian language; Italian male*
izquierdo *left,* 12; **a la izquierda** *to the left,* 12

J

jai alai *a Basque game similar to racquetball*
jamás *never; ever,* 14
el jamón *ham*
el jardín (pl. los jardines) *garden*
los **jeans** *jeans,* 7

el **jefe**, la **jefa** *chief; boss,* 13
el **jesuita** *Jesuit,* 10
el **jornal** *day's pay, wages; day's work,* 15
el (la) **joven** *young man (young woman),* P; los **jóvenes** *young people,* P
joya *jewel,* 12
joyería *jewelry store,* 12
jubilarse *to retire, to be pensioned; to rejoice*
juego *game; match,* 11
el **jueves** *Thursday,* 3
el (la) juez *judge*
el (la) **jugador(a)** *player*
jugar (ue) *to play,* 9
jugo *juice,* 9
julio *July,* 5
junio *June,* 5
junta *meeting*
juntar *to join, to unite, to get together*
juntos *together*
jurar *to swear,* 11
la juventud *youth*

K

kilómetro *kilometer,* 13

L

la *the* (f.), 1
laboratorio *laboratory,* 12
lado *side,* 14
lamento *lament*
lancha *boat*
langosta *lobster*
langostino *prawn; shrimp; crayfish*
el lanzador *pitcher (baseball)*
el **lápiz** (pl. **lápices**) *pencil,* 1
largo *long; generous; length;* a lo largo de *along*
las *the* (f. pl.), 1
lástima *pity; complaint,* 16
lastimar *to injure, to hurt*
lata *tin can*
el latín *Latin language*
latino(a) *a Latin* (person); *Latin* (adj.), 7

Latinoamérica *Latin America*, 8

latinoamericano *Latin American*

lavandería *laundry*, 12; **lavandería en seco** *dry cleaner*, 12

lavar *to wash*, 6; **lavarse** *to wash oneself*, 6

le *to him, her, it, you*, 5

la **lealtad** *loyalty, devotion*

la **lección** *lesson*, 2

lectura *reading*, 2

la **leche** *milk*, 9; leche malteada *milk shake*

el **lechón** *suckling pig*

leer *to read*, 2

legalmente *legally*

la **legumbre** *vegetable*, 9

lejos *far away*, 17

lengua *tongue; language*, 16; **Las malas lenguas pueden hablar.** *People may gossip.*, 16

el **león** *lion*, 8

les *to them, you* (pl.), 5

letra *letter* (of alphabet)

letrado *scholar*, 4

letrero *sign; poster*, 3

levantar *to raise, lift* (someone, something), 6; **levantarse** *to get up*, 6

la **ley** *law*

Líbano *Lebanon*

la **liberación** *liberation*

liberarse *to be liberated*

la **libertad** *liberty*

el (la) **libertador(a)** *liberator*

libre *free*, 13

libremente *freely*

librería *bookstore*, 12

libro *book*, 2; **Abran los libros . . .** *Open your books . . .*, P; **Cierren los libros.** *Close your books.*, P

licenciatura *Bachelor's degree*

liceo *secondary school*

el **líder** *leader*

liga *league*

ligado *tied to, bound to*

ligero *light*

limeño(a) *person from Lima*, 15

limpiar *to clean*, 12

lindo *wonderful; pretty; fine*, 5; **¡Qué lindo!** *How great!, How wonderful!*, 7

lingüístico *linguistic*

lista *list*

listo *ready; smart, bright*, 2

literalmente *literally*

literatura *literature*, 4

lo *it, him, you*, 4; **lo siento** *I'm sorry*, 6

lobo *wolf*

la **localidad** *place*, 4

loco *crazy person; crazy, mad*, 4

locura *insanity, madness*, 4

el (la) **locutor(a)** *announcer, commentator*, 4

lógico *logical*

lograr *to accomplish; to obtain*

logro *achievement*, 18

lomo *loin; rib*

Londres *London*, 13

los *the* (m. pl.), 1

lotería *lottery*, 12; el billete de lotería *lottery ticket*

lucero *bright star*

luchar *to fight, struggle*

luego *later; then; soon*, P

el **lugar** *place*, 1; en lugar de *instead of*

luna *moon*, 4

el **lunes** *Monday*, 3

lustrar *to shine*, 6; *to polish*, 12

la **luz** *light*; dar a luz *to give birth*

LL

llamar *to call*, 1; **llamarse** *to be called*, 1

llegar *to arrive*, 6; **llegar a este paso** *to reach this point*, 18

lleno *full*

llevar *to carry; to wear*, 6; **llevarse** *to carry away*, 6; *to get along*

llorar *to cry*, 8

llover (ue) *to rain*, 5

lluvia *rain*, 5; **Hay lluvia.** *It's rainy.*, 5

lluvioso *rainy*, 5

M

machismo *exaggerated masculine pride*

machista *male, masculine* (adj.), 18

macho *authoritarian; manly*, 16; *he-man* (noun)

madera *wood, lumber*

la **madre** *mother*, 3

madrileño(a) *Madrid resident*

madrina *godmother*

madrugada *early morning, dawn*

madrugar *to get up early*, 10

maestría *Master's degree*

maestro(a) *teacher; instructor*, 13

magnífico *magnificent*, 17

mago: los reyes magos *the Three Kings*

mal *bad; poor; ill; wrong*, 1; **Está mal.** *He's ill.*, 1

el **mal** *sickness*, 14; **mal de amores** *lovesickness*, 14

malagueña *a type of song*

malo *bad*

malteado *malted*

la **mamá** *mother*, 1

mandar *to send; to command; to order*, 14

mandato *command, mandate*

manejar *to handle; to drive*

manera *manner*; a su manera *in their own way*

la **manifestación** *demonstration; manifestation*, 15

manifestar (ie) *to manifest*

la **mano** *hand*, 1; de segunda mano *second-hand*

mantener (ie) (mantengo) *to maintain*

mantequilla *butter*, 9

manzana *apple*, 9

mañana *tomorrow; morning*, P; **por la mañana** *in the morning*, 10

las **mañanitas** *a song sung to*

celebrate one's birthday
máquina *machine*, 6
maquinaria *machinery*
maravilla *marvel, wonder*, 5
maravilloso *marvelous*
marcado *marked*
marcar *to mark; to dial* (telephone), 11
los mariachis *group of musicians* (Mexico)
marido *husband*, 16
mariposa *butterfly*, 5
marisco *seafood*
el mármol *marble*
marrón *brown*
el **martes** *Tuesday*, 3
martirio *martyrdom*
marzo *March*, 5
más *more*, 1; más de *more than*; **Más fuerte.** *Louder.*, P; **más o menos** *pretty good, so-so; more or less*, 1
masculino *masculine*
las **matemáticas** *mathematics*, 4
materia *material; subject*, 2
materialista *materialistic*
materno *maternal, mother* (adj.)
matrimonio *marriage; married couple*, 18
máximo *maximum*
maya *Mayan Indian*
mayo *May*, 5
mayonesa *mayonnaise*
mayor *older, greater*, 1
mayordomo *maitre d', head-waiter*
mayoría *majority*
mayúscula *capital* (letter)
me *me; myself*, 1
mecánico *mechanic*, 4
media *stocking*, 6
mediado *half over*, 11; **a mediados de** *about the middle of*, 11
la **medianoche** *midnight*, 3
medicamento *medicament*
medicina *medicine*, 2
médico *doctor*, 1; *medical*, 2
medida *measure; measurement*, 7; **hecho a la medida** *custom-made*, 7

medio(a) *half*, 3; medio ambiente *environment*; por medio de *by means of*
el **mediodía** *noon, midday*, 3
medir (i) *to measure*, 4
mejilla *cheek*
mejor *better*, 6; **el (la) mejor** *the best*, 10
mejorar *to improve*
melodía *melody*, 16
el melón *melon*
membrillo *quince*
memoria *memory*
mencionar *to mention*
menor *younger; smaller; lesser*, 10
menos *less, fewer*, 1; **a menos que** *unless*, 17; **al menos** *at least*, 9; **más o menos** *pretty good, so-so; more or less*, 1; **por lo menos** *at least*, 13
mentir (ie, i) *to lie (prevaricate)*, 16
mentira *lie*, 9
el **menú** *menu*, 9
menudo: **a menudo** *often*, 10
mercado *market*, 3
la merced *grace, mercy*
mercurio *mercury*, 15
merluza *hake* (fish)
el **mes** *month*, 5
mesa *table*, 6; en la mesa *on the table*; **poner la mesa** *to set the table*, 7
mesero *waiter* (Mexico)
meta *goal*
metro *meter*
metropolitano *metropolitan*
mexicano *Mexican*, 2
México *Mexico*, 1
mezquita *mosque*
mi *my*, 1
mí *me*, 5
el **miércoles** *Wednesday*, 3
miedo *fear*, 5; **Tengo miedo.** *I'm afraid.*, 5
la **miel** *honey*
miembro *member*, 1
mientras *while*, 17; **mientras que** *while, as long as*, 17; *whereas*

mil *one thousand*, 4; **mil quinientos(as)** *one thousand five hundred*, 4
milagrosamente *miraculously*
Milano *Milan*, 13
militar *military*
la militarización *militarization*
milla *mile*
millón *million*, 4; **un millón de . . .** *a (one) million . . .*, 4
millonario(a) *millionaire*, 12
mínimo *minimum*,
ministro *minister*, 13
minúscula *small* (letter)
minuto *minute*
mío(a) *mine*, 14
mirada *glance*, look
mirar *to watch, look at*, 8
mismo *self; same*, 12
la **mitad** *half; middle*, 15
mixto *mixed*, 9
moda *fashion; style*, 7; a la moda *fashionable*; de moda *fashionable*; de última moda *the latest fashion*
modelo *model*, 7
moderno *modern*, 4
modificar *to modify*
el (la) **modista** *dressmaker*, 4
modo *mode, manner; mood* (grammar); *way*
molestar *to bother, to molest*
molestia *bother*, 7
momentito *a short time, moment* (diminutive of **momento**), 3
momento *moment*, 13
mono(a) *monkey*, 7
montaña *mountain*, 5
montar *to mount; to ride; to put together* (a program, etc.), 13
el **montón** *pile; heap*, 12; **un montón de** *a lot of*, 12
monumento *monument*
morado *purple*, 15
moreno *dark, brown, brunette*, 2
morir (ue, u) *to die*, 6; **morirse** *to die unexpectedly*, 9

moro *Moor*
mostrar (ue) *to show*, 6
movimiento *movement*
mozo *young boy; waiter*, 9; buen mozo *good-looking*
muchacha *girl*, 1
muchacho *boy*, 1; los **muchachos** *boys; boys and girls*, 1
muchísimo *very much*, 17
mucho *much, a lot*, 1; muchos *many*
los **muebles** *furniture*
muela *back tooth; molar*, 14
el **muelle** *dock*
la **muerte** *death*
muerto *dead*
la **mujer** *woman*, 3
mundial *world (adj.)*, 11
mundialmente *throughout the world*
mundo *world*, 8; **todo el mundo** *everyone*, 9
la **municipalidad** *municipality*
muñeca *doll; wrist*
música *music*, 4
músico(a) *musician*, 16
muy *very*, 1

N

ná (colloquial) short for **nada** *nothing*, 15
nacer *to be born*
la **nación** *nation*, 12
nacional *national*
la nacionalidad *nationality*
nada *nothing*, 6; **nada de particular** *nothing special*, 9
nadar *to swim*, 11
nadie *no one*, 8
los **naipes** *playing cards*; jugar a los naipes *to play cards*
naranja *orange*, 9
la **narración** *narration*
natal *native (adj.)*, 10
naturalmente *naturally*
la **Navidad** *Christmas*, 7
necesario *necessary*, 5
la **necesidad** *necessity, need*
necesitar *to need*, 4
negativamente *negatively*

negativo *negative*, 1
la negociación *negotiation*
negocio *business deal; transaction; business, store*; hombre de negocios *businessman*
negro *black*, 15
nervioso *nervous*, 14
nevar (ie) *to snow*, 5
ni *nor*, 6; **ni . . . ni . . .** *neither . . . nor . . .*, 8
nieta *granddaughter*
nieto *grandson*
la **nieve** *snow*, 5; **Hay nieve.** *There is snow.*, 5
ninguno (ningún) *none*, 8
niño(a) *child*, 1; **de niño(a)** *as a child*, 10; los **niños** *children*, 1
el **nivel** *level*; nivel de vida *standard of living*
nocturno *nocturnal, night (adj.)*
la **noche** *night*, P; **Buenas noches.** *Good evening.*, P; **día y noche** *all the time*, 2
el **nombre** *name*, 4
normalmente *normally*
el **norte** *north*
Norteamérica *North America*, 2
norteamericano *North American*, 2
nos *us, to us*, 4
nosotros, nosotras *we; us (obj. of prep.)*, 1
nota *note*, 2; *mark, grade (school)*
notable *notable*
notar *to note; to notice*, 14
noticia *news; notice*, 15
novecientos(as) *nine hundred*, 4
novela *novel*, 9
noventa *ninety*, 3
novia *girlfriend; fiancée*, 6
noviembre *November*, 5
novio *boyfriend; fiancé*, 3
la **nube** *cloud*, 5; **Hay nubes.** *It's cloudy.*, 5
nublado *cloudy, overcast*, 5
nuestro *our*, 3

nueve *nine*, 3
nuevo *new*, 4; **¿Qué hay de nuevo?** *What's new?*, 9
número *number*, 3
numeroso *numerous*
nunca *never; ever*, 8
nutritivo *nutritious*

O

o *or*, 1
obedecer (obedezco) *to obey*, 18
obelisco *obelisk*
obispado *bishopric*
obispo *bishop*, 18
objetivo *objective*
objeto *object*
la obligación *obligation*
obligado *obliged*
obra *work; play (theatrical)*, 13
obrero(a) *worker*, 15
obvio *obvious*
la **ocasión** *occasion*, 11
océano *ocean*
octubre *October*, 5
el (la) **oculista** *oculist*, 14
ocupado *busy*, 18
ocupar *to occupy; to keep busy*, 18
ocurrir *to occur*, 11
ochenta *eighty*, 3
ocho *eight*, 3
ochocientos(as) *eight hundred*, 4
el **oeste** *west*
ofender *to offend*
ofensivo *offensive*
oficialmente *officially*
oficina *office*, 1
oficio *office (position); occupation*, 4
ofrecer (ofrezco) *to offer*, 4
oído *ear*, 14; *hearing*
oír (y) (oigo) *to hear*, 6
¡Ojalá! *I wish!, God grant!; Hopefully*, 15
ojo *eye*, 14
¡Olé! *Bravo!*, 9
olímpico *Olympic*

olvidadizo *forgetful*, 6
olvidar *to forget*, 10
el **ómnibus** *bus, omnibus*, 8
once *eleven*, 3
ópera *opera*, 13
la **opinión** *opinion*, 18
oponer (opongo) *to oppose*, 11; **oponerse** *to oppose*, 11
la **oportunidad** *opportunity*, 10
la **oposición** *opposition*
optimista *optimistic*
opuesto *opposite*
opulencia *opulence*
la **oración** *sentence; oration*
oreja *ear*
organizar *to organize*, 12
el **origen** *origin*
originalmente *originally*
oro *gold*, 14
orquesta *orchestra*, 16
ortográfico *spelling* (adj.)
os *you, to you* (fam. pl.), 4
otoño *autumn*, 5
otorgar *to present*
otro *other; another*, 1; **otra vez** *again*, 8

P

paciencia *patience*, 10
el (la) **paciente** *patient; patient* (adj.), 14
el **padre** *father*, 3; los **padres** *parents*, 3
padrinazgo *godfathership*
padrino *godfather*
paella *a dish of rice, meat, seafood, and vegetables*
pagar *to pay, pay for*, 5
página *page*, 4
el **país** *country*, 10
el **paisaje** *landscape*
pájaro *bird*, 12
palabra *word*, 15
palacio *palace*
palear *to shovel*
pálido *pale*, 14
palo *stick*, 11
el **pan** *bread*, 9
panadería *bakery*
Panamá (m.) *Panama*, 8

panamericano *Pan-American*
panecillo *small roll*
panorámico *panoramic*
pantaloncillo *shorts*
los **pantalones** *pants, trousers*, 6
pañero *textile*
papa *potato*, 14
el **papa** *pope*
el **papá** *father, papa*, 2
el **papel** *paper; role, part* (theater), 14
el **par** *pair*, 7
para *for; in order to*, 3; **para que** *in order that, so that*, 17
paraguayo *Paraguayan*
pardo *brown*, 15
parecer (parezco) *to look like, seem, appear*, 5
parecido a *related to*
la **pared** *wall*
pareja *pair; couple; partner*
el **paréntesis** *parenthesis*
el (la) **pariente** *relative; family member*, 10
París *Paris*, 13
el **parque** *park*, 1
párrafo *paragraph*, 15
parrilla *grill*
parrillada *grilled meat*
la **parte** *part*, 16; en todas partes *everywhere*
partera *midwife*
el (la) **participante** *participant*
participar *to participate*, 17
participio *participle*
particular *particular; private*, 9; **de particular** *special*, 9
partido *game* (sports); *party* (political), 9
parto *delivery, birth*
pasado *past, last* (adj.); *passed* (past part.), 8; el **pasado** *the past*, 8
pasajero *passenger*
el **pasaporte** *passport*, 14
pasar *to pass, to happen*, 2; **pasar por** *to pass by*, 2; **¿Qué pasó?** *What happened?*, 8
pasatiempo *pastime*, 9
pasear *to go for a walk, stroll;*

to go for a ride, 13
paseo *walk; trip*, 8; **llevar de paseo** *to take for a walk*, 8
la **pasión** *passion*, 13
pasivo *passive*, 16
paso *step*, 11; **llegar a este paso** *to reach this point*, 18
el **pastel** *cake, pastry*
pastilla *pill*, 14
patada *kick*, 11
paterno *paternal*
patria *native country; native* (adj.)
patriótico *patriotic*
patrocinar *to sponsor*
el **patrón**, la **patrona** *patron; boss;* (m.) *pattern* (for sewing), 17; **santo patrón** *patron saint*, 17
pavo *turkey*
la **paz** *peace*
el **peatón**, la **peatona** *pedestrian*
pedir (i) *to ask for; to request*, 4
peinado *hairdo*, 12
película *film; movie; picture*, 8; **película de terror** *horror movie*, 13
peligroso *dangerous*, 10
pelo *hair*, 12
pelota *ball*
peluquería *barbershop*, 12
penoso *difficult, arduous*
pensar (ie) *to think*, 3; **pensar en** *to think about*, 3
peor *worse*, 10; **el (la) peor** *the worst*, 10
pequeño *little, small; young*, 7
la **percusión** *percussion*
perder (ie) *to lose; to waste*, 6
el **perdón** *pardon, forgiveness*, 12
perdonar *to pardon; to excuse; to forgive*, 7
la **peregrinación** *pilgrimage*
peregrino(a) *pilgrim*
perezoso *lazy, slow*, 4
perfectamente *perfectly*, 1
perfecto *perfect*
la **perfume** *perfume*
perfumería *perfumery*
periódico *periodical; news-paper*, 6

periodismo *journalism*, 15
permiso *permission*, 7; **con permiso** *excuse me*, 7
permitir *to permit*, 2
pero *but*, 3
perpetuamente *perpetually*
perro *dog*, 11
perseverancia *perseverance*
persistir *to persist*
persona *person*, 1
personificar *to personify*
perspectiva *perspective, overview*
el **Perú** *Peru*, 2
peruano *Peruvian*
pesado *heavy*, 5
pesar *to weigh*
pesca *fishing* (sport)
pescado *fish*, 9
pescar *to fish*
peseta monetary unit in Spain, 13
peso unit of currency; *weight*, 9; aumentar de peso *to gain weight*
la petición *petition*
petróleo *petroleum*, 13
el (la) pianista *pianist*
piano *piano*, 6
picante *highly seasoned*
pico *peak*
el **pie** *foot*, 7; **a pie** *on foot*, 10
pierna *leg*, 11
pieza *piece*, 12
piloto *pilot*, 4
pimienta *pepper*, 9
pintar *to paint*, 14
pintoresco *picturesque*
piropo *compliment, flirtatious remark*
pisar *to step on*, 7
piscina *swimming pool*, 11
el Piscis *Pisces* (astrology)
placentero *pleasant, agreeable*
el **placer** *pleasure*, 1
el **plan** *plan*, 4
el **planeta** *planet*, 4
plata *silver; money* (slang), 12
plataforma *platform*
platea *orchestra* (theater)
platillo *small plate, saucer*, 9

plato *plate, dish*, 9
playa *beach*, 1
playera *T-shirt*
playero *beach* (adj.)
plaza *square, plaza*, 2
pleno *full*
pluscuamperfecto *pluperfect*
pobre *poor*, 2
la poción *potion*
poco *little, few*, 1; **un poco** *a little*, 1
poder (**ue, u**) *to be able*, 4; **¿Se puede?** *May I?*, 7
el **poder** *power*, 10
poderoso *powerful*
poesía *poetry*
el **poeta**, la **poetisa** *poet*, 17
poético *poetic*
el (la) **policía** *policeman* (*policewoman*), 4; la **policía** *police*, 4
politécnico *polytechnic*, 8
política *politics*, 16; *policy*
político *politician; political* (adj.), 18
pollo *chicken*
poner (**pongo**) *to put, to place*, 6; **poner la mesa** *to set the table*, 7; **ponerse** *to put* (*something*) *on*, 6; **ponerse a dieta** *to go on a diet*, 9; **ponerse de acuerdo** *to be in agreement*, 8; **ponerse de buen humor** *to get in a good mood*, 8; **ponerse de mal humor** *to get upset*, 8; **ponerse triste** *to become sad*, 8
la popularidad *popularity*
por *in; during*, 1; *for; by; through; at*, 2; **por ahora** *for now*, 13; **por escrito** *in writing*, 17; **por eso** *therefore, that's why*, 13; **por favor** *please*, 6; **por fin** *at last*, 13; **por la mañana** *in the morning*, 10; por la tarde *in the afternoon*; **por lo general** *generally, usually*, 10; **por lo menos** *at least*, 13; **por lo tanto** *there-*

fore; **por lo visto** *obviously*, 13; **por medio de** *by means of*; **¿por qué?** *why?*, 3
porcelana *porcelain*, 12
porque *because*, 3
el porqué *the reason why*
porteño *person from Buenos Aires*
portero *doorman*
el **portugués** *Portuguese language; Portuguese male*, 2; la **portuguesa** *Portuguese female*, 2
posesivo *possessive*
la **posibilidad** *possibility*, 10
posible *possible*, 3
posiblemente *possibly*, 17
la **posición** *position*
el **postre** *dessert*, 9
potencia *strength; force*
el **potencial compuesto** *conditional perfect*
práctica *practice*
practicar *to practice*, 17
práctico *practical*
precio *price*, 15
precioso *precious*, 17
precisamente *precisely*, 6
predicar *to preach*
preferencia *preference*
preferido *preferred*
preferir (**ie, i**) *to prefer*, 3
pregunta *question*, 2; **hacer una pregunta** *to ask a question*, 16
preguntar *to ask*, 11
preliminar *preliminary*; preliminares *preliminary lesson, front matter* (of book)
premio *prize*
prenda *article of clothing*
prender *to arrest, to seize, to grasp; to fasten*, 15
prensa *press; newspaper*, 15
preocuparse *to worry*, 6
la **preparación** *preparation; training*
preparar *to prepare*, 6; **prepararse** *to prepare, get* (*oneself*) *ready*, 7

preparatorio *preparatory*

la preposición *preposition*

presencia *presence*, 7

la **presentación** *presentation, introduction*, 1

presentar *to introduce; to present*, 11

presente *present* (adj.), 1

preservar *to preserve*, 10

el **presidente** *president*, 4

la presión *pressure;* presión de sangre *blood pressure*

preso *prisoner; imprisoned* (adj.), 10; **ser preso** *to be arrested*

prestar *to lend*, 5

prestigio *prestige*

prestigioso *prestigious*, 15

pretérito *preterit*

primario *primary*, 11

primavera *spring*, 5

primero (primer) *first*, 4

primo(a) *cousin*, 3

principalmente *principally*

principio *start, beginning*, 8

prisa *haste, hurry*, 5; de prisa *hurriedly;* **Tengo prisa.** *I'm in a hurry.*, 5

privado *private; deprived*, 10

privilegio *privilege*, 15

la probabilidad *probability*

probablemente *probably*

probar (ue) *to test; to try out*, 7; **probarse** *to try on*, 7

el **problema** *problem*, 7

la procesión *procession*

producir (produzco) *to produce*

producto *product*

la **profesión** *profession*, 4

profesional *professional*, 11

el (la) **profesor(a)** *professor; teacher*, P

el **programa** *program*, 9

el (la) **programador(a)** *programmer*, 4

programar *to program*, 4

progresar *to progress*, 13

progresivo *progressive*

progreso *progress*

prohibir (prohíbo) *to*

prohibit, to ban, 15

prometer *to promise*, 13

el **pronombre** *pronoun*, 4

pronto *soon*, 3; **tan pronto como** *as soon as*, 17

la pronunciación *pronunciation*

la **propiedad** *property; ownership*, 10

propina *tip* (money), 9

propio *own; proper, suitable*, 13

proponer (propongo) *to propose*

propósito: a propósito *by the way*, 6

prosaico *prosaic, prose*

proseguir (i) *to continue*

prosódico *prosodic*

protector *protective*

proteger (protejo) *to protect*

proteína *protein*

protesta *protest*

protestar *to protest*, 15

prototipo *prototype*

provecho *advantage; benefit; profit*, 7; **¡Buen provecho!** *Good appetite!*, 7

proveer *to provide; to furnish, to settle*

proverbio *proverb; saying*

próximo *next*, 12

el proyectil *missile, projectile*

proyecto *project*

prueba *proof; trial; test*

el (la) **psicoanalista** *psychoanalyst*, 14

psicología *psychology*

publicar *to publish*, 12

público *public*, 1

pueblo *village, town; people*

puerta *door*, 12

puerto *port*, 16

puertorriqueño(a) *Puerto Rican*, 16

pues *well, then, anyhow*, 4

puesto *position; office; booth, stand*

pulgada *inch*

punto: en punto *sharp, exactly* (time)

la puntuación *punctuation*

puñado *handful*

pupila *pupil* (eye)

el puré *purée;* puré de papas *mashed potatoes*

puro *pure*

Q

que *that*, 3

¿qué? *what?*, 1; **¿Qué hay de nuevo?** *What's new?*, 9; **¿Qué le parece . . .?** *What do you think. . .?, How do you like . . .?*, 5; **¡Qué lindo!** *How great!*, 17; **¿Qué pasó?** *What happened?*, 8; **¡Qué va!** *No way!*, 2

quedar *to remain, stay; to be left*, 7; **Le queda muy bien.** *It fits you very well.*, 7

el quehacer *task, chore;* quehaceres de la casa *household duties*

queja *complaint*

querer (ie) *to want, wish*, 3; *to love;* querer decir *to mean, to signify*

querido(a) *dear; loved one*, 18

queso *cheese*, 9

quien *whom; he who*, 10; de quien *whose*

¿quién? *who?*, 1

química *chemistry*, 4

quince *fifteen*, 3

quinientos(as) *five hundred*, 4

quinto *fifth*

quizás *perhaps, maybe*, 3

R

la **radio** *radio*, 6

la raíz *root, stem*

rajarse *to back down, to give up*

ramo *branch; bunch*

rancho *ranch; farm*, 10

rápidamente *rapidly*, 10

rápido *rapid, fast*, 6

raro *rare; strange*

rascacielo *skyscraper*

rasgo *characteristic, trait*

rato *time; while*, 13; **un buen rato** *quite a while*, 13

raza *race* (ethnic), 7
la razón *reason*, 5; **Tengo razón.**
  I'm right., 5
razonable *reasonable*
la reacción *reaction*
real *real; royal*
la realidad *reality*
realista *realistic*
realizar *to fulfill, to carry
  out*, 18
rebaja *discount*, 15
rebajar *to lower* (prices)
la rebelión *rebellion*
rebosado *overflowing*
rebosar *to overflow*
la recepción *reception*
el (la) **recepcionista** *receptionist*, 14
receta *recipe; prescription*, 13
recetar *to prescribe*
recibir *to receive, get*, 7
reclamar *to call for; to claim,
  demand*
recobrar *to recover*, 14
recoger (recojo) *to pick up; to
  collect*, 7
recomendar *to recommend*
reconocer (reconozco) *to
  recognize*
reconquista *reconquest*
recordar (ue) *to remember*, 17
recreo *recreation*
recuerdo *souvenir; remembrance; keepsake*, 12
la red *net*
el (la) **redactor(a)** *editor*, 15
reducir (reduzco) *to reduce*
reemplazar *to replace*
referencia *reference*, 8
referir (ie, i) *to refer*
reflejar *to reflect*
reflexivo *reflexive*
el **refrán** *saying; proverb*, 8
refresco *soft drink; refreshment*, 18
regalo *gift*, 3
regañar *to scold; to quarrel*, 9
regatear *to bargain*
regazo *lap*
la región *region*
regla *rule*
regresar *to return*, 3

reina *queen*, 9
reinar *to reign*
reír *to laugh*
la relación *relation*
relativamente *relatively*
religioso *religious*
el reloj *watch, clock*
remedio *remedy; solution*
remoto *remote*
renombrado *renowned*
repaso *review*
repente: de repente *suddenly,
  all of a sudden*, 11
repetir (i) *to repeat*, 4
reportar *to report*
reportero(a) *reporter*
reposo *rest*, 14
represalia *reprisal*
república *republic*
la reputación *reputation*
la reservación *reservation*
resfriar *to cool*
residencia *residence, home;
  dormitory*
residencial *residential*
el (la) **residente** *resident*, 15
resolver (ue) *to resolve*, 18
respectivo *respective*
respecto *respect; reference;*
  con respecto a *with respect
  to; with regard to*
respeto *respect, consideration*, 14
responder *to respond, answer*, 8
la responsabilidad *responsibility*
respuesta *answer, response*, 17
el **restaurante** *restaurant*, 1
resto *rest, remainder*, 9
la restricción *restriction*
resultado *result*
el resumen *summary*
la **reunión** *gathering, meeting*, 1
reunir *to assemble; to reunite*
revista *magazine*, 8
la **revolución** *revolution*, 10
revolucionario *revolutionary*
el **rey** *king*, 7
rico *rich*, 2
ridículo *ridiculous*, 12
rima *poem; rhyme*

el rincón *corner*
río *river*
riquísimo *very delicious; very
  rich*
ritmo *rhythm*, 16
rito *rite*
robar *to rob*
robo *robbery*
el **rock 'n' roll** *rock 'n' roll*, 2
rodilla *knee*
rodillera *knee guard*
rogar (ue) *to request*
rojo *red*, 15
el rol *roll*
romántico *romantic*
romper *to break; to tear*, 11
roncar *to snore*, 16
ropa *clothing*, 6
rosado *pink*, 15
roto *broken; torn*, 11
rotundamente *roundly, categorically*, 17; **rotundamente
  no** *absolutely not*, 17
rubio *blond(e), fair*, 2
ruina *ruin*
rumba *a Latin American
  dance*
Rusia *Russia*
ruso *Russian language*, 3
rutina *routine*, 6

S

sábado *Saturday*, 3
saber (sé) *to know*, 4
sabio *learned, wise*
sabrosísimo *very tasty; savory*
sabroso *delicious; tasty*, 9
sacar *to take out*, 4
Sagitario *Sagittarius*
  (astrology)
la **sal** *salt*, 9
sala *room*, 7
salario *wage*, 15
salir (salgo) *to leave*, 3; salir
  bien *to pass* (exam)
el **salón** *salon; room*, 12
el salpicón *cocktail* (food)
salsa *salsa* (dance), 2
¡Salud! *Your health!; Bless
  you!*, 7; *Greetings!*

saludar *to greet*, 1
saludo *greeting*, P
salvar *to save*
salvo *safe* (adj.), 10; **a salvo** *safe, out of danger*, 10; **sano y salvo** *safe and sound*, 10
san *saint*, 16; San Nicolás *St. Nicholas* (Santa Claus)
sandalia *sandal*, 7
el (la) **sandinista** *Sandinista*, 10
el **sandwich** *sandwich*, 9
la **sangre** *blood*
sangría *fruit drink with wine*, 2
sano *healthy; sane*, 14; **sano y salvo** *safe and sound*, 10
¡Santiago y a ellos! *Santiago and at 'em!* (famous battle cry), 17
santiagués pertaining to Santiago de Compostela, 17
santo(a) *saint*, 7; (adj.) *holy*
el **sastre**, la **sastra** *tailor, tailoress*
sastrería *tailor shop*, 12
la **satisfacción** *satisfaction*
se (sing.) *himself, herself, itself, yourself*; (pl.) *themselves, yourselves*, 1; **¡Se acabó!** *That does it!, It's finished!*, 11; **¿Se puede?** *May I?*, 7
la **sección** *section*
seco *dry*, 12
secretario(a) *secretary*, 2
secreto *secret*, 7
secuencia *sequence*
secundario *secondary*
la **sed** *thirst*, 5; **Tengo sed.** *I'm thirsty.*, 5
seda *silk*, 7
las seguidillas a type of Spanish song
seguir (i) (sigo) *to follow; to continue*, 4
según *according to*, 11
segundo *second*, 13
la **seguridad** *security, safety*
seguro *sure, certain* (adj.), 7; *insurance*, 14; **Seguro Social** *Social Security*, 14

seis *six*, 3
seiscientos(as) *six hundred*, 4
la **selección** *selection*
sello *seal; stamp*, 12
semana *week*, 3; la semana pasada *last week*; la semana que viene *next week*; Semana Santa *Holy Week*
semejante *similar, like*
el **semestre** *semester*
el **senador** *senator*
sencillo *simple, plain; single*, 17
la **sensación** *sensation*, 7
sentar (ie) *to seat*, 6; **sentarse** *to sit down*, 6
sentimiento *sentiment*
sentir (ie, i) *to feel; to regret*, 6; **sentirse (mal)** *to feel (ill)*, 6
señor *Mr.; sir; gentleman*, P
señora *Mrs.; ma'am; lady*, P
señorita *Miss*, P
la **separación** *separation*
separado *separated, apart*
septiembre *September*, 5
ser (irreg.) *to be*, 2
serenata *serenade*
sereno *night watchman*; (adj.) *serene*
seriamente *seriously*, 18
la serie *series*
serio *serious*, 14; **hablar en serio** *to talk seriously*, 17
servicio *service*, 12; **los servicios** *the bathroom*, 12
servilleta *napkin*, 9
servir (i) *to serve*, 4
sesenta *sixty*, 3
setecientos(as) *seven hundred*, 4
setenta *seventy*, 3
severo *severe; rigorous*
las sevillanas a type of Spanish song and dance (of Seville)
sexo *sex*
sexto *sixth*
si *if*, 6
sí *yes*, 1
siempre *always*, 1
siesta *nap, rest*, 6
siete *seven*, 3

siglo *century*, 13
significado *meaning, significance*
significar *to mean*, 4
signo *sign*
siguiente *following*, 10
sílaba *syllable*
silla *chair*
simbolizar *to symbolize*
simpático *friendly, agreeable*, 2
simpatiquísimo *very friendly*, 10
el (la) simpatizante *sympathizer*
simplemente *simply*
sin *without*, 7; **sin duda** *without a doubt, no doubt*, 17; **sin embargo** *nevertheless; however*, 14; **sin que** *without, unless*, 17
sindicato *union*, 15
sinfonía *symphony*, 16
sino *but, but rather*, 12
sinónimo *synonym*
la **síntesis** *synthesis*
el **síntoma** *symptom*
el (la) **sinvergüenza** *scoundrel; shameless* (adj.); *brazen*
el sistema *system*
la **situación** *situation*, 18
sobre *upon, over, on, about*, 4
sobretodo *overcoat*, 5
sobrina *niece*
sobrino *nephew*
la sociedad *society*
sociología *sociology*, 4
el **sol** *sun*, 5; **Hace sol., Hay sol.** *It's sunny.*, 5
solamente *only, solely*
soldado *soldier*
solemne *solemn*
soler (ue) *to usually (do something); to be in the habit of*
solicitar *to request*
la **solicitud** *petition; request; solicitude*, 13; *application*
solo *alone*, 2
sólo *only, solely* (adv.), 9
soltera *single girl*
soltero *single man, bachelor*
la solución *solution*

sombrero *hat*, 6
sonido *sound*
sonrisa *smile*
soñar (con) *to dream (about)*
sopa *soup*
sorprendente *surprising*
sorprender *to surprise*
sorpresa *surprise*, 10
sosegado *peaceful*, 16
soviético *Soviet*
su *his, her, your, their, one's, its*, 1
subir *to come up; to go up; to climb*, 10; **subir al poder** *to come to power*, 10
subjuntivo *subjunctive*
subordinado *subordinate*
subsiguiente *subsequent*
sud *south* (adj.)
Sudáfrica *South Africa*
Sudamérica *South America*, 11
suegra *mother-in-law*
suelo *floor; ground*, 11
sueño *dream; sleep; sleepiness*, 5; *dream*, 13; **Tengo sueño.** *I'm sleepy.*, 5
la **suerte** *luck*, 12; **tener suerte** *to be lucky*, 12
el **suéter** *sweater*, 11
suficiente *sufficient*, 13
sufrir *to suffer*, 10
sugerir (ie, i) *to suggest*, 12
sujeto *subject*
sumamente *most; exceedingly, highly*
sumiso *submissive*
la superioridad *superiority*
superlativo *superlative*
supermercado *supermarket*, 1
superpotencia *superpower*
suponer (supongo) *to suppose*, 9
supremo *supreme*
supuesto (past part. of **suponer**) *supposed;* por supuesto *of course, naturally*
el **sur** *south*
el **suroeste** *southwest*
surtido *selection; supply; variety*, 9

sustantivo *noun*
sustituir (sustituyo) *to substitute*
suyo(a) *his, her, its, your (formal), their, one's*, 14; *of his, hers, its, yours (formal), theirs, one's*, 14

T

tabaco *tobacco*, 12
taberna *tavern*, 3
tabla *board;* tabla de madera *plank, wooden board*
tablado *stage, platform*, 13
tablao *Flamenco show; stage* (short for **tablado** *platform*), 13
tal: ¿Qué tal? *How's it going?*, 1; **tal vez** *perhaps*, 15; **con tal (de) que** *provided that*, 17
el **taller mecánico** *garage*, 4
tamaño *size*, 7
también *also*, 1
tampoco *neither, not either*, 6
tan *so, as*, 10; **tan pronto como** *as soon as*, 17
tanto *as (so) much*, 6; por lo tanto *therefore*
tapar *to cover up, protect*
tapas *hors d'oeuvres*, 2
taquilla *box office*
taquillero(a) *ticket seller*
tardar *to be late*, 18
tarde *late*, 3
la **tarde** *afternoon*, P; **Buenas tardes.** *Good afternoon.*, P; por la tarde *in the afternoon*
tarea *task, job, homework*, 7
tarifa *fare; tariff, tax*
tarjeta *postcard; card*
tarta *tart*
Tauro *Taurus* (astrology)
el **taxi** *taxi*, 10
el (la) **taxista** *taxi driver*, 14
taza *cup*, 9
te *you, yourself* (fam.), 1
el **té** *tea*, 8
teatro *theater*, 3
técnico(a) *technician; technical*

(adj.)
tejano *Texan*, 10
Tejas (m.) *Texas*, 6
tejer *to weave*
tela *cloth, fabric*
teléfono *telephone*, 3
la **televisión** *television*, 8
el **tema** *theme, topic*, 4
temer *to fear*, 15
temperatura *temperature*, 5
temprano *early*, 3
tendencia *tendency*
el **tenedor** *fork*, 9
tener (ie) (tengo) *to have*, 3; **tener cuidado** *to be careful*, 13; **tener dolor de . . .** *to have a pain in . . .*, 14; **tener éxito** *to succeed*, 13; **tener que** *to have to*, 3; **tener suerte** *to be lucky*, 12; **Tengo _____ años.** *I'm _____ years old.*, 5; **Tengo calor.** *I'm warm.*, 5; **Tengo celos.** *I'm jealous.*, 5; **Tengo frío.** *I'm cold.*, 5; **Tengo hambre.** *I'm hungry.*, 5; **Tengo miedo.** *I'm afraid.*, 5; **Tengo prisa.** *I'm in a hurry.*, 5; **Tengo razón.** *I'm right.*, 5; **Tengo sed.** *I'm thirsty.*, 5; **Tengo sueño.** *I'm sleepy.*, 5
el **tenis** *tennis*, 10
el **teniente general** *lieutenant general*
tenorio *Don Juan, lady killer*
la **tensión** *tension, stress*, 6
la **tentación** *temptation*
teología *theology*
el **tequila** *tequila*, 2
tercero (tercer) *third*
la **terminación** *termination; ending*
terminar *to finish, end, terminate*, 8
término *term;* término medio *medium done* (food)
terminología *terminology*
el **terror** *terror*
terrorismo *terrorism*
el (la) **terrorista** *terrorist*

tesoro *treasure*

la tez *complexion; skin*

ti *you, yourself* (fam.), 5

tía *aunt*, 3

tiempo *time*, 1; *weather*, 5; *period* (sports), 11; **a tiempo** *on time*, 15; **Hace buen (mal) tiempo.** *The weather's nice (bad).*, 5

tienda *shop, store*, 4

tierra *land; country; earth; field*, 10

tímido *timid, shy*

tina *bathtub*, 6

tío *uncle*, 3

típico *typical*, 12

tipo *type, kind*, 4; *guy*

tirar *to throw; to throw out; to shoot*, 11

el **titular** *headline*, 15

título *title*

el **tocadiscos** *record player*, 16

tocar *to play* (an instrument), *to touch*, 6

todavía *still, yet*

todo *all*, 3; *everything*; **todo el mundo** *everyone*, 9; **todos los días** *every day*, 3

tomar *to drink; to take*, 2

el **tomate** *tomato*, 9

tomo *volume* (book)

tonto *dumb, foolish, stupid*, 2

toro *bull*

tortilla *flat corn cake; omelet*

torturar *to torture*

la **tos** *cough*, 14

el (la) **trabajador(a)** *worker*, 4

trabajar *to work*, 2; **trabajar de** *to work as*, 18

trabajo *work, job*, 4

la **tradición** *tradition*, 18

tradicional *traditional*

tradicionalmente *traditionally*

traducir (traduzco) *to translate*, 15

traer (traigo) *to bring*, 6

tragedia *tragedy*, 8

el **traje** *suit*, 6

tranquilo *tranquil, calm, calmly*, 6; **¡Tranquilo!** *Take it easy!*, 6

la **transformación** *transformation*

trapo *rag*

el **trasplante** *transplant; transplanting*, 4

tratamiento *treatment*

tratar *to treat; to discuss*, 9; **tratar de** + inf. *to try to* (do something), 9

el **trauma** *trauma*, 14

trece *thirteen*, 3

treinta *thirty*, 3

treinta y cinco *thirty-five*, 3

treinta y cuatro *thirty-four*, 3

treinta y dos *thirty-two*, 3

treinta y nueve *thirty-nine*, 3

treinta y ocho *thirty-eight*, 3

treinta y seis *thirty-six*, 3

treinta y siete *thirty-seven*, 3

treinta y tres *thirty-three*, 3

treinta y uno *thirty-one*, 3

tremendo *tremendous*

el **tren** *train*, 17

tres *three*, 3

trescientos(as) *three hundred*, 4

triste *sad*, 8

tristeza *sadness*

trotar *to jog, to trot*

trucha *trout*

tu *your* (fam.), 1

tú *you* (fam.), 1

tumba *tomb, grave*

tumulto *tumult, rioting*

tuna *minstrels*

turismo *tourism*, 4

el (la) **turista** *tourist*, 18

turno *turn*

tutear *to address each other using familiar forms*

tuyo(a) *your* (fam.); *of yours*, 14

U

u *or* (used for **o** before a word beginning with an /o/ vowel sound)

último *last; latest*, 7

ultraizquierdo *extreme left*

ultramarino *overseas*

un, una *a, an; one*, 1

únicamente *only, solely*

único *unique, sole, only*, 8

la unidad *unity; unit*

unido *united*, 1

el uniforme *uniform*

la unión *union*

unir *to unite*

la **universidad** *university*, 1

universitario *university student; university* (adj.); *ciudad universitaria university campus*

uno *one*, 3

unos, unas *some*, 2

urbano *urban*

urgente *urgent*, 17

uruguayo(a) *Uruguayan*

usado *used*

usar *to use*, 13

uso *use*

usted (Ud.) *you* (formal sing.), 1

ustedes (Uds.) *you* (formal pl.), 1

usualmente *usually*, 10

utensilio *utensil*

útil *useful*, 1

la utilidad *usefulness, utility*

utilizar *to utilize*

uva *grape*

V

vaca *cow*, 4

la **vacación** *vacation*, 5; **las vacaciones** *vacation*

el (la) vacacionista *vacationer*

vago *vague; lazy*

valenciano *Valencian*

valer (valgo) *to be worth*, 12

el **valor** *value, worth, courage*

el **vals** *waltz*, 2

el **vapor** *steamboat*, 16; *vapor*

variado *varied*

variar *to vary*

la **variedad** *variety*

varios *various, several*, 16

vasco *Basque*

las Vascongadas *Basque provinces*

vaso *drinking glass; vase*, 9

¡Vaya! *Go on!*, 8
vecino(a) *neighbor*, 13
veinte *twenty*, 3
veinticinco *twenty-five*, 3
veinticuatro *twenty-four*, 3
veintidós *twenty-two*, 3
veintinueve *twenty-nine*, 3
veintiocho *twenty-eight*, 3
veintiséis *twenty-six*, 3
veintisiete *twenty-seven*, 3
veintitrés *twenty-three*, 3
veintiuno *twenty-one*, 3
la velocidad *velocity*
venda *bandage*, 14
el (la) **vendedor(a)** *salesperson, clerk*, 12
vender *to sell*, 6
venezolano *Venezuelan*, 3
venganza *revenge*
venir (ie) (vengo) *to come*, 3
venta *sale*
ventana *window*, 14
ver *to see*, 3
verano *summer*, 5
veras: de veras *really, truly*, 7
verbo *verb*, 8
la **verdad** *truth*, 1
verdadero *real, true*
verde *green*, 15; **verde claro** *light green*, 15
verdulería *green vegetable shop*
las **verduras** *vegetables; greens*, 9
la **versión** *version*, 15
vestido *dress*, 6
vestir (i) *to dress*, 4; **vestirse**

to get dressed, 4
veterinario(a) *veterinarian*, 4
la **vez** *time, occasion*, 8; a veces *at times*; cada vez más *more and more*; **de vez en cuando** *once in a while*, 10; **en vez de** *instead of*, 18; **otra vez** *again*, 8; **tal vez** *perhaps*, 15; una vez *once*
vía *way, road*
viajar *to travel*, 12
el **viaje** *trip*, 4
víctima *victim*, 15
vida *life*, 2
viejo *old, ancient*, 14
viento *wind*, 5; **Hace viento., Hay viento.** *It's windy.*, 5
el **viernes** *Friday*, 3
vigilancia *vigilance*
vigoroso *vigorous*
villa *town; village*
vinagreta *vinegar sauce*
vino *wine*, 9
viña *vineyard*
violencia *violence*
violento *violent*
visa *visa*
visita *visit*, 7
visitar *to visit*, 3
vista *sight; view*, P; **Hasta la vista.** *Until I see you., I'll see you.*, P
vitamina *vitamin*
viuda *widow*
¡viva! *long live!*, 9
vivir *to live*, 1

vivo *alive*, 10; a lo vivo *alive, living; vivid*
vocabulario *vocabulary*, 1
vocacional *vocational*
volar (ue) *to fly*, 12
el volcán *volcano*
el **vólibol** *volleyball*
voluminoso *voluminous*, 14
volver (ue) *to return*, 4; **volver en sí** *to come back to oneself*, 14
vosotros, vosotras *you (fam. pl.)*, 1
la **voz** *voice*, 13; **en voz alta** *aloud*, P
vuelta *return*, 5
vuestro *your (fam. pl.)*, 3

Y

y *and*, 1
ya *already; now; right away*, 3; **¡Ya era hora!** *It was about time!*, 18; **¡Ya lo creo!** *I believe it!*, 3
yo *I*, 1

Z

zapatería *shoe shop; shoe store*, 12
zapato *shoe*, 6
¡zas! *bang!, boom!*, 8
zodíaco *zodiac*, 12
zona *zone*
zoología *zoology*, 4

This vocabulary includes equivalents for the active vocabulary of the textbook and for all translation exercises in the textbook and the workbook. The following abbreviations are used:

adj.	*adjective*	ind. obj.	*indirect object*	pl.	*plural*
adv.	*adverb*	inf.	*infinitive*	prep.	*preposition*
conj.	*conjunction*	m.	*masculine*	pron.	*pronoun*
dir. obj.	*direct object*	obj.	*object*	sing.	*singular*
f.	*feminine*	obj. of prep.	*object of preposition*		

A

a un, una; **a little** un poco; **a lot** mucho; **a lot of** un montón de
abandon abandonar; dejar
ability la habilidad
about acerca de; de; sobre; **about the middle of** a mediados de
above arriba
absolute absoluto
absolutely absolutamente; **absolutely not** rotundamente no
absurd absurdo
academic académico
accelerated acelerado
accent acento
accept aceptar
acceptance la aceptación
accessible accesible
accident el accidente; **by accident** por accidente
accidental inesperado
accompany acompañar
accomplish lograr
according to según
account cuenta
accountant el(la) contador(a)
accounting la contabilidad
accumulate acumular
accustom acostumbrar
accustomed acostumbrado
achievement logro
act *noun* acto; *verb* actuar

action la acción
activity la actividad
adapted adaptado
add añadir
addition: in addition además
address la dirección
adjective adjetivo
adjust ajustar; arreglar
administration la administración
administrator el(la) administrador(a)
admit admitir
advancement adelanto
advantage provecho; **take advantage of** aprovechar (de)
adverb adverbio
adverbial adverbial
advice consejo
advise aconsejar
aerial (*adj.*) aéreo
aeronautic aeronáutico
affection cariño
affectionate cariñoso
affirmative afirmativo
affirmatively afirmativamente
afford costearse
Afghanistan Afganistán
afraid: I'm afraid. Tengo miedo.
Africa África
African africano
after después (de) que
afternoon la tarde; **Good afternoon.** Buenas tardes.

afterwards después
again otra vez
against contra
age la edad
aged anciano
agent el(la) agente
agitated agitado
agree estar de acuerdo; convenir (ie)
agreeable simpático, agradable; placentero
agreement acuerdo; **be in agreement** ponerse de acuerdo
ahead adelante
air el aire; **Air Force** Fuerza Aérea
airline aerolínea
airplane el avión
airport aeropuerto
alas! ¡ay!
alcoholic alcohólico
alive vivo
all todo; **all day** todo el día; **all of a sudden** de repente; **All right.** Está bien.; **all the time** día y noche
allergy alergia
almost casi
alone solo
alphabet alfabeto
already ya
also también
alternate alternar
alternative alternativo

517

although aunque
altitude altura
always siempre
amateur aficionado(a)
ambassador el(la) embajador(a)
ambitious ambicioso
America América
American americano
among entre
amuse divertir (ie, i)
amusement la diversión
an un, una
ancient antiguo, viejo
and y, e (*used before a word beginning with the vowel sound* i)
Andalusia Andalucía
angry enojado
animated animado
animation la animación
announce anunciar
announcer el(la) locutor(a)
annually anualmente
another otro
answer *verb* contestar, responder; *noun* respuesta, la contestación
anti-American antiyanqui
anti-Yankee antiyanqui
any alguno, alguna
anyhow pues
anything algo
apartment apartamento; (*Uruguay*) departamento
apostle el apóstol
appear aparecer (aparezco); parecer (parezco)
appetite apetito; **Good appetite!** ¡Buen provecho!
applaud aplaudir
apple manzana
application la aplicación
appointment cita
appreciate apreciar
appropriate apropiado
April abril
architect arquitecto
arduous penoso
Argentine argentino
Argentinian argentino
arm brazo
armor armamento

arms armamento
arrange arreglar
arrest prender
arrive llegar
art el arte (*f.*); **fine arts** bellas artes
article artículo; **article of clothing** prenda
artificial artificial
artist el(la) artista
artistic artístico
as como, tan, tanto; **as if** como si; **as long as** mientras (que); **as (so) much** tanto; **as much as** tan (tanto) como; **as soon as** en cuanto, tan pronto como
ask preguntar; **ask a question** hacer una pregunta; **ask for** pedir (i)
aspirin aspirina
assemble reunir
assistance ayuda
assistant el(la) asistente; el(la) ayudante
association la asociación
assume imponerse
assure asegurar
astronaut el(la) astronauta
at en; a; por; **at ease** a gusto; **at last** al fin, por fin; **at least** al menos, por lo menos; **at once** en seguida, inmediatamente
athlete el(la) atleta; el(la) deportista
athletics atletismo
attack atacar
attain alcanzar
attend asistir
attendance asistencia
attendant el(la) asistente
attitude la actitud
attract atraer
August agosto
aunt tía
authentic auténtico
authentically auténticamente
author el(la) autor(a)
authoritarian macho
automobile el coche, carro, auto, el automóvil
autonomous autónomo
autonomy autonomía
autumn otoño

available disponible
avenue avenida
aviation la aviación
avoid evitar
awaken (someone) despertar (ie)
Aztec el(la) azteca

B

bachelor soltero; **Bachelor's degree** licenciatura
back down rajarse
back tooth muela
bad mal
bakery panadería
balcony el balcón
ball pelota
ball-point pen bolígrafo
ballet el ballet
ban prohibir (prohíbo)
bandage venda
bang! ¡zas!
bank banco
banker banquero
baptism bautismo
baptize bautizar
bar el bar
barbaric bárbaro
barbarism la barbaridad
barbarous bárbaro
barbecued steak churrasco
barbershop peluquería
bargain *noun* ganga; *verb* regatear
baseball el béisbol
based basado
basic básico
basis la base
basket canasta
basketball el básquetbol
Basque vasco; **Basque provinces** las Vascongadas
bathe (something) bañar; **bathe oneself** bañarse
bathroom los servicios
bathtub tina
battle batalla
be estar (estoy); ser (*irregular*); **be able** poder (ue); **be afraid** tener miedo; **be all right** estar bien; **be born** nacer; **be called** llamarse;

be careful tener cuidado; **be cold**
tener frío; hacer frío; **be comfortable** estar a gusto; **be fine** estar
bien; **be glad** alegrarse; **be
hungry** tener hambre; **be hot**
hacer calor; **be in agreement**
ponerse de acuerdo; **be in a hurry**
apurarse, tener prisa; **be interested** interesar; **be intimidated**
achicarse; **be lacking** faltar; **be
late** tardar; **be left** quedar; **be
liberated** liberarse; **be lucky** tener
suerte; **be mistaken** equivocarse;
be of importance importar; **be on
strike** estar de huelga; **be painful**
doler (ue); **be pleasing** gustar; **be
right** tener razón; **be sleepy** tener
sueño; **be sorry** sentirlo (ie),
sentir (que); **be suitable** convenir
(ie); **be thirsty** tener sed; **be used
to** acostumbrar; **be windy** hacer
viento; **be worth** valer (valgo); **be
wrong** equivocarse
beach playa; playero (*adj.*)
beat (*of music*) el compás
beautiful hermoso, bello, bonito
beauty belleza
because porque
become: **become aware of** darse
cuenta de; **become engaged**
comprometerse; **become sad**
ponerse triste
bed *noun* cama; **go to bed** acostarse
(ue)
bedroom dormitorio
beefsteak el bistec
beer cerveza
before antes (de) (*adv.*); antes (de)
que (*conj.*)
begin empezar (ie); comenzar (ie)
beginner el(la) debutante
beginning principio, comienzo
behind detrás de; **from behind** por
detrás
believe creer; **I believe it!** ¡Ya lo
creo!
belt el cinturón
benefit provecho, beneficio
besides además
best el(la) mejor

bet apostar
better mejor
between entre
beverage bebida
bicentennial bicentenario
bicycle bicicleta
big grande, gran
bill el billete (*money*); cuenta
(*restaurant*)
bird pájaro
birth parto
birthday el cumpleaños
bishop obispo
black negro
bless bendecir (i); **Bless you!**
¡Salud!
blessing la bendición
blind person ciego(a)
block (*city*) cuadra
blond(e) rubio(a)
blood la sangre
blouse blusa
blow el golpe
blue azul; **dark blue** azul oscuro;
light blue azul claro
boat lancha, barco
body cuerpo
boil hervir (ie, i)
bonbon el bombón
bone hueso
bongo drum el bongó
book libro
bookstore librería
boom! ¡zas!
boot bota
bored aburrido
boring aburrido
boss el jefe, la jefa; el patrón, la
patrona
botany botánica
bother *noun* molestia; *verb* molestar
bottle botella
bound comprometido; **bound to**
ligado
box office taquilla
boy chico, muchacho; **boys and
girls** chicos, muchachos; **young
boy** mozo
boyfriend novio
branch ramo

bravery bravura
Bravo! ¡Olé!
Brazil el Brasil
Brazilian brasileño(a)
bread el pan
break romper
break-dance el break-dance
breakfast desayuno; **eat breakfast**
desayunar
brief breve
bright brillante; listo
bring traer (traigo)
broken roto
brooch el broche
brother hermano; **little brother**
hermanito
brown marrón, café, moreno,
pardo
brunette moreno
build construir (construyo)
building edificio
bull toro
bullfight corrida (de toros)
bump golpear
burden cargo
bus el autobús, el ómnibus
business comercio; **business deal**
negocio; **this business of** eso de
(*colloquial*)
businessman hombre de negocios
busy ocupado; **keep busy** ocupar
but pero; **but rather** sino
butcher shop carnicería
butter mantequilla
butterfly mariposa
buy comprar
by por; **by accident** por accidente;
by the way a propósito

C

cabin cabaña
cabinet el escaparate
cafeteria cafetería
cake torta, el pastel
calculate calcular
calendar calendario
call *verb* llamar; *noun* llamada; **call
together** convocar

calm *noun* tranquilo, calma; quieto (*adj.*)
calmly tranquilo
calorie caloría
candid franco
candidate candidato(a)
candle (*of wax*) cerilla
cannelloni los canelones
capital la capital; mayúscula (*upper case letter*)
caprice capricho
car el coche, carro, auto
cardboard el cartón
care cuidado
career carrera
careful: be careful tener cuidado
Caribbean el Caríbe
caricature caricatura
carry llevar; **carry away** llevarse; **carry out** realizar
case caso; **in case** en caso (de) que
castanet castañuela
castle castillo
cat gato
catastrophe la catástrofe
categorically categóricamente; rotundamente
category categoría
cathedral la catedral
Catholic católico
cause *noun* causa; *verb* causar
celebrate celebrar; festejar
celebration la celebración
censure censura
cent centavo
center centro
centigrade centígrado
centimeter centímetro
Central America Centroamérica
century siglo
ceremony ceremonia
certain cierto; seguro
chamber cámara
champagne champaña
champion el campeón
championship campeonato
change *noun* cambio; *verb* cambiar
chaotic caótico
chaperon el chaperón, la chaperona
characteristic característica

charm encantar
chastise castigar
chat charlar
cheap barato
cheat defraudar
check (*restaurant*) cuenta; (*money*) el cheque
cheese queso
chemistry química
chess el ajedrez
chicken pollo
chief el jefe, la jefa
child hijo(a), niño(a); **as a child** de niño(a)
children hijos; niños
Chilean chileno(a)
chill enfriar
Chinese chino; **Chinese female** china; **Chinese male** chino; **little Chinese** chinito(a)
chip astilla
choir coro
choose escoger (escojo)
chorus coro
chosen elegido
Christ Cristo
Christian cristiano
Christmas la Navidad
church iglesia
cinematography cinematografía
circumstance circunstancia
citizen ciudadano(a)
city la ciudad
claim reclamar
clasp el broche
class la clase
classic clásico
classical clásico
classify clasificar
clause cláusula
clean *verb* limpiar; (*adj.*) limpio
clear claro
clearly claramente
clerk el(la) dependiente(a), el(la) vendedor(a)
client el(la) cliente
climate el clima
climb escalar, subir
clinic clínica; consultorio
clock el reloj

close cerrar (ie); (*adv.*) cerca
closed cerrado
cloth tela
clothing ropa
cloud la nube
cloudy nublado; **It's cloudy.** Hay nubes.
cocktail (*food*) el salpicón
coffee el café; **black coffee** café solo
cold frío; **I'm cold.** Tengo frío.; **It's cold.** Hace frío.
cold cut el fiambre
collaborate colaborar
collaboration la colaboración
collect recoger (recojo)
collection la colección
colonist el(la) colonista
colony colonia
color el color
column columna
combine combinar
come venir (ie); **come back to oneself** volver en sí; **Come in!** ¡Adelante!; **come to power** subir al poder; **come up** subir
comfortable cómodo; a gusto
command *noun* mandato; *verb* mandar
commander el comandante
comment (on) comentar
commentary comentario
commentator el(la) locutor(a)
commerce comercio
commercial comercial
commissariat (*police*) comisaría
commit oneself comprometerse
committed comprometido
common común
commonly comúnmente
communication la comunicación
communion la comunión
communist el(la) comunista
community la comunidad
compact compacto, apretado
companion compañero(a)
company compañía
comparative comparativo
compare comparar
comparison la comparación
compassion la compasión

compatriot el(la) compatriota
competition competencia
complaint queja
complement complemento
complete *verb* completar; (*adj.*)
  completo
compose componer (compongo)
composer el(la) compositor(a)
comprehend comprender
compromise compromiso
computer computadora
computing la computación
concede conceder
concentrate concentrar
concentration la concentración
concern importar
concert concierto
condition la condición
conditional condicional; **condi-**
  tional perfect potencial
  compuesto
conduct conducir (conduzco)
confectionery confitería
conference conferencia
confide confiar
confidence confianza
confirm confirmar
confiscate confiscar
congested congestionado
congratulate felicitar
congress congreso
conjunction la conjunción
conquer conquistar
conservative el(la) conservador(a)
consider considerar
consist (of) constar (de)
consonant la consonante
constitute constituir
construct construir (construyo)
construction la construcción
consul el(la) cónsul
consulate consulado
contain contener (ie)
contemporary contemporáneo
content contento
continent el continente
continuation la continuación
continue continuar (continúo);
  seguir (i) (sigo)
contract contrato

contraction la contracción
contrary contrario
contrast el contraste
convene convenir (ie)
convenient acomodado
conversation la conversación
converse conversar
convert convertir (ie)
convince convencer (convenzo)
cook cocinar
cool (*adj.*) fresco; *verb* resfriar
copy copia
corner esquina
correct (*adj.*) correcto; *verb* corregir
correctly correctamente
correspond corresponder
correspondent el(la) correspondiente
cosmetic cosmético
cost *noun* costo; *verb* costar (ue)
cough la tos
counsel aconsejar
count contar (ue)
counteract contrarrestar
country el país; campo; tierra
countryside campo
couple pareja
courage animo; esfuerzo
course: of course! ¡cómo no!, claro;
  of course not claro que no
court (*athletics*) cancha
courteous cortés
courtesy cortesía
courting cortejo
courtship cortejo
cousin primo(a)
cover tapar
covered cubierto
cow vaca
cowboy (*Argentine and Uruguayan*)
  gaucho
craving anhelo
crayfish langostino
crazy loco; **crazy person** loco(a)
create crear
creative creativo
Creole criollo
crime delito
crisis la crisis
criticism crítica

cry llorar; **cry out** gritar
Cuban cubano
cultivate cultivar
culture cultura
cup taza; copa
curious curioso
current corriente
custard el flan
custom la costumbre
customarily de costumbre; habitualmente
customer el(la) cliente
custom-made hecho a la medida
customs agency aduana
customs officer aduanero(a)
cut cortar
cutlet chuleta

D

daily (newspaper) diario
dance *noun* el baile; danza; *verb*
  bailar
dancer el bailarín, la bailarina; el(la)
  bailador(a)
dangerous peligroso
dark oscuro, moreno
date (*calendar*) fecha; (*appointment*)
  cita
dating cortejo
daughter hija
dawn *noun* madrugada; *verb*
  amanecer
day el día; **day before yesterday**
  anteayer; **day's pay, day's work** el
  jornal; **all day** todo el día; **every**
  day todos los días
dear querido(a); cariño
death la muerte
debt deuda
decade década
December diciembre
deception la decepción
decide decidir
decision la decisión
declaration la declaración
dedicated dedicado
deduce deducir (deduzco)
deduct deducir (deduzco)

defend defender; **defend oneself** defenderse
definite definido
definitive definitivo
defraud defraudar
degree grado; **high-school degree** bachillerato
delay tardar
delicious sabroso, delicioso
delight encantar
deliver entregar
delivery (birth) parto
demand demander; exigir
democracy democracia
democratic democrático
demonstrate demostrar (ue)
demonstration la demostración; la manifestación
demonstrative demostrativo
dentist el(la) dentista
department departamento
depend (on) depender (de)
deposit depósito
depressed deprimido
deprived privado
description la descripción
design diseño
desire *noun* deseo, anhelo; *verb* desear
dessert el postre
devotion la devoción, la lealtad
devour comerse
dial (*telephone*) marcar
dialog diálogo
diary diario
dictator el(la) dictador(a)
dictatorship dictadura
die morir (ue, u); **die unexpectedly** morirse
diet dieta; **go on a diet** ponerse a dieta
differ diferir (ie, i)
difference diferencia
different diferente
difficult difícil
difficulty la dificultad; **with difficulty** difícilmente
dining room el comedor
dinner cena
diploma el diploma
disposition la disposición; genio

direct directo; (*adv.*) derecho
direction la dirección
director el(la) director(a)
disagreeable desagradable, antipático
disappointment la decepción
disaster el desastre
discipline disciplina
discotheque discoteca
discount rebaja
discourteous descortés
discover descubrir
discovered descubierto
discrimination la discriminación
discuss discutir; tratar
disgust asco
disgusting: How disgusting! ¡Qué asco!
dish plato
disposable disponible
disputed disputado
dissatisfaction la disatisfacción
distance distancia
distinct distinto
distinction la distinción
distinguish distinguir
distinguished distinguido
disturbance alboroto
diversion la diversión
do hacer (hago)
dock el muelle
doctor médico(a); el(la) doctor(a)
doctorate doctorado
document *noun* documento; *verb* documentar
dog perro
doll muñeca
dollar el dólar
dominant dominante
domination la dominación
dominoes el dominó
done hecho
door puerta
doorman portero
dormitory residencia; apartamento
doubt *noun* duda; *verb* dudar; **without a doubt** sin duda
downcast abatido
downtown centro
drawing dibujo
dream *noun* sueño; *verb* **dream**

(about) soñar (con)
dress *noun* vestido; *verb* vestir (i); **get dressed** vestirse
dressmaker el(la) modista
drink *noun* bebida; *verb* beber, tomar; **drink a toast to** brindar por
drinking glass vaso
drive conducir (conduzco)
drug droga
drugstore farmacia; botica
dry árido; seco; **dry cleaner** lavandería en seco
due to debido a
dumb tonto
during durante; por
duty el deber; derecho (*customs*)
dynamic dinámico

E

each cada
ear oído
early temprano
earn ganar
earring el arete
earth tierra
ease: at ease a gusto
easily fácilmente; **Take it easy!** ¡Tranquilo!
easy fácil
eat comer; **eat breakfast** desayunar; **eat dinner** cenar; **eat lunch** almorzar (ue)
eating el comer
ecclesiastic eclesiástico
ecclesiastical eclesiástico
economic económico
editor el(la) redactor(a)
education la educación
educational educativo
effort esfuerzo
egg huevo
eight ocho
eight hundred ochocientos(as)
eighteen dieciocho
eighty ochenta
either: not either tampoco
elastic elástico
electric eléctrico
electronics electrónica
elegant elegante

elevated elevado
eleven once
eliminate eliminar
embittered amargado
embrace abrazo
emergency emergencia
emigrate emigrar
emotion la emoción
emphasis el énfasis
emphatic enfático
employ emplear
employee empleado(a)
encounter *noun* encuentro; *verb* encontrar (ue)
encourage animar
end *noun* el fin; *verb* terminar, acabar
energetic enérgico
engage in empeñar
engaged comprometido; **become engaged** comprometerse
engineer ingeniero(a)
engineering ingeniería
England Inglaterra
English (*adj.*) inglés; **English female** la inglesa; **English language** el inglés; **English male** el inglés
enjoy disfrutar; gozar (de)
enliven animar
enormous enorme
enough bastante, suficiente; **Enough!** ¡Basta!
ensemble conjunto
enter entrar
enthusiasm entusiasmo, ánimo
enthusiastic entusiástico
entire entero
equal igual; **as an equal** de igual a igual
equality la igualdad
equally (the same to you) igualmente
equator el ecuador
equipment equipo
equivalent el equivalente
escape escaparse
especially especialmente
establish establecer (establezco)
establishment establecimiento
eternity la eternidad

etiquette etiqueta
Europe Europa
even aun
evening la tarde; **Good evening.** Buenas noches.
ever jamás; alguna vez
every cada; **every day** todos los días
everyone todo el mundo
everything todo
evidence evidencia
evident evidente
exact exacto
exactly exactamente
examination el examen
example ejemplo; **for example** por ejemplo
excellent excelente; fino
exception la excepción
excursion la excursión
excuse *noun* excusa; *verb* perdonar, disculpar; **excuse me** con permiso
exercise ejercicio
exhaust ajetrear
exhorbitant desorbitado
exist existir
exotic exótico
expect esperar
expensive caro
experience *noun* experiencia; *verb* experimentar
experiment experimentar
explain explicar
explanation la explicación
explosion la explosión
express expresar
expression la expresión
exquisite exquisito
extend extender
extension la extensión
exterior la exterior
extraordinary extraordinario
extreme extremo; **extreme left** ultraizquierdo
eye ojo

F

fabric tela
face cara
facing contra
factory fábrica

faculty la facultad
faint desmayarse
fair justo; bello; rubio
faithful fiel
fall caer (caigo); **fall asleep** dormirse
fame fama
family familia; **family member** el(la) pariente
famous famoso
fan el(la) hincha, aficionado(a)
fanaticism fanaticismo
fancy capricho
fantastic fantástico
fantasy fantasía
far away lejos
farewell despedida; **farewell party** despedida
farm rancho
fascinate fascinar
fashion moda
fast rápido
fasten prender
fat gordo
father el padre, el papá
fatten engordar
fault falta
favorite favorito
fear *noun* miedo; *verb* temer
February febrero
feel sentir (ie, i); **feel (ill)** sentirse (mal)
feminism feminismo
festive festivo
fever la fiebre
few poco
fewer menos
fiancé novio
fiancée novia
field campo; cancha (*athletics*); tierra
fifteen quince
fifty cincuenta
fight luchar
figure figura
fillet el filete
film película; el filme
final el final
finally al fin, en fin, por fin
financial financiero
financier financiero(a)

find encontrar (ue); **find out** averiguar

fine fino, lindo (*adj.*); bien (*adv.*); **fine arts** bellas artes; **He's fine.** Está bien.

finish acabar; terminar

fire fuego

firmness firmeza

first primero (primer)

fish *noun* pescado; *verb* pescar

fishing (*sport*) pesca

five cinco

five hundred quinientos(as)

fix componer (compongo); arreglar; fijar

flag bandera

flagrant flagrante

Flamenco flamenco; **Flamenco show** tablao

flattery la adulación

flee huir

flirtatious remark piropo

floor piso; suelo

Florida Florida

flower la flor

fly volar (ue)

folklore el folklore

folkloric folklórico

follow seguir (i) (sigo)

following siguiente

food comida; alimento

foodstuff el comestible

foolish tonto

foot el pie; **on foot** a pie

football el fútbol; **football player** el(la) futbolista

for para; por

force fuerza; **Air Force** Fuerza Aérea

forest el bosque

forget olvidar

forgetful olvidadizo

forgive perdonar

forgiveness el perdón

fork el tenedor

form *noun* forma; *verb* formar

formal formal; **formal-dress** de gala

formalize formalizar

formation la formación

fortunate afortunado

fortunately afortunadamente

fortune buenaventura; fortuna; **fortune teller** adivino(a)

forty cuarenta

forward adelante

foundation la base

four cuatro

four hundred cuatrocientos(as)

fourteen catorce

fowl el ave (*f.*)

France Francia

frank franco

frankly francamente

free gratis; libre

freely libremente

freeze congelar

French (*adj.*) francés; **French female** la francesa; **French language** el francés; **French male** el francés

frequency frecuencia

frequent frecuente (*adj.*); *verb* frecuentar

frequently frecuentemente

fresh fresco

Friday el viernes

fried frito

friend amigo(a)

friendly amable; simpático; **very friendly** simpatiquísimo

friendship la amistad

from de; **from behind** por detrás

front el frente

fruit fruta; **fruit store** frutería

fry freír (i)

fulfill realizar

full lleno; pleno

function la función

furious furioso

furniture los muebles

future futuro

G

gain ganar

Galician gallego

game (*sports*) partido; juego

gang barra

garage el taller mecánico

gathering la reunión

general general

generally generalmente; por lo general

generous generoso

genius genio

gentleman señor; caballero

geography geografía

German (*adj.*) alemán; **German female** la alemana; **German language** el alemán; **German male** el alemán

Germany Alemania

gerund gerundio

get conseguir (i); recibir; sacar; **get dressed** vestirse (i); **get in a good mood** ponerse de buen humor; **get married (to)** casarse (con); **get off** bajar; **get (oneself) ready** prepararse; **get rid of** deshacerse de; **get tired** cansarse; **get together** juntar, reunir; **get up** levantarse; **get up early** madrugar; **get upset** ponerse de mal humor

gift regalo

girl chica, muchacha

girlfriend novia

give dar; **give a cold shoulder** dar calabazas

given dado

glad alegre; **Glad to meet you.** Mucho gusto.

glance mirada

glass (*drinking*) vaso

go ir (*irregular*); **go away** irse; **go down** bajar; **go for a ride** pasear; **go for a walk** pasear; **Go on!** ¡Vaya!; **go on a diet** ponerse a dieta; **go shopping** ir de compras; **go to bed** acostarse; **go up** subir

goal el gol; meta

god el dios; **God** Dios; **God grant!** ¡Ojalá!

godchild ahijado(a)

godfather el compadre; padrino

godfathership padrinazgo

godmother la comadre; madrina

gold dorado (*adj.*); *noun* oro

good buen, bueno; **Good afternoon.** Buenas tardes; **Good appetite!** ¡Buen provecho!; **Good**

evening. Buenas noches.; **Good morning.** Buenos días.
good-bye adiós; **say good-bye** despedirse (i)
good-looking guapo
gospel evangelio
government gobierno
grammar gramática
grandfather abuelo
grandmother abuela
grandparents los abuelos
grandson nieto
grasp prender
gratify gratificar
grave tumba
gray gris
great gran, grande, formidable; **How great!** ¡Qué lindo!
greater mayor
green verde; **light green** verde claro; **green-vegetable shop** verdulería; **greens** las verduras
greet saludar
greeting saludo; **Greetings!** ¡Salud!
grief el dolor
grill parrilla
grilled meat parrillada
groceries los abarrotes
ground suelo; cancha (*athletics*)
group grupo
guarantee garantizar; asegurar
guess adivinar
guest el(la) huésped
guide el(la) guía
guitar guitarra
guitarist el(la) guitarrista
guy tipo, chico
gypsy gitano(a)

H

habitually habitualmente
hair cabello; pelo
hairdo peinado
hake (*fish*) merluza
half medio(a); *noun* la mitad; **half over** mediado
ham el jamón
hamburger hamburguesa

hand la mano; **hand over** entregar
handful puñado
handsome guapo
happen pasar; acontecer
happily felizmente
happiness la felicidad
happy alegre; contento; feliz
harass ajetrear
hardly apenas
harsh áspero
harvest cosecha
haste prisa
hat sombrero
Havana Habana
have tener (ie) (tengo); haber (he, ha) (*auxiliary verb*); **have a good time** divertirse (ie, i); **have a pain in . . .** tener dolor de . . .; **have just (done something)** acabar de + *inf.*; **have to** tener que
he él
head cabeza
headline el titular
headwaiter mayordomo
healthy sano
heap el montón
hear oír (y) (oigo)
heart el corazón
heat *noun* el calor; *verb* calentar
heavy pesado
height altura
Hello! ¡Hola!
help *noun* ayuda; *verb* ayudar
helper el(la) asistente; el(la) ayudante
her la (*dir. obj.*); le (*ind. obj.*); ella (*obj. of prep.*); se (*before* lo, la, los, *or* las); su, suyo(a) (*possessive*)
herb hierba; **herb healer** curandero
here aquí
hero el héroe
heroine heroína
herself se; (*obj. of prep.*) ella, sí
Hi! ¡Hola!
high alto; elevado; **high school** colegio; **high-school degree** bachillerato; **high technology** alta tecnología
highly sumamente
him lo (*dir. obj.*); le (*ind. obj.*); él (*obj.*

of prep.); se (*before* lo, la, los, *or* las)
himself se; (*obj. of prep.*) él, sí
his su, suyo(a)
Hispanic hispánico
historic histórico
history historia
hit golpear
holdup atraco
holiday el día festivo
home casa; a casa; **at home** en casa
homework los deberes; tarea
honey la miel
honor el honor
hope esperanza; **hope for** esperar
Hopefully ¡Ojalá!
horrible horrible
horror movie película de terror
hors d'oeuvres tapas
horse caballo
hospital el hospital
hostel el hostal
hot: I'm hot. Tengo calor.
hotel el hotel
hour hora
house casa
housekeeper ama
housewife ama de casa
housing alojamiento
how? ¿cómo?; **How disgusting!** ¡Qué asco!; **How do you like . . .?** ¿Qué le parece . . .?; **How great!** ¡Qué lindo!; **how many?** ¿cuántos?; **how much?** ¿cuánto?; **How's it going?** ¿Qué tal?
however sin embargo
hug *noun* abrazo; *verb* (**each other**) darse un abrazo
human humano; **human being** el ser humano
humble humilde
humid húmedo
humor el humor
hundred cien, ciento
hundred and one ciento uno (un, una)
hunger el hambre (*f.*)
hungry: I'm hungry. Tengo hambre.
hurry prisa; **I'm in a hurry.** Tengo prisa.

hurt doler (ue)
husband marido; esposo
hypochondriac hipocondríaco
hypothetical hipotético

I

I yo; **I wish!** ¡Ojalá!
ice hielo; **ice cream** helado
idea idea
ideal ideal
idealist el(la) idealista
identity *noun* la identidad; *verb* identificar
ideology ideología
if si
ill enfermo; mal
illegal ilegal
illusion la ilusión
illustration la ilustración
image la imagen
imagine imaginar
immediate inmediato
immediately inmediatamente, en seguida
immigrant el(la) inmigrante
imperative imperativo
imperfect imperfecto
impersonal impersonal
implant implantar
implantation la implantación
importance importancia; **be of importance** importar
important importante; **very important** importantísimo
imported importado
impose imponer (impongo)
impossible imposible
impression la impresión
impressive impresionante
imprisoned preso
improve mejorar
improvised improvisado
in en; **in addition** además; **in case** en caso (de) que; **in order that** para que, a fin de que; **in order to** para; **in writing** por escrito
inch pulgada
incident el incidente
include incluir; abarcar

increase *noun* aumento; *verb* aumentar
incredible increíble
incredulous incrédulo
indefinite indefinido
independence independencia
independent independiente; autónomo
indicate indicar
indicated indicado
indication la indicación
indicative indicativo
indirect indirecto
industrious industrioso
industry industria
inequality la desigualdad
infinitive infinitivo
inflection la inflexión
influence influencia
influential influyente
inform informar
information la información
infraction la infracción
ingenious ingenioso
inherit heredar
injection la inyección
inn el hostal
inspector el(la) inspector(a)
insanity locura
insecurity la inseguridad
insist insistir
instead of en vez de, en lugar de
institution la institución
instruction la instrucción
instructor maestro(a), el(la) instructor(a)
instrument instrumento
insurance seguro
integrated integrado
integrity la integridad
intelligent inteligente
intense intenso
intention la intención
interest el interés
interesting interesante; **very interesting** interesantísimo
international internacional
interpret interpretar
interpreter el(la) intérprete
interrogative interrogativo

interview entrevista
intimate íntimo
introduce presentar; introducir
introduction la presentación; la introducción
invent inventar
investigation la investigación
investigator el(la) investigador(a)
invitation la invitación
invite invitar
Ireland Irlanda
irregular irregular
island isla
it lo, la (*dir. obj.*); le (*ind. obj.*); se (*before* lo, la, los, *or* las); ello; (*obj. of prep.*) él, ella
Italian female italiana; **Italian language** italiano; **Italian male** italiano
its su, suyo(a)
itself se; (*obj. of prep.*) él, ella, sí

j

jail la cárcel
January enero
jealous celoso; **I'm jealous.** Tengo celos.
jealousy los celos
jeans los jeans
Jesuit el jesuita
jewel joya
jewelry joyas; **jewelry store** joyería
jilt dar calabazas
job trabajo; tarea; cargo
join juntar
journalism periodismo
joy alegría
juice jugo
July julio
June junio

K

keep mantener (mantengo); guardar
keepsake recuerdo
key la clave
kick patada
kid (*young goat*) chivito
kilometer kilómetro

kind tipo
kindness la bondad
king el rey
kiss *noun* beso; *verb* (**each other**)
  darse un beso
kitchen cocina
knee rodilla; **knee guard** rodillera
knife cuchillo
know saber (sé); conocer (conozco)
Korea Corea

L

laboratory laboratorio
lack falta
lacking: **be lacking** faltar, hacer
  falta
lady señora
lamb cordero
lament lamento
land tierra
landlady dueña; ama
landlord dueño(a)
language el idioma; el lenguaje;
  lengua
lap regazo
large gran, grande
last pasado, último (*adj.*); *verb*
  durar, tardar; **last night** anoche;
  at last por fin
late tarde; **be late** tardar
later más tarde; luego; después
latest último; **latest thing** de último
  grito
Latin latino(a); latino (*adj.*); **Latin**
  America Latinoamérica; **Latin**
  American latinoamericano; **Latin**
  language el latín
laundry lavandería
law la ley; derecho
lawn el césped
lawyer abogado(a)
lay (something) down acostar (ue)
lazy perezoso
lead conducir (conduzco)
leader el líder
leaf hoja
league liga
learn aprender
learned sabio
least menos; **at least** al menos, por

lo menos
leather cuero
leave salir (salgo); irse; dejar
Lebanon Líbano
left izquierdo; **to the left** a la
  izquierda
leg pierna
legally legalmente
lend prestar
length largo
less menos
lesser menor
lesson la lección
let dejar; permitir
letter carta; letra (*of alphabet*)
level el nivel
liberation la liberación
liberator el(la) libertador(a)
liberty la libertad
library biblioteca
lie (prevaricate) *verb* mentir (ie, i);
  noun mentira; **lie down** acostarse
life vida
lift (someone, something) levantar
light ligero (*adj.*); *noun* la luz
like como (*adv.*); semejante (*adj.*);
  verb gustar
line línea; fila
linguistic lingüístico
lion el león
listen to escuchar
literally literalmente
literature literatura
little pequeño; poco; chico; **a little**
  un poco
live vivir
lively vivo, animado
load cargo
lobster langosta
location la localidad; la colocación
lodging alojamiento
loin lomo
London Londres
long largo; **long live!** ¡viva!
look *noun* mirada; *verb* mirar; **look**
  at mirar; **look for** buscar; **look**
  like parecer (parezco)
lose perder (ie)
lot: **a lot** mucho; **a lot of** un montón
  de

lottery lotería
love *noun* el amor, cariño; *verb*
  amar, querer (ie)
loved one querido(a)
loving amoroso
lower bajar; rebajar (*prices*); **lower**
  case letter minúscula
loyalty la lealtad, la devoción
luck la suerte
luckily felizmente
lucky afortunado; **be lucky** tener
  suerte
lumber madera
lunch almuerzo

M

ma'am señora
machine máquina
mad loco
made hecho
madness locura
Madrid resident madrileño(a)
magazine revista
magnificent magnífico
maid criada
mail correo
maintain mantener (ie); conservar
maitre d' mayordomo
major (*academic*) la especialidad
majority mayoría
make hacer (hago); confeccionar
male machista
malted malteado
man el hombre
mandate mandato
manifestation la manifestación
manly macho
manner manera; modo
manufacture fabricar
many muchos
marble el mármol
March marzo
mark marcar
marked marcado
market mercado
marriage casamiento,
  matrimonio
married casado; **married couple**
  matrimonio

marry casar; (*get married to*) casarse (con)
martyrdom martirio
marvel maravilla
marvelous maravilloso
masculine masculino; machista
Master's degree maestría
match (*of wax*) cerilla; (*game, sports*) juego; partido
material materia
materialistic materialista
maternal materno
mathematics las matemáticas
matter *noun* la cuestión, asunto; *verb* importar
May mayo
May I? ¿Se puede?
Mayan Indian maya
maybe tal vez, quizás
mayonnaise mayonesa
me me (*dir. or ind. obj.*); mí (*obj. of prep.*); **with me** conmigo
meal comida
mealtime la hora de comer
mean significar
meaning significado
measure medir (i)
measurement medida
meat la carne; **meat market** carnicería
mechanic mecánico
medical médico
medicament medicamento
medicine medicina
meet encontrarse (ue) con; **Glad to meet you.** Mucho gusto.
meeting la reunión; encuentro; junta
melody melodía
melon el melón
member miembro
memory memoria
mention mencionar; **Don't mention it.** No hay de qué.
menu el menú
mercury mercurio
meter metro
metropolitan metropolitano
Mexican mexicano
Mexico México; Méjico

midday el mediodía
middle la mitad
midnight la medianoche
midwife partera; comadrona
migrate emigrar
Milan Milano
mile milla
militarization la militarización
military militar
milk la leche
million el millón; **one million . . .** un millón de . . .
millionaire millonario(a)
mine mío(a)
minister ministro
minus menos
minute minuto
miraculously milagrosamente
miss extrañar
Miss señorita
missile el proyectil
mixed mixto
mode modo
model modelo
modern moderno
modify modificar
molar muela
molest molestar
mom la mamá
moment momento; momentito
Monday el lunes
money dinero; plata (*slang*)
monkey mono(a)
month el mes
monument monumento
moon luna
Moor moro
more más; **more or less** más o menos
morning mañana; madrugada (*early*); **Good morning.** Buenos días.
mother la madre; la mamá
mount montar
mountain montaña
mouth boca
movie el cine; película; **movies** el cine
Mr. señor
Mrs. señora; doña

much mucho; **so much** tanto; **too much** demasiado; **very much** muchísimo
municipality la municipalidad
murder asesinar
music música
musician músico(a)
must: one must hay que
my mi, mío(a)
myself me; mí (*obj. of prep.*)

N

name el nombre
nap siesta
napkin servilleta
nation la nación
national nacional
native nativo; natal; **native country** patria
naturally naturalmente
nausea asco
near cerca de
nearby cerca
necessary necesario; **it is necessary** hay que
necessity la necesidad
neck cuello
necktie corbata
need *noun* la necesidad, falta; *verb* necesitar, hacer falta
negative negativo
negatively negativamente
negotiation la negociación
neighbor vecino(a)
neither tampoco; **neither . . . nor . . .** ni . . . ni . . .
nervous nervioso
net la red
never nunca; jamás
nevertheless sin embargo
new nuevo
news noticia
newspaper periódico; diario; prensa
next próximo
nickname apodar
night la noche; **at night** por la noche; **last night** anoche
nine nueve

nine hundred novecientos(as)
nineteen diecinueve
ninety noventa
no no; **no one** nadie; **No problem.** No hay cuidado.; **No way!** ¡Qué vá!
nocturnal nocturno
none ninguno (ningún)
noon el mediodía
nor ni
normal normal
normally normalmente
north el norte; **North America** Norteamérica; **North American** norteamericano
not no; **not at all** en absoluto; **not either** tampoco
note *noun* nota; *verb* notar
nothing nada; **nothing special** nada de particular; **It's nothing.** No hay de qué.
notice *noun* noticia; *verb* notar, fijarse en
noun sustantivo
nourishment alimento
novel novela
November noviembre
now ahora, ya; **for now** por ahora
number número
numerous numeroso
nurse enfermero(a)

O

obey obedecer (obedezco)
object objeto
objective objetivo
obligation la obligación
obliged obligado
obtain conseguir (i), lograr
obvious obvio; evidente
obviously evidentemente; por lo visto
occasion la ocasión; la vez
occupation oficio
occupy ocupar
occur occurir
ocean océano
October octubre
oculist el(la) oculista

of de; **of course!** ¡cómo no!, claro; **of course not** claro que no
offend ofender
offensive ofensivo
offer ofrecer (ofrezco)
office oficina, consultorio, despacho; puesto (*position*); oficio (*occupation*)
officially oficialmente
often a menudo
oh! ¡ay!
old viejo; anciano
older mayor, más grande
omelet tortilla
omnibus el ómnibus
on en; sobre
once una vez; **once in a while** de vez en cuando
one un, uno, una; **one must** hay que
one's su, suyo
onion cebolla
only sólo, solamente (*adv.*); solo, único (*adj.*)
open *verb* abrir; abierto, franco (*adj.*)
opened abierto
opera ópera
opinion la opinión
opportunity la oportunidad
oppose oponer (opongo); oponerse a
opposite opuesto
or o, u (*used before a word beginning with the vowel sound* o)
orange *noun* naranja; anaranjado (*color*) (*adj.*)
oration la oración
orchestra orquesta
order mandar; **in order to** para
organize organizar
origin el origen
other otro
ought (*to do something*) deber
our nuestro
outside afuera; fuera
oven horno
overcast nublado
overcoat sobretodo, abrigo
overflow rebosar

overflowing rebosado
overseas ultramarino
owe deber
own *verb* poseer; propio (*adj.*)
owner dueño(a)
ownership propiedad

P

pack abarrotar
page página
pain el dolor; **have a pain in . . .** tener dolor de . . .
painful doloroso; **be painful** doler (ue)
paint pintar
painting cuadro
pair el par; pareja
pale pálido
Pan-American panamericano
pants los pantalones
papa el papá
paper el papel
paragraph párrafo
pardon *noun* el perdón; *verb* perdonar
parenthesis el paréntesis
parents los padres
Paris París
park el parque
part la parte; el papel (*theater*)
participant el(la) participante
participate participar
participle participio
particular particular
partner compañero(a); pareja
party fiesta; partido (*political*)
pass pasar; **pass by** pasar por
passed pasado
passenger pasajero(a)
passion la pasión
passive pasivo
passport el pasaporte
past *noun* el pasado; pasado (*adj.*)
pastime pasatiempo
pastry el pastel
patience paciencia
patient el(la) paciente
patron el patrón, la patrona; **patron saint** santo patrón

patronized auspiciado
pattern (*for sewing*) el patrón
pay (**for**) pagar
peace la paz
peaceful sosegado
pedestrian el peatón, la peatona
pen (**ball-point**) bolígrafo
pencil el lápiz (*pl.* lápices)
people la gente; **People may gossip.** Las malas lenguas pueden hablar.
pepper pimienta
percussion la percusión
perfect perfecto
perfectly perfectamente
perform actuar
performance la actuación; la función
perfume el perfume
perfumery perfumería
perhaps tal vez, quizás
period (*sports*) tiempo
periodical periódico; revista
permission permiso
permit *noun* permiso; *verb* permitir, dejar
perseverance perseverancia
person persona
personal personal
personify personificar
perspective perspectiva
Peru el Perú
Peruvian peruano
petition la petición; la solicitud
petroleum petróleo
pharmacist farmacéutico(a)
pharmacology farmacología
pharmacy farmacia
phenomenon fenómeno
philosophy filosofía
photograph la foto
phrase la frase
physical físico
physics física
pianist el(la) pianista
piano piano
pick up recoger (recojo)
picture cuadro, la foto, película
picturesque pintoresco
piece pieza
pile el montón

pilgrim peregrino(a)
pilgrimage la peregrinación
pill pastilla
pilot piloto(a)
pink rosado
pity lástima
place *noun* el lugar, la localidad; *verb* poner (pongo); **place setting** cubierto
placement la colocación
plain sencillo
plan el plan
planet el planeta
plate plato; **small plate** platillo
platform plataforma; tablado
play *noun* obra (*theatrical*); *verb* jugar (ue); tocar (*an instrument*); **play sports** hacer deporte
player el(la) jugador(a)
plaza plaza
pleasant placentero; simpático, agradable
please por favor
pleasing: be pleasing gustar
pleasure el placer; gusto
pluperfect pluscuamperfecto
poem el poema; rima
poet el poeta, la poetisa
poetic poético
poetry poesía
pointed apuntado
police la policía
policeman (**policewoman**), el(la) policía
policy política
polish lustrar
polite cortés
political político
politician el(la) político(a)
polytechnic politécnico
poor pobre
popularity la popularidad
porcelain porcelana
port puerto
Portuguese (*adj.*) portugués; **Portuguese female** la portuguesa; **Portuguese language** el portugués; **Portuguese male** el portugués
position la posición; puesto
possessive posesivo

possibility la posibilidad
possible posible
possibly posiblemente
post cargo
post card tarjeta
poster letrero
post office correo
potato papa
potion la poción
power el poder, fuerza; **come to power** subir al poder
powerful poderoso
practice *noun* práctica; *verb* practicar
praise la adulación
prawn langostino
precious precioso
precisely precisamente
prefer preferir (ie, i)
preference preferencia
preferred preferido
preliminary preliminar
preparation la preparación
preparatory preparatorio
prepare preparar
prescription receta
presence presencia
present *noun* regalo; presente; *verb* presentar; **present-day** actual; **present participle** gerundio, participio presente
presentation la presentación
preserve preservar
preserves conservas
president el presidente, la presidenta
press prensa
prestige prestigio
prestigious prestigioso
preterit pretérito
pretty bonito, lindo; **pretty good** más o menos
previously anteriormente
price precio
primary primario
principal principal
principally principalmente
prisoner preso
private privado; particular
privilege privilegio; derecho
prize premio
probability la probabilidad

problem el problema; **No problem.** No hay cuidado.
produce producir (produzca)
product producto
profession la profesión
professional profesional
professor el(la) profesor(a)
profit provecho; beneficio
program *noun* el programa; *verb* programar
programmer el(la) programador(a)
progress *noun* adelanto, progreso; *verb* progresar
progressive progresivo
prohibit prohibir (prohíbo)
project proyecto
projectile el proyectil
promise prometer
pronunciation la pronunciación
pronoun el pronombre
proof prueba
proper propio; apropiado
property la propiedad
proposal (*marriage*) la declaración
propose (*marriage*) declarar
proprietor dueño(a)
prosaic prosaico
prose prosa
prosodic prosódico
protect proteger (protejo); tapar
protective protector
protein proteína
protest protestar
proverb proverbio; el refrán
provide proveer
provided that con tal (de) que
psychoanalyst el(la) psicoanalista
psychology psicología
public público
publish publicar
pudding el budín
Puerto Rican puertorriqueño(a)
pumpkin calabaza
punctuation la puntuación
punish castigar
pupil (*eye*) pupila
purchase compra
pure puro
purple morado
put poner (pongo); **put in charge of** encargar; **put (something) on**
ponerse; **put together** montar

Q

quality la calidad
quarrel regañar
quarter (*time*) cuarto
queen reina
question pregunta; la cuestión; **ask a question** hacer una pregunta
quince membrillo
quite a while un buen rato

R

race carrera; raza (*ethnic*)
radio la radio
rag trapo
rain *noun* lluvia; *verb* llover (ue)
rainy lluvioso; **It's rainy.** Hay lluvia.
raise *noun* aumento; *verb* aumentar; levantar; criar; subir
ranch rancho
rapid rápido
rapidly rápidamente
razor blade hoja
reach alcanzar; **reach this point** llegar a este paso
reaction la reacción
read leer
reading lectura
ready listo
real real; verdadero
reality la realidad
realize darse cuenta de
really de veras
rear criar
reason la razón; **reason why** el porqué
reasonable razonable
rebellion la rebelión
receive recibir
reception la recepción
receptionist el(la) recepcionista
recipe receta
recognize reconocer (reconozco)
recommend recomendar; aconsejar
recompense gratificar
reconquest reconquista
record disco; **record player** el toca-discos

recover recobrar
rectangular rectangular
red rojo
reduce reducir (reduzco)
reference referencia
reflect reflejar
reflexive reflexivo
refreshment refresco
region la región
regret sentir (ie, i)
relation la relación
relative el(la) pariente
relatively relativamente
religious religioso
remain quedar
remainder resto
remedy remedio, la solución
remember acordarse (ue); recordar (ue)
remembrance recuerdo
remote remoto
renowned renombrado
repeat repetir (i)
replace reemplazar
reply respuesta, la contestación
reporter reportero(a)
reputation la reputación; fama
request *noun* la solicitud; *verb* pedir (i); rogar; solicitar
reservation la reservación
residence residencia
resident el(la) residente
resist contrarrestar
resolve resolver (ue)
respect respecto (*reference*); respeto (*consideration*)
respective respectivo
respond responder
response respuesta
responsibility la responsabilidad; cargo
rest *noun* descanso, siesta, reposo; resto; *verb* descansar
restaurant el restaurante
restriction la restricción
result resultado; **with the result that** así que
retire jubilarse
return *noun* vuelta; *verb* regresar, volver (ue)
reunite reunir

revenge venganza
review repaso
revolution la revolución
revolutionary revolucionario
reward gratificar
rhyme rima
rhythm ritmo
ribbon banda
rice el arroz
rich rico
ridiculous ridículo
right derecho (*adj.*); **right?**
  ¿verdad?; **right away** ya; **I'm**
  right. Tengo razón.; **that's right**
  eso es
rigorous riguroso; severo
ring anillo
rite rito
river río
road vía
roasted asado
robbery robo
rock 'n' roll el rock 'n' roll
role el papel
romantic romántico
room cuarto; el salón; sala
roommate compañero(a) de cuarto
rooster gallo
root la raíz
rough áspero
roundly rotundamente
routine rutina
row fila
rule regla
run correr; **run into** encontrarse
  (ue) con
Russian language ruso

S

sad triste; doloroso
safe (*adj.*) salvo; **safe and sound**
  sano y salvo; **safe, out of danger** a
  salvo
safety la seguridad
said dicho
saint san, santo(a)
salad ensalada
sale venta
salesperson el(la) dependiente(a),
  el(la) vendedor(a)

salon el salón
salsa (*dance*) salsa
salt la sal
same mismo; **the same to you**
  igualmente
sandal sandalia
Sandinista el(la) sandinista
sandwich el sandwich
sane sano
sash el cinturón
satisfaction la satisfacción
satisfied satisfecho; contento
Saturday el sábado
saucer platillo
save salvar
say decir (digo); **say good-bye**
  despedirse (i)
saying dicho; el refrán; proverbio
scarcely apenas
schedule horario
school escuela; **high school** colegio
science ciencia
scientific científico
scientist científico(a)
scold regañar
scoundrel el(la) sinvergüenza
scream grito
scriptwriter el(la) guionista
scuba diving buceo
seafood marisco
seal sello
search for buscar
season la estación
seasoned (*hot*) picante
seat *noun* asiento; *verb* sentar (ie)
second segundo
secondary secundario; **secondary**
  school liceo
secret secreto
secretary secretario(a)
section la sección
secure asegurar
security la seguridad; **Social Secu-**
  rity Seguro Social
see ver
seem parecer (parezco)
seize prender
select escoger (escojo)
selection la selección; surtido
self mismo; **self-governing**
  autónomo; **self-propelled** auto-

  propulsado
sell vender
senator el(la) senador
send mandar, enviar
sensation la sensación
sentence la frase; la oración
sentiment sentimiento
separation la separación
September septiembre
sequence secuencia
serenade serenata
serene sereno
series la serie
serious serio
seriously seriamente; **talk seri-**
  ously hablar en serio
serve servir (i)
service servicio
set (*a date*) fijar; (*hair*) arreglar; **set**
  the table poner la mesa
settle instalarse
seven siete
seven hundred setecientos(as)
seventeen diecisiete
seventy setenta
several varios, muchos
severe severo
sex sexo
shampoo el champú
sharp (*time*) en punto; apuntado
shave afeitar; **shave oneself**
  afeitarse
she ella
shine lustrar
shirt camisa
shoe zapato; **shoe store** zapatería
shoot tirar
shop tienda
shopping: go shopping ir de
  compras
short bajo; corto
shorts pantaloncillos
shot la inyección
should (do something) deber (+
  inf.)
shoulder hombro; **give a cold**
  shoulder dar calabazas
shout *noun* grito; *verb* gritar
shovel palear
show window el escaparate
show *verb* mostrar (ue); *noun* la

función; espectáculo

shower ducha

shrimp langostino

shy tímido

sick enfermo

sickness el mal

side lado

sidewalk acera

sight vista

sign letrero

significance significado

silk seda

silver plata

similar semejante; similar

simple sencillo

simply simplemente

since desde

sing cantar

singer el(la) cantante, el(la) cantador(a)

single sencillo; **single girl** soltera; **single man** soltero

sir señor

sister hermana

sit down sentarse (ie)

situation la situación

six hundred seiscientos(as)

six seis

sixteen dieciséis

sixty sesenta

size tamaño

ski *noun* el esquí; *verb* esquiar

skiing el esquí

skinny flaco

skirt falda

sky cielo

slave esclavo

sleep *noun* sueño; *verb* dormir (ue)

sleepiness sueño

sleepy: I'm sleepy. Tengo sueño.

slow despacio, perezoso

slowly despacio

small pequeño; **small plate** platillo; **small roll** panecillo

smaller menor

smart inteligente, listo

smile sonrisa

smoke fumar

smoked pork sausage chorizo

sneeze *noun* estornudo; *verb* estornudar

snore roncar

snow *noun* la nieve; *verb* nevar (ie); **There is snow.** Hay nieve.

so así; tan + *adj.*; **so much** tanto; **so that** para que, afin de que, así que; **and so** entonces

soccer el fútbol; **soccer player** el(la) futbolista

social social; **Social Security** Seguro Social

society la sociedad

sociology sociología

sock el calcetín

soft drink refresco

soldier soldado

sole solo, único

solely sólo; solamente; únicamente

solemn solemne

solicitude la solicitud

solution la solución, remedio

some algún, alguno(a); unos, unas

someone alguien

something algo

son hijo

song la canción, canto

soon pronto; luego

sorrow el dolor

sorrowful doloroso

sorry: be sorry sentirlo (ie, i), sentir (que)

so-so así así, más o menos

sound sonido

soup sopa

South America Sudamérica

south el sur; sud (*adj.*)

southwest el suroeste

souvenir recuerdo

Soviet soviético

space espacio

Spain España

Spaniard hispano

Spanish (*adj.*) español; **Spanish America** Hispanoamérica; **Spanish American** hispanoamericano; **Spanish female** la española; **Spanish language** el español; **Spanish male** el español

speak hablar

special especial; de particular

specialize especializar

specialty la especialidad

species la especie

specify especificar

spectator el(la) hincha, aficionado(a), el(la) espectador(a)

spectacle espectáculo

speech discurso

spelling *noun* ortografía; ortográfico (*adj.*)

spiritual espiritual

splinter astilla

sponsor patrocinar

spoon cuchara

sport el deporte; **play sports** hacer deporte

spouse esposo(a)

spring primavera

square plaza

stage (*of a process*) etapa; (*theater*) tablado, tablao

stamp estampilla; sello

stand (*kiosk*) estanco

star estrella

start *noun* principio, comienzo; *verb* empezar (ie), comenzar (ie)

state estado

statement la declaración

stay quedar

steak (*barbecued*) churrasco

steamboat el vapor

steel acero

stem la raíz

step paso; etapa; **step by step** por etapas; **step on** pisar

stick palo

still aún

stocking media

stomach estómago

store tienda; el almacén

story historia

straight derecho

strange: find strange extrañar

street la calle

strength fuerza

stress la tensión; acento

stressed enfático

strict estricto

strike *noun* huelga; *verb* golpear; **be on strike** estar de huelga

strip banda

strong fuerte

student el(la) estudiante, alum-

no(a); estudiantil (*adj.*)
studies estudios
study *noun* estudio; *verb* estudiar
stupendous estupendo
stupid tonto
style estilo; moda
stylist el(la) estilista
subject sujeto; materia; asunto
subjunctive subjuntivo
submissive sumiso
subsequent subsiguiente
substitute sustituir (sustituyo)
subtitle writer el(la) guionista
succeed tener éxito
success éxito
suckling pig el lechón
suddenly de repente
suffer sufrir
sufficient suficiente, bastante
sugar el azúcar
suggest sugerir (ie, i)
suit el traje
suitable apropiado; acomodado; propio; **be suitable** convenir (ie)
summary el resumen
summer verano
sun el sol
Sunday el domingo
sunny: **It's sunny.** Hace sol., Hay sol.
superiority la superioridad
superlative superlativo
supermarket supermercado
superpower superpotencia
supply surtido
suppose suponer (supongo)
sure seguro, cierto
surgeon cirujano(a)
surname apellido
surprise *noun* sorpresa; *verb* sorprender
surprising sorprendente
sustain apoyar
swear jurar
sweater el suéter
sweet potato (*Argentina*) batata
sweet dulce (*adj.*); **sweets** los dulces
swim nadar
swimming pool piscina
syllable sílaba
symbolize simbolizar

symphony sinfonía
symptom el síntoma
synthesis la síntesis
system el sistema

T

table mesa; **on the table** en la mesa; **set the table** poner la mesa
tailor el sastre; **tailor shop** sastrería
tailoress la sastra
take llevar; tomar; **take advantage of** aprovechar (de); **Take it easy!** ¡Tranquilo!; **take out** sacar; **take upon** imponerse
talk hablar; **talk seriously** hablar en serio
tall alto
tariff tarifa
tart tarta
task tarea
tasty sabroso
tavern taberna
tax tarifa
taxi el taxi; **taxi driver** el(la) taxista
tea el té
teach enseñar
teacher maestro(a); el(la) profesor(a)
team equipo
tear romper
technical técnico
technician técnico(a)
technology tecnología; **high technology** alta tecnología
telephone teléfono
television la televisión
tell decir (i) (digo); contar (ue)
temperature temperatura
ten diez
tendency tendencia
tennis el tenis
tension la tensión
tequila el tequila
term término
terminate terminar
termination la terminación
terminology terminología
terror el terror
terrorism terrorismo

terrorist el(la) terrorista
test *noun* prueba; el examen; *verb* probar (ue)
Texan tejano
Texas Tejas (*m.*)
textile pañero
thank agradecer; **thank you** gracias
that que; aquel, aquella; ese, esa (*adj.*); **that one** aquél, aquélla; ése, ésa; aquello, eso (*pron.*); **that's right** eso es
the el, la, los, las
theater teatro
their, theirs su, suyo(a)
them los, las (*dir. obj.*); les, se (*ind. obj. if before* lo, la, los, las); ellos, ellas (*obj. of prep.*)
theme el tema
themselves se, sí; (*obj. of prep.*) ellos, ellas
then entonces; luego; pues
theology teología
there allá, allí; ahí; **there are** hay (*from* haber); **there is** hay (*from* haber)
therefore por eso
these estos, estas (*adj.*); éstos, éstas (*pron.*)
they ellas, ellos
thin flaco
thing cosa; **the latest thing** de último grito
think pensar (ie), creer; **think about** pensar en; **Think nothing of it.** No tenga cuidado.
third tercero (tercer)
thirst la sed
thirsty: **be thirsty** tener sed
thirteen trece
thirty treinta
thirty-eight treinta y ocho
thirty-five treinta y cinco
thirty-four treinta y cuatro
thirty-nine treinta y nueve
thirty-one treinta y uno
thirty-seven treinta y siete
thirty-six treinta y seis
thirty-three treinta y tres
thirty-two treinta y dos
this este, esta (*adj.*); esto (*pron.*)
those aquellos, aquellas; esos, esas

(*adj.*); aquéllas, aquéllos; ésos, ésas (*pron.*)

though aunque

thousand mil

thousand five hundred mil quinientos(as)

three tres

three hundred trescientos(as)

throw tirar; echar; **throw away** echar; **throw out** echar

Thursday el jueves

thus así

ticket boleto; el billete

tie atar

tied to ligado; atado

tight apretado

time tiempo; hora; la vez; rato; **have a good time** divertirse (ie, i); **on time** a tiempo; **It was about time!** ¡Ya era hora!

timid tímido

tin can lata

tip (*money*) propina

tired cansado; **get tired** cansarse

tiresome aburrido

title título

to a; **to the** al (*contraction of* a + el)

tobacco tabaco

today hoy

tomato el tomate

tomb tumba

tomorrow mañana; **Until tomorrow.** Hasta mañana.

tongue lengua

tonight esta noche

too también; **too much** demasiado

tooth el diente; **back tooth** muela

topic el tema

torn roto

torture torturar

tour gira

tourism turismo

tourist el(la) turista

town pueblo

tradition la tradición

traditional tradicional

traditionally tradicionalmente

tragedy tragedia

train el tren

trainer el(la) entrenador(a)

training entrenamiento

trait rasgo

tranquil tranquilo

transformation la transformación

translate traducir (traduzco)

transplant el trasplante

transplanting el trasplante

trauma el trauma

travel viajar

treat tratar

tree el árbol

tremendous tremendo

trial prueba

trip el viaje; la excursión; paseo

trousers los pantalones

trout trucha

true verdadero

truly de veras

trust confianza

truth la verdad

try probar (ue); **tried** *preterit of* querer; **try on** probarse; **try out** probar (ue); **try to (do something)** tratar de + *inf.*

T-shirt camiseta; playera

Tuesday el martes

tumult tumulto

tuna el atún

turkey pavo

turn *noun* turno; *verb* doblar

twelve doce

twenty veinte

twenty-eight veintiocho

twenty-five veinticinco

twenty-four veinticuatro

twenty-nine veintinueve

twenty-one veintiún, veintiuno

twenty-seven veintisiete

twenty-six veintiséis

twenty-three veintitrés

twenty-two veintidós

two dos

two hundred doscientos(as)

type tipo

typical típico

U

ugly feo

unbelievable increíble

unbelieving incrédulo

uncle tío

under bajo (*prep.*); debajo (*adv.*)

understand entender (ie), comprender

unexpected inesperado; improviso

unforeseen improviso

unfortunate desafortunado

unfortunately desafortunadamente

unfriendly antipático

unhappy infeliz

uniform el uniforme

union sindicato; la unión

unique único

unit la unidad

unite juntar, unir

united unido; **United States** los Estados Unidos

unity la unidad

university *noun* la universidad; universitario (*adj.*); **university student** universitario(a)

unless a menos que, sin que

until hasta (*prep.*); hasta que (*conj.*); **Until I see you.** Hasta la vista.; **Until later.** Hasta luego.; **Until tomorrow.** Hasta mañana.

upon sobre

urgent urgente

us nos (*obj.*); nosotros, nosotras (*obj. of prep.*)

use *noun* uso; *verb* usar

used usado

useful útil

usefulness la utilidad

usher el acomodador

usherette la acomodadora

usually usualmente; por lo general; de costumbre

utensil utensilio

utility la utilidad

utilize utilizar

V

vacation la vacación; las vacaciones

vague vago

Valencian valenciano(a)

value el valor

variety la variedad; surtido

various varios, muchos

vase vaso

vegetable la legumbre; **vegetables**

(**greens**) las verduras
velocity la velocidad
Venezuelan venezolano
verb verbo
version la versión
very muy
veterinarian veterinario(a)
victim víctima
view vista
vigor esfuerzo
vigorous vigoroso
village pueblo
vinegar sauce vinagreta
violence violencia
violent violento
visa visa
visit *noun* visita; *verb* visitar
vitamin vitamina
vocabulary vocabulario
voice la voz
volleyball el vólibol
volume (*book*) tomo
voluminous voluminoso

W

wage salario
wait esperar
waiter camarero, mesero (*Mexico*);
  mozo
wake up despertarse (ie)
walk *noun* paseo; *verb* andar,
  caminar; **take for a walk** llevar de
  paseo
waltz el vals
want querer (ie); desear
war guerra
warm: I'm warm. Tengo calor.
warm up (*something*) calentar
warmth el calor
wash lavar; **wash oneself** lavarse
waste perder (ie)
watch *noun* el reloj; *verb* mirar
water el agua (*f.*)
way vía, forma, modo
we nosotros, nosotras
weak débil
wear llevar
weary cansarse
weather tiempo; **It's good (bad)**

weather. Hace buen (mal)
  tiempo.
wedding boda
Wednesday el miércoles
week semana; **next week** la próxima semana; la semana que viene
weekend el fin de semana
weigh pesar
weight peso
welcome bienvenida
welfare el bienestar
well bien; pues; **well-being** el
  bienestar; **well-to-do** acomodado
what? ¿qué?; ¿cuál?; **What
  happened?** ¿Qué pasó?; **What's
  new?** ¿Qué hay de nuevo?
when cuando
when? ¿cuándo?
where donde
where? ¿dónde?, ¿adónde?; **to
  where?** ¿adónde?
whereas mientras que
which?, which one? ¿cuál?
whichever cualquier
while mientras, mientras que
whim capricho
whistle chiflar
white blanco
who? ¿quién?
whoever cualquier
whom quien
whom? ¿quién?
whose de quien
why? ¿por qué?
widow viuda
wife esposa
win ganar
wind viento
window ventana
windy: It's windy. Hace viento.,
  Hay viento.
wine vino
winter invierno
wish querer (ie); desear; **I wish!**
  ¡Ojalá!
with con; **with difficulty**
  difícilmente; **with me** conmigo;
  with you (*fam. sing.*) contigo
without sin, sin que
wolf lobo

woman la mujer
wonder maravilla
wonderful lindo; **How wonderful!**
  ¡Qué lindo!
wood madera
woods el bosque
word palabra
work *noun* trabajo; obra (*theater*);
  verb trabajar; **work as** trabajar de
worker el(la) trabajador(a), obre-
  ro(a)
world mundo; mundial (*adj.*)
worry preocuparse
worse peor
worst el(la) peor
worth el valor; **be worth** valer
  (valgo)
worthy digno
write escribir
writer el(la) escritor(a)
writing: in writing por escrito
written escrito
wrong mal

Y

year año; **I'm** _____ **years old.**
  Tengo _____ años.
yearning anhelo
yellow amarillo
yes sí
yesterday ayer
yet aún, todavía
you *Familiar, Singular: (subject)* tú;
  (*dir. obj. and ind. obj.*) te; (*obj. of
  prep.*) ti; **with you** contigo
  *Familiar, Plural: (Latin America:
  same as Formal, Plural.) Spain:
  (subject, obj. of prep.)* vosotros,
  vosotras, (*dir. and ind. obj.*) os
  *Formal, Singular and Plural:
  (subject, obj. of prep.)* usted,
  ustedes, Ud., Uds.; (*dir. obj.*) lo,
  la, los, las; (*ind. obj.*) le, les; se (*if
  before* lo, la, los, *or* las)
  Indefinite: se (+ *verb form*)
young joven; **young man** el joven,
  mozo; **young people** los jóvenes;
  young woman la joven

younger menor
your, **yours** *Familiar, Singular:* tú, tuyo; *Familiar, Plural, Spain:* vuestro; *Formal:* su, suyo
yourself *Familiar:* (*subject,* **you yourself**) tú mismo, tú misma; (*obj.*) te; (*obj. of prep.*) ti; *Formal:* (*subject,* **you yourself**) usted mismo, usted

misma; (*obj.*) se; (*obj. of prep.*) usted, sí
yourselves *Familiar:* (*Latin America, same as Formal.*) *Spain:* (*subject,* **you yourselves**) vosotros mismos, vosotras mismas; (*obj.*) os; (*obj. of prep.*) vosotros, vosotras
youth la juventud

Z

zero cero
zodiac zodíaco
zone zona
zoology zoología

Photo Credits

Color Photographs

Plate 1 (*top left*) Mexican National Tourist Council; (*top center*) © Stuart Cohen; (*top right*) Aero Peru; (*bottom left*) Dominica Airlines; (*bottom center*) Spanish National Tourist Office; (*bottom right*) Aerolineas Argentinas Airlines. *Plate 2* (*top left and right*) © David Kupferschmidt; (*bottom left*) © Peter Menzel; (*bottom right*) Chip and Rosa Maria Peterson. *Plate 3* (*top left*) © Joe Viesti; (*top right and bottom left*) Chip and Rosa Maria Peterson; (*bottom right*) Luis Villota/Stock Market. *Plate 4* (*left*) © Owen Franken; (*top right*) Comstock; (*center right*) © David Kupferschmidt; (*bottom right*) © Stuart Cohen. *Plate 5* (*top left*) © Vance Henry/Taurus; (*center left*) Jane Latta/Kay Reese and Associates; (*bottom left*) © Joe Viesti; (*right*) © Peter Menzel. *Plate 6* (*top left*) Luis Villota/Stock Market; (*top right*) Leo De Wys; (*bottom left*) © David Mangurian; (*bottom right*) © Vance Henry/Taurus. *Plate 7* (*top left*) Kevin P. Gale/Taurus; (*top right*) Leo De Wys; (*bottom right*) Geoffrey Hiller/Leo De Wys; (*bottom right*) Joe Standart/Stock Market. *Plate 8* (*left and top right*) © David Mangurian; (*center right*) © David Mangurian; (*bottom right*) © Neil Hart.

INTRODUCTION Opener: Owen Franken. *Pages 8 and 11:* David Kupferschmidt. *CHAPTER 1 Opener:* Katherine A. Lambert. *Page 16:* David Kupferschmidt. *Page 19:* Victor Englebert/Photo Researchers. *Page 24:* Stuart Cohen. *Page 29:* Katherine A. Lambert. *CHAPTER 2 Opener:* Katherine A. Lambert. *Pages 38 and 42:* Peter Menzel/Stock, Boston. *Page 49:* David Kupferschmidt. *Page 55:* Stuart Cohen. *Pages 58 and 61:* Katherine A. Lambert. *CHAPTER 3 Opener and Pages 65 and 68:* Katherine A. Lambert. *Page 75:* Bernard Pierre Wolff/Photo Researchers. *Pages 77 and 79:* Peter Menzel. *Page 83:* Peter Menzel/Stock, Boston. *CHAPTER 4 Opener and Page 95:* Peter Menzel/Stock, Boston. *Page 96:* Owen Franken/Stock, Boston. *Page 102:* (*top left*) Peter Menzel (*top right*) Victor Englebert/Photo Researchers (*bot-*

tom left) Katherine A. Lambert (*bottom right*) Peter Menzel/Stock, Boston. *Page 103:* (*top left and center*) Peter Menzel (*top right*) Bernard Pierre Wolff/Photo Researchers (*bottom*) Ulrike Welsch/Stock, Boston. *Page 111:* Peter Menzel. *Page 113:* Peter Menzel/Stock, Boston. *CHAPTER 5 Opener:* Randy O'Rourke/Stock Market. *Page 121:* H.W. Silvester/Rapho-Photo Researchers. *Page 125:* Mark Antman/The Image Works. *Page 127:* Ray Witlin for World Bank. *Page 130:* Peter Menzel. *Page 132:* (*left*) Ellan Young/Photo Researchers (*right*) Peter Menzel. *Page 133:* Bernard Pierre Wolff/Photo Researchers. *CHAPTER 6 Opener:* Stuart Cohen. *Page 141:* Mark Antman/The Image Works. *Page 142:* Victor Englebert/Photo Researchers. *Page 149:* Katherine A. Lambert. *Page 151:* Peter Menzel. *Page 161:* Mark Antman/ The Image Works. *CHAPTER 7 Opener:* Stuart Cohen. *Page 169 and 175:* Katherine A. Lambert. *Page 181:* Peter Menzel/Stock, Boston. *Page 183:* Chip and Rosa Maria Peterson. *Page 188:* Stuart Cohen. *CHAPTER 8 Opener:* Victor Englebert/Photo Researchers. *Page 194 and 197:* Katherine A. Lambert. *Page 204:* Herve Gloaguen-Viva/Woodfin Camp. *Page 206:* Katherine A. Lambert. *Page 207:* Beryl Goldberg. *Page 208:* Peter Menzel. *CHAPTER 9 Opener:* © Carlos Carrion/Sygma. *Page 215:* © Barbara Alper/Stock, Boston. *Page 216:* Peter Menzel. *Page 221:* Georg Gerster/Rapho-Photo Researchers. *Page 223:* Stuart Cohen. *Page 231:* David Kupferschmidt. *Page 233:* Enrique Shore/Woodfin Camp. *CHAPTER 10 Opener:* Peter Menzel. *Page 252:* Peter Menzel/Stock, Boston. *Page 255:* Alan Carey/The Image Works. *Page 260:* Inge Morath/Magnum. *Page 262:* Stuart Cohen. *Page 264:* Peter Menzel/Stock, Boston. *Page 267:* UPI/Bettmann Newsphotos. *CHAPTER 11 Opener:* Owen Franken. *Page 273:* Charles Harbutt/Archive Pictures. *Page 274:* Stuart Cohen. *Page 275:* Peter Menzel. *Page 283:* Stuart Cohen. *Page 284:* Laima Druskis/Art Resource. *Page 287:* Beryl Goldberg. *CHAPTER 12 Opener and pages 297 and 304:* Peter Menzel. *Page 306:* Mark Antman/The Image Works. *Page 308:* Peter Menzel/Stock, Boston. *Page 310:* Katherine A. Lambert/Kay Reese. *Page 314:* Katherine A. Lambert. *Page*

Índice

Separate lists of the Cultural notes (**Notas culturales**), the **Lecturas** and the sections of Useful vocabulary (**Vocabulario útil**) appear at the end of this index.

Notas culturales

Lecturas

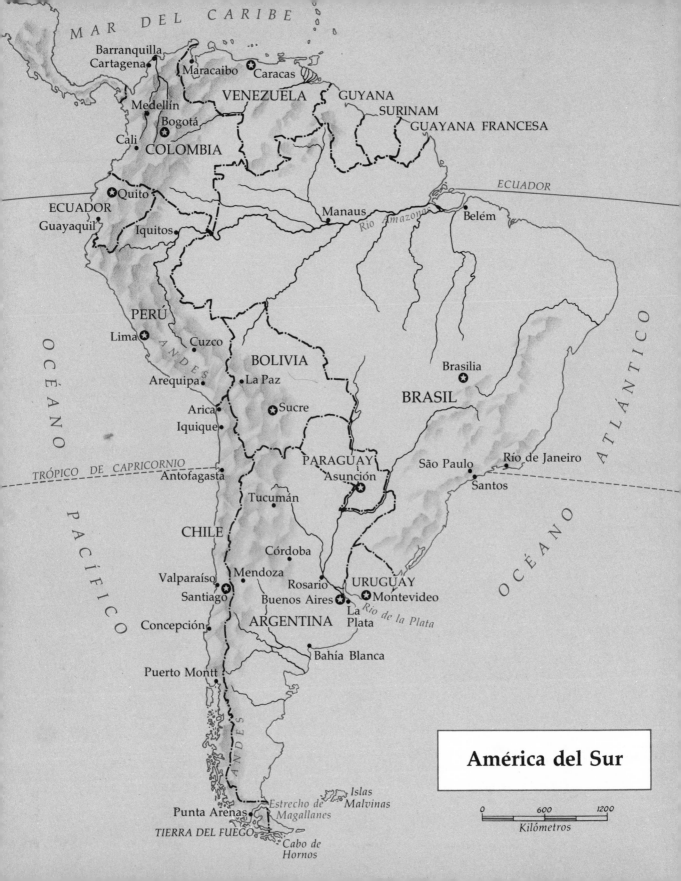